高等学校电子商务类专业系列教材

移动电子商务及应用

(第二版)

林 勇 编著

西安电子科技大学出版社

内 容 简 介

本书围绕行业和产业发展中的关键要素，深入浅出地引导学习者了解和把握移动电子商务及其应用的基础知识和专业技能。全书共三篇(基础篇、应用篇、实践篇)，分为 17 章，内容包括移动电子商务概述、移动电子商务技术基础、移动商务价值链与商业模式、移动商务安全、移动银行与移动支付、智慧城市与云计算、移动信息服务、移动社交与购物体验、移动学习与娱乐、移动旅游、移动医疗、企业移动商务应用、移动商务应用开发基础、移动商务应用动态网页设计、移动商务应用开发案例、Android 移动商务应用开发、iOS 移动商务应用开发。

本书可作为高校电子商务、管理、信息技术、市场营销、国际贸易等各类相关专业的教材或教学参考书，也可作为广大电子商务爱好者的学习和参考资料。

图书在版编目(CIP)数据

移动电子商务及应用 / 林勇编著. --2 版. --西安：西安电子科技大学出版社，2023.6(2024.1 重印)
ISBN 978-7-5606-6849-9

Ⅰ. ①移… Ⅱ. ①林… Ⅲ. ①电子商务 Ⅳ. ①F713.36

中国国家版本馆 CIP 数据核字(2023)第 088945 号

策　　划　李惠萍
责任编辑　阎　彬
出版发行　西安电子科技大学出版社(西安市太白南路 2 号)
电　　话　(029)88202421　88201467　　　邮　　编　710071
网　　址　www.xduph.com　　　　　　电子邮箱　xdupfxb001@163.com
经　　销　新华书店
印刷单位　咸阳华盛印务有限责任公司
版　　次　2023 年 6 月第 2 版　　2024 年 1 月第 2 次印刷
开　　本　787 毫米×1092 毫米　1/16　印　张　20
字　　数　475 千字
定　　价　51.00 元
ISBN 978-7-5606-6849-9/F

XDUP 7151002−2

如有印装问题可调换

前 言

移动电子商务由电子商务的概念衍生而来，代表了新一代电子商务的发展方向。随着移动网络的大规模建设，移动电子商务所承载的应用得到了蓬勃发展，已经成为一个标志性的时代特征。移动电子商务的应用涉及经济生活、文化旅游、教育娱乐等诸多领域，影响着人民群众的日常生活方式和企事业单位的生产与建设行为。

本书结合新型移动电子商务模式及当前经济社会中的相关问题，着眼于系统性地构建移动电子商务的理论依据和应用实践基础，从而对开展相关的商务活动和业务提供引导。本书的编写结合国内外教学经验，侧重于移动商务应用的实践与开发，基于移动商务理论基础、移动商务应用类型和移动商务应用技术实现三个方面，为读者提供翔实的素材和案例。

移动电子商务及其应用领域是一个关乎国家经济、技术及行业发展的前沿学科。本书的编写立足学科交叉融合及行业需求，在移动电子商务理论讲解的基础上，融入应用开发和编程元素，为新一代复合型人才的培养提供素材。本书保留了第一版的章节设置，但在内容方面则更加注重理论体系的构建并融入社交电商、新零售等移动电子商务发展的新元素。本书的编程部分强调了技术性与实用性的结合，以简短的篇幅和可操作的案例设计让学习者能够迅速领会移动商务应用开发的精华。全书分为基础篇、应用篇和实践篇三个部分，共 17 章，包括移动电子商务概述、移动电子商务技术基础、移动商务价值链与商业模式、移动商务安全、移动银行与移动支付、智慧城市与云计算、移动信息服务、移动社交与购物体验、移动学习与娱乐、移动旅游、移动医疗、企业移动商务应用、移动商务应用开发基础、移动商务应用动态网页设计、移动商务应用开发案例、Android 移动商务应用开发、iOS 移动商务应用开发。

本书的编写突出以下几个特点：

(1) 涵盖移动商务的基础理论、基础知识和基本应用的介绍，也包括可以直接运行的教学案例，使读者可以将理论与实际紧密结合，做到学以致用、寓教于用。

(2) 紧跟移动电子商务及应用领域的新动态和发展趋势，引导读者把握时代脉搏、紧跟社会发展，进一步创造出更加新颖的移动电子商务模式和应用，前瞻性地考虑在今后的工作和实践中如何更好地运用移动电子商务理论和技术。

(3) 内容全面，涵盖了移动电子商务的诸多领域，所提供的理论、应用及其技术基础等学习和参考材料，涉及移动电子商务的理论基础、移动电子商务应用领域、案例介绍以及相关基础性技术知识和方法。

(4) 结合当前移动电子商务应用开发领域的技术发展趋势，选择具有代表性的 HTML5 网页设计技术作为移动电子商务应用实践的基础知识进行讲解。本书提炼了 HTML5、Node.js、Android 和 iOS 等的基本开发方法并分别提供了演示开发案例，引导读者循序渐进地学习和把握移动商务应用开发的精髓。

本书可作为在校大学生学习移动电子商务的教材和教学参考资料，也可作为移动电子商务领域的管理和技术人员的学习资料。本书作为教材使用时可以有两类用途：一是将移动电子商务及其应用介绍作为专业课程，适用于电子商务、物流、经管、计算机、信息科学等各类相关专业，讲授内容可侧重第一章到第十五章，对于第十六章和第十七章，可结合实验课有选择地讲解，教学课时为 48 或 64 学时；二是将移动电子商务及其应用介绍作为通识课程，此时以讲解第一章到第十三章内容为主，对于学习者不限专业，教学课时为 32 或 48 学时，以便于各专业的学生尽快了解移动电子商务及其所支持的各类应用，普及国家对新一代电子商务发展的要求和各类相关知识。本书系统化地整合了移动电子商务及其应用领域的相关知识和国家政策中的相关要点，为学习者了解和把握移动电子商务及其应用的开展提供必备的基础知识和必要的能力训练。本书内容贴合国家发展需要和各项相关政策，蕴含丰富的课程思政元素。

本书由林勇编著，参与编写及相关课程建设的人员还包括陈玉花、董丽晓、杨芳、支持、尹天鹤、张昱雯、孔翔等。本书在编写过程中得到了宁波工程学院和桂林电子科技大学相关专家学者的关心与支持，在此表示真诚的谢意。

移动电子商务及应用作为一门新兴学科，其理论基础和实践内容尚处于形成并不断发展和更新的阶段。由于编者水平有限，书中难免有疏漏之处，恳请广大读者提出宝贵意见，我们将在今后再版时修订完善。

为了方便教学，本书免费提供 PPT 课件等各类配套资源，有需要的教师可向出版社索取。读者通过扫描下面的二维码可以学习在线课程。

编　者

2023 年 3 月 10 日

目　录

上篇　基　础　篇

中 篇　应 用 篇

下篇　实　践　篇

上篇 基础篇

第一章　移动电子商务概述

【学习目标】
- 了解移动电子商务的概念和支撑技术；
- 把握移动电子商务的发展对企业的重大影响。

【引例】

一、淘宝网

淘宝网由阿里巴巴集团在 2003 年 5 月 10 日投资创立，其业务跨越 C2C(个人对个人，如淘宝网)和 B2C(商家对个人，如天猫商城)两大部分。为解决 C2C 网站支付的难题，淘宝网打造了支付宝服务技术平台，解决了买家对于付了钱却得不到所购买的产品或得到的是与卖家声明不一致的劣质产品的担忧，也消除了卖家对发货后却得不到付款的担忧。

淘宝网引入实名认证制，区分个人用户认证与商家用户认证。个人用户认证只需提供身份证明，商家认证还需提供营业执照，并且一个人不能同时申请两种认证。淘宝网的卖家可以自己选择物流，申通、圆通、韵达、顺丰、天天、汇通、EMS 等快递都是淘宝网上常见的物流商家。

二、当当网

当当网成立于 1999 年 11 月，以图书零售起家，如今已发展为行业领先的在线零售商、中国最大的图书零售商、增长快速的百货商和第三方招商平台。当当网致力于为用户提供一流的一站式购物体验，在线销售的商品包括图书音像、服装、孕婴童用品、家居、美妆和 3C 数码等几十个种类。作为国内领先的网上商城，当当网拥有深厚的供应链管理经验，与遍布全国的数千家供应商建立了坚实的合作关系。

第一节　移动电子商务的概念和支撑技术

一、电子商务基础知识

1. 电子商务的概念

狭义上讲，电子商务(Electronic Commerce，EC)是指通过使用互联网等电子工具(包括电报、电话、广播、电视、传真、计算机、计算机网络、移动通信等)在全球范围内进行商务贸易活动的行为，是商品和服务的提供者、广告商、消费者、中介商等有关各方行为的总和。人们一般理解的电子商务是狭义的电子商务。

广义上讲，电子商务一词源自 Electronic Business，就是指通过电子手段进行的商业事务活动，即使用互联网等电子工具，使公司内部、供应商、客户和合作伙伴之间能够共享信息，实现企业间业务流程的电子化，配合企业内部的电子化生产管理系统，提高其生产、库存、流通和资金等各个环节的效率。

联合国国际贸易程序简化工作组对电子商务的定义是指采用电子形式开展的商务活动，包括在供应商、客户、政府及其他参与方之间通过如 EDI、Web 技术、电子邮件等电子工具共享非结构化商务信息，并管理和完成在商务活动、管理活动和消费活动中的各种交易。

2. 电子商务的功能

电子商务可提供网上交易和管理等全过程的服务，因此它具有广告宣传、咨询洽谈、网上订购、网上支付、电子账户、服务传递、意见征询、交易管理等各项功能。

(1) **广告宣传**。电子商务可凭借企业的 Web 服务器和客户的浏览，在 Internet 上发布各类商业信息。客户可借助网上的检索工具(Search)迅速找到所需商品的信息，而商家可利用网上主页(Homepage)和电子邮件(E-mail)在全球范围内做广告宣传。与以往各类广告相比，网上的广告成本最为低廉，而传递给顾客的信息量却最为丰富。

(2) **咨询洽谈**。电子商务可借助非实时的电子邮件(E-mail)、新闻组(Newsgroup)和实时的讨论组(Chat)来了解市场和商品信息，洽谈交易事务。如有进一步的需求，还可用网上的白板会议(Whiteboard Conference)来交流即时图形信息。网上的咨询和洽谈能超越人们面对面洽谈的限制，提供多种方便的异地交谈形式。

(3) **网上订购**。电子商务可借助 Web 中的邮件交互传送实现网上的订购。网上订购通常都在产品介绍的页面上提供十分友好的订购提示信息和订购交互格式框。当客户填完订购单后，通常系统会回复确认信息单来保证订购信息的收悉。订购信息也可采用加密的方式，使客户和商家的商业信息不会被泄漏。

(4) **网上支付**。电子商务要成为一个完整的过程，网上支付是必不可少的环节。客户和商家之间可采用信用卡账号实施支付。采用电子支付手段可省略交易过程中很多人员的开销。网上支付需要可靠的信息传输安全性控制，以防止欺骗、窃听、冒用等非法行为。

(5) **电子账户**。网上支付必须要有电子金融的支持，即银行或信用卡公司及保险公司等金融单位为金融服务提供网上操作的服务，而电子账户管理是其基本的组成部分。信用卡号或银行账号都是电子账户的一种标志，其可信度和安全性需配以必要的技术措施来保证，如数字凭证、数字签名、加密等。

(6) **服务传递**。对于已付款的客户，应将其订购的货物尽快地传递到他们的手中。在此过程中，电子商务可在网络中进行物流的调配。最适合在网上直接传递的货物就是信息产品，如软件、电子读物、信息服务等，能直接从电子仓库中将货物发到用户端。

(7) **意见征询**。电子商务能十分方便地采用网页上的"选择""填空"等格式文件来收集用户对销售服务的反馈意见，使企业的市场运营能形成一个封闭的回路。客户的反馈意见不仅能提高售后服务的水平，更能使企业获得改进产品、发现市场的商业机会。

(8) **交易管理**。整个交易的管理涉及人、财、物多个方面以及企业和企业、企业和客户、企业内部等各方面的协调与管理。因此，交易管理是涉及商务活动全过程的管理。电子商务的发展为交易活动提供了一个良好的交易管理的网络环境及多种多样的应用服务系统，保证了电子商务得到更广泛的应用。

3. 电子商务的分类

按照商务活动的内容，电子商务主要包括间接电子商务(有形货物的电子订货和付款，仍然需要利用传统渠道，如邮政服务和商业快递车送货)和直接电子商务(无形货物和服务，如某些计算机软件、娱乐产品的联机订购、付款和交付，或者是全球规模的信息服务)。

按照开展电子交易的范围，电子商务可以分为区域化电子商务、远程国内电子商务、全球电子商务。

按照使用网络的类型，电子商务可以分为基于专门增值网络(EDI)的电子商务、基于互联网的电子商务和基于 Intranet 的电子商务。

按照交易对象，电子商务可以分为企业对企业的电子商务(Business to Business，B2B)、企业对消费者的电子商务(Business to Customer，B2C)、企业对政府的电子商务(Business to Government，B2G)、消费者对政府的电子商务(Customer to Government，C2G)、消费者对消费者的电子商务(Consumer to Consumer，C2C)、企业、消费者、代理商三者相互转化的电子商务(Agents to Business to Consumer，ABC)，以及线上交易线下体验的电子商务(Online to Offline，O2O)等类型。

B2B 电子商务即企业与企业之间通过互联网进行产品、服务及信息的交换，进行电子商务交易的供需双方都是商家(或企业、公司)，他们使用 Internet 的技术或各种商务网络平台完成商务交易的过程。这些过程包括：发布供求信息，订货及确认订货，支付过程票据的签发、传送和接收，确定配送方案并监控配送过程等。B2C 模式是中国最早产生的电子商务模式，以 8848 网上商城正式运营为标志。如今的 B2C 电子商务网站非常多，比较大型的有天猫商城、京东商城等。C2C 同 B2B、B2C 一样，都是电子商务的模式之一。不同的是，C2C 是用户对用户的模式，C2C 商务平台就是通过为买卖双方提供一个在线交易平台，使卖方可以主动提供商品上网拍卖，而买方可以自行选择商品进行竞价。

ABC 模式和 O2O 模式都属于新型电子商务模式。ABC 模式被誉为继阿里巴巴 B2B 模式、京东商城 B2C 模式以及天猫 B2C 模式、淘宝 C2C 模式之后电子商务界的第四大模式，是由代理商(Agents)、商家(Business)和消费者(Consumer)共同搭建的集生产、经营、消费为一体的电子商务平台。O2O 是将线下商务的机会与体验跟互联网结合在一起，让互联网成为线下交易的补充，这样线下服务就可以在线上来揽客，消费者也可以在线上筛选服务。该模式最重要的特点是推广效果可查，每笔交易可跟踪，代表了电子商务与传统商务之间的融合。

二、移动电子商务的发展背景

1. 手机的普及与移动通信技术的发展

随着移动用户的迅速增加以及移动通信技术在信息化领域的应用向纵深发展，我国移动电子商务发展开始步入快车道。据中国互联网络信息中心(CNNIC)在北京发布的第 36 次《中国互联网络发展状况统计报告》显示，截至 2015 年 6 月，我国网民规模达 6.68 亿，互联网普及率为 48.8%；截至 2022 年 6 月，我国网民规模扩大为 10.51 亿，互联网普及率为 74.4%。移动商务类应用发展迅速，互联网应用向提升体验、贴近经济方向靠拢。互联网对个人生活方式的影响进一步深化，从基于信息获取和沟通娱乐需求的个性化应用，发展到与医疗、教育、交通等公共服务深度融合的民生服务。在云计算、物联网及大数据等应用的带动下，互联网正在推动农业、现代制造业和生产服务业的转型升级。

手机网民规模稳步增长，农村互联网普及率低但重点人群可转化空间大。随着手机终端的大屏化和手机应用体验的不断提升，手机作为网民主要上网终端的趋势进一步明显。移动商务类应用拉动网络经济增长，信息获取类应用注重个性化服务。由于移动端即时、便捷的特性更好地契合了网民的商务类消费需求，伴随着手机网民的快速增长，移动商务类应用成为拉动网络经济增长的新引擎。2015 年上半年，手机支付、手机网购、手机旅行预订用户规模分别达到 2.76 亿、2.70 亿和 1.68 亿人，半年度增长率分别为 26.9%、14.5% 和 25.0%。与此同时，搜索引擎、网络新闻作为互联网的基础应用，使用率均在 80% 以上。随着搜索引擎和网络新闻在技术融合、产品创新、个性化服务方面的不断探索，其在使用深度和用户体验上都有较大突破。据中商产业研究院统计，2022 年移动支付约 380 万亿元。

娱乐类应用整体保持稳定，使用率涨跌互现。数据显示，娱乐类网络应用的整体用户规模在过去半年中基本保持稳定；在使用率方面，网络文学和网络音乐的用户使用率有所下降，网络视频和网络游戏的使用率略有提升。整体而言，娱乐类应用作为网络应用中最早出现的类型，经过多年发展，用户规模和使用率已经逐渐稳定，对新型商业模式的探索成为其今后发展的主要方向。

2. 无线上网技术的发展与完善

移动电子商务的产生不是偶然的，而是有其必然的历史背景。近年来，随着无线上网技术的迅速发展，移动电子商务逐渐走进人们的视野，人们开始拿着手机、掌上电脑等工具体验移动商务带来的便捷和乐趣。无线上网技术的发展主要体现在以下几个方面：

(1) 无线网络协议 WAP 不断完善。网络发展离不开网络协议的支持。随着互联网的不断发展，新的无线协议标准不断出现并逐步取得一致。无线协议标准的统一将促进异构无线装置的互联和通信，如最初的 WAP 标准。WAP 缺点很多，比如服务费较高、WAP 网站内容贫乏、WAP 可持续服务跟不上等。

(2) 接入技术日益成熟。传统的接入技术包括时分多址(TDMA)、码分多址(CDMA)以及全球移动通信系统(GSM)等，其缺点在于传输速率较低。

(3) 无线上网费用不断降低。无线上网的硬件成本如手机、掌上电脑等工具的费用逐渐降低；手机用户的大量增长，使得无线接入的门槛不断降低，从而推动了全程无线上网用户规模的迅速增加。一些有条件的省市通过技术升级为市民提供了更为便捷的无线上网条件，如杭州、宁波等地区实行了政府牵头统一建设平台的方式，为市民在公共场所建立了免费的无线宽带网络。宁波市建立了"iNingbo"无线网络平台(见图 1-1)，使市民的免费无线宽带上网范围从行政服务中心、医疗机构、图书馆等场所，扩大到公交车站、公交车等公共场所，同时延伸至县(市)区，进一步推进了主要公共场所的免费无线上网。

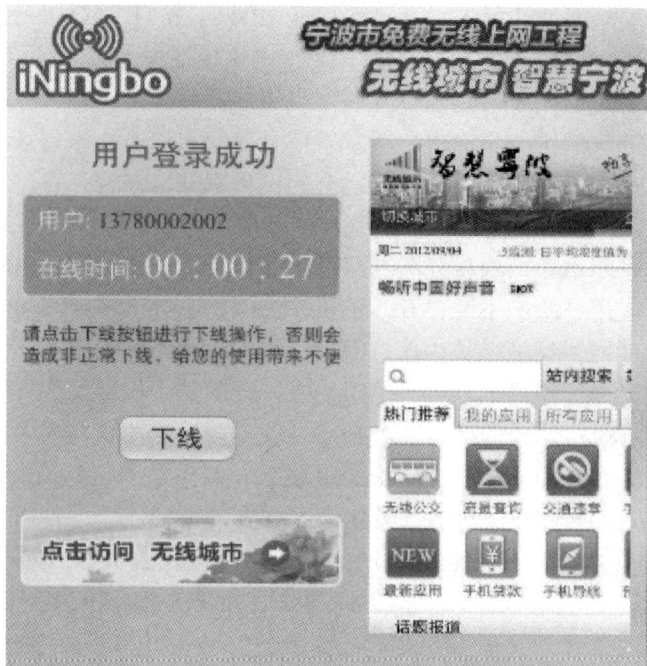

图 1-1　宁波市"iNingbo"免费 Wi-Fi 无线上网

移动通信技术、无线上网技术与电子商务技术的结合促成了移动电子商务的产生与发展，开启了利用手机等智能终端进行各项商务活动的新时代。

互联网技术在不断更新，电子商务也随之不断成熟，人们的消费意识在不断变化，这将为移动电子商务的发展提供良好的平台，同时也会带动经济结构的改变。

3. 移动电子商务的概念

移动电子商务(Mobile e-Commerce，m-Commerce)，即"移动"+"电子商务"，是指利用手机、掌上电脑等移动通信设备与因特网有机结合，进行电子商务活动的新型电子商务形式。移动是手段，商务是目的。

移动电子商务的概念有狭义和广义之分。狭义的移动电子商务只包含涉及货币交易的商务模式，广义的移动电子商务则涉及通信、娱乐、商业广告、旅游、紧急救助、农业、金融等更广泛的领域。这里我们所讲的移动电子商务通常指广义的移动电子商务。

移动电子商务就是指利用手机、掌上电脑等无线终端进行的 B2B、B2C 或 C2C 等电子商务活动。它将因特网、移动通信技术、短距离通信技术及其他信息处理技术完美结合，使人们可以在任何时间、任何地点进行各种商贸活动，实现随时随地、线上线下的购物与交易，在线电子支付，以及各种交易活动、商务活动、金融活动和相关的综合服务活动等。

4. 移动电子商务的特点

电子商务在发展中适应环境的变化能力也在不断地提升。随着信息处理终端的计算能力倍增而体积却不断缩小，网络环境也经历了从窄带到宽带、从有线到无线、从语音到数据，并走向多网合一的变化。与此同时，通信技术的发展使得通信变得越来越快、费用越来越低、带宽越来越高，使人们随时随地获取数据成为可能。当人们都在应用通信设备进行沟通时，当手机用户数倍于互联网用户时，当移动通信帮助人们随时随地地保持与各种商务环节的信息沟通时，移动电子商务的市场需求和商业价值毋庸置疑地指明了电子商务的进化方向。

移动电子商务不仅仅是电子商务的简单扩展，相对于电子商务，移动电子商务具备了一些独有的特点。从技术上看，移动电子商务具有以下特点：

(1) **移动接入**。移动接入是移动电子商务的一个重要特性，也是移动电子商务的技术基础。移动接入是移动用户使用移动终端设备通过移动网络访问 Internet 信息和服务的基本手段。移动网络的覆盖面是广域的，用户随时随地可以方便地进行电子商务交易。

(2) **身份鉴别**。SIM 卡的卡号是全球唯一的，每一个 SIM 卡对应一个用户，使 SIM 卡成为移动用户天然的身份识别工具。利用可编程的 SIM 卡，还可以存储用户的银行账号、CA 证书等用于标识用户身份的有效凭证；此外，SIM 卡还是用来实现数字签名、加密算法、公钥认证等电子商务领域必备的安全手段。有了这些手段和算法，就可以开展比 Internet 领域更广阔的电子商务应用。

(3) **移动支付**。移动支付是移动电子商务的一个重要目标，用户可以随时随地完成必要的电子支付业务。移动支付的分类方式有很多种，其中比较典型的分类包括：按照支付的数额，可以分为微支付、小额支付、宏支付等；按照交易对象所处的位置，可以分为远程支付、面对面支付、家庭支付等；按照支付发生的时间，可以分为预支付、在线即时支付、离线信用支付等。

(4) **信息安全**。移动电子商务与 Internet 电子商务一样，需要具备四个基本特征(数据保密性、数据完整性、不可否认性及交易方的认证与授权)的信息安全。由于无线传输的特殊性，现有的有线网络安全技术已经不能完全满足移动电子商务的基本需求。移动电子商务的信息安全所涉及的新技术包括：无线传输层安全(Wireless Transport Layer Security WTLS)、基于 WTLS 的端到端安全、基于 SAT 的 3DES 短信息加密安全、基于 Sign Text 的脚本数字签名安全、无线公钥基础设施(Wireless Public Key Infrastructure，WPKI)、KJava 安全、Bluetooth/红外传输信息传输安全等，不一而足。

从服务特性上看，移动电子商务具有以下特点：

(1) **方便确定用户位置**。在电子商务环境下，用户可以通过互联网访问各类信息资源，但用户的真实身份却很难被确认。在移动网络的环境下，一方面可以很方便地对使用者进行定位，另一方面，由于移动通信用户所用的终端通常属于个人所有，用户的个人配置能被内置在移动设备中，而每个终端都有一个唯一的标志(如手机号码)，因此，用户的身份不但容易被辨认，也容易被收集和处理。利用用户的位置相关性特点，移动电子商务应用在与用户的交互过程中能达到很高的个性化程度，从而满足客户对服务和应用的差异化、个性化的要求。

(2) **满足实时性的要求**。移动技术使通信者可以随时随地进行通信，这种实时通信的特性，可以大大提高企业的反应速度，如发生紧急事件时，其时间和地点都具有极大的不确定性，例如野外的医疗急救、汽车故障、森林火警等。而移动通信设备可随身携带，对于这类事件的处理具有独特的优势。实时性越强，移动电子商务提供的服务在时间上越具有优势。

(3) **提供新渠道**。对于企业而言，移动电子商务可以提供端到端、个人到个人的通信能力，能够随时随地访问各种类型的服务，因此可作为一种新的营销渠道，与客户建立密切的关系，并提供新的客户体验。通过移动电子商务，用户可以随时随地获取所需的服务和信息。

(4) **作为新媒介**。随着移动通信产业的发展，手机终端所承载的信息趋于海量，无论是从信息传播的角度，还是从受众的广泛性来看，手机的媒体特质已经显现，甚至被称为第五媒体。随着 5G 的广泛使用和移动宽带速度的加快，手机等移动网络媒体将引发媒体行业创意和传播营销方式的巨大变革。

5. 移动电子商务的优势

移动电子商务是能够给人们生活带来变革的一种商务形式，与传统电子商务相比，具有明显的区别和优势。首先移动电商和传统电商所使用的终端设备不同，传统电商主要使用的是 PC 机与互联网连接运用，而移动电商主要使用手机、掌上电脑、笔记本电脑等移动终端与无线通信技术相结合。其次它们带给我们的服务也不一样，但都为电子商务这个大行业带来了便利。移动电商的特点体现在移动接入、身份鉴别、移动支付、信息安全上，其 SIM 卡身份的唯一性也比传统电子商务身份鉴别更加安全可靠。传统的电子商务无法实现随时随地的网上购物，而移动商务则可以随时随地进行网上交易，较传统的电子商务更加灵活、简单、方便。

移动电子商务能完全根据消费者的个性化需求和喜好定制，设备的选择以及提供服务与信息的方式完全由用户自己控制。其具体表现在以下几个方面：

(1) **更具开放性、包容性**。移动电子商务因介入方式无线化，使得任何人都很容易进入网络世界，从而使网络范围延伸得更广阔、更开放。

(2) **具有随时随地的特点**。移动电子商务的最大特点是自由和个性化。传统电子商务的局限在于必须有线接入，而移动电子商务则可以弥补这方面的缺憾，可以让人们随时随地感受独特的商务体验。

(3) **潜在用户规模大**。从电脑和移动电话的普及程度来看，我国移动电话的用户数量已经远远超过了电脑的用户数量，手机用户中基本包含了消费能力强的中高端用户。以移动电话等移动终端为载体的移动商务不论在用户规模上，还是在用户消费能力上，都优于传统的电子商务。

(4) **能较好地确认用户身份**。对传统的电子商务而言，用户的消费信用问题一直影响其发展；而移动电子商务在这方面显然拥有一定的优势，因为手机号码具有唯一性，手机 SIM 卡上存储的用户信息可以确定一个用户的身份。

(5) **易于推广使用**。移动通信所具有的灵活、便捷的特点，决定了移动电子商务更适合大众化的个人消费领域，如自动支付系统，包括自动售货机、停车场计时器等日常费用收缴系统；移动互联网接入支付系统，包括登录商家的 WAP 站点购物等。

(6) **易于创新**。移动电子商务领域因涉及 IT、无线通信、无线接入、软件等技术，并且商务方式更加多元化、复杂化，因而在此领域内很容易产生新的技术。

(7) **有着广泛的应用空间**。利用最新的移动技术和各种各样的移动设备，移动电子商务能派生出更多更有价值的商务模式。

6. 移动电子商务支撑技术的发展

无线通信技术是移动电子商务发展的基础，由于 5G 网络的到来，短信一枝独秀的市场格局被彻底改变了。移动通信技术为企业和最终消费者带来了更丰富的技术。例如，流媒体应用技术应用在企业的视频监控、物流的视频采集以及基于位置的服务上；LBS 服务和移动定位技术等已经应用于公共安全服务、智能交通管理、物流配送等领域；联通公司提供的 CDMA 技术能精准地定位于五米之内。移动识别技术，如用智能手机识别二维条码、手机 RFID 的识别、手机上的指纹识别，也为企业和消费者带来了更丰富的体验。此外，WAP 应用也以更快捷的方式将各种互联网应用平移到手机上，将过去用 PC、互联网访问改为通过 WAP、手机访问原有电子商务系统，不需要再开发任何手机插件，使企业可以节省大量投资。

移动电话中集成了嵌入式条形码阅读器，这为移动商务带来了新鲜的风气。智能手持设备的显示屏有所改善，但是表格输入和原始数据输入依然是个问题，分辨率较高的显示屏以及具有条形码阅读功能会使移动设备增加用户的友善性。移动安全性成为一个热点问题，随着人们大量采用移动设备接入互联网，同时也更加关注类似于 PC 机的安全性问题，特别是采用移动通信设备进行数据共享以及移动设备功能的不断增加，这种安全性顾虑更加突出。

摩根士丹利集团在 2009 年 12 月发布的《移动互联网发展研究》报告中提出了计算技术发展周期的概念，每个技术发展周期一般持续 10 年，如图 1-2 所示。其实，2007 年就已进入了移动互联网周期，全世界移动互联网终端达到了 100 亿。移动互联网成为继桌面互联网之后的下一波浪潮，为移动电子商务的开展提供铺垫。到 2014 年左右，移动电子商务及其应用体系逐步形成，其业务范围已经渗透到社会的方方面面。在接下来的时间里，物联网、智能化、大数据等新兴技术的不断培育和发展，有望促进移动电子商务及其应用向更加广阔和深入的层级演进。

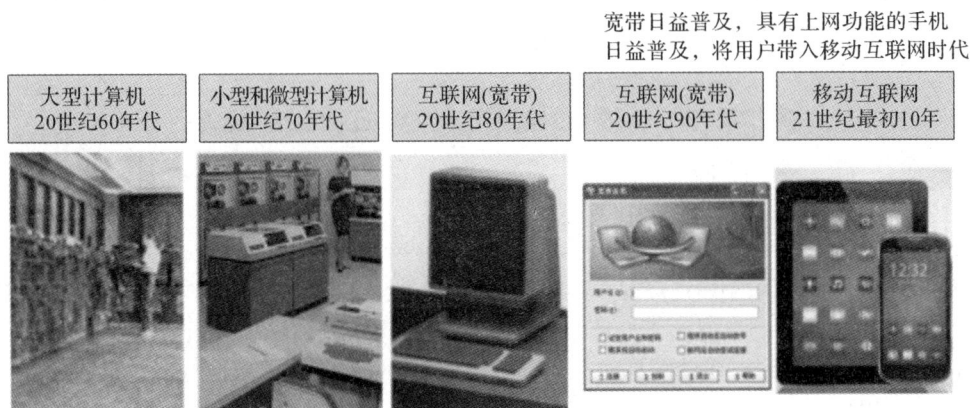

图 1-2　计算技术发展周期

根据国内三大运营商发布的数据，截至 2014 年第二季度，三大运营商的移动用户超过 4.2 亿，每日活跃的智能机用户数量也已超过 4 亿；用户平均每日使用智能机时长超过 150 分钟(不包括打电话和收发短信时间)，远远超越了桌面互联网的 100 分钟。基于智能机的移动互联网成为大势所趋。截至 2022 年 12 月末，中国移动 5G 套餐客户达 6.14 亿户，中国电信 5G 套餐客户达 2.68 亿户，中国联通 5G 套餐客户达 8.62 亿户。

随着时间和技术的发展，形成了桌面互联网、移动互联网和移动网这三个彼此独立又有一定关联的网络，它们共同支撑了移动电子商务的发展。三个网络的关系和特点如图 1-3 所示，移动互联网既继承了桌面互联网的开放协作的特征，又继承了移动网的实时性、隐私性、便携性、准确性、可定位等特点，并通过应用的形式实现了二者的完美结合。

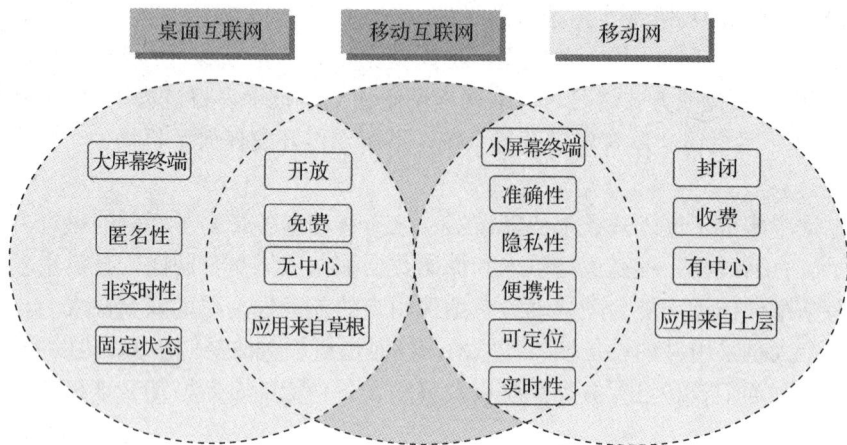

图 1-3　桌面互联网、移动互联网与移动网

从时间顺序来看，桌面互联网的内容发展路线图基本遵循了网络文学、门户资讯、网络游戏、网络音乐、在线视频、在线教育、直播秀场的顺序。这样的发展顺序来自于两方面力量的推动：需求端的刚需程度和供给端的网络速度。移动互联网的内容发展一定程度上复制了桌面互联网的路线。受制于移动网络的速率和资费限制，移动网络服务所能够提供的网络带宽一直无法满足广大移动网络用户的刚需增长。随着内置 Wi-Fi 功能智能终端的普及，在移动网络用户对内容的刚需推动下，低门槛、高性能、易使用的 Wi-Fi 无线局域网也成为移动互联网的一个重要组成部分。

第二节　移动电子商务应用的发展

一、移动电子商务的典型应用

移动电子商务形式多样，除从传统 PC 电子商务中扩展而来的服务外，还有许多新的形式不断被开发出来。目前，主要的移动电子商务应用可分为以下几种类型。

(1) **移动信息服务**。移动信息包括短信、彩信、QQ、微博和微信等多种形式的即时通信系统等，也包括移动搜索业务。

(2) **移动银行**。移动电子商务使用户能随时随地在网上安全地进行个人财务管理，用户可以使用移动终端核查账户、支付账单、进行转账以及接收付款通知等，进一步完善了因特网银行体系。

(3) **移动支付**。移动支付目前主要是利用手机实现小额支付或者移动条件下的支付，实现形式包括手机钱包、手机储值卡或预付费代缴费等。目前已有的应用有用手机购公交车票、火车票、飞机票，支付停车费，支付音乐下载费用、视频观看费用等。

(4) **移动购物**。移动购物是指在移动网络中开商店，出售商品与服务，如移动商街等。即兴购物是一大增长点，如订购鲜花、礼物、食品或快餐等。传统购物也可通过移动电子商务得到改进。例如，用户可以使用无线电子钱包等具有安全支付功能的移动设备，在商店里或自动售货机上进行购物。随着智能手机的普及，顾客可以通过移动通信设备进行手机购物，使购物更随意、更方便。如今比较流行的手机购物软件如掌店商城等，实现了手机下单和手机支付，同时也支持货到付款。

(5) **移动娱乐**。用户不仅可以从移动设备上收听音乐，还可以订购、下载或支付特定的曲目，并且可以在网上与朋友们玩交互式游戏及观看视频等。

(6) **移动学习**。移动学习是指采用微博、短信等形式开展碎片化学习，特别是借助移动终端在大自然中观看动植物，以及指导成年人即学即用地解决手头的问题，如车祸现场急救等。

(7) **移动医疗**。医疗产业的显著特点是每一秒钟对病人都非常关键，这方面十分适合于移动电子商务的开展。在紧急情况下，救护车可以作为治疗场所，而借助无线技术，救护车可以在移动的情况下同医疗中心和病人家属建立快速、动态、实时的数据交换，这对每一秒钟都很宝贵的紧急情况来说至关重要。在无线医疗的商业模式中，病人、医生、保险公司都可以获益，也会愿意为这项服务付费。这种服务能在时间紧迫的情形下，向专业医疗人员提供关键的医疗信息。

(8) **移动旅游**。移动电子商务对自助游的发展有着积极的意义，它不仅能满足人们自助旅游的需求，而且可以解决自助旅游者不跟团所出现的一系列问题。基于移动电子商务的自助游的发展对移动通信业和旅游业相关企业来说是个巨大的商业机遇。

(9) **移动企业应用**。移动企业应用包括面向企事业单位的移动办公、移动物流、移动后勤管理等，特别是移动客户关系管理、移动 ERP 企业资源计划、移动供应链管理等。

本书后面章节将逐一介绍各类移动商务应用。

二、移动电商与 O2O 商务模式的结合

1. 移动互联网的优势与不足

移动运营商和通信设备制造商将围绕着移动互联网进行大量宣传，因为它们已经在数据通信设备和运营许可证上投入了巨额资金。这些公司将倾尽全力唤醒用户的意识，并使他们接纳这一通信方式。随着大批商业应用服务投入运营，可以预见移动通信运营商会将其业务的销售对象从终端消费者转向企业用户，而那些能成功实现这一策略转变的运营商不但可以赢得市场份额，而且可以提高其每个用户的收入。可以说，移动互联网具有三大优势，能够辅助企业精准定位用户和产品，为用户和企业进行双向交流提供便捷手段，移动互联网各相关企业为这些应用提供了可扩展的软硬件支撑平台。

然而，移动互联网也存在一些不足。移动互联网缺乏具体的应用场景，各项活动都只能在网络的虚拟空间中开展，并不符合人们的生活和工作习惯。移动互联网不具备线上线下贯通的场景，各类活动都只是在线上进行，这样不便于企业进行更为广泛的数据采集。

2. O2O 商务模式的起源

O2O 的含义是 Online to Offline，即将线上流量引流到线下变现的一种商务模式。早期的 O2O 商务模式为团购，最初于 2008 年在美国诞生，2010 年 1 月由满座网将这种商业模式引入中国，随后短短的三四个月里中国就涌现出了上千家团购网站。

由于互联网在线上推广、用户流量引导方面所具备的先天优势，团购能在短时间内迅速集结大量用户，达到以数量换低价的商业模式，并通过短信、验证码等方式将线上客流引导到线下实体店中。

PC 互联网为 O2O 行业的诞生提供了土壤，却也无形中禁锢了 O2O 行业的发展，将 O2O 产业运营方式束缚在有限的空间中而无法抽身，而移动互联网下用户触媒习惯的改变为 O2O 插上了腾飞的翅膀。在移动互联网时代，智能移动终端设备和 LBS(Location Based Service，基于位置的服务)移动定位技术，能让用户在第一时间查看最符合用户体验的团购商品。此外，加入了移动支付、移动社交的移动 O2O，真正打通了线上支付和线下体验环节，让用户几乎在任意一个场景都能实现线上和线下渠道的融合，完成整个 O2O 交易的流程，大大降低了用户与商家的消费负担，使得团购这种商业模式越来越成熟，成为 O2O 比较重要的一种商业模式，也就是 Online to Offline。

O2O 的优势在于能够完美地打通线上线下，实现线上线下多场景互动。O2O 的不足在于较难解决用户数据收集、用户地理位置、支付环节等问题。除了 Online to Offline，O2O 还发展出了 Online to Online 和 Offline to Online 等另外两种运营模式。通俗地说，Online to Offline 是将线上流量引流到线下变现；Online to Online 是将线上资源进行分类整合，使营销更加精准，实现营销价值最大化；Offline to Online 是线下企业利用自身的渠道和终端资源将线下流量引到线上，实现线上联动机制。

3. O2O 商务模式对企业的影响

移动电子商务的出现使得 O2O 这种线上线下场景互动的电子商务模式得以长足发展，这种模式极大地影响着企业的经营形势，企业必须适时调整产品开发和营销体系以适应新的变化。移动互联网与 O2O 相互弥补共同构成的新型移动商务模型会成为电子商务发展的主流形态。

无论 O2O 的形态如何变化，评判 O2O 商业进度的效率通常都是四个维度：是否基于现场体验与服务，是否到店到柜实现价值交付，是否随机触发消费动机，是否贴近用户刚性需求和长尾需求。从以前让人们首次认知 O2O 的团购，到如今生活中随处可见的移动支付优惠(打车优惠、吃饭优惠等)，都逃脱不掉 O2O 的行业精髓(即引导线上客流到线下商家)，也走不出 O2O 最为常见的三大主要商业模式：团购、数字优惠券和在线预订。

企业实施 O2O 营销需要匹配四大基础才可能寻求到商业价值，这四大基础分别是支付工具、地图入口、生活服务信息和社交分享平台。这四大基础只有存在于同一生态中，才能让用户轻松快捷地通过线上寻找、选择实现购买与价值交付。缺少任何一个环节，都会在 O2O 营销价值尝试上举步维艰。我们所看到的互联网巨头们一系列铺天盖地的兼并收购，其核心就是为了打通 O2O 的四大基础环节而进行的战略布局，例如百度注资糯米和去哪儿网是为了丰富生活信息服务环节，阿里收购高德地图和腾讯入股搜搜地图是为了打通 LBS 地图定位环节，阿里注资新浪微博是为了丰富社交分享环节等。此外，百度推出百度钱包出击移动支付市场，目的也是完成百度实现 O2O 的支付环节，形成商业闭环。

O2O 营销模式使企业营销出现了急剧的变化，需要处理好消费者触点、顾客定位及商品分类等几个方面的问题。消费者触点指的是企业与消费者之间形成信息流或业务流从而产生的交互应用场景。在 O2O 商业模式中，消费者触点主要包括用 LBS 引导顾客，用图片故事让消费者欲罢不能。另一方面，正确做好顾客定位，需要根据顾客与企业关系的强弱，完整构建 O2O 营销的顾客定位模型。定位策略的核心是将客户群分类，根据不同的客户类型采取差异化的对话和互动。首先是采取差异化的对话地点，既有顾客可以通过微信和 APP 应用对话，社交可影响的顾客通过社交平台对话，自寻找客户可以通过地图导航或者平台级应用对话，完全陌生的客户则需要通过 HTML5 或移动 WAP 站点进行对话。其次是针对不同的客户实施差异化的内容营销。对于企业的不同商品分类，需要分清 PC 互联网与移动互联网应用场景的用户行为有何区别。企业需要思考"顾客在不同的 O2O 应用触点分别喜欢什么，顾客在应用触点通常需要什么样的产品与服务"，定期采取一定样本量进行调研，及时了解 O2O 营销活动的优势与不足。最后，企业也需要思考不同产品、服务品类在虚拟货架上的陈列模式。从顾客在线购买角度考虑，越是高价格的产品、服务组合越容易促成更高价格的交易。然而线下实际操作中，高价格的产品、服务组合会降低顾客的到店消费欲望。从支付角度看，匹配用户移动支付金额的产品会被优先考虑，应选择目标人群习惯的支付工具。企业需要结合产能与利润提炼出最适合 O2O 营销的产品品类，从而赢得更多的利润空间。

4. 消费者如何看待移动电子商务

消费者使用移动设备主要是获取信息而不是进行事务处理和交易。对消费者来说，他们主要使用手机获取信息，如电子邮件、股票行情、天气情况、旅行路线、航班信息及社交网络信息等。尽管这些服务并不代表直接的商业机会，但是在电子商务的引导下，这些业务有助于构建客户关系，并且创造间接的商业机会。

与通过移动设备进行商品采购等直接商业机会相比，间接商业机会的存在更加广泛。其中，广告一直是社会化媒体等内容服务的主要盈利模式，从报纸、电视等传统传媒，到互联网以及现在的移动互联网，众多的媒体公司依赖广告业务作为其主要盈利模式。在社交网络中，增值服务也是较为成熟的商业模式。增值服务在 PC 端就已经成为社交网络的一种重要盈利方式，随着社交网络向移动端的迁移，移动增值服务也顺理成章地成为了移动社交应用的一种重要的收入来源。

本 章 小 结

本章首先介绍了电子商务的基础知识，从狭义与广义两个角度分析了电子商务的概念，同时列举了其功能特征和分类；其次，从手机普及、手机上网用户数量的高速增长以及部分城市免费无线上网的例子入手，提出移动电子商务已经具有很好的应用基础，并进而明确了其具体概念及其特点和优势。最后，介绍了移动电子商务的应用类型及其今后的发展趋势。

练 习 题

1. 移动电子商务的基础是什么?

2. 列举几项你认为有价值、还未实现但有办法实现的移动电子商务应用,说明其理由。

3. 简述电子商务的 O2O 模式。

4. 移动电子商务与电子商务相比,有哪些显著的不同?

5. 移动电子商务应用有哪些主要类型?

6. 为何说移动电子商务与 O2O 商业模式能够相互促进?

7. 从营销的角度,判断以下企业行为属于"消费者触点、顾客定位、商品分类"这三种类别中的哪一种问题:

(1) 用定位功能引导顾客接触企业资源;

(2) 用图片故事让消费者欲罢不能;

(3) 使用动态可视化的数据呈现吸引消费者;

(4) 顾客通过微信和 APP 应用与企业互动;

(5) 自寻找客户通过地图导航或者平台级应用关注企业资源;

(6) 完全陌生的客户通过 HTML5 或移动 WAP 站点了解企业信息;

(7) 思考 PC 互联网与移动互联网应用场景的用户行为有何区别;

(8) 顾客在不同的 O2O 应用触点分别喜欢什么、需要什么样的产品与服务;

(9) 思考不同产品、服务品类在虚拟货架上的陈列模式。

第二章　移动电子商务技术基础

【学习目标】
- 了解移动通信技术、移动互联网的概念和特点；
- 了解移动通信终端、二维码、RFID 等技术。

【引例】

移动互联网的井喷式发展

在我国互联网的发展过程中，PC 互联网日趋饱和，移动互联网却呈现井喷式发展。2015 年 12 月底，中国手机网民超过 6.9 亿。伴随着移动终端价格的下降及 Wi-Fi 的广泛覆盖，移动网民呈现爆发式增长趋势。

移动互联网(Mobile Internet)是一种通过智能移动终端，采用移动无线通信方式获取业务和服务的新兴业务，包含终端、软件和应用三个层面。

(1) 终端层包括智能手机、平板电脑、电子书、MID 等；

(2) 软件层包括操作系统、中间件、数据库和安全软件等；

(3) 应用层包括休闲娱乐类、工具媒体类、商务财经类等不同应用与服务。

随着技术和产业的发展，LTE(长期演进，4G 通信技术标准之一)和 NFC(近场通信，移动支付的支撑技术)等网络传输层关键技术也将被纳入移动互联网的范畴之内。

随着宽带无线接入技术和移动终端技术的飞速发展，人们迫切希望能够随时随地方便地从互联网中获取信息和服务，移动互联网便应运而生并获得迅猛发展。然而，移动互联网在移动终端、接入网络、应用服务、安全与隐私保护等方面还面临着一系列的挑战。其基础理论与关键技术的研究，对于国家信息产业整体发展具有重要的现实意义。

从发展的结果看，游戏、广告和电商三个细分市场催生了中国 PC 互联网三巨头——百度(B)、阿里巴巴(A)、腾讯(T)。BAT 有资金、经验、技术和用户优势，加快了移动互联网建设的进程。

第一节　移动通信技术

随着社会经济的发展，移动通信得到更广泛的应用。我国移动通信技术起步虽晚，但是发展极其迅速。自 20 世纪 90 年代以来，包括中国在内的很多国家对移动通信的需求量经历了指数级的增长，并且这种需求量还会持续下去。经济全球化与信息网络化的快速推进，使现有的移动网络很难满足移动业务发展的需要。要适应发展，改进现有的移动通信技术就越来越迫切，一方面要求尽可能丰富的移动业务，以满足移动用户不断增长的业务需求；另一方面要求通过采用新技术不断提高系统的容量，以支持不断增长的移动用户数。

移动通信技术正是在这两种需求的驱动下不断发展的。

一、移动通信技术的发展

1. 什么是移动通信

移动通信(Mobile Communications)是指移动体之间或移动体与固定体之间的通信。移动体可以是人,也可以是汽车、火车、轮船、收音机等能够处于移动状态中的物体。

由于移动通信几乎集中了现有的各类最新技术成就,因此,移动通信所能交换的信息已不仅限于语音,一些非语音服务(如传真、数据、图像等)也纳入了移动通信的服务范围。同时,移动通信除了作为公用通信外,作为专业通信也已被普遍应用于社会的各个领域。交通运输、商业金融、新闻报道、公共安全、作战训练等各行各业都因为移动通信所带来的高效率而获益匪浅,它是用户能够随时随地快速而可靠地进行多种信息交换的一种理想通信形式,因此,移动通信和卫星通信、光纤通信一起被列为现代通信领域的三大新兴的通信技术手段。移动通信的特点如下:

(1) **移动性**。移动通信就是指物体在移动状态中的通信,因而它必须是无线通信或无线通信与有线通信的结合。

(2) **电波传播条件复杂**。移动体可能在各种环境中运动,电磁波在传播时会产生反射、折射、绕射、多普勒效应等现象,产生多径干扰、信号传播延迟和展宽等效应。

(3) **噪声和干扰严重**。噪声包括城市环境中的汽车火车噪声、各种工业噪声;干扰包括移动用户之间的互调干扰、邻道干扰、同频干扰等。

(4) **系统和网络结构复杂**。移动通信网络是一个多用户通信系统网络,必须使用户之间互不干扰,能协调一致地工作。此外,移动通信系统还应与市话网、卫星通信网、数据网等互连,整个网络结构很复杂。

(5) **要求频带利用率高,设备性能好**。移动通信系统对频带利用率要求较高,同时还要求通信设备有较好的性能。

2. 移动通信的发展历程

现代移动通信技术从 20 世纪初发展至今,经历了翻天覆地的变化。移动通信的发展历程如表 2-1 所示。

表 2-1　移动通信的发展历程

时　间	历　程	标　志
1897 年	伽利尔摩·马可尼所完成的无线通信试验是在一固定站与一艘拖船之间进行的,距离为 18 海里	揭开了世界移动通信历史的序幕
20 世纪 20 年代至 20 世纪 40 年代中期	在短波的几个频段上开发出了专用移动通信系统,其代表是美国底特律市警察使用的车载无线电系统	移动通信的起步阶段
20 世纪 40 年代中期至 20 世纪 60 年代中期	公用移动通信业务问世	实现了专用移动网向公用移动网的过渡

续表

时　间	历　　程	标　志
20世纪60年代中期至20世纪70年代中期	美国推出了改进型移动电话系统(IMTS, Improved Mobile Telephone Service)，使用150 MHz和450 MHz频段，实现了无线频道自动选择并能够自动接续到公用电话网	移动通信系统改进与完善阶段
20世纪70年代中期至20世纪80年代中期	美国贝尔试验室成功研制出了高级移动电话系统(AMPS, Advanced Mobile Phone System)，建成了蜂窝状移动通信网，大大提高了系统容量	第一代蜂窝移动通信系统发展起来
20世纪80年代中期至20世纪90年代后期	随着业务需求的日益增长，推出了数字移动通信系统，广泛使用 TDMA(Time Division Multiple Access，时分多址)技术的GSM系统和采用CDMA(Code Division Multiple Access，码分多址)的IS-95系统	移动通信跨入了第二代数字移动通信系统
20世纪90年代后期	在芬兰赫尔辛基召开的ITU TG8/1第18次会议上，最终确定了3类共5种技术标准作为第三代移动通信的基础，其中 WCDMA、CDMA 2000和TD-SCDMA是3G的主流标准	进入了第三代移动通信系统的阶段
2008年	国际电信联盟-无线电通信部门(ITU-R)制定了一组用于4G标准的要求，设置了4G服务的峰值速度，要求高速移动通信(如在火车和汽车上使用)速度达到 100 Mb/s，固定或低速移动通信(如行人和定点上网的用户)速度达到1 Gb/s	完善了第三代通信系统，向第四代移动通信系统发展
2013年2月	欧盟宣布将拨款5000万欧元加快5G移动技术的发展	第五代通信系统的起步
2017年12月	在国际电信标准组织3GPP RAN第78次全体会议上，5G NR首发版本正式发布，5G网络传输速度可提升至10 Gb/s	发展5G成为国际社会的共识，有利于提升移动互联网用户业务体验并催生工业互联网、车联网等新业态

3. 多址接入技术的演变

多址接入技术可以让多个用户同时接入基站，享受基站提供的通信服务，并保证用户之间的信号不会互相干扰。正是由于有了多址技术作为基石，才能够顺利确保现代移动通信网络能够支持大量用户的接入，共同享受大量而便利的移动应用，进而确保移动电子商务活动的开展。从发展历史上看，每一代通信系统都有自己独特的多址接入技术。

第一代移动通信系统采用频分多址 FDMA(Frequency Division Multiple Access)作为多址方式。FDMA利用不同频带来区分用户，即用户数据在不同频带上传输，从而避免其信号相互干扰。图2-1展示了这种依靠不同频带区分用户的方法，其中横轴(Frequency)表示用于移动通信的一段空中电磁波频带,将这段频带均匀地划分,从而支持了 6 个用户(User),每个用户占有一段带宽,这样就能确保这 6 个用户能够同时开展移动通信作业。

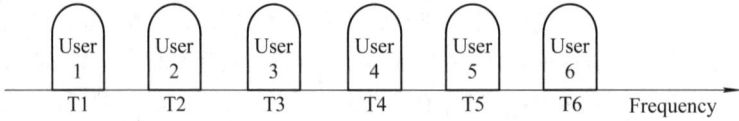

图 2-1　第一代移动通信系统依靠不同频带区分用户

由于依据电磁波频带划分的方式对于资源的利用率较低,在可用于移动通信的频带带宽有限的情况下,很难支持大规模的手机用户。因此从第二代移动通信系统 GSM(Global System for Mobile Communications)开始,就不断尝试开展各种方式的改进。GSM 采用了时分多址 TDMA(Time Division Multiple Access)作为多址接入方式,在同一频率范围内,利用不同时隙来区分用户,即用户数据在不同的时隙上传输,从而避免其信号相互干扰。这样在有限的移动通信频率范围内,就成倍地增加了移动用户的数量,如图 2-2 所示。

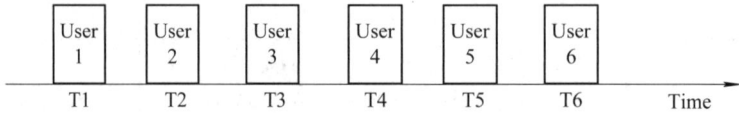

图 2-2　第二代移动通信系统在频带之上增加了时隙来区分用户

第二代移动通信系统 GSM 获得了巨大的成功,GSM 网络及其手机在国际上和我国均得到大规模应用。随之而来的就是码分多址 CDMA(Code Division Multiple Access)技术的使用,它是第三代移动通信系统的主要特征。CDMA 利用不同的码字区分用户,即用户数据用不同的码字进行编排,从而避免用户间信号的相互干扰。CDMA 经常与 TDMA、FDMA 一起使用,这样系统就能在同时、同频的无线资源上传输多个用户的数据,多个用户的数据靠不同的码字序列进行区分。以下例子可以进一步说明这一通信多址技术的原理。

设 A、B、C、D 为四个发射端的码字,代表了四个用户,分别为 A:(− 1 − 1 − 1 + 1 + 1 − 1 + 1 + 1); B:(− 1 − 1 + 1 − 1 + 1 + 1 + 1 − 1); C:(− 1 + 1 − 1 + 1 + 1 + 1 − 1 − 1); D:(− 1 + 1 − 1 − 1 − 1 − 1 + 1 − 1)。假设 A 发送数据 1,B 发送数据 0,C 不发送数据,D 发送数据 1,则

A • 1 = (− 1 − 1 − 1 + 1 + 1 − 1 + 1 + 1);

B • (− 1) = (1 1 − 1 + 1 − 1 − 1 − 1 + 1);

D • 1 = (− 1 + 1 − 1 − 1 − 1 − 1 + 1 − 1);

S = A • 1 + B • (− 1) + D • 1 = (− 1 + 1 − 3 + 1 − 1 − 3 + 1 + 1)。

接收侧收到码字序列 S 后,依次与各个码字相乘得到各个码字上承载的信号,即

S • A = (+1 − 1+3+1 − 1+3+1+1)/8 = 1,得知 A 发送 1;

S • B = (+1 − 1 − 3 − 1 − 1 − 3 + 1 − 1)/8 = − 1,得知 B 发送 0;

S • C = (+ 1 + 1 + 3 + 1 − 1 − 3 − 1 − 1)/8 = 0,得知 C 无发送;

S • D = (+ 1 + 1 + 3 − 1 + 1 + 3 + 1 − 1)/8 = 1,得知 D 发送 1。

通过这一计算,就实现了码分多址中发送端发送数据,及接收端对数据的还原操作。

第四代移动通信系统采用了正交频分复用 OFDM(Orthogonal Frequency Division Multiplex)作为多址接入方式。OFDM 在 FDMA 的基础上进一步压缩频带,提高频谱利用

率。用户之间的频带有所交叠，但不同用户的信号之间是正交的，从而实现了同时利用时域和频域来区分用户，如图 2-3 所示。

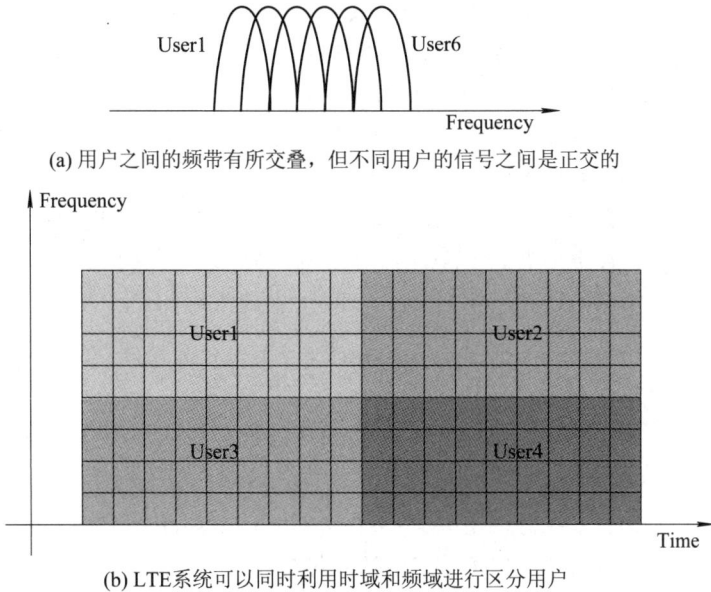

User1　　　　　　User6

Frequency

(a) 用户之间的频带有所交叠，但不同用户的信号之间是正交的

(b) LTE系统可以同时利用时域和频域进行区分用户

图 2-3　第四代移动通信系统(LTE)中的正交频分复用技术可以同时利用时域和频域区分用户

　　第五代移动通信系统的构建需要继续探索如何进一步提高移动网络承载能力和资源利用率，其中非正交多址接入 NOMA(Non-Orthogonal Multiple Access)是一个热门备选技术。NOMA 采用非正交的功率域来区分用户，使得用户之间的数据可以在同一个时隙，同一个频点上传输，而仅仅依靠功率的不同来区分用户，如图 2-4 所示，从而打破了第四代移动通信系统不同用户信号必须正交交叠的局限性。

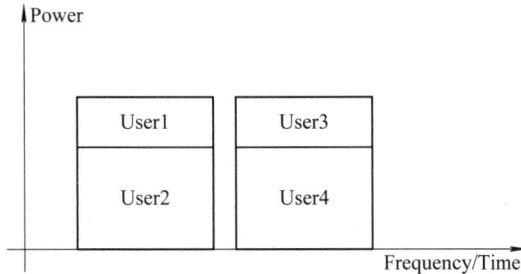

图 2-4　NOMA 非正交多址接入技术可以在相同时隙和频率上利用功率的不同来区分用户

二、主要的移动通信技术体系

1. 第一代移动通信技术

　　第一代移动通信技术(1G)是指最初的模拟、仅限语音的蜂窝电话标准，制定于 20 世纪 80 年代。北欧移动电话(NMT，Nordic Mobile Telephone)就是这样一种标准，应用于北欧、东欧以及俄罗斯。1G 标准还包括美国的高级移动电话系统(AMPS，Advanced Mobile Phone System)、英国的全入网通信系统(TACS，Total Access Communications System)以及法国的

Radiocom 2000 和意大利的 RTMI(Radio Telefono Mobile Integrato)。第一代移动通信主要采用的是模拟技术和频分多址(FDMA，Frequency Division Multiple Access)技术。在 FDMA 系统中，分配给用户一个信道，即一对频谱，其中一个频谱用作前向信道，即基站向移动台方向的信道；另一个频谱则用作反向信道，即移动台向基站方向的信道。这种通信系统的基站必须同时发射和接收多个不同频率的信号，任意两个移动用户之间进行通信都必须经过基站的中转，因而必须同时占用 2 个信道(2 对频谱)才能实现双向通信。频分多址是采用调频的多址技术。业务信道在不同的频段分配给不同的用户，如 TACS 系统、AMPS 系统等。频分多址是把通信系统的总频段划分成若干个等间隔的频道(也称信道)，分配给不同的用户使用。这些频道互不交叠，其宽度应能传输一路数字话音信息，而在相邻频道之间无明显的串扰。第一代移动通信有多种制式，我国主要采用的是 TACS。第一代移动通信有很多不足之处，如容量有限、制式太多、互不兼容、保密性差、通话质量不高、不能提供数据业务和不能提供自动漫游等。由于受到传输带宽的限制，不能进行移动通信的长途漫游，只能是一种区域性的移动通信系统。模拟蜂窝服务在许多地方正被逐步淘汰。

2. 第二代移动通信技术

第二代移动通信数字无线标准主要有：GSM(Global System for Mobile Communication，全球移动通信系统)、D-AMPS、PDC 和 IS-95 CDMA 等。第二代移动通信系统在引入数字无线电技术以后，数字蜂窝移动通信系统提供了更好的网络，不仅改善了语音通话质量，提高了保密性，防止了并机盗打，而且为移动用户提供了无缝国际漫游。

GSM 系统主要由移动台(MS，Mobile Station)、移动网子系统(NSS，Network Sub System)、基站子系统(BSS，Base station Sub System)和操作支持子系统(OSS，Operation Sub System)四部分组成，如图 2-5 所示。

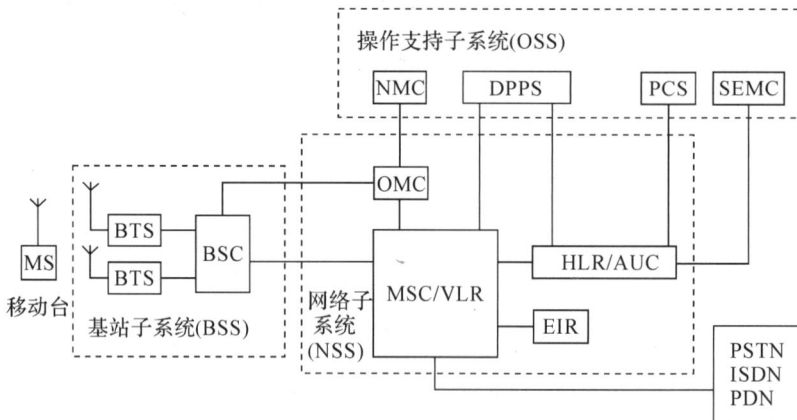

图 2-5 GSM 系统结构图

图 2-5 中，BTS(Base Station Transceiver Station)为基站收发信台，BSC(Base Station Controller)为基站控制器，MSC 为移动交换中心，HLR(Home Location Register)为归属位置寄存器，VLR(Visitor Location Register)为拜访位置寄存器，AUC(Authentication Center)为认证(鉴权)中心，EIR(Equipment Identity Register)为设备标志寄存器，NMC(Network Management)为网络管理中心，DPPS(Data Post Process System)为数据后处理系统，SEMC(Security Management Center)为安全管理中心，OMC(Operation and Maintenance Center)为操作维护中

心，PSTN(Public Telephone Switch Network)为公共交换电话网，ISDN(Integrated Services Digital Network)为综合业务数字网，PDN(Public Data Network)为公共数据网。

移动台(MS)是公用 GSM 移动通信网中用户使用的设备，也是用户能够直接接触的整个 GSM 系统中的唯一设备。移动台的类型不仅包括手持台，还包括车载台和便携式台。随着 GSM 标准的数字式手持台进一步小型、轻巧和多功能化的发展，手持台的用户将占整个用户的极大部分。

基站子系统(BSS)是 GSM 系统中与无线蜂窝方面关系最直接的基本组成部分。它通过无线接口直接与移动台连接，负责无线发送接收和无线资源管理。另一方面，基站子系统与网络子系统(NSS)中的移动业务交换中心(MSC，Mobile Switching Center)相连，实现移动用户之间或移动用户与固定网络用户之间的通信连接，传送系统信号和用户信息等。要对 BSS 部分进行操作维护管理，还要建立 BSS 与操作支持子系统(OSS)之间的通信连接。

移动网络子系统(NSS)主要包含 GSM 系统的交换功能和用于用户数据与移动性管理、安全性管理所需的数据库功能，它对 GSM 移动用户之间的通信和 GSM 移动用户与其他通信网用户之间的通信起着管理作用。NSS 由一系列功能实体构成，整个 GSM 系统内部，即 NSS 的各功能实体之间以及 NSS 与 BSS 之间都通过符合 CCITT 信令系统 No.7 协议和 GSM 规范的 7 号信令网络互相通信。

操作支持子系统(OSS)需完成许多任务，包括移动用户管理、移动设备管理以及网络操作和维护。

GSM 是当前应用最广泛的移动电话标准，全球超过 200 个国家和地区、超过 10 亿人正在使用 GSM 电话，其技术具有以下特点：

(1) **频谱效率**。由于采用了高效调制器、信道编码、交织、均衡和语音编码技术，因此系统具有高频谱效率。

(2) **容量**。由于每个信道传输带宽都有所增加，故 GSM 系统的同频复用模式可以缩小到 4/12 或 3/9 甚至更小(模拟系统为 7/21)，加上半速率话音编码的引入和自动话务分配减少了越区切换的次数，使 GSM 系统的容量效率(每兆赫每小区的信道数)比 TACS 系统提高了 3～5 倍。

(3) **话音质量**。鉴于数字传输技术的特点以及 GSM 规范中有关空中接口和话音编码的定义，在门限值以上时，话音质量总是达到相同的水平而与无线传输质量无关。

(4) **开放的接口**。GSM 标准所提供的开放性接口，不仅限于空中接口，而且适用于网络中各设备的实体之间，例如 A 接口和 Abis 接口。

(5) **安全性**。通过鉴权、加密和 TMSI(Temporary Mobile Subscriber Identity，临时识别码)的使用，达到了安全的目的。鉴权用来验证用户的入网权利；加密用于空中接口，由 SIM 卡和网络 AUC 的密钥决定；TMSI 是一个由业务网络给用户指定的临时识别码，以防止有人跟踪而泄漏其地理位置。

(6) **与 ISDN、PSTN 等的互联**。与其他网络的互联通常利用现有的接口，如 ISUP 或 TUP 等。此外，在 SIM 卡基础上实现了漫游。漫游是移动通信的重要特征，它标志着用户可以从一个网络自动进入另一个网络。全球移动通信系统可以提供全球漫游，当然也需要网络运营者之间的某些协议，例如计费协议。

以 IS-95 为代表的 CDMA 系统具有与 GSM 系统类似的网络体系结构，一般由移动交换中心(MSC)、基站系统(BBS)、移动台(MS)、管理维护中心(OSC)以及公共市话网(PSTN)和综合业务数字网(ISDN)等组成，CDMA 如图 2-6 所示。

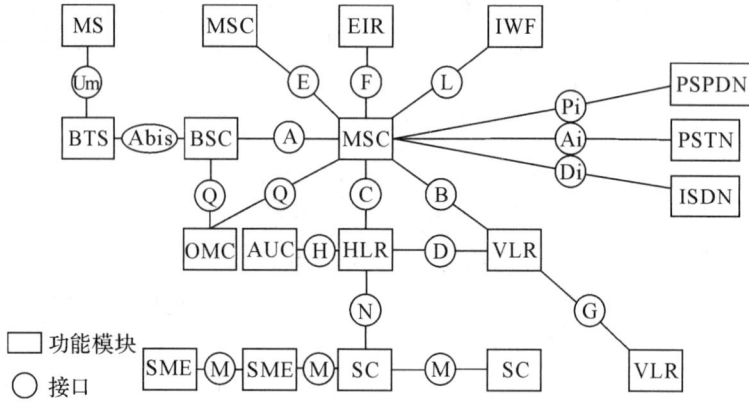

图 2-6　CDMA 系统结构图

3. 第二代半移动通信技术

第二代半移动通信技术即 2.5G，是指介于 2G 和 3G 之间的(过渡性)移动通信技术。2.5G 移动通信技术是从 2G 迈向 3G 的衔接性技术。由于 3G 是个相当浩大的工程，牵扯的层面多且复杂，难以从 2G 立马迈向 3G，因此出现了介于 2G 和 3G 之间的 2.5G。HSCSD、GPRS、EDGE、WAP、EPOC 等技术都是 2.5G 技术。

(1) HSCSD(High Speed Circuit Switched Data)——高速电路交换数据。这是 GSM 网络的升级版本，能够透过多重时分同时进行传输，将传输速度提升二至三倍。目前新加坡 M1与新加坡电信的移动电话都采用 HSCSD 系统，其传输速度能够达到 57.6 kb/s。

(2) GPRS(General Packet Radio System)——通用分组无线业务。GPRS 是封包交换数据的标准技术。由于具备立即联机的特性，对于使用者而言，GPRS 可以随时都在上线的状态。GPRS 技术也让服务业能够依据数据传输量来收费，而不是单纯地以联机时间计费。这项技术与 GSM 网络配合，传输速度可以达到 115 kb/s。

(3) EDGE(Enhanced Data Rate for GSM Evolution)——增强型数据 GSM 演进技术。完全以目前的 GSM 标准为架构，不但能将 GPRS 的功能发挥到极限，还可以通过目前的无线网络提供宽频多媒体的服务。EDGE 的传输速度可以达到 384 kb/s，能够应用在诸如无线多媒体、电子邮件、网络信息娱乐以及电视会议上。

(4) WAP(Wireless Application Protocol)——无线应用协议。WAP 是移动通信与互联网结合的第一阶段性产物。这项技术让使用者可以用手机之类的无线装置上网，通过小型屏幕"遨游"在各个网站之间。而这些网站也必须以 WML(Wireless Markup Language，无线标记语言)编写，相当于国际互联网上的 HTML(Hypertext Markup Language，超文本标记语言)。

(5) EPOC(Epoch of Personal Convenience)操作系统。EPOC 是由 Symbian 开发的一种能够让移动电话摇身一变成为无线信息装置(例如智能电话)的操作系统，可满足使用者对于数据传输的需求。它支持信息传送、网页浏览、办公室作业、公用事业以及个人信息管理(PIM，Personal Information Management)的应用，也可以与个人计算机和服务器做同步的沟通。

4. 第三代移动通信技术

第三代移动通信技术简称 3G，是一种真正意义上的宽带移动多媒体通信技术，能提供高质量的宽带多媒体综合业务，并且实现了全球无缝覆盖和全球漫游，数据传输速度高达 2 Mb/s，其容量是第二代移动通信技术的 2～5 倍。

3G 标准有 WCDMA(欧洲版)、CDMA2000(美国版)、TD-SCDMA(中国版)和 WIMAX。国际电信联盟(ITU, International Telecommunication Union)在 2000 年 5 月确定了 WCDMA、CDMA2000、TD-SCDMA 三大主流无线接口标准，并写入了 3G 技术指导性文件《2000 年国际移动通信计划》(简称 IMT—2000)。2007 年，WiMAX 亦被接受为 3G 标准之一。CDMA 是 Code Division Multiple Access(码分多址)的缩写，是第三代移动通信系统的技术基础。第一代移动通信系统采用频分多址(FDMA)的模拟调制方式,这种系统的主要缺点是频谱利用率低,信号干扰语音业务。第二代移动通信系统主要采用时分多址(TDMA)的数字调制方式,提高了系统容量,并采用独立信道传送信号,使系统性能大大改善,但 TDMA 的系统容量仍然有限,越区切换性能仍不完善。而 CDMA 系统以其频率规划简单、系统容量大、频率复用系数高、抗多径能力强、通信质量好、软容量、软切换等特点显示出巨大的发展潜力。下面分别介绍 3G 的几种标准。

(1) W-CDMA。W-CDMA 也称为 WCDMA，全称为 Wideband CDMA，也称为 CDMA Direct Spread，意为宽频分码多重存取，这是基于 GSM 网发展出来的 3G 技术规范，是欧洲提出的宽带 CDMA 技术，与日本提出的宽带 CDMA 技术基本相同，目前正在进一步融合。W-CDMA 的支持者主要是以 GSM 系统为主的欧洲厂商，日本公司也或多或少参与其中，包括欧美的爱立信、阿尔卡特、诺基亚、朗讯、北电，以及日本的 NTT、富士通、夏普等厂商。该标准提出了 GSM(2G)—GPRS—EDGE—WCDMA(3G)的演进策略。这套系统能够架设在现有的 GSM 网络上，对于系统提供商而言可以较容易地过渡。在 GSM 系统相当普及的亚洲，对这套新技术的接受度相当高。因此 W-CDMA 具有先天的市场优势。

(2) CDMA 2000。CDMA 2000 是由窄带 CDMA(IS95)技术发展而来的宽带 CDMA 技术，也称为 CDMA Multi-Carrier，它由美国高通北美公司主导提出，摩托罗拉、Lucent 和韩国三星共同参与，而韩国现在已成为该标准的主导者。这套系统是从窄频 CDMAOne 数字标准衍生出来的，可以从原有的 CDMAOne 结构直接升级到 3G，建设成本低廉。因为目前使用 CDMA 的地区只有日本、韩国和北美，所以 CDMA 2000 的支持者没有 W-CDMA 多，不过 CDMA 2000 的研发技术却是目前各标准中进度最快的。该标准提出了 CDMA IS95(2G)—CDMA 20001x—CDMA 20003x(3G)的演进策略。CDMA 20001x 被称为 2.5 代移动通信技术。CDMA 20003x 与 CDMA 20001x 的主要区别在于应用了多路载波技术，通过采用三路载波，使带宽提高。

(3) TD-SCDMA。TD-SCDMA 全称为 Time Division-Synchronous CDMA(时分同步 CDMA)，是由中国大陆独自制定的 3G 标准。1999 年 6 月 29 日，TD-SCDMA 由中国原邮电部电信科学技术研究院(大唐电信)向 ITU 提出,但技术发明始于西门子公司。TD-SCDMA 具有辐射低的特点,被誉为绿色 3G。该标准将智能无线、同步 CDMA 和软件无线电等当今国际领先技术融于其中，在频谱利用率和业务支持具有频率灵活性及成本低等方面具有独特优势。由于中国内地市场庞大，该标准受到各大主要电信设备厂商的重视，全球一半以上的设备厂商都宣布可以支持 TD-SCDMA 标准。此外，该标准提出不经过 2.5 代的中间环节，直接向 3G 过渡，非常适用于 GSM 系统向 3G 升级。军用通信网也是 TD-SCDMA 的核心任务。

(4) WiMAX。WiMAX 的全名是全球微波互联接入(Worldwide Interoperability for Microwave Access)，又称为 802·16 无线城域网，是又一种为企业和家庭用户提供的"最后一英里"的宽带无线连接技术。由于成本较低，此技术与需要授权或免授权的微波设备相结合之后，扩大了宽带无线市场，改善了企业与服务供应商的认知度。2007 年 10 月 19 日，在日内瓦举行的国际电信联盟会议上，WiMAX 正式被批准成为继 WCDMA、CDMA 2000 和 TD-SCDMA 之后的第四个全球 3G 标准。

中国已经成为全球最大的移动通信消费国。2008 年中国移动通信用户已经超过 6 亿，手机新闻、手机博客、手机收发邮件等一系列移动互联网的新发展得到普及，然而这一切都仅仅被应用于个人。移动商务的应用需求越来越迫切，使企业通过移动互联网实现企业与用户之间的信息互动，并由此开展深层次、全方位的应用是当时企业的最大需求。伴随工业和信息化部的成立，3G 中国的启动成为下一步以信息化带动工业化的重要举措。

2009 年 1 月 7 日，工业和信息化部为中国移动、中国电信和中国联通发放了三张第三代移动通信(3G)牌照，标志着我国正式进入 3G 时代。其中，批准中国移动增加了基于 TD-SCDMA 技术制式的 3G 牌照(TD-SCDMA 为我国拥有自主产权的 3G 技术标准)，中国电信增加了基于 CDMA 2000 技术制式的 3G 牌照，中国联通增加了基于 WCDMA 技术制式的 3G 牌照。TD-SCDMA(时分同步码分多址)为中国自主研发的 3G 标准，目前已被国际电信联盟接受，与 WCDMA(宽带码分多址)和 CDMA 2000 合称世界 3G 的三大主流标准。

5. 第四代移动通信技术

继第三代移动通信技术(3G)之后，以 LTE(Long Term Evolution，长期演进)为标志的 4G(第四代移动通信技术)已在世界范围内蓬勃发展。TD-LTE 作为我国具有自主知识产权的 3G(TD-SCDMA)后续演进技术，已经正式被列为第四代移动通信两大国际主流技术标准之一。TD-LTE 具有高速度、低延时的技术特性，理论下载速度超过 100 Mb/s，是 TD-SCDMA 网络速度的 10 倍，是继 TD-SCDMA 技术之后的又一重大突破，标志着我国信息通信产业已跻身国际领先行列。4G 系统的网络结构如图 2-7 所示。

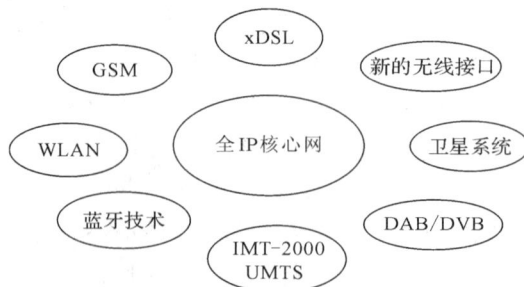

图 2-7　4G 系统的网络结构

如果说 2G、3G 通信对于人类信息化的发展微不足道的话，那么 4G 通信就使人们真正实现了沟通自由，并彻底改变了人们的生活方式甚至社会形态。4G 通信具有以下特征。

(1) **通信速度更快**。从移动通信系统数据传输速度方面来说，第一代模拟式仅提供语音服务；第二代数字式移动通信系统传输速度也只有 9.6 kb/s，最高可达 32 kb/s，如 PHS；而第三代移动通信系统数据传输速度可达到 2 Mb/s；第四代移动通信系统可以达到 10 Mb/s 至 20 Mb/s，甚至最高可以达到 100 Mb/s 的速度。

(2) **网络频谱更宽**。要想使 4G 通信达到 100 Mb/s 的传输速度，通信运营商必须在 3G 通信网络的基础上，进行大幅度的改造和研究，以便使 4G 网络在通信带宽上比 3G 网络的蜂窝系统的带宽高出许多。据研究，每个 4G 信道会占有 100 MHz 的频谱，相当于 W-CDMA 3G 网络的 20 倍。

(3) **通信更加灵活**。从严格意义上说，4G 手机的功能已不能简单划归电话机的范畴，毕竟语音资料的传输只是 4G 移动电话的功能之一，因此 4G 手机更应该是一台小型电脑。4G 通信使人们不仅可以随时随地通信，也可以双向下载传递资料、图画、影像等，还可以和从未谋面的陌生人网上连线对打游戏。

(4) **智能性能更高**。第四代移动通信的智能性能更高，不仅表现于 4G 通信的终端设备的设计和操作具有智能化，例如对菜单和滚动操作的依赖程度会大大降低，更重要的是 4G 手机可以实现许多难以想象的功能，例如 4G 手机能根据环境、时间以及其他设定的因素来适时地提醒手机的主人此时该做什么事，不该做什么事。4G 手机可以把电影院票房资料直接下载到掌上电脑上，售票情况、座位情况清清楚楚，大家可以根据这些信息在线购买自己满意的电影票。4G 手机还可以随时观看体育比赛之类的各种现场直播。

(5) **实现更高质量的多媒体通信**。尽管第三代移动通信系统也能实现各种多媒体通信，但 4G 通信能满足第三代移动通信尚不能达到的覆盖范围、通信质量、造价上支持的高速数据和高分辨率多媒体服务的需求。第四代移动通信系统提供的无线多媒体通信服务，包括语音、数据、影像等大量信息可通过宽频的信道传送出去，为此第四代移动通信系统也称为多媒体移动通信。

(6) **频率使用效率更高**。相比第三代移动通信技术，第四代移动通信技术在开发研制过程中使用和引入了许多功能强大的突破性技术。例如一些光纤通信产品公司为了进一步提高无线因特网的主干带宽宽度，引入了交换层级技术，这种技术能同时涵盖不同类型的通信接口，也就是说第四代主要运用路由技术(Routing)为主的网络架构。由于利用了几项不同的技术，所以无线频率的使用比第二代和第三代系统有效得多。

(7) **通信费用更加便宜**。由于 4G 通信不仅解决了与 3G 通信的兼容性问题，让更多现有的通信用户能轻易地升级到 4G，而且还引入了许多尖端的通信技术保证了 4G 通信能提供一种灵活性非常高的系统操作方式。因此相对其他技术来说，4G 通信部署起来就容易得多。

6. 第五代移动通信技术

第五代移动通信技术(5G)是以用户体验为中心的新型融合网络，是对之前无线接入技术的演进和补充，并且为人类社会提供更加全面、安全、高速、自由的通信服务。这些服务不但包含人与人之间、人与物之间，还包括物与物之间的联通，比如：物联网的广泛应用与推广、移动 M2M 连接、汽车、医疗和其他机器设备的应用。5G 网络具有以下特点：

(1) **超高速率**。5G 具有超大带宽传输能力，峰值数据传输速率可达到 10 Gb/s，是 4G LTE 蜂窝网络数据传输速率的 100 倍左右。因此 5G 网络可以实现无卡顿观看高清视频以及虚拟现实顺畅体验。

(2) **超低时延**。5G 的响应速度较 4G 更快，空中接口时延可低至 1 毫秒。这一特质为实现 4G 时代下无法实现的自动驾驶、工业自动化等新兴技术提供了基础和可能性。

(3) **海量连接**。5G 极大地扩充了网络容量，每平方公里可支持百万台设备同时连接，使得"万物互联"照进现实，为打造物联网(IoT，Internet of Things)奠定了坚实基础。未来，物联网的连接规模将达到 10 万亿。

5G 为实现超高的传输速率和超大带宽，所使用的主频谱以 3.5 GHz 为主，扩展频段更是达到了毫米波的级别，即电磁波的波长以毫米为单位，远高于 4G 在 700 MHz～2600 MHz 的频谱范围。频谱越高，则波长越短，穿过障碍物的能力也大大减弱，因此在覆盖相同区域的情况下，5G 所需的基站数量远高于 4G。这些技术革新也带来了更为广泛的产业链条，可大致划分为上游 5G 网络基础设施建设、下游应用产业及运营商两大板块。在 5G 技术研发和发展初期，最重要的环节是基础设施的建设，即 5G 基建，主要指负责接入网的 5G 基站及其配套设备的建设，包括铁塔、有源天线、射频器件、PCB(印制电路板)、芯片、光纤光缆以及光模块等。

5G 技术及其产业链的发展能够极大地推动经济增长。美国高通公司委托 HIS Markit 于 2019 年更新的《5G 经济》研究报告中表明，预计到 2035 年 5G 将在全球创造 13.2 万亿美元的经济产出，5G 全产业链将创造 2230 万个工作岗位，是目前同等经济产出水平所支持的工作岗位数量的 3 倍有余。中国信通院发布的数据也显示，预计到 2030 年 5G 技术及其产业链将为我国带来 6.35 万亿元的直接经济产出、10.63 万亿元的间接经济产出，同时直接创造 800 万个就业岗位、间接创造 1150 万个就业岗位，届时 5G 对我国 GDP 的直接贡献将达到 2.93 万亿元。

我国高度支持 5G 的发展，并将 5G 纳入了国家战略，在《"十三五"规划纲要》《国家信息化发展战略纲要》等政策文件中均对推动 5G 技术的发展作出了明确部署。各级政府部门也密集出台政策文件鼓励 5G 的发展，推动各级部门和企业积极布局 5G 全产业链。经过几年的积极筹备和技术积累，现已取得初步成效，我国已具备成为全球范围内 5G 技术的领跑者的竞争优势，并且在我国政府规划指导下完成了全球首个 5G 测试项目。

2019 年 6 月 6 日，工信部正式向三大运营商发放 5G 商用牌照，标志着我国进入 5G 商用元年。截至 2019 年末，我国已建成 4G 基站共 544 万座，三大运营商累计投资额超万亿元。预计到 2025 年，我国 5G 网络建设累计投资额将达到 1.2 万亿元，并有望发展成为全球最大的 5G 市场。

第二节 移动互联网技术

移动互联网是指将移动通信和互联网结合起来形成一体，用户利用智能手机和平板电脑等移动智能终端，可以通过移动网络获取通信服务和网络服务。

一、无线远距离通信系统

1. 无线通信系统

无线通信系统是指利用电磁波在空间的传播完成信息传输的系统。一个基本的无线通信系统由信源、发射机、接收机、信宿和无线信道组成，如图2-8所示。

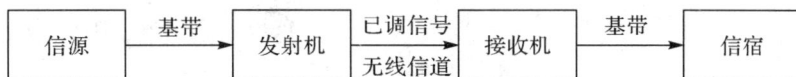

图 2-8　无线通信系统

随着科学技术的迅猛发展，无线通信技术得到了快速发展，并具有以下几个特点。

(1) **成本低廉**。有线通信方式的建立必须架设电缆或挖掘电缆沟，因此需要大量的人力和物力；而用无线数传电台建立专用无线数据传输方式则无须架设电缆或挖掘电缆沟，只需要在每个终端连接无线数传电台和架设适当高度的天线就可以了。相比之下，用无线数传模块建立专用无线数据传输方式，节省了人力物力，投资费用大大降低。

(2) **建设工程周期短**。当需要把相距数公里甚至数十公里的远程站点相互连接通信的时候，如果采用有线方式，则必须架设长距离的电缆或者挖掘长的电缆沟，可能需要耗费数月的时间；而用数传模块建立专用无线数据传输的方式，只需要架设适当高度的天线，工期只需几天或者几周就可以。相比之下，无线方式可以迅速组建起通信链路，工程周期大大缩短。

(3) **适应性好**。有线通信的局限性太大。遇到一些特殊的环境，比如山地、湖泊、林区等特殊的地理环境，或者移动物体等布线比较困难的应用环境时，对有线网络的布线工程有着极强的制约力，而建立无线数据传输方式将不受这些限制。

(4) **扩展性好**。在用户组建好一个通信网络之后，常会因为系统的需要而增加新的设备。如果采用有线的方式，既需要重新布线，而且还有可能破坏原来的通信线路。但是如果采用无线数据传输方式，只需将新增设备与无线数传电台相连接就可以了。

(5) **设备维护上更容易实现**。有线通信链路的维护需沿线路检查，出现故障时，一般难以及时找出故障点。而采用无线数据传输方式只需维护数传模块，出现故障时能快速找出原因，恢复线路正常运行。

2. 无线网络

无线网络(Wireless Network)是采用无线通信技术实现的网络。无线网络既包括允许用户建立远距离无线连接的全球语音和数据网络，也包括为近距离无线连接进行优化的红外线技术及射频技术。与有线网络的用途十分类似，无线网络最大的不同在于传输媒介的不同，利用无线电技术取代网线，可以和有线网络互为备份。

整个无线网络可以划分为四个范畴：无线广域网(WWAN，Wireless Wide Area Network)、无线城域网(WMAN，Wireless Metropolitan Area Network)、无线局域网(WLAN，Wireless Local Area Networks)和无线个域网(WPAN，Wireless Personal Area Network)。其中无线广域网和无线城域网属于无线远距离通信系统范畴，另外两个属于无线近距离通信系统。

无线广域网(WWAN)是采用无线网络把物理距离极为分散的局域网(LAN)连接起来的通信方式。WWAN连接地理范围较大，常常是一个国家或是一个洲，其目的是让分布较远的各局域网互联。其结构分为末端系统(两端的用户集合)和通信系统(中间链路)两部分，典型应用有电力系统、医疗系统、税务系统、交通系统、银行系统、调度系统等领域。图2-9所示是基于Internet的无线广域网结构。

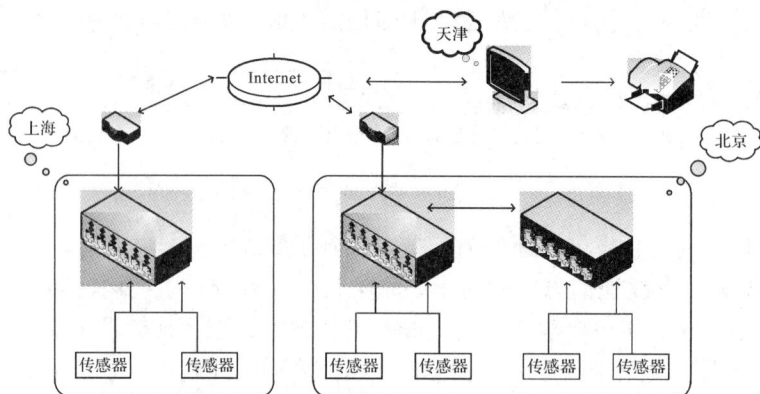

图 2-9　基于 Internet 的无线广域网结构

　　无线城域网(WMAN)是连接数个无线局域网的无线网络形式，其推出是为了满足日益增长的宽带无线接入(BWA，Broadband Wireless Access)市场需求。虽然多年来 802.11x 技术一直与许多其他专有技术一起被用于 BWA，并获得了很大成功，但是 WLAN 的总体设计及其提供的特点并不能很好地适用于室外的 BWA 应用。当其用于室外时，在带宽和用户数方面将受到限制，同时还存在着通信距离等其他一些问题。基于上述情况，IEEE 决定制定一种新的、更复杂的全球标准，这个标准应能同时解决物理层环境(室外射频传输)和 QoS 两方面的问题，以满足 BWA 和"最后一英里"接入市场的需要。

　　WMAN 的覆盖范围为 3～5 千米，点到点链路的覆盖可以高达几十千米。其主要技术标准包括：

　　(1) LMDS(Local Multipoint Distribution Services)，点到多点的宽带固定无线接入技术。

　　(2) MMDS(Multichannel Microwave Distribution System)，无线微波传送有线电视技术。

　　(3) WiMAX(World Interoperability for Microwave Access)，802.16 宽带无线接入技术。

　　这些技术使得无线城域网能够覆盖城市及其郊区范围的分布节点之间传输信息的本地无线网络，并且可以实现语音、数据、图像、多媒体、IP 等多业务的接入服务。

二、无线近距离通信系统

　　无线局域网(WLAN)和无线个域网(WPAN)属于无线近距离通信系统。

1. 无线局域网

　　无线局域网(WLAN)是相当便利的数据传输系统，它利用射频(RF，Radio Frequency)技术，用电磁波取代了双绞铜线(Coaxial)所构成的局域网络，在空中进行通信连接。

　　无线保真(Wireless Fidelity，简记为 Wi-Fi)是一种无线连接协议，也是实现 WLAN 的主要方式和途径。Wi-Fi 属于在办公室和家庭中使用的短距离无线技术，可以将个人电脑、手持设备(如 PAD、手机)等终端以无线方式互相连接，通常使用 2.4G UHF 或 5G SHF ISM 射频频段。连接到无线局域网通常是有密码保护的，但也可是开放的，这样就允许任何在 WLAN 范围内的设备可以连接上。目前可使用的标准有两个，分别是 IEEE 802.11a 和 IEEE802.11b。Wi-Fi 的最大优点就是传输速度较高，可以达到 11 Mb/s；另外它的有效距离也很长，同时也与已有的各种 802.11 直接序列展频技术(DSSS，Direct Sequence Spread

Spectrum)设备兼容。英特尔笔记本电脑的迅驰(Centrino)技术就是基于该标准的。IEEE 802.11b 无线网络规范最高带宽为 11 Mb/s，在信号较弱或有干扰的情况下，带宽可调整为 5.5 Mb/s、2 Mb/s 和 1 Mb/s，带宽的自动调整，有效地保障了网络的稳定性和可靠性。其主要特性为：速度快，可靠性高，在开放性区域通信距离可达 305 米，在封闭性区域通信距离为 76 米到 122 米，方便与现有的有线以太网络整合，组网的成本更低。

随着智能手机的迅速普及和移动电子商务借势线上线下的高度融合，大众对公共区域免费 Wi-Fi 覆盖的呼声越来越高。国内 Wi-Fi 运营模式主要有盒子模式、车厢模式、港口模式和商圈模式、公益模式等几种。

(1) 盒子模式是 Wi-Fi 运营商利用中小商家(餐饮娱乐商家为主)已有宽带，通过免费或有偿提供带有广告宣传页面的路由器(或机顶盒)，实现对城市零散 Wi-Fi 资源的整合和整体运营。在盒子模式中，如支付宝免费 Wi-Fi 计划，Wi-Fi 运营商主要获取广告、支付等收益，而商家可从 Wi-Fi 运营商提供的广告路由器(或机顶盒)中获得信息推送、接入点餐、支付等各种 O2O 应用，但需自行支付宽带费用。

(2) 车厢模式是 Wi-Fi 运营商通过设备将基础电信运营商基站的信号转换为车厢内的 Wi-Fi 信号(LTE-Fi)，实现对公交车、地铁、高铁等交通工具的"移动覆盖"。如 16 Wi-Fi 等，其优点是投资小、辐射人群多、用户使用率高，可借此优势获得稳定的广告收益。

(3) 港口模式是 Wi-Fi 运营商在机场、火车站等城市出入港公共场所实施 Wi-Fi 覆盖和商用的模式。如 Airport Free Wi-Fi 等，采用专线和专业 AP 对售票大厅、候机大厅、候车大厅和广场等进行覆盖。该模式主要以 Wi-Fi 综合门户应用(新闻、手游、视频等)的形式进行商用。

(4) 商圈模式是 Wi-Fi 运营商与城市信息基础设施建设方(基础电信运营商)基于某种商业模式，通过光纤专线接入、商圈级 AP 热点建设实现对商圈中各大型商业体的城市级 Wi-Fi 覆盖和商用，为各大商圈中的购物中心、百货、超市、品牌店、餐饮、休闲、娱乐等商家提供线上线下"双店"(实体店 + 网店)一体化运营平台服务。

(5) 公益模式是采用运营商建设、政府适当补贴维护费和流量费的公益模式，运营商注重统计取样、大数据挖掘和创新商业模式抵冲建设投资和运维成本。这种模式的 Wi-Fi 网络免费开通，可以作为城市面向市民服务的重要信息化平台，逐步整合各部门的相关公共信息资源，起到惠民工程的效果。

2. 无线个域网

无线个域网(WPAN)提供了一种小范围内无线通信的手段。IEEE 802 协议系列中定义了一系列无线网络标准，目前已成型的无线个域网标准主要有两个：无线个域网络(WPAN，IEEE 802.15.1)，采用蓝牙(Bluetooth)协议栈的物理层/媒体接入控制层(MAC/PHY)；低速无线个域网络(LR-WPAN，IEEE 802.15.4)，采用 ZigBee 协议栈的物理层/媒体接入控制层(MAC/PHY)。

1) 蓝牙技术

蓝牙是一种无线技术标准，可实现固定设备、移动设备和个人局域网之间的短距离数据交换(使用 2.4～2.485 GHz 的 ISM 波段的 UHF 无线电波)。蓝牙技术最初由电信巨头爱立信公司于 1994 年创制，当时是作为 RS232 数据线的替代方案。蓝牙可连接多个设备，克服了数据同步的难题。蓝牙有很多优点：蓝牙成本比较低，保证了蓝牙的广泛实施；任一蓝牙设备在传输信息时都要有密码，保证了通信的安全性；蓝牙的通信距离为 10 米，可以在办公室内任意传输；蓝牙具备自动发现能力，使用户能够通过很简便的操作界面访问设备；跳频技术使蓝牙系统具有足够高的抗干扰能力。

蓝牙技术是一种无线数据与语音通信的开放性全球规范，它以低成本的近距离无线连接为基础，为固定与移动设备通信环境建立起一个特别连接。

蓝牙技术的特点可归纳为以下几点：

(1) **全球范围适用**。蓝牙工作在 2.4 GHz 的 ISM 频段，全球大多数国家 ISM 频段的范围是 2.4～2.4835 GHz，使用该频段无须向各国的无线电资源管理部门申请许可证。

(2) **可同时传输语音和数据**。蓝牙采用电路交换和分组交换技术，支持异步数据信道、三路语音信道以及异步数据与同步语音同时传输的信道。每个语音信道数据速率为 64 kb/s，语音信号编码采用脉冲编码调制(PCM)或连续可变斜率增量调制(CVSD)方法。当采用非对称信道传输数据时，速率最高为 721 kb/s，反向为 57.6 kb/s；当采用对称信道传输数据时，速率最高为 342.6 kb/s。

(3) **可建立临时性的对等连接**。根据蓝牙设备在网络中的角色，可分为主设备(Master)与从设备(Slave)。主设备是组网连接主动发起连接请求的蓝牙设备，几个蓝牙设备连接成一个皮网(Piconet)时，其中只有一个主设备，其余的均为从设备。皮网是蓝牙最基本的一种网络形式，最简单的皮网是一个主设备和一个从设备组成的点对点的通信连接。

(4) **抗干扰能力强**。工作在 ISM 频段的无线电设备有很多种，如家用微波炉、无线局域网(WLAN)Home RF 等产品，为了很好地抵抗来自这些设备的干扰，蓝牙采用了跳频(Frequency Hopping)方式来扩展频谱(Spread Spectrum)，将 2.402～2.48 GHz 频段分成 79 个频点，相邻频点间隔 1 MHz。

(5) **体积小**。由于个人移动设备的体积较小，嵌入其内部的蓝牙模块体积更小。

(6) **低功耗**。蓝牙设备在通信连接(Connection)状态下有四种工作模式：激活(Active)模式、呼吸(Sniff)模式、保持(Hold)模式、休眠(Park)模式。Active 模式是正常的工作状态，另外三种模式是为了节能所规定的低功耗模式。

(7) **开放的接口标准**。SIG 将蓝牙的技术标准全部公开，全世界范围内的任何单位和个人都可以进行蓝牙产品的开发，只要通过 SIG 的蓝牙产品兼容性测试，就可以推向市场。

(8) **成本低**。随着供应商纷纷推出自己的蓝牙芯片和模块，蓝牙产品价格飞速下降。

目前利用蓝牙技术已开发的应用可分为以下几类：

(1) **在手机上的应用**。嵌入蓝牙技术的数字移动电话将可实现一机三用，真正实现个人通信的功能。无论是办公还是居家都可作为无线电话来使用，而且不必支付昂贵的移动电话的话费。通过嵌入蓝牙技术的局域网接入点，我们可以随时随地利用移动电话或者掌上电脑上网冲浪，都可以到因特网上冲浪浏览，使我们的数字化生活变得更加方便和快捷。同时，借助嵌入蓝牙的头戴式话筒和耳机以及话音拨号技术，可以更加方便地接听或拨打移动电话。

(2) **在掌上电脑上的应用**。掌上电脑越来越普及，嵌入蓝牙芯片的掌上电脑将提供想象不到的便利。通过掌上电脑，可以随时编写 E-mail 并立即发送出去，没有外线与 PC 连接，一切都由蓝牙设备来传送。有了蓝牙技术，你的掌上电脑能够与桌面系统保持同步。即使把电脑放在口袋中，桌面系统的任何变化都可以按预先设置好的更新原则，将变化传到掌上电脑中。我们还可以将随身携带的 PDA 通过蓝牙芯片与家庭设备自动通信，能够自动打开门锁、开灯，并将室内的空调或暖气调到预定的温度等。进入旅馆可以自动登记，并将房间的电子钥匙自动传送到掌上电脑中，只需轻轻一按，就可打开所定的房间。

(3) **在其他数字设备上的应用**。数字照相机、数字摄像机等设备装上 Bluetooth 系统，既可免去使用电线的不便，又可不受存储器容量的困扰，可随时随地将所摄图片或影像通过同样装备 Bluetooth 系统的手机或其他设备传回指定的计算机中。蓝牙技术还可以应用于投影机产品，实现投影机的无线连接。

(4) **在传统家电中的应用**。蓝牙系统嵌入微波炉、洗衣机、电冰箱、空调机等传统家用电器，使之智能化并具有网络信息终端的功能，能够主动地发布、获取和处理信息，赋予传统电器以新的内涵。网络微波炉能够存储许多微波炉菜谱，同时还能够通过生产厂家的网络或烹调服务中心自动下载新菜谱；网络冰箱能够知道自己存储的食品种类、数量和存储日期，可以提醒存储到期和发出存量不足的警告，甚至自动从网络订购；网络洗衣机可以从网络上获得新的洗衣程序。带蓝牙的信息家电还能主动向网络提供本身的一些有用信息，如向生产厂家提供有关故障并要求维修的反馈信息等。

2) ZigBee 技术

ZigBee 是一种新兴的短距离、低功率、低速率无线接入技术，工作在 2.4 GHz 频段，数据传输速率为 20～250 kb/s，传输距离为 10～75 m。Zigbee 标准由 IEEE 802.15.4 标准集制定，该技术经常被用于鼠标、键盘、遥控器等设备。

3. RFID 技术

射频识别(Radio Frequency Identification，RFID)技术，又称无线射频识别，是无线个域网的一项支撑技术，可通过无线电信号识别特定目标并读写相关数据，而无须识别系统与特定目标之间建立机械或光学接触。如图 2-10 所示，最基本的 RFID 系统由三部分组成：

(1) 标签(Tag)：由耦合元件及芯片组成，每个标签都具有唯一的电子编码，附着在物体上标识目标对象。

(2) 阅读器(Reader)：读取(写入)标签信息设备，可设计为手持式或固定式。

(3) 天线(Antenna)：在标签和读取器间传递射频信号。

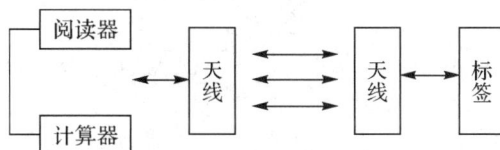

图 2-10 RFID 系统组成

国际标准化组织(ISO，International Standardization Organization)以及其他国际标准化机构，如国际电工委员会(IEC，International Electrotechnical Commission)、国际电信联盟(ITU)等是 RFID 国际标准的主要制定机构。大部分 RFID 标准都是由 ISO(或与 IEC 联合组成)的技术委员会(TC，Technical Committee)或分技术委员会(SC，Subcommittee Committee)制定的。

RFID 领域的 ISO 标准可以分为以下四大类：① 技术标准(如射频识别技术、IC 卡标准等)；② 数据内容与编码标准(如编码格式、语法标准等)；③ 性能与一致性标准(如测试规范等标准)；④ 应用标准(如船运标签、产品包装标准等)。ISO 已制定的 RFID 相关标准如图 2-11 所示。

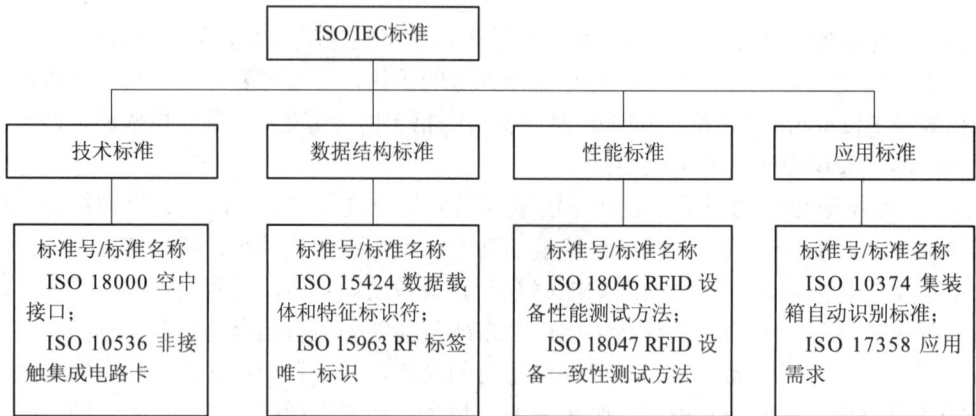

图 2-11　ISO 已制定的 RFID 相关标准

另一类 RFID 标签标准由 EPC Global 标准体系制定。EPC Global 是由美国统一代码协会(Uniform Code Couneil，UCC)和国际物品编码协会(EAN)于 2003 年 9 月共同成立的非营利性组织,其前身是 1999 年 10 月 1 日在美国麻省理工学院成立的非营利性组织 Auto-ID 中心，以创建物联网为自己的使命。该中心与众多成员企业共同制定了一个统一的、类似于 Internet 的开放技术标准，在现有计算机互联网的基础上，实现商品信息的交换与共享。旗下有沃尔玛集团、英国 Tesco 等 100 多家欧美的零售流通企业,同时由 IBM、微软、飞利浦、Auto-ID Lab 等公司提供技术研究支持。EPC Global 体系框架如图 2-12 所示。

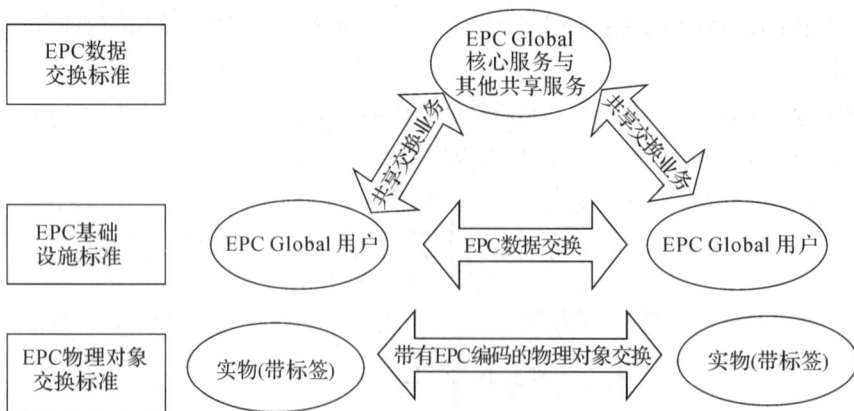

图 2-12　EPC global 体系框架

常用的自动识别技术除了有条形码和射频识别技术外，还包括语音识别、生物识别、磁卡识别和接触 IC 卡识别。常用自动识别技术的比较如表 2-2 所示。

表 2-2 常用自动识别技术的比较

自动识别技术	信息容量	读写性能	保密性	环境适应性	成本	通信速度	识别速度	多标签识别
条码	小	R	无	不好	最低	低	低	不能
语音识别	大	R	无	一般	较高	较低	很低	不能
生物识别	大	R	好	一般	较高	较低	很低	不能
磁卡	较小	R/W	一般	一般	低	快	低	不能
接触 IC 卡	大	R/W	好	一般	较高	快	低	不能
射频识别	大	R/W	好	好	较高	很快	很快	能

RFID 技术可应用于多个领域，如仓库资产管理、产品跟踪、供应链自动管理、防伪识别、医疗等。在仓储库存、资产管理领域，因为电子标签具有读写与方向无关、不易损坏、远距离读取、多物品同时一起读取等特点，所以可以大大提高对出入库产品信息的记录采集速度和准确性，减少库存盘点时的人为失误，提高存盘点的速度和准确性。在产品跟踪领域，因为电子标签能够无接触地快速识别，在网络的支持下可以实现对附有 RFID 标签物品的跟踪，并可清楚了解物品的移动位置。在供应链自动管理领域，电子标签可用于货架、出入库管理、自动结算等各个方面。沃尔玛公司是全球 RFID 电子标签最大的倡导者，其两个较大的供货商 HP 和 P&G 已经在他们产品大包装上使用了电子标签。

4．二维码

二维条码/二维码(2-Dimensional Bar Code)是用某种特定的几何图形按一定规律在平面(二维方向上)分布的黑白相间的图形记录数据符号信息的；在代码编制上巧妙地利用构成计算机内部逻辑基础的 0、1 比特流的概念，使用若干个与二进制相对应的几何形体来表示文字数值信息，通过图像输入设备或光电扫描设备自动识读以实现信息自动处理。它具有条码技术的一些共性：每种码制有其特定的字符集，每个字符占有一定的宽度，具有一定的校验功能等，并对不同行的信息自动识别及处理图形旋转变化点。常见类型有堆叠式二维码、矩阵式二维码等。

在目前几十种二维条码中，常用的码制有 PDF 417、Code 49、Code 16、MaxiCode、Code one、QR Code、Data Matrix 等。常用的二维条码的基本情况及条码样图如表 2-3 所示。

表 2-3 常用二维码基本情况

种类	简 图	概 述
PDF 417		PDF 417 是一种多层的、可变长度的、具有高容量和纠错能力的二维条码，可以表示 1100 个字节或 1800 个 ASCII 字符
Code 49		Code 49 是一种多层的、连续型、可变长度的条码符号，可以表示全部的 128 个 ASCII 字符

种类	简　图	概　述
Code 16		Code 16 是一种多层的、连续型、可变长度的条码符号,可以表示全部的 128 个 ASCII 字符及扩展 ASCII 字符
Maxi Code		Maxi Code 是一种固定长度(尺寸)的矩阵式二维条码,可表示全部 ASCII 字符和扩展 ASCII 字符
Code one		Code one 是一种用成像设备识别的矩阵式二维条码,包括可由快速线性探测器识别的识别图案
QR Code		QR Code 是由日本 Denso 公司于 1994 年 9 月研制的一种矩阵式二维条码,可表示汉字、图像等多种信息
Data Matrix		每个 Data Matrix 符号由规则排列的方形模块构成的数据区组成

随着智能手机的普及,二维码逐渐深入我们的生活。通过扫描二维码参与活动的方式越来越多。二维码的功能如表 2-4 所示。

表 2-4　二维码的功能

功　能	描　述
信息获取	如名片、地图、Wi-Fi 密码、资料
网站跳转	跳转到微博、手机网站、网站
广告推送	用户扫码,直接浏览商家推送的视频、音频广告等
手机电商	用户扫码,手机直接购物下单
防伪溯源	用户扫码即可查看生产地,同时后台可以获取最终消费地
优惠促销	用户扫码,下载电子优惠券或抽奖等
会员管理	用户手机上获取电子会员信息、VIP 服务等
手机支付	扫描商品二维码,通过银行或第三方支付提供的手机端完成支付

尽管二维码应用渐趋广泛,但与日韩等国相比,我国的二维码发展还远远不够,制约因素除了运营商的支持度外,还有技术、终端适配、盈利模式等方面。最热的莫过于二维

码与O2O(Online to Offline)模式的结合，即利用二维码的读取将线上的用户引流给线下的商家，腾讯就很看好这个模式，马化腾称"二维码是线上线下的一个关键入口"。尽管有些人不看好二维码的应用，但无可否认的是，只要培养了足够多的用户群，再结合良好的商业模式，二维码将成为连接现实与虚拟最得力的工具之一。

第三节　移动通信终端

移动终端也叫移动通信终端，是指可以在移动中使用的计算机设备。广义地讲，移动终端包括手机、笔记本、平板电脑、POS机甚至车载电脑，但是大部分情况下是指手机或者具有多种应用功能的智能手机与平板电脑。一方面，随着网络技术越来越宽带化，移动通信产业将走向真正的移动信息时代；另一方面，随着集成电路技术的飞速发展，移动终端已经拥有了强大的处理能力，正在从简单的通话工具演变为一个综合信息处理平台，这也给移动终端增加了更加宽广的发展空间。

一、移动通信终端设备的分类

(1) **移动电话**。移动电话也称无线电话、手机，早期俗称大哥大。移动电话原本只是一种通信工具，是可以在较广范围内使用的便携式电话终端，最早由美国贝尔实验室在1940年制造的战地移动电话机发展而来。1958年，苏联工程师列昂尼德·库普里扬诺维奇发明了JIK-1型移动电话。1973年，美国摩托罗拉工程师马丁·库帕发明了世界上第一部商业化手机。

(2) **笔记本电脑**。笔记本电脑又称为便携式电脑，其最大的特点是机身小巧，通常重1～3公斤，比PC(Personal Computer，个人电脑)携带方便。为了缩小体积，当今的笔记本型电脑采用液晶显示器(也称液晶LCD屏)，除了键盘以外，有些还装有触控板(Touchpad)或触控点(Pointing Stick)作为定位设备(Pointing Device)。笔记本跟PC的主要区别在于其携带方便，当然对主板、CPU、内存、显卡、硬盘容量的要求也都不同。

(3) **平板电脑**。平板电脑也叫便携式电脑(Tablet Personal Computer，简称Tablet PC、Flat Pc、Tablet、Slates)，是一种小型、方便携带的个人电脑，以触摸屏作为基本输入设备。触摸屏(也称为数位板技术)允许用户通过触控笔或数字笔而不是传统的键盘或鼠标来进行作业。用户可以通过内置的手写识别、屏幕上的软键盘、语音识别或者一个真正的键盘实现输入。平板电脑支持来自X86(Intel、AMD)和ARM的芯片架构，平板电脑分为ARM架构(代表产品为IPAD和安卓平板电脑)与X86架构(代表产品为Surface Pro)两种。后者的X86架构平板电脑一般采用Intel处理器及Windows操作系统，具有完整的电脑及平板功能，支持.exe类型的程序。

(4) **POS机**。POS机是一种多功能终端(见图2-13)，把它安装在信用卡的特约商户和受理网点中与计算机联成网络，就能实现电子资金自动转账，它拥有支持消费、预授权、余额查询和转账等功能，具有

图2-13　POS机

安全、快捷、可靠的特点和优势。

二、移动通信终端设备的发展

　　移动通信设备不同于传统的固定办公设备，它具有许多特殊的技术特征。典型的移动终端设备一般包括输入工具、一个以上的显示屏幕、一定的计算和储存能力以及独立的电源。移动设备的显示屏幕小、可操作性差，需要依靠电池来维持，电池使用期限短。移动设备的内存、磁盘的容量比传统的固定设备要小很多，安全性较低。

　　终端设备不仅是通信的工具，更是技术发展、市场策略和用户需求的体现。因此，受到移动互联网和物联网等大的战略方向的影响，移动通信终端有多方面发展的趋势，具体包括三个方面：第一，为满足众多新业务的要求，移动终端将向智能化方向发展。第二，考虑到各种品牌的终端外设兼容性问题，统一外设也是终端发展的一个方向。第三，新业务的发展对电池容量提出了更高的要求，因而，高容量电池的研制也成为移动通信终端设备的发展方向之一。

本 章 小 结

　　本章主要讲解了移动电子商务的基础，着重讲了移动通信技术的有关知识、无线网络的概念和射频识别技术。在介绍移动通信的概念和特点的同时，也详细介绍了移动通信从1G到4G的发展历程，以及无线通信系统的组成和四种无线网络，然后简单介绍了一些移动通信终端和其发展趋势，最后介绍了二维码和射频技术，对比了射频技术和其他识别技术的区别，突出了射频识别技术的优点和其广泛的应用性。

练 习 题

　　1. 什么是多址技术？以第一代和第二代移动通信为例，说明其多址技术有什么区别。

　　2. 全球通是指的第几代移动通信技术？哪一代移动通信技术属于真正意义的宽带移动多媒体通信技术？为什么？

　　3. 简要概述无线通信系统的组成。

　　4. 以下是一些移动通信设备的简称，如果手机信号不好，应主要优化处理(　　　)设备，(　　　)设备用于建立两个手机用户的通话连接。

　　A. BTS　　　　　B. BSC　　　　C. MSC　　　D. HLR　　　E. VLR　　　F. AUC

　　5. 以下哪些设备可用作移动通信的终端设备？(　　　)

　　A. 移动电话　　B. 笔记本电脑　　C. 平板电脑　　　D. POS 机　　　E. 小型计算机

　　6. 微信、支付宝中进行支付时扫描的二维码属于(　　　)。

　　A. PDF 417 码　　B. MaxiCode 码　　C. Code one 码　　D. QR Code　　E. Data Matrix

　　7. 举例说明 RFID 技术的应用前景。

　　8. 以下哪些技术可以用于无线城域网通信？(　　　)

　　A. LMDS　　　　B. MMDS　　　　C. WiMax　　　　D. ZigBee　　　　E. RFID

第三章　移动商务价值链与商业模式

【学习目标】
* 了解移动商务价值链和商业模式；
* 认识移动商务的价值链整合与商业模式的关系。

【引例】

携程旅行网

作为中国领先的在线旅行服务公司，携程旅行网成功整合了高科技产业与传统旅行业，向超过 1400 万会员提供集酒店预订、机票预订、度假预订、商旅管理、特惠商户及旅游资讯在内的全方位旅行服务，被誉为互联网和传统旅游无缝结合的典范。互联网行业的人说，这并不是一家纯粹的互联网公司；而旅游业的人说，这不是一家真正的旅游公司。

携程在成立之初，最大的问题就是缺乏相应的资源，包括人员以及上下游产业的关系。好在整个中国旅游业的发展也正处在起步阶段，市场的集中度不高，边际资源并不匮乏，缺的只是将他们整合在一起的理念和行动。早在 2000 年初，当时最大的传统订房中心之一——商之行的总经理及其主要业务骨干悉数加盟携程。这可能是携程在探索网络与传统相结合的道路上所迈出的第一步。随即，携程选择了当时国内酒店预订规模最大的北京现代运通公司，而后者是国内第一家利用 800 免费电话进行酒店预订的订房公司。很快，规模效应开始显现，携程的月订量猛增到 15 万人次，按 400 元/间计算，一个月仅酒店预订的交易额就有 6000 万元。

2002 年 4 月，携程收购了北京海岸机票代理公司，开始全力拓展机票业务。此后，携程建成了国内规模最大的机票预订服务网络。2002 年 8 月，携程与首旅组建了新的合资公司，建设经济型酒店。整合了这些资源后，携程把传统行业的业务关系，如酒店关系都继承下来。跟旅行社怎么打交道，跟酒店怎么结账，携程已经学会了如何操作，而这些操作原来都是手工完成的。携程利用自己的技术优势将它们和流水线结合，再推销给更多的客户。换句话说，携程发家的技术和网络资源是营销工具的一种，而非公司的核心内容所在。

第一节　移动商务价值链简介

一、移动商务价值链基础

1. 移动商务价值链的概念

哈佛商学院的大学教授迈克尔·波特(Michael E.Porter) 1985 年首先提出了价值链 (Value Chain)概念，他认为，"每一个企业都是在设计、生产、销售、发送和辅助其产品的过程中进行种种活动的集合体，所有这些活动都可以用一个链状结构，即价值链来表示"。如图 3-1 所示，价值链是从基本的原材料到供应商、生产者，直至将最终产品送达消费者的各种活动连接而成的链状结构。在这里，价值链代表了互不相同但又互相关联的生产经营活动创造价值的动态过程。

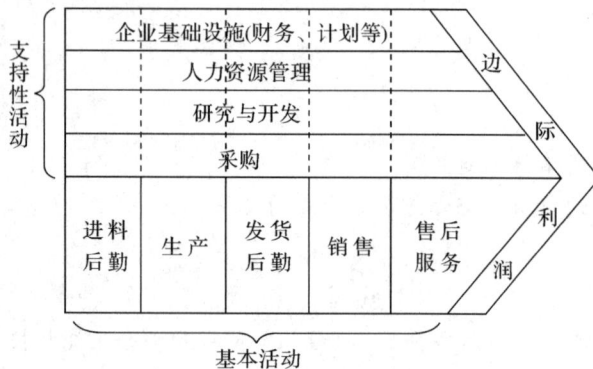

图 3-1　波特(Poter)价值链

波特的价值链只是从企业内部的角度分析了价值创造过程，即价值链是从基本的原材料到供应商、生产者，直至运输的最终产品以及消费者用的最终产品。

移动商务价值链与传统的电子商务价值链有着明显的差异。传统电子商务的价值链由消费者、制造商、供应商构成，通过信息流的大量流动进行电子商务交易活动，进而创造价值。而移动商务价值链是从移动运营商开始，与终端制造商、平台提供商、内容提供商、服务提供商协调合作，最后连接到客户的一系列商务活动，共同打造的一个创造价值的动态过程。从移动运营商经过一系列商务活动到消费者，形成了一个比较完善的移动增值服务运营模式和系统，这种模式打破了消费者原有的消费模式。移动商务价值链打破了不同类型企业的行业界限，使同处一条价值链的企业之间不仅保持简单的买卖关系，更具有良好的战略合作关系。

在移动电子商务发展初期，移动运营商在移动电子商务中起着最核心的作用，掌控着用户资料和信息管道两大资源。移动网络运营商在交易过程中的核心作用如图 3-2 所示。

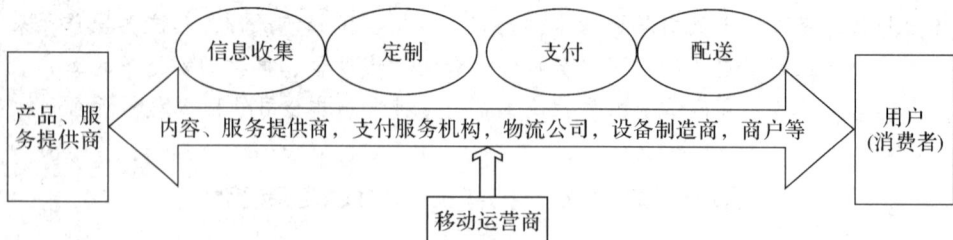

图 3-2　移动网络运营商在交易过程中的核心作用

2. 移动商务价值链构成

移动电子商务各参与方为了最大限度地获取自己的商业利益，以移动用户的需求为中心开展电子商务活动，在此过程中担当不同的商业角色。移动商务价值链参与者主要包括移动运营商、终端设备制造商、移动用户、内容提供商、服务提供商、支付服务机构、物流服务提供商、平台提供商、互联网企业、设备提供商、软件提供商、政府监管部门。

移动网络运营商是移动商务价值链最为关键的一环，也是移动商务价值链运作不可缺少的一环，为移动用户提供各种通信业务，实现对运营商网络的接入，并提供各种网络相关的业务。移动网络运营商介于内容服务提供商与移动用户之间，提供传输通道和相关个性化服务。无论是中国移动，还是中国联通、中国电信，都拥有一张覆盖全国的移动通信网络，在移动电子商务行业里处于绝对的主导地位。同时移动运营商掌握着庞大的用户资源、完善的移动通信基础设施和手机业务门户，在移动电子商务行业有着举足轻重的作用，在开展移动支付，选择服务提供商、SP 商家(内容提供商)等方面都占主导地位。

平台提供商是自主开发、维护、运营的移动电子商务平台提供商，联合内容/服务提供商、支付服务机构、物流服务提供商通过此平台进行商务交易活动。与移动运营商的移动电子商务平台不同的是，平台提供商的移动电子商务平台是自主开发、自主运营的。

在移动商务价值链上，所有商务活动的利润都来自于移动用户。移动用户的最大特点是随时随地在变动自己的位置，在不同的时间、不同的地点、不同的移动终端下接收不同的商品和服务。移动用户是移动商务价值链的终端环节，通过移动电子商务交易平台获取自己所需要的需求和服务，从事商务交易活动。

软件提供商负责软件的开发及推广，为移动运营商提供应用软件。终端设备制造商主要负责开发、制造、推广移动用户终端设备(包括手机、掌上电脑、笔记本电脑、POS 终端机等)，保证移动用户能更好地进行移动电子商务活动。移动终端制造支持商为终端制造商提供所需的零配件、终端平台、操作系统、应用程序、芯片等。设备提供商为移动运营商提供移动电子商务交易活动所需的基础设施。内容/服务提供商直接或通过移动门户间接地为移动用户提供相关的数据和信息产品(如天气、音乐、购物信息等)，并通过移动网络进行分发。内容/服务提供商拥有内容的版权，是信息创造的源头。

支付服务机构为移动用户提供移动支付服务或移动支付平台，作为与用户信息关联的银行账户管理者，支付服务机构拥有一套完整、灵活的安全支付体系，确保用户支付过程的安全和用户信息的安全。支付机构在资金流中起着举足轻重的作用，确保资金安全、快速地流通。支付机构不仅拥有以现金、信用卡及支票为基础的支付系统，还拥有个人用户和商家资源。物流服务提供商在移动商务价值链的交易活动中为需求方提供有形商品或服务。政府监管部门则为移动商务价值链上的所有商业交易活动制定政策，规范市场竞争。

二、移动商务价值链的发展方向

1. 移动商务价值链的发展

移动商务价值链是随着移动技术的发展而不断发展变化的。自 20 世纪 80 年代中期至今，移动技术经历了模拟技术、数字技术、无线网络高速传输技术三个发展阶段，即通常所说的 1G、2G、3G 和 4G。相应的，移动商务价值链也经历了三个主要阶段，即第一代、第二代和第三代移动商务价值链。

第一代移动商务价值链起始于 20 世纪 80 年代中期，此时移动技术开始出现，主要应用是模拟移动电话。该应用能够提供的移动服务比较单一，主要以模拟语音服务为主；价值链也比较简单，主要由四个部分组成：无线服务提供商(Wireless Service Provider)、终端设备制造商(Terminal Manufacture)、中间服务提供商(Intermediate Service Provider，ISP)、最终用户(Final Users)。第一代移动商务价值链如图 3-3 所示。

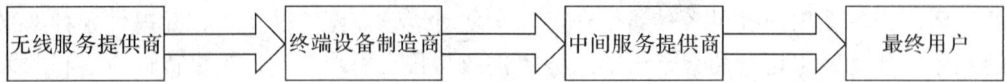

图 3-3　第一代移动商务价值链

在图 3-3 中，无线服务提供商的主要业务是运用无线设备(基站、交换机等)建立和运营传输信号的无线网络平台，为电子信号实现无线传输提供最基本的网络条件。在第一代移动商务价值链中，无线服务提供商为客户提供了一个无线传输模拟信号的网络平台。终端设备制造商的主要业务是制造供用户使用的移动终端设备，主要是采用模拟技术的手机，用户使用这些设备可以进行语音通信。中间服务提供商的主要业务是为终端设备制造商提供安装在终端设备上的应用程序，包括系统集成(System Integration)、增值转接(Value Add Reseller)和专业分销(Specialty Retailer)等。这些程序把价值链上的所有参与者连接在一起，使得参与者之间能够实现消息互通和信息传递，使用户享受到无线服务提供商提供的各种服务。最终用户是利用无线终端设备享受无线服务提供商提供的无线服务的个体。在第一代移动商务价值链中，最终用户享受到的服务主要是无线语音通信服务。

第一代移动商务价值链的主要技术基础是模拟技术(Analog Technology)，其特点是辐射大、稳定性低和价格昂贵。

第二代移动商务价值链起始于 20 世纪 90 年代，此时第二代网络技术、数字技术开始普及。数字技术的出现为移动商务的发展提供了新的机遇，使得数字语音数据服务得以实现，这促进了原来的移动商务价值链中参与者的组成分化以及新的参与者的介入，并且改变了参与者之间的价值分配关系。第二代移动商务价值链如图 3-4 所示。

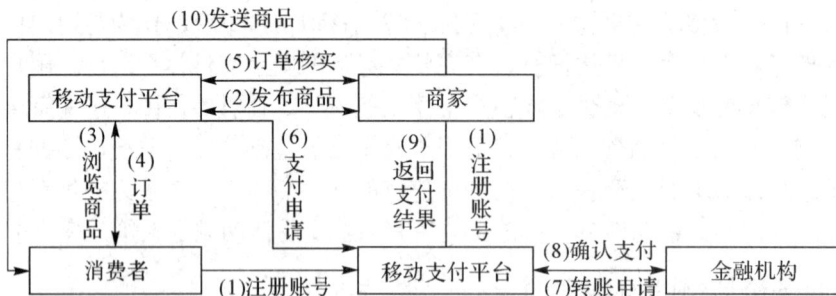

图 3-4　第二代移动商务价值链

与第一代相比，第二代移动商务价值链除了将传统的模拟语音服务转变成数字语音服务外，还具备了向用户提供简单的数据服务的能力，使移动商务服务的内容变得更加丰富。当时最具代表性的服务就是短信息服务(Short Message Service，SMS)。数据服务的出现催生了提供数据服务的内容/服务提供商。内容/服务提供商的主要业务是通过对数据服务的内容进行优化、整合，使其成为能够通过无线网络传输，最终服务于用户的产品。基础设施服务提供商从属于无线服务提供商，但并不直接参与价值链中的价值分配，而是通过为无线服务提供商提供基础设施服务而获利。另外，第一代价值链中的中间服务提供商与终端设备制造商整合在一起，形成了第二代价值链中的终端平台和应用程序提供商。

第三代移动商务价值链起始于 20 世纪末 21 世纪初，此时新一代无线高速数据传输移动通信技术(The Third Generation，3G)迅速发展。基于这项技术，可以提供各种多媒体数据服务。新一代无线高速数据传输移动通信技术的发展引起了移动商务价值链的又一次革命，形成了第三代移动商务价值链。第三代移动商务价值链如图 3-5 所示。

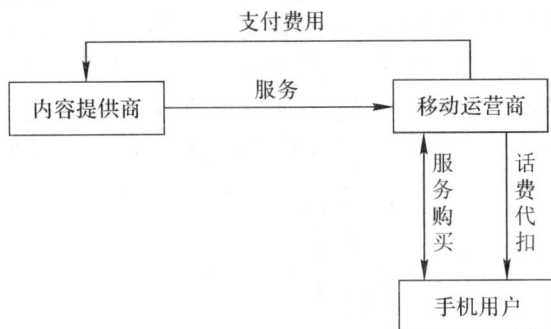

图 3-5 第三代移动商务价值链

第三代移动商务价值链相比第二代，所能提供的服务有了新的突破，出现了基于多媒体数据的服务，如彩信、游戏、高速网络接入等。价值链上的参与者也发生了变化，有了门户和接入服务商、支持性服务提供商的介入。随着内容变得复杂、处理技术难度提高等问题的显现，内容/服务提供商和无线网络运营商之间需要既熟悉无线网络技术，又熟悉内容处理技术的实体，使内容/服务提供商能够方便、快捷地接入无线网络，而不需过多地了解无线网络技术。门户和接入服务提供商正是这样的实体，为内容/服务提供商提供接入无线网络的接口，在内容/服务提供商和无线网络运营商之间架起一座可以互通的桥梁。

第一代的中间服务提供商的主要业务是提供应用于终端设备上的应用程序。在第三代中，中间服务提供商提供的是使移动电子商务得以顺利进行的支持性服务，如付费平台的建立、付费支持、安全保障等。此时支持性服务提供商的业务是从无线网络运营商的职能范围中分化出来的。这样，无线网络运营商只专注于无线网络构建和无线网络运营，将相关业务外包给其他的价值主体，突出了核心竞争力，降低了运营风险。同时，整个价值链更加明细化，关系也变得更加复杂。

第三代移动商务价值链的内容相比较前两代已丰富很多，形式也更加多样化，服务内容主体从单一的语音转向数据多媒体内容。按内容形式可将移动服务分为文本、音频、图片和视频四种类型。

> 文本内容：新闻、股票价格、文字广告等。
> 音频内容：广播、音乐、语音信箱等。
> 图片内容：静态图片、动态图片等。
> 视频内容：动画、视频文件等。

2. 移动商务价值链整合

移动商务价值链整合可以把移动电子商务看成是移动通信承载服务和多媒体应用软件服务这两个不同行业的有机组合，但这两个行业要真正融合起来实际难度比较大。对于今后的移动电子商务价值链，可以划分为七个主要组成部分：内容/服务提供商、应用开发及其软件提供者、移动内容提供者、内容和应用的聚集者和分发者、网络设备制造、终端设备制造商、咨询服务者。这七个组成部分即未来移动商务价值链上的主体，每一个主体都负责不同的业务并且实现各自不同的功能，它们分工明确，各司其职，共同协作完成移动商务价值链的价值创造和价值传递的活动。

在以上价值链的各角色中，谁能够在价值链中独立方便地运用价格杠杆和收取费用的便利，谁就能成为整个价值链的中心。由于移动运营商可以提供基本识别服务，并且用户必须缴纳基本识别服务费用后才能获得后续的其他业务，因此，目前只有移动运营商能承担内容和应用的聚集者和分发者的角色。移动运营商整合产业价值链的两个方向如图 3-6 所示，一个是向内容、应用和设备提供商的联盟整合，另一个是向用户端的联盟整合。

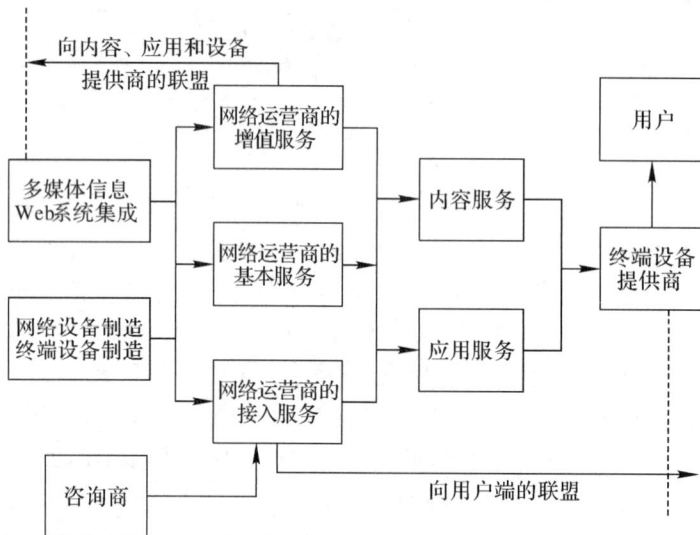

图 3-6　移动运营商整合产业价值链的两个方向

在我国，移动电子商务的发展还处于摸索阶段，软件、技术、人才、策略、硬件等还存在一些问题有待解决。如移动商务价值链上的各参与方还没找到一个有效的合作方式，促进价值链上下游的良好互动以及移动电子商务的快速发展；移动商务价值链上的信息流、资金流、物流的流动还处于尝试期；移动电子商务发展的环境，如政策法规等还处于完善阶段。通过阐述移动商务价值链的相关理论、分析移动商务价值链的组成、讨论三种移动商务价值链模型的优缺点，我们认识到随着移动电子商务的发展，移动商务价值链的缺陷和弊端会逐渐暴露出来，移动商务价值链的整合是必需的。

移动电子商务的发展可以促进多个相关产业甚至整个社会经济向新的以及更高层次的方向发展，通过移动商务价值链的整合，充分调动和使用社会各方力量与资源，促进社会各方经济共同发展，进而丰富和完善各种经济活动。移动商务价值链的整合无论对移动运营商还是价值链的其他参与方，在商务模式的创新与改革中具有重要的研究价值和意义。

(1) 移动商务价值链整合对价值链业绩的影响。

移动商务价值链整合能够积极调动各参与方的现有资产，在电子商务交易的环节中发现价值增长的节点，开启利润的新源泉，更好地为顾客服务；还能打造领先的增值服务体系，改变当前的盈利结构，更好把握移动用户市场，实现收入和利润的持续增长。

(2) 移动商务价值链整合对价值链各参与方竞争战略的影响。

通过移动商务价值链整合，价值链的各参与方的竞争方式不再是同质化竞争、价格战的竞争和客户的竞争，而是先进的盈利模式的竞争、价值链的竞争以及产业联盟的竞争。此外，移动商务价值链整合能够让核心参与方的移动运营商掌握共享更多更高层的信息技术，扩展应用能力，从而控制市场与技术的战略制高点，稳步、有序地积累差异化竞争优势，打造企业品牌。其他参与方本着"不求为我所有，但求为我所用"的心态与做法，借助外部资源和力量，提高自身的差异化优势，在移动商务价值链竞争中获得自己的一席之地。

(3) 移动商务价值链整合对价值链各参与方经营模式的影响。

移动商务价值链整合加速了移动运营商从基础电信网络的营运者、基础电信服务的提供者向社会信息化平台的构建者、综合信息服务提供商的转型历程，同时也加速了整个移动商务价值链参与企业的信息化程度，改变了各参与企业的经营战略。电信产业从传统的大规模生产向大规模定制的生产方式进行探索和实践，从粗放式经营向集约化经营进行转变，并且通过移动商务价值链的整合使各参与企业更加清晰地定位自己在价值链中的角色，通过改变原有的经营模式来增强其在移动电子商务时代的竞争能力。

(4) 移动商务价值链整合对客户关系的影响。

移动商务价值链整合让价值链各参与方发挥各自的优势，组成产业联盟，共同为顾客服务，这样能更好更快地为顾客提供更加精准的服务，有助于建立稳固的、良好的客户关系。与之前的价值链相比，整合后的价值链具有更快的顾客需求响应速度，更丰富的顾客服务内容及应用。

4G、5G 是网络演进、技术革命、业务创新的全新时代，未来的移动网必然是 IP 化的分组网络，将会采用开放、共享的综合业务平台去承载和传送多样化、个性化的融合业务。通过价值链整合将会使移动运营商及其合作伙伴的业务更加丰富，服务形式更加创新。其中，移动运营商的核心地位是不会改变的，因此，对移动商务价值链整合的方针是以移动运营商为纽带，加强上下游企业的合作，重视行业内容及应用的开发、移动电子商务平台的建设，建立更加开放的移动商务价值链体系，推动移动通信技术的创新，提高移动电子商务应用的可行性，加强业务的营销推广，增强客户体验。对移动商务价值链整合的策略主要从以下六个方面进行分析。

1) **移动运营商**

移动运营商在移动商务价值链中处于核心地位，是价值链上下游参与方联系的纽带和桥梁，因此必须要对价值链中移动运营商的角色进行准确定位。移动运营商在移动商务价值链中的角色和作用如图 3-7 所示。

作为可信任的第三方机构，移动运营商要加强与价值链上其他参与方的合作。日本、韩国等成功的移动电子商务表明，移动运营商为其他产业提供了一个强大的商务平台，

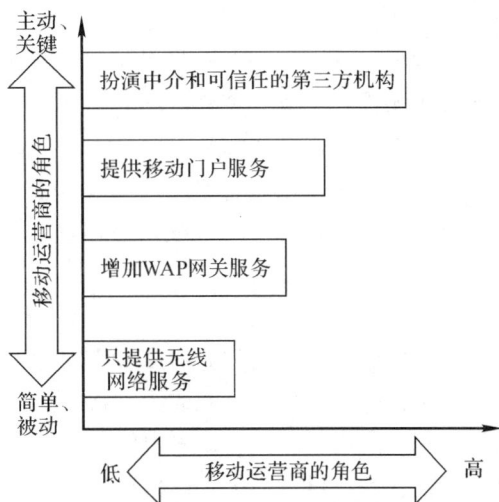

图 3-7　移动运营商的角色和作用

通过这个平台凝聚很多中小企业合作与互动。运营商应该在利用 4G、5G 技术的同时，整合移动商务价值链上各参与方，为人们的日常生活提供更多便捷、有价值的服务。移动运营商与价值链上各参与方的合作，一方面可以分享合作伙伴的用户群，提高可信度及盈利能力；另一方面可以尽早发现用户需求，对移动电子商务市场进行细分，针对不同的细分市场开发不同的产品和服务，实行不同的市场定价、市场策略。此外，移动运营商在与价值链上各参与方进行合作的同时，还要加强对各参与方的管理，这样能更加规范移动电子商务活动。移动运营商在合作与管理的同时要时刻把握和重视自身的定位与发展。

作为移动门户的提供者，移动运营商要加强自身门户站点的建立。在移动电子商务中，主要的网络是无线网络，现有的移动门户主要有移动运营商门户、多功能网站门户、商务门户、游戏门户等。因此，移动运营商只有建立无线门户站点后，才会使其具有天生的优越性。一方面，移动运营商能够控制移动终端的最初配置，即缺省的门户站点和初始页面；其次，运营商有许多移动用户的信息资料，善加利用，可为用户提供很好的个性化服务，从而使自己的无线门户较其他门户更有特点，更有优势。

作为直接为移动用户提供服务的机构，移动运营商要加强品牌的宣传，丰富服务内容，提高服务质量。移动运营商要充分利用自己的优势，形成自己的品牌，来应对那些具有强大知名品牌、对消费者起引导作用的内容服务提供商。首先，应增加业务种类，丰富业务内容，提升品牌内涵；其次，要提高服务质量，形成良好的客户关系。服务质量是塑造品牌不可缺少的因素；第三，要加强对自己产品和服务品牌的宣传和推广，利用移动运营商的优势资源，逐渐加强移动运营商的品牌形象。

作为移动电子商务平台的提供者，应该为第三方提供集成和管理。运营商利用在网络和用户管理方面的优势，可以为用户提供个性化和组合的服务。为第三方提供集成和管理，可以丰富移动运营商的服务内容，更好地为顾客服务。任何能提高网络传输流量和收取交易手续费的活动都是有价值的。

2) 内容/服务提供商

随着移动电子商务的发展、用户需求的多样化和信息技术的提升，内容/服务提供商在价值链中的作用和地位会越来越重要，是移动商务价值链整合的重要节点。第一，内容/服务提供商应与移动运营商积极合作，设计和创造适合移动运营商的内容和服务，利用运营商的宣传和推广渠道，发展和壮大自身实力；第二，内容/服务提供商应注重内容和服务在终端用户中的形象和影响力，提高产品的创新能力，提升产品和服务的档次，提高品牌知名度；第三，内容/服务提供商应与移动商务价值链上的优秀参与方进行合作，拓展市场业务；第四，内容/服务提供商应与终端制造商合作，提高移动用户对产品服务提供商业务的忠诚度，增加业务使用率。

3) 平台提供商

平台提供商具有很强的信息技术实力，可以自主开发电子商务平台，因此在未来的发展中，平台提供商很有可能成为受移动用户追捧的对象，因此对平台提供商的整合也能带来长期利润的增长。第一，平台提供商应与移动运营商加强合作。移动运营商作为平台提供商的接入端，可以为平台提供商提供良好的宣传和推广，平台提供商应抓住移动运营商的资源和渠道与之密切合作。第二，平台提供商要建立自己的品牌平台，确保服务质量，进行大力的宣传和推广，吸引更多的移动用户应用自己的移动商务平台。第三，平台提供商应与内容/服务提供商进行合作，丰富平台业务和内容，满足更多移动用户的需求和服务。

4) 移动终端制造商

随着科技的进步和产业的融合，移动电子商务应用对于移动终端的需求也越来越高。移动电子商务的发展要求移动终端具有更快的处理速度，更智能的操作系统，更强大的存储量，更宽大的显示屏以及更持久的待机时间。为满足更多顾客的需求和服务，移动终端制造商的整合也是必需的。首先，移动终端制造商要与移动运营商进行合作，共同推进移动终端的更新换代。移动运营商可以采取终端补贴、资费捆绑的营销方式促使移动用户终端更新换代。其次，移动终端制造商要不断提高产品功能，降低设备成本，以此让移动用户接受移动终端的更新换代。最后，移动终端制造商应对市场细分和消费者行为进行研究，加强功能设计和功能细分，针对不同的消费者和不同的市场层次，推进不同的移动终端。

5) 物流服务提供商

移动电子商务的发展使更多的企业和个人参与到商务交易活动中，从而使企业销售的范围扩大，销售的数量增加。商业销售方式的变化也促进了物流业的发展。物流服务提供商在移动商务价值链上是联系供货方和购货方的第三方服务机构，其提供的服务会影响终端购货方对供货方的评价，因此对物流服务提供商的整合也是一个增值的过程。首先，物流服务提供商应该明确自身的发展方向，多功能化、信息化、全球化是现代物流发展的一个方向。其次，物流服务提供商应以优质服务为目标。

6) 支付服务机构

支付服务机构主要是银行、第三方支付服务机构等，是解决移动支付问题的重要参与者。对支付服务机构进行整合，是保证移动电子商务交易活动顺利进行的必要条件。移动支付的解决方案要求利用先进的技术，无故障地快速提供服务，保证用户能够轻松接入，安全地进行支付。首先，支付服务机构要加强移动支付的技术支持，只有系统的方法和先进的技术才能确保移动支付的安全性，并逐步消除用户对移动支付安全的怀疑，同时要不断完善移动支付平台和技术标准，拓展移动支付手段。其次，支付服务机构要加强与移动运营商的合作。移动支付不仅是移动运营商的一项增值业务，也是金融机构和新兴的第三方支付机构的一项重要业务。只有与移动运营商进行合作，统一不同的网络标准、不相容的操作系统和设备，才能将移动电子商务的这一支付瓶颈问题完美解决。最后，支付服务机构、移动运营商、商户要建立比较完善的风险控制机制，确保资金安全流通。

第二节　移动商务商业模式分析

一、移动电子商务的商业模式简介

移动商务的商业模式是指在移动技术条件下，相应的经济实体为创造、实现价值，并获得利润的商业机制。其内容包括客户类别、服务内容、服务流程、如何在各种服务中获取价值以及成本的均摊、利润的分配、市场竞争策略等。

1. 短信定制的移动信息服务模式

短信定制服务是移动电子商务的主要服务内容之一。移动通信网络提供短信定制服务的方式有普通短信定制服务(Short Messaging Service，SMS)和多媒体短信定制服务 (Multimedia Messaging Service，MMS)两种。

普通短信定制服务是移动商务的最初形式，对手机性能的要求很低，普通的具有文字输入功能的手机都可以享有此服务。用户只需要到电信部门开通即可享有 SMS。SMS 的内容提供商一般在与电信部门合作、话费共享的基础上为用户提供个性化信息和内容服务，除了具有使用方便、价格低廉、技术实现容易、覆盖范围广等特点外，采用的是推式服务方式，其内容通过无线通信系统自动发送到用户的移动终端上，可以达到即时通信的效果。

多媒体短信服务是目前短信技术开发最高标准中的一种。它最大的特色就是可以支持多媒体功能，借助高速传输技术和 GPRS，以 WAP 为载体传送视频片段、图片、声音和文字等。多媒体信息不仅可以在手机之间传输，而且可以在手机和计算机之间传输。

移动运营商最基本的角色就是只提供无线网络给用户和内容提供商，开展最基本的短信业务和语音业务。在这种模式下，移动运营商在整个价值链中的参与程度非常低，除了向用户收取网络使用费以外，与下游用户几乎没有其他的联系；而在与上游的内容提供商的关系方面，也不提供任何网络以外的服务。移动运营商收入仅来源于提供无线连接，只负责被称作电信业的基础业务的无线互联网的维护。短信定制移动信息服务模式如图 3-8 所示。

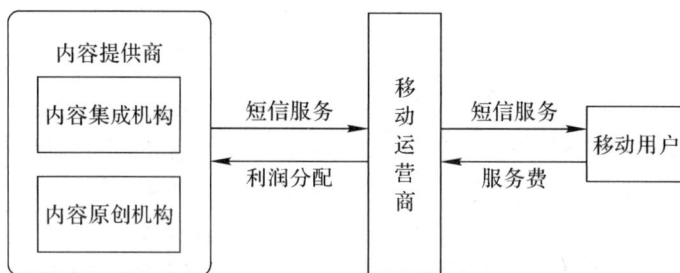

图 3-8　短信定制移动信息服务模式

在这种商业模式中，主要的参与者是内容/服务提供商、移动运营商和移动用户，提供的服务主要是短信服务，用户交纳的短信定制费是主要的利润来源。内容/服务提供商通过移动运营商向移动用户提供各种信息服务，用户通过交纳一定的定制费来获得这些服务，移动运营商通过传输信息而获得通信费。另外，根据与内容提供商签订协议的情况，无线网络运营商还会以佣金的形式获得内容/服务提供商提供的利润分成。

2. 移动广告收费模式

从移动互联网的角度看，移动广告是指由广告主通过移动终端向目标受众群体投放的产品服务相关的品牌、销售、商业或其他信息。移动广告相对于传统的广告有如下几个特点。

(1) **具有移动的特性，灵活性很强**。过去的互联网广告是在对的时间投给对的人，现在是在对的时间、对的地点投给对的人。所以，移动广告对于技术上的要求和各种情景下的分析，会更深入、更深刻。

(2) **手机用户群庞大**。截至 2015 年 12 月底，我国手机用户数达 13.06 亿户，手机用户普及率达 95.5 部/百人，比上年提高 1 部/百人。其中 88%的用户为 18～39 岁的年轻群体，这无疑是一个巨大的潜在广告市场。一部移动终端就代表了一个潜在的广告对象，手机已经成为真正的第五传媒。同时，手机用户同外界联系较多，接受信息能力较强，其消费需求相对多样化，适合不同类型的广告宣传。

(3) **用户个人信息全面，便于分析**。现有技术已经可以记录跟踪手机用户的具体操作行为。通过对消费者信息的有效把握，可以了解消费者的行为方式，这是移动广告相对于其他形式广告最具优势的地方。

(4) **手机媒体广告可直接到达目标群体**。其他形式的广告难以区分受众，对于广告达到的效果只能通过销售业绩的变化情况来进行推测。而移动广告由于明确了广告的具体受众类型，可以将广告直接投送到目标人群，可以通过跟踪记录客户的消费信息，甚至直接同消费者通信，准确获知广告效果。

手机媒体广告具有自发传播性。手机终端不仅可以接收广告内容，还可以将广告内容向周围人群转发。

移动广告的商业运作模式涉及广告客户、内容/服务提供商、移动运营商和广告受众。当然，在广告模式中，还涉及一些中间商，如无线广告代理商、内容集成商、移动门户网站和无线网站接入商等。移动广告价值链如图 3-9 所示。

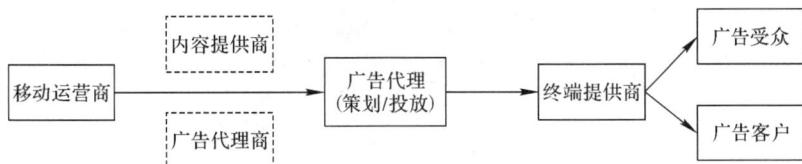

图 3-9 移动广告价值链

在移动广告价值链中，广告客户(广告主)是这一切的源头，也是最为重要的一环，因为他是广告需求的发起者，其他的价值主体的获利很大程度上取决于广告客户所支付的广告费用。而运营商主要是控制传播的渠道。内容/服务提供商所起的作用则是维持经过授权的移动数字信号。技术提供者解决在传播过程中的技术问题。广告受众则是广告的最终接受者，他们对手机移动广告的态度很大程度上决定了这个新媒介的未来。

图 3-10 所示为移动广告商业模式。在该模式中，广告内容是指移动广告所提供给目标受众的信息。手机移动广告在内容提供上与传统广告有所不同，传统广告大部分是广告主要求的信息的发布，而移动广告则强调为消费者提供所需要的信息。如果不能提供受众需要的信息，就会影响他们对信息的处理。所以，手机移动广告要求把握好消费者的预期需求和心态。运营商的环节主要是运营商的渠道管理过程，比如，在手机移动广告中主要靠电信的运营商提供渠道，电信的运营商可以通过对渠道的把关和扩大来获利。

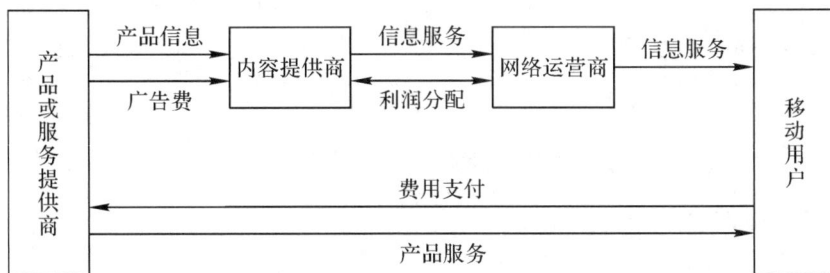

图 3-10 移动广告商业模式

　　在这种模式下，表面上看，广告客户支付给内容/服务提供商一定的费用，内容/服务提供商再与无线网络运营商之间进行利润分配。但实际上，移动用户才是利润的来源。移动用户通过购买产品和服务，将利润过渡给广告客户，广告客户只是将其利润的一部分以广告费的形式付给内容/服务提供商；内容/服务提供商通过将推销信息添加到发给移动用户的内容和服务中，获得广告费；而无线网络运营商通过为内容/服务提供商提供无线传输服务获得通信费或者利润分成。所以，要打造成功的移动广告，首先要建立一种良好的用户应用模式，将其包装成一种有吸引力的媒体形式，让尽量多的用户(即广告受众)接受这种形式；其次，在有足够多的用户的基础上，建立一种广告投放的模式，让广告客户能通过这种模式展示自身的广告信息；最后，建立一个广告应用平台，从而方便地让客户或者代理商能投放广告以及获得监控报告。

　　根据投放模式，广告商务模式可分为 Push 类广告商务模式和 Pull 类广告商务模式。

　　Push 类广告的特点是由上到下，快捷简单，其精准化在于对用户数据和用户行为的准确分析，所以商务模式非常简单。在媒体应用方面主要是获取用户授权，在客户方面主要是通过代理商发展客户。一方面，内容/服务运营商利用应用捆绑或者优惠活动，发展大量授权许可用户；另一方面，吸纳代理商发展广告主。由于广告形式简单，广告策划、设计工作可以直接由广告商(代理商)完成。Push 类广告商务模式如图 3-11 所示。

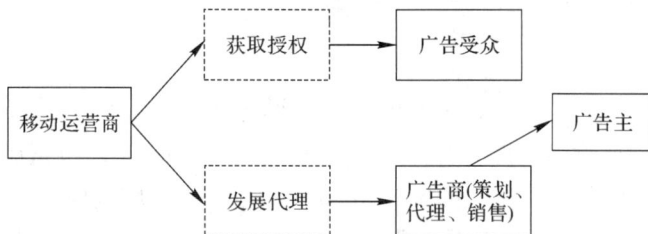

图 3-11　Push 类广告商务模式

　　Pull 类广告则具有客户许可的优势，以移动互联网为主要形式，服务提供商通过移动互联网提供内容吸引用户浏览，在大量用户浏览的基础上向商家销售广告。运营商仅仅是应用平台提供商，其广告平台、站点内容往往由专业广告平台商提供。广告平台商同时也承担广告代理销售的工作。Pull 类广告来源于用户直接需求或者对用户行为分析出潜在需求，因此广告效果比较好。Pull 类广告商务模式如图 3-12 所示。

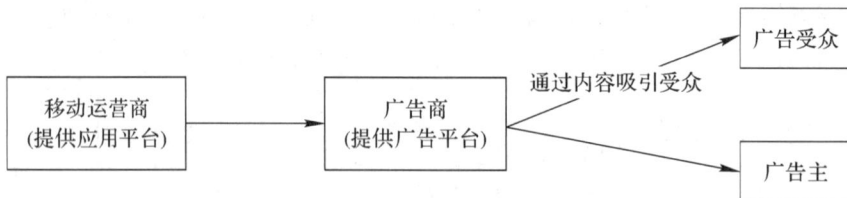

图 3-12　Pull 类广告商务模式

二、移动互联网的商业模式

　　移动互联网是全国性的，是以宽带 IP 为技术核心，可同时提供语音、传真、数据、图像、多媒体等电信服务的新一代开放的电信基础网络，是国家信息化建设的重要组成部分。

1. 移动互联网的应用

移动互联网主要有三大方面的应用，即公众服务、个人信息服务和商业应用。公众服务可为用户实时提供最新的天气、新闻、体育、娱乐、交通及股票等信息；个人信息服务包括浏览网页查找信息、查址查号、收发电子邮件和传真、统一传信、电话增值业务等，其中电子邮件可能是最具吸引力的应用之一；商业应用除了办公应用以外，最主要、最有潜力的应用就是商务应用。网上购物、银行业务、股票交易、机票及酒店预订、旅游及行程和路线安排、产品订购等都是移动商务中较早开展的应用。

移动互联网的商业价值链主要含有广告商、内容/服务提供商、移动运营商、用户、终端制造商、软件开发商、芯片提供商、设备提供商和系统集成商。其中移动运营商、终端制造商、内容/服务提供商等扮演着重要角色，具有不可忽视的作用：移动运营商提供信息通道，并且牢牢掌控对用户的收费环节；终端制造商目前有直接向用户销售和运营商定制终端的两种销售方式；内容提供商是移动数据业务内容提供商，或者叫移动增值业务内容提供商；服务提供商是移动互联网服务内容应用服务的直接提供者，负责根据用户的要求开发和提供适合手机用户使用的服务。与传统的"推"式价值链不同，新的产业价值链是一个"拉"式价值链，是一个围绕最终用户形成的价值链，真正体现了以用户为中心的思想，从而形成良性的市场发展。这也意味着产业链上的各个环节的关系不再是传统的上下游关系，而更多的是一种合作关系，各方的发展都关系和影响到整个移动互联网价值链，由此引起移动互联网商业模式的发展变化。在这种模式下，移动运营商是名副其实的移动价值链的主导者。

2. 移动互联网的收费模式

移动互联网最主要的收费模式是后向收费，即协助合作伙伴、广告商等向终端用户推广产品，并向合作伙伴收取费用，而非向最终用户收取费用。在互联网企业中，由于网页信息对所有的用户来说都是免费的，因此互联网企业通过对用户提供免费的信息，吸引大量用户来使用自己的平台，从而为后向企业提供收费的广告、会员费等来盈利。目前的后向收费模式包括有广告发布费、竞价排名费、冠名赞助费、会员费等费用。在互联网企业中，这一模式代表性的网站第一类是搜索引擎类网站，如百度、谷歌等；第二类是大多数视频类网站，如优酷、土豆等；第三类则是电子商务网站，如京东商城、淘宝、当当、亚马逊等；第四类为成千上万的小网站，都以网民的点击量为依据，向后向客户收取广告费。

3. 移动互联网的主要商业模式

移动互联网主要有内容类商业模式、服务类商业模式和广告类商业模式三种商业模式。

1) 内容类

内容类商业模式是指内容提供商通过向用户收取信息、音频、视频、游戏等内容费用而赢利。内容提供商可分为官方内容提供商和独立内容提供商两种。官方内容提供商通过运营商建立的网站为用户提供信息内容，并由运营商代为收费。运营商提取一定比例的利益分成，计费方式为包月收费和按次收费两种。独立内容提供商则通过自己独立的 WAP 网站为用户提供信息内容，通过三方进行结算，并支付一定的佣金。内容类商业模式如图3-13 所示。

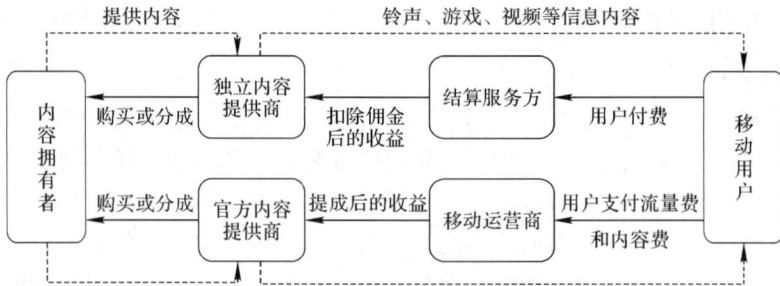

图 3-13　内容类商业模式

　　这种模式的内容形式多种多样，在所有内容目录下的服务都可以收费。用户愿意支付费用的项目包括音乐下载、视频下载、电子杂志订阅、游戏下载等，每个收费的网站都会提供一部分免费的内容或免费的时段，这有助于用户试用后再决定是否为此服务付费。此种模式为目前移动互联网最主要的盈利模式，其中官方网站又占据绝大部分份额。

　　2) 服务类

　　服务类商业模式是指基本信息和内容免费，用户为相关增值服务付费的盈利方式。手机网游就是很好的例证，通过手机终端实现随时随地游戏与娱乐，大部分的服务提供商采取免费注册的方式吸引游戏玩家，其收入主要来自增值服务，包括销售道具、合作分成、比赛赞助、周边产品销售等。以腾讯为例，手机 QQ 服务免费，但对虚拟物品销售，包括 QQ 秀、宠物等进行收费，并已成为主要收入来源，它是互联网 QQ 业务盈利模式的顺延和扩展。服务类商业模式如图 3-14 所示。

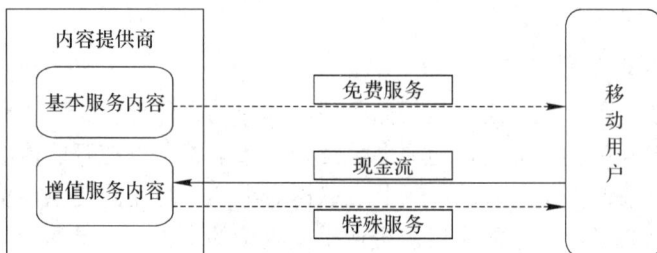

图 3-14　服务类商业模式

　　3) 广告类

　　广告类商业模式是指免费向用户提供各种信息和服务，通过收取广告费来实现盈利。广告客户是付费者，用户免费使用内容或服务，只需向网络提供商付出一定的流量费用。典型的例子如门户网站和移动搜索。由于移动互联网的特性，在广告的投放方式上不断推陈出新，既有与传统互联网广告类似的页面广告，也出现了根据手机用户的不同属性、特点进行针对性投放的广告(即点对点广告)，以及根据用户的定制信息定向投放的广告。

　　和传统互联网一样，WAP 门户网站和广告客户之间通过页面浏览和点击率来构建双方的合作模式。相比传统互联网，移动互联网在广告方面有很多的限制因素，最大的限制来自手机的屏幕尺寸，过小的尺寸和较慢的传输速度无法向用户展示有吸引力的图片，同时用户支付流量费来阅读广告也并不符合商业管理。这就要求手机广告的内容一定要对用户有吸引力，同时通过手机用户深度参与讨论，直接促进广告产品的营销。互联网的搜索业务主要靠竞价排名和广告链接收费，网络架构的差异以及手机屏幕和宽带的限制决定了移动搜索无法完全复制互联网搜索的盈利模式，目前移动搜索市场的盈利模式尚未成熟。移动搜索服务商可以利用手机的便携性、移动性向用户提供简洁而有针对性的实用信息内容，从而不断创新盈利模式。广告类商业模式如图 3-15 所示。

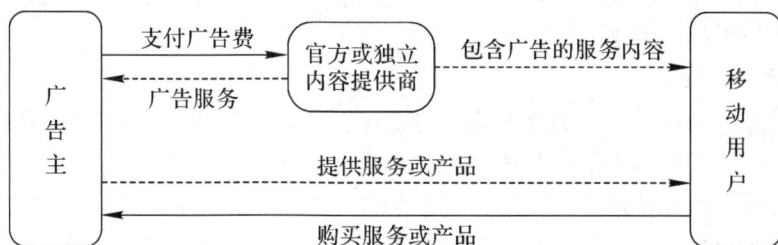

图 3-15　广告类商业模式

4. 移动互联网商业模式的发展趋势

移动互联网商业模式的发展趋势主要包括以下三个方面：

1) "软件服务化"商业模式

未来移动互联网的增值服务将更多以软件厂商与运营商的合作方式来实现。随着移动互联网领域企业在多方面展开较量，软件平台与应用服务的结合将成为竞争的新焦点。未来移动互联网业务的产业链中将诞生"软件+服务"的联合模式。网络服务商以微软和谷歌为代表，从微软提出"S + S"(Software + Services)的战略来看，该战略发展的四大支柱是体验、交付、联盟、聚合，谷歌的 Desktop 和亚马逊的 AWS 都是"软件+服务"的代表产品。由此可见，移动互联网领域的产品及服务模式在发展过程中，软件服务化也将是一个趋势，以手机软件平台为核心的应用服务在产业中将会起到越来越重要的推动作用。

2) 传统移动增值商业模式

在产业价值链中，与运营商关系最为密切的利益相关方是客户、内容/服务提供商、终端制造商和设备、软件提供商，其中内容/服务提供商与运营商之间的博弈关系仍将是移动互联网产业链中最重要的环节。在 3G 时代，应用与内容领域是移动互联网产业发展的焦点，移动互联网与内容/服务提供商的竞争和策略成败都将关系到移动互联网的繁荣与否。移动运营商应发挥在产业链上的主导地位，加大对产业链的整合力度，通过与第三方合作来开发更加丰富的应用服务，让运营商从原来的监管和规划转变成引导和支持，真正做到泛行业合作和对参与合作的不同伙伴进行准确的价值定位，才能使移动互联网产业进入一个新的历史发展阶段。

3) 价值链网络化

终端企业进入移动互联网业务领域以及互联网服务提供商进入终端软件领域，使得以移动终端为载体，不通过门户或搜索的移动互联网业务种类不断增多。这些业务简单易用、更新快捷，将获得各层次用户的青睐。业务种类的增多反映出社会专业化分工的细化，业务组成了移动互联网产业价值链中的各个节点，每个节点都是一个功能模块，整个价值链体系将变得更加脉络清晰、有序，呈现出网络化结构。

三、基于价值链整合的移动商务模式

移动电子商务发展的主要模式是以移动运营商为价值链和业务链的主导，联合各金融企业、商业企业和生产企业开展业务。

1. 创新商务模式

移动电子商务的创新模式主要有第三方支付模式、利益共享模式、产业垂直整合模式、行业准入模式和商务安全模式等。

1) 第三方支付模式

移动电子商务的发展壮大必须有第三方支付服务作为基础。为了更好地发展移动电子商务，应该积极探索移动电子商务第三方支付模式，在账户的开立方式、充值方式、密钥使用、资金管理、风险管理等方面进行充分研究，先行先试。移动电子商务的第三方支付模式是第三方账户独立运营，移动运营商开放接入的模式。移动电子商务第三方支付模式如图 3-16 所示。

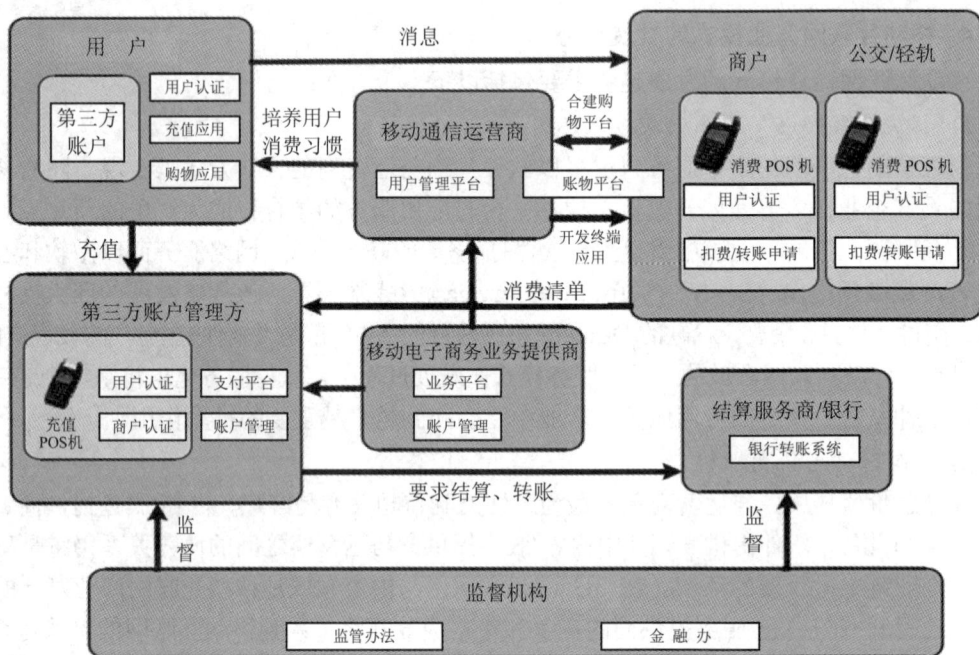

图 3-16 移动电子商务第三方支付模式

在移动电子商务的第三方支付模式下，由移动运营商提供网络通信平台，通过用户管理平台对用户进行管理，获取通信费、信息服务费以及业务佣金分成；第三方账户管理机构建设移动电子商务支付平台，与银行等金融机构合作建立转账机制，进行资金管理、账户管理；移动电子商务内容服务提供商提供应用服务，获取交易佣金分成；银行通过银行转账系统对第三方账户管理机构的交易进行结算和转账；用户在第三方账户机构建立账户，并实现充值，进行消费；零售商户、公交/轻轨等最终服务商，与移动通信运营商合建购物消费平台和移动运营商共享用户，实现精确营销；监督机构负责监督第三账户管理机构与银行的账务工作及移动电子商务的业务活动，保障业务的顺利进行，保障用户的合法权益。

2) 利益共享模式

移动电子商务的发展会催生价值链上多种产业的共同发展，不同的行业之间并不是孤立存在的，而是相互依存相互关联的。价值链上的各企业要互惠共赢，必须坚持平台开放、资源共享、合作共赢的原则，探索建立移动电子商务利益共享机制，树立移动电子商务生态圈共赢共生的理念，走行业合作之路，共同做大移动电子商务这一新型服务市场。在价值链上利益相关者达成协议的基础上共用交易平台，采取多卡合一及一卡多用的方式，新增市场收益由各方共享，实现多赢发展。探索移动电子商务信用消费平台及其他合作共赢创新模式，拓展移动电子商务应用领域，重点是交通、商贸和物流等关乎民生的行业。商户、移动通信运营商、移动电子商务业务提供商应和银行建立共赢的利益共享机制，各司其职，各取其利，共同促进移动电子商务发展。

3) 产业垂直整合模式

移动商务价值链上的各参与企业通过合作，推动建立以移动运营商、平台提供商、内容服务提供商为核心的移动电子商务创新产业联盟(见图 3-17)，加强核心技术的消化吸收和再创新，利用市场机制，不断探索研发、生产、销售、运输等相关企业间的垂直整合模式；重点支持产业规模大、研发能力强的骨干企业相对集中到移动电子商务产业园发展，集聚本地和外部优势资源，充分发挥区域比较优势，围绕移动电子商务产业链核心环节，通过投资参股、兼并、重组等方式实现移动电子商务产业链的垂直整合，形成上中下游配套齐全的一体化的移动电子商务产业群。

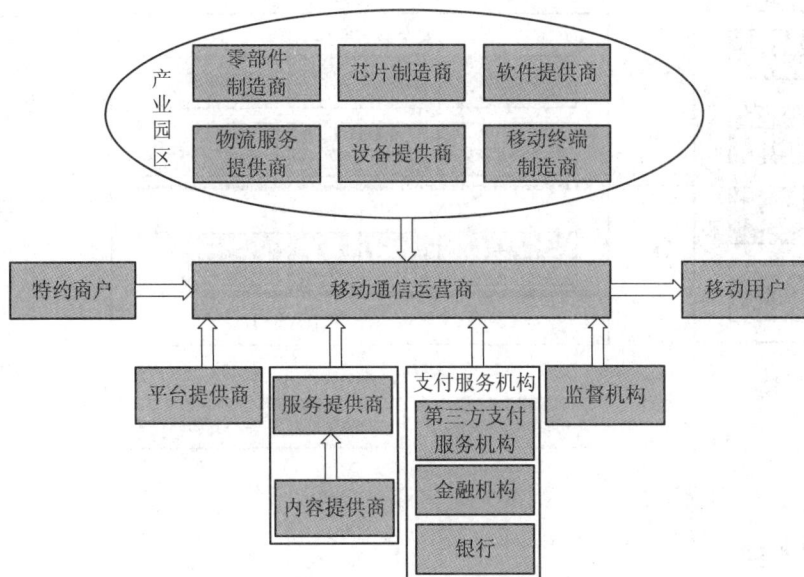

图 3-17　移动电子商务创新产业联盟

4) 行业准入模式

只有依据完善的政策法规、统一的标准规范，移动电子商务才能健康地发展。针对整个价值链所涉及的 POS 终端开发和提供厂商、业务平台账务系统开发厂商以及 13.56M 和 2.4G 射频芯片制造厂商，以完善细致的机制，严格执行手机支付行业准入资格审核。涉及手机支付业务等范畴的，由移动通信商和移动通信研究院提供业务规范、技术标准制定、系统开发和终端测试等支撑工作。注重产、学、研结合，鼓励企业联合高等院校、科研机构研究制定包括安全芯片、智能终端、信息交换和业务流程等移动电子商务关键领域的技术标准规范。积极参与国内和国际移动电子商务标准修订工作，完善移动电子商务标准体系。严格把控移动电子商务企业、特约商户的市场准入，按照国家相关规定和要求建立移动电子商务企业、商户的市场准入制度，规范其市场行为，形成滚动发展的产业培育机制。

5) 商务安全模式

以保障用户利益为核心，针对移动电子商务涉及的沉淀资金安全、技术安全、个人信息安全等关键问题，建立移动电子商务安全保障机制。商务安全模式如图 3-18 所示，其中要求明确移动电子商务企业沉淀资金的管理方式、资金结算账户的管理要求、资金监管机构的职责和权限、企业与客户在资金管理方面的权利和义务、风险控制措施及救助机制等安全保障机制，确保移动电子商务发展合规、有序。同时要建立移动电子商务技术安全保障机制，坚持移动电子商务网络安全的有效性、机密性、完整性和不可否认性四大基本原则；推广统一的移动电子商务及非金融类支付产品的行业技术标准、密钥体系和数字认证服务，提高移动电子商务企业的技术风险防范能力。此外还应建立客户信息安全保障机制，加强移动电子商务企业客户信息资料安全管理。

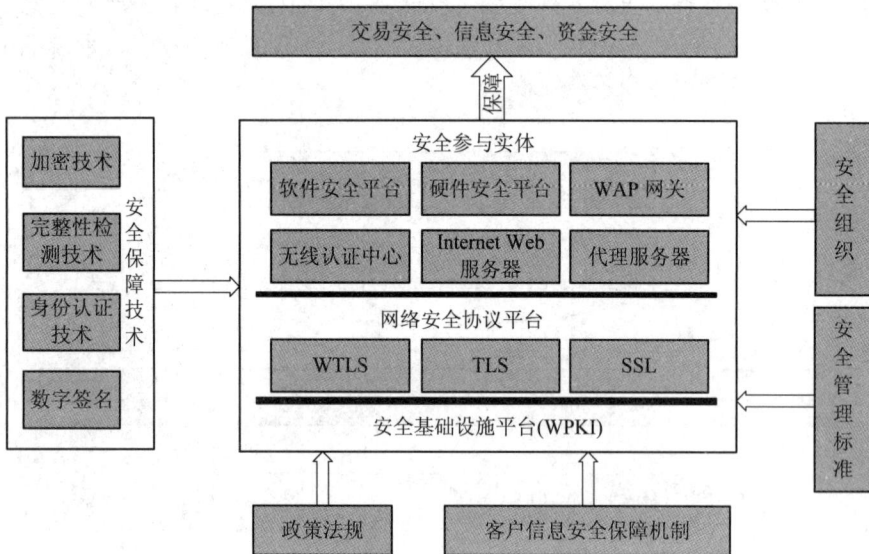

图 3-18　商务安全模式

2. 总体框架

基于以上对移动电子商务模式和移动商务价值链的分析，我们从价值创造、价值传递、价值实现的角度提出了一种基于价值链整合的移动电子商务的商务模式。

基于价值链整合的移动电子商务的商务模式的特点有以下几个方面：

(1) 资源充分组合，合理配置。

在以前的移动电子商务市场中，很多企业的资源没有得到有效、合理的利用，比如内容/服务提供商受到移动运营商的控制，同时利益分成的比例比较少。基于价值链的移动电子商务的商务模式充分考虑到价值链上各参与企业的资源与优势，将价值链上的企业重新定位于角色分配，让其形成合作联盟，不以个人盈利为目的，打造和谐价值链，实现价值增值；同时商务模式创新的第三方服务机制、利益共享机制、产业垂直整合机制、商业安全机制、行业准入机制确保企业间的密切合作与协调。

(2) 融合价值流、资金流、物流、信息流"四流"。

价值流是商务模式运作的核心内容,其源于用户,主要是基于价值链各企业的核心竞争力和资源形成的价值的累加,通过不同的方式体现价值增值;资金流是商务模式市场运作的基础和移动电子商务产业发展的驱动力,主要体现在整个移动电子商务的支付过程中,或者资金在价值链各企业之间的流动;信息流是商务模式的主要信息服务载体,主要体现在价值链主要主体间的信息的产生与反馈以及和用户之间的信息的传递;物流是商务模式中有形产品的运输。

(3) 运作流程的规范与简化。

商务模式是在移动商务价值链重新整合的基础上进行的设计,价值链的整合必然会导致整个商务模式运作流程的变化。考虑到用户的需求以及交易的效率,商务模式的运作流程不仅要规范,确保用户交易的安全,而且要简化,确保交易的效率与速度。

3. 商务流程分析

以移动运营商为主,与平台提供商、内容/服务提供商大力合作,共享资源,共同开发移动电子商务市场,对消费者消费行为进行详细深入的分析,对各自的市场领域、市场定位进行更精准的分析和理解,并对潜在客户进行开发,增加市场用户需求,从市场、营销方面推进移动电子商务的发展。

移动运营商与商户合作,促使移动用户更多更积极地使用移动电子商务应用,通过用户获取的利润与移动运营商进行分成。

内容/服务提供商将内容、产品以及服务按照移动运营商的制作要求创造出适合用户的需求和服务,这些产品、需求服务是内容/服务提供商和移动运营商共同合作、互相协作完成的,最后通过移动运营商提供给移动用户;移动用户以通信费、信息费的形式将产品服务的费用支付给移动运营商,移动运营商与内容/服务提供商按分成比例即得各自的收益。

设备提供商在与移动运营商进行信息交流、技术合作的基础上设计、生产适合移动电子商务应用的终端设备,最后设备提供商将设备提供给移动运营商,运营商支付一定的费用给设备提供商。

移动终端制造商作为为移动用户提供终端设备的服务商,与移动运营商合作,在移动终端设备中嵌入移动运营商的相关服务;在终端销售过程中运营商可与终端制造商共同制定优惠政策、捆绑政策对终端进行销售,促进移动用户手机的更新换代,为将来移动电子商务应用作铺垫。

支付服务机构为整个移动电子商务交易的安全性提供了可靠的保障。运营商与支付服务机构的合作可提高用户对商务交易活动的信任度和忠诚度,支付服务机构为移动运营商提供安全后盾的同时,也会分享一部分来自移动用户的利润。

物流服务机构是在用户购买了实体的产品服务后,作为运营商的后勤为用户提供物流服务,其间所产生的物流费用目前大部分由移动运营商来支付。

本 章 小 结

本章首先介绍了移动电子商务中价值链的概念和作用,以及在移动电子商务的发展过程中价值链整合的必然性，并介绍了什么是价值链整合及其意义。着重讨论了移动电子商务的主要商业模式和基于价值链整合的创新移动电子商业模式，并且对每一种模式的特点、应用、类型等做了深入的探讨；简单介绍了基于价值链整合的移动电子商务的商业模式的总体框架和商业流程分析。

练 习 题

1. 简述移动商务价值链与传统电子商务价值链的区别。

2. 某音乐网站为网络用户和手机用户提供了高质量的音乐服务，若用户需要下载音乐，需要支付一定费用。从价值链的角度看，该网站属于(　　)。

A. 软件提供商　　　B. 设备提供商　　　　C. 内容提供商　　　　D. 支付服务机构

3. 简述什么是移动电子商务的商业模式，其内容包括什么。

4. 移动广告商业模式的参与方有哪些？他们是如何构成移动价值链的？

5. 移动互联网有哪些主要商业模式？请分别加以介绍。

6. 简述 Push 类广告和 Pull 类广告的区别。

7. 简述移动互联网商业模式的发展趋势。

第四章　移动商务安全

【学习目标】
- 了解移动商务面对的安全问题以及安全需求；
- 掌握移动商务的主要安全技术。

【引例】

上网安全谁来保护

仅仅是十多年前，互联网在许多人印象中，还像是一个"世外之地"。可如今，只要带着手机，就几乎无时无刻不在网络之中。互联网在带来方便的同时，也滋生了危险。一方面是各种真伪难辨的消息铺天盖地而来，另一方面却是用户的个人信息悄无声息地被泄露。在日新月异的互联网时代，人们必须思考该如何规范网络秩序，保护信息安全。

个人信息泄露是"重灾区"

在众多网络安全问题中，个人信息泄露是"重灾区"。云计算、物联网、移动互联网等技术的普及，使每个人都成为数据贡献者。大数据时代，各行业对个人数据的需求将会更高，这意味着个人数据涉及许多利益，也必然会导致更多的风险。2015年，中国网民身份信息遭遇泄露的占了网民总数的78.2%，63.4%的网民网上活动信息遭到泄露。因为个人数据泄露带来的经济总损失为805亿元，即便以我国庞大的网民基数，分摊下来人均也有124元。其中，仅手机移动端的病毒感染率已经超过了50%，超过48.6%的应用被篡改，甚至连一些安全防护应用也被篡改。据报告，2021年1～12月，有22.1%的网民遭遇个人信息泄露。

第一节　移动商务安全保障

一、移动电子商务的安全问题

1. 研究移动电子商务安全的意义

随着移动用户的日益增长，移动电子商务的技术和环境日趋成熟。全球应用移动商务的消费者不断增多。在一些国家，移动电子支付因为方便易行、兼容性好、支付成本低，开始越来越受到广大消费者的欢迎。然而，随着移动商务的进一步发展，频发的安全和隐私问题也逐渐成为人们关注的焦点。国内信用卡泄密和明星电话在网络上被公布等事件的报道，使人们对在网络上从事商业交易活动的安全性感到怀疑。因此，提高移动商务的安全性能，消除移动用户的安全隐患，促进移动商务健康发展成为当务之急。

对移动商务安全问题的研究，具有以下两个方面的重要意义：

(1) **移动电子商务安全是移动商务的生存保障。**

移动电子商务的安全问题是在电子化、网络化、数字化技术发展的背景下产生的，许多传统意义上形成的安全解决办法不能被简单地照搬照抄。在移动环境下开展电子商务活动，客户、商家、银行、移动运营商等诸多参与者都会担心自己的利益是否能够得到保障。因此，国际组织、各国政府以及 IT 业界人士都在致力于安全问题的解决方案，期望逐步把移动商务的环境变得有序、可信、安全。这样才能够吸引更多社会公众投身移动商务、运用移动商务和发展移动商务，才能够保证移动商务健康、迅速地发展。

(2) **移动商务安全涉及国家经济安全。**

商务活动是国家经济生活中的重要环节。在信息化进程中，国家安全与经济安全密不可分，而经济安全依赖于信息化基础设施的安全。面对计算机、通信、多媒体的广泛应用，国际社会对信息安全空前关注，除传统意义的军事安全外，也越来越重视信息安全的威胁。

保证移动商务安全、健康地发展，是维持社会生产和生活的正常秩序，建立效率与公平兼顾的社会发展机制，促进国家经济高效运行，实现国家经济体制与秩序安全、金融与货币安全、产业与市场安全、战略物资与能源安全、对外贸易与投资安全在数字化、网络化环境中顺利开展的有效保障。因此，从国家战略的角度讲，移动商务安全是国家经济安全的重要组成部分，是实现信息社会可持续发展的重要一环。

2. 移动电子商务的安全需求

在移动商务中，任何与交易有关的信息都是通过互联网络交换的，都有可能被监听、篡改、冒名使用或交易后否认。移动商务的安全应能确保双方的合法权益不受非法入侵者的侵害，在数据完整性、信息的保密性、网络的安全性等方面应满足以下安全需求：

1) 可追究性需求

可追究性是指移动商务交易发生纠纷时，可通过历史信息获取交易当时的情况，从而获得解决交易纠纷的能力。可追究性的两个基本目标，一是仲裁者验证接收方和发送方提供的证据，即发送方非否认证据和接收方非否认证据；二是如果仲裁者能够判断出消息的正确来源，协议符合可追究性。

2) 公平性需求

公平性是指合法的参与方能按照协议规范产生消息，并根据某些特定的消息推导规则处理消息。公平性建立在可追究性的基础上，即如果协议不满足可追究性，那么也就意味着不满足公平性。验证该属性时，协议每进行一步都要记录下收发消息的双方(验证是否公平的双方)在收发消息之前和之后对重要消息知晓的状态；如果消息中断(只有发送没有接收)，对比此时双方记录的内容是否相同。

3) 认证性需求

认证是指主体进行身份识别，当入侵者修改错误信息、重发消息、故意发送错误信息，消息不全或网络数据丢失时，不会导致任意一方资金或产品的损失。认证是最重要的安全保证手段之一，是分布式网络系统中主体进行身份识别的过程，发送方与接收方共享一个秘密，通过对此秘密的验证，主体可建立对另一参与方的信任。

4) 不可否认性需求

不可否认性是指信息的发送方不能否认已发送的信息，接收方不能否认已收到的信息。

不可否认协议是一种法律有效性要求，其目的在于通过信息主体提供对方参与协议交换的证据来保证其合法利益不受侵害，即协议主体必须对自己的合法行为负责，对整个交易过程中的指令和活动不得抵赖。证据一般是以签名消息(或多重共享密钥加密)的形式出现的，利用数字签名、数字证书等技术将消息与消息的发送方和接收方绑定。

5) 私密性需求

私密性是指私有交易重要信息不能被其他人截获并读取，没有人能够通过拦截会话数据获得账户信息，同时还要满足订单和支付信息的保密性。在一次交易过程中，入侵者很难解密消息并获取重要信息(订单、账户信息)，所以只能在机密信息的密钥缺乏新鲜性的情况下，从首次交易中得到密钥并应用到之后的交易，从而获得重要信息。

6) 完整性需求

数据完整性是指利用信息分类和校验等手段，保证数据在整个交易过程中没有被修改，接收方所接收的消息正是发送方发送的消息，即完整性可以发现信息未授权的变化，防止信息的替换。攻击方式是入侵者截获发送方发出的消息、篡改部分信息(如账户、订单信息等)或重新生成消息，将结果发送给接收方。

3. 移动电子商务面临的安全问题

移动商务可利用轻便易携带的无线移动设备进行浏览和存取网络上的资源，进而提供一个不受时空限制的商务环境。然而，移动设备轻便易携带的特性也给人们带来了很多安全方面的挑战。目前，安全问题仍是推广移动商务的瓶颈，下面列举一些典型的安全问题。

1) 无线窃听

在移动通信网络中，所有的网络通信内容(如移动用户的通话信息、身份信息、位置信息、数据信息以及移动站与网络控制中心之间的信息等)都是通过无线信道传送的。而无线信道是一个开放性信道，任何拥有适当无线设备的人均可以通过窃听无线信道而获得上述信息。无线窃听可能导致通信信息和数据的泄露，而移动用户身份和位置信息的泄露可能导致移动用户被无线追踪，这对无线用户的信息安全、个人安全和个人隐私都构成了威胁。

2) 漫游安全

在无线网络中，当用户漫游到攻击者所在的一定区域内时，在终端用户不知情的情况下，信息可能被攻击者窃取和篡改，服务也可能被拒绝。如果中途进行交易，由于缺少重新认证的机制，通过刷新使连接重新建立会给系统带来风险。没有再认证机制的交易和连接的重新建立是危险的，连接一旦建立，使用安全套接层(Security Socket Layer，SSL)协议和无线传输层安全(Wireless Transport Layer Security，WTLS)协议的多数站点，将不再进行重新认证和重新检查证书。

3) 假冒攻击

在移动通信网络中，移动站(包括移动用户和移动终端)与网络控制中心以及其他移动站之间不存在任何固定的物理连接(如网络电缆)，移动站必须通过无线信道传送其身份信息，以便网络控制中心以及其他移动站能够正确鉴别它的身份。由此可知，无线信道中传送的任何信息都可能被窃听。当攻击者截获一个合法用户的身份信息时，他就可以用这个身份信息来假冒该合法用户入网发送错误信息。此外，攻击者还可通过冒充网络控制中心，如在移动通信网络中假冒网络基站以欺骗用户，骗取用户身份信息。

4) 信息篡改

信息篡改指攻击者对窃听到的信息进行修改(如删除或替代部分或全部信息)之后再将信息传给原本的接收者。这种攻击的目的有两种，一种是攻击者恶意破坏合法用户的通信内容，阻止合法用户建立通信连接；另一种是攻击者将修改的消息传送给接收者，使接收者误以为修改后的信息是由一个合法用户发送的。在移动通信网络中，信息篡改攻击对移动用户与基地站之间的信息传输构成很大威胁。

5) 重传攻击

重传攻击是指攻击者将窃听到的有效信息经过一段时间后再传给信息的接收者。其目的在于利用曾经有效的信息在改变了的情况下达到相同的目的。例如，攻击者利用截获到的合法用户口令来获得网络控制中心的授权，从而访问网络资源。

6) 物理安全

无线设备的另一个特有安全问题是其因为体积小而容易丢失和被窃。对用户来说，移动设备的丢失意味着别人将会看到移动设备上的数字证书及其他一些重要的数据。利用存储的数据，拿到无线设备的人可以访问企业内部网络，包括 E-mail 服务器和文件系统等。目前，移动设备最大的问题就是缺少对特定用户的实体认证机制。

7) 业务抵赖

业务抵赖是指业务发生后否认业务的发生以逃避责任。在移动商务中，这类安全问题包括两方面：一方面，交易双方的买方收货后否认交易，企图逃避付费；另一方面，卖方收款后否认交易，企图逃避付货。

此外，移动电子商务的安全问题还包括 SIM 卡被复制、电子标签(RFID)被解密、手机病毒、拒绝服务等多个方面。

二、移动电子商务的安全技术

无论是移动终端还是移动网络，移动电子商务的各个层次都存在很多安全风险，必须从系统的角度考虑移动商务的安全，才能获得真正的安全。中国移动通信研发中心将移动商务技术体系分为移动承载层、加密技术层、安全认证层、安全协议层和应用系统层。移动电子商务安全技术体系如图 4-1 所示。

从图 4-1 所示的层次结构可以看出，下层是上层的基础，为上层提供技术支持；上层是下层的扩展与递进。各层之间相互关联成为统一整体，实现移动商务系统的安全。移动商务系统是依赖移动网络和 Internet 实现的商务系统，需要利用 Internet 的基础设施和标准，所以构成移动商务安全框架的底层是移动承载网络，包括有线网络和无线网络，它是提供信息传送的载体和用户接入的手段，是各种移动商务应用系统的基础，为移动商务系统提供了基本、灵活的网络服务。

为确保移动商务系统全面安全，必须建立完善的加密技术和认证机制。在图 4-1 所示的安全框架体系中，加密技术层、安全认证层和安全协议层是为电子交易数据安全而构建的。其中，安全协议层是加密技术层和安全认证层的安全技术的综合运用和完善。下面对加密技术层、安全认证层、安全协议层的技术进行介绍。

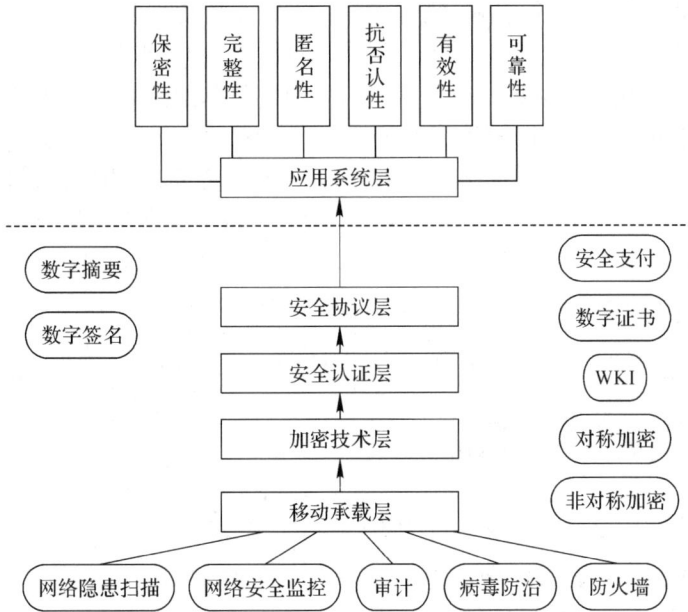

图 4-1 移动电子商务安全技术体系

1. 加密技术层

加密技术是实现网络信息安全的基础，也是保障信息安全的核心手段之一。现在广泛使用的是对位进行变换的密码算法，这种算法按密钥管理的方式可以分为对称密钥加密体制与非对称密钥加密体制两大类。

1) 对称密钥加密体制

对称密钥加密的特点是文件加密和解密使用相同的密钥，即加密密钥也可以作为解密密钥。在该算法中，安全性在于双方密钥的秘密保存。这种方法的加密和解密过程如图 4-2所示。

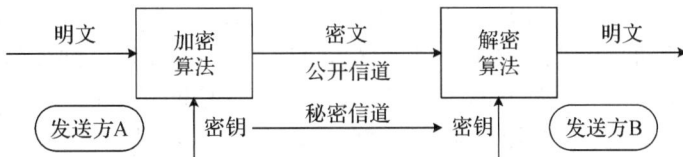

图 4-2 对称密钥加/解密示意图

对称密钥加密算法使用起来简单快捷，密钥较短且破译困难。但这种算法需要信使或秘密通道来传送密钥，密钥的传送和管理比较困难，因此算法的安全性依赖于密钥的秘密保存。

对称密钥加密算法包括排列码算法、RC4、混沌算法、DES(Data Encryption Standard，数据加密标准)、lDEA(International Data Encryption Algorithm，国际数据加密算法)、RC2等，其中以 DES 算法为典型代表。

2) 非对称密钥加密体制

1976 年，美国学者惠特菲尔德·迪菲(Whitefield Diffie)和马丁·海尔曼(Martin Hellman)

为解决数字签名和密钥分配的问题，提出了一种新的密钥交换协议，允许在不安全的媒体上通过双方交换信息，安全地达成一致的密钥，这就是公开密钥系统。这引起了密码学上的一场革命。公开密钥系统从根本上克服了传统密码体制的困难，解决了密钥分配和消息认证等问题。相对于对称密钥算法，这种方法叫作非对称密钥加密算法。

与对称密钥算法不同，非对称密钥加密算法需要公开密钥(Public Key)和私有密钥(Private Key)两个密钥。公开密钥系统使用密钥对时，如果用公开密钥对数据进行加密，只有用对应的私有密钥才能进行解密；如果用私有密钥对数据进行加密，只有用对应的公开密钥才能解密。非对称密钥算法的加密和解密过程如图 4-3 所示。

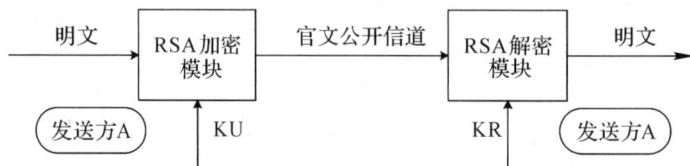

图 4-3　非对称密钥加/解密示意图

图中 KU 为接收方的公开密钥，KR 为接收方的私有密钥。

公开密钥密码体制的设想出现后，又先后出现了背包公钥算法、RSA 公钥加密算法、椭圆曲线加密算法 ECC、EIGamal，DSS 等著名的非对称加密算法。

公开密钥体制的算法是公开的，所以非对称加密算法的保密性不依赖于加密体制和算法，而是依赖于密钥，它可实现保密通信和数字签名。

2. 安全认证层

安全认证层提供了实现用户身份认证的相关安全机制，主要包括消息摘要、数字签名、数字证书和 PKI 等技术。

(1) 消息摘要。消息摘要(Message Digest)又称为数字摘要(Digital Digest)，具有确保消息完整性的功能。它是唯一对应一个消息或文本的长度的固定值，由单向 Hash 加密函数对消息进行摘要而产生。如果消息在途中改变了，则接收者只需对新的摘要与原摘要进行比较，就可知道消息是否被改变了。因此消息摘要保证了消息的完整性。消息摘要采用单向 Hash 函数将需加密的明文"摘要"成一串 128 bit 的密文，这一串密文亦称为数字指纹(Finger Print)，它有固定的长度；且不同的明文摘要成密文，其结果总是不同的，而同样的明文其摘要必定一致。这样这串摘要便可成为验证明文是否是"真身"的"指纹"了。

消息摘要算法的主要特征是加密过程不需要密钥，并且经过加密的数据无法被解密，只有输入相同的明文数据，经过相同的消息摘要算法，才能得到相同的密文。消息摘要算法不存在密钥的管理与分发问题，适合在分布式网络上使用。由于其加密计算的工作量相当可观，所以这种算法通常只用于数据量有限的情况下的加密，例如计算机的口令就是用不可逆加密算法加密的。近年来，随着计算机性能的飞速改善，加密速度不再成为限制这种加密技术发展的桎梏，因而消息摘要算法应用的领域不断增加。

(2) 数字签名。数字签名(又称为公钥数字签名、电子签章)是指以电子形式存在于数据信息之中的，或作为其附件的或逻辑上与之有联系的数据，可用于辨别数据签署人的身份，并表明签署人对数据信息中包含的信息的认可。一套数字签名通常定义两种互补的运算，一个用于签名，另一个用于验证，它是非对称密钥加密技术与数字摘要技术的应用。实现数字签名的方式是逆用公钥密码系统的加密技术，即由发送方用自己的私钥来对消息进行签名，然后接收方用发送方的公钥来解密消息。

(3) 数字证书。数字证书是由权威机构——CA 机构，又称为证书授权(Certificate Authority)中心发行的、能提供在 Internet 上进行身份验证的一种权威性电子文档。在网上，人们可以用它来证明自己的身份和识别对方的身份。数字证书是唯一用来确认安全电子商务交易双方身份的工具，其数字签名是由证书管理中心提供的，因此任何第三方都无法修改证书的内容。任何信用卡持有人只有申请到相应的数字证书，才能参加安全电子商务的网上交易。数字证书一般有客户证书、商家证书、网关证书及 CA 系统证书四种类型。

数字证书的颁发过程一般为：用户首先产生自己的密钥对，并将公共密钥及部分个人身份信息传送给认证中心；认证中心在核实身份后，将执行一些必要的步骤，以确信请求确实由用户发送而来；然后，认证中心将发给用户一个数字证书，该证书内包含用户的个人信息和其公钥信息，同时还附有认证中心的签名信息；最后，用户就可以使用自己的数字证书进行相关的各种活动了。数字证书由独立的证书发行机构发布，各不相同，每种证书可提供不同级别的可信度。用户可以从证书发行机构获得自己的数字证书。

(4) PKI。PKI(Public Key Infrastructure，公钥基础设施)由公开密钥密码技术、数字证书、证书发放机构(CA)和公开密钥的安全策略等基本成分共同组成。PKI 技术采用证书管理公钥，通过第三方的权威、可信任机构认证中心 CA 把用户的公钥和用户的其他标识信息(如名称、E-mail、身份证号等)捆绑在一起，从而在 Internet 上验证用户的身份。

3. 安全协议层

安全协议层通过加密技术和认证技术的综合运用，形成了相关的安全协议。安全协议是以密码学为基础的消息交换协议。电子商务中著名的安全协议有 SSL/TLS 协议、WTLS 协议和一些安全交付协议，如 SET 协议和 Net bill 协议。

第二节　移动商务安全体系

一、移动商务的安全协议和标准

1. WAP 安全体系

WAP(Wireless Application Protocol，无线应用协议)是一个用于向无线终端进行智能化信息传递的无须授权、不依赖平台的协议。WAP 针对屏幕较小、连接速率较低和内存较小设备的上网需求而设计，提供了一种以安全、迅速、灵活、在线和交互的方式连接服务、信息和其他用户的媒介。WAP 具有如下的特点：

- WAP 是公开的全球无线协议标准，并且是基于现有的互联网标准制定的。
- WAP 提供了一套开放、统一的技术平台。
- WAP 协议可以广泛地运用于 GSM、CDMA、TDMA、3G 等多种网络。
- 为了保持现有的巨大的移动市场，WML 用户的界面直接映射到现有手机界面上。

WAP 安全结构由 WTLS、WIM、WPKI 和 WMLScript 四部分共同组成，各个部分在实现无线网络应用的安全中起着不同的作用。基于 WAP 的安全结构组成如图 4-4 所示。

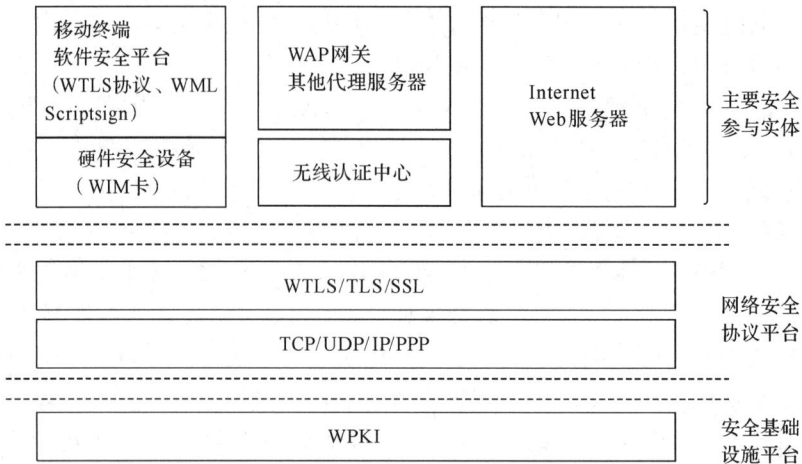

图 4-4　WAP 安全结构体系组成

其中，WPKI 作为安全基础设施平台，是安全协议能有效施行的基础。WPKI 可与 WTLS、TCP/IP、WML 相结合，实现身份认证、私钥签名等功能。基于数字证书和私钥，WPKI 提供了一个在分布式网络中高度规模化、可管理的用户验证手段。

网络安全协议平台包括 WTLS 协议以及有线环境下位于传输层上的安全协议 TSL、SSL 和 TCP/IP。安全参与实体相互之间的关系也出底层的安全协议决定。

1) 网络服务器认证

有一些应用环境要求在移动终端和网络服务器之间进行安全传输。由于有线和无线之间的所有转换都发生在 WAP 网关，实际上并不存在真正的移动终端——网络服务器加密。因此，这一条安全连接被分成两部分：WTLS 保证移动终端和 WAP 网关之间的无线安全传输，SSL/TLS 保证 WAP 网关和网络服务器之间的有线安全传输。

为了建立 SSL 连接，网络服务器将自己的数字证书发送给从 WAP 网关来证明自己的身份，WAP 网关利用对服务器证书签名的根 CA 证书验证网络服务器的证书。用 SSL 实现有线安全连接的整个过程如图 4-5 所示。

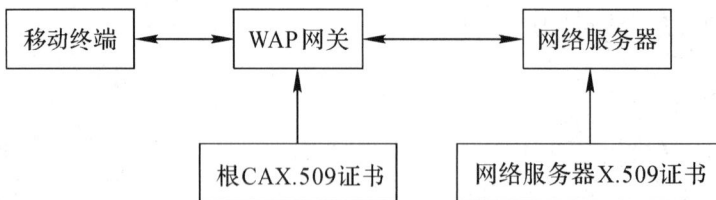

图 4-5　用 SSL 实现有线安全连接

2) 移动终端认证

许多情况下都需要验证用户的身份，例如网络购物、办理信用卡等。移动终端身份验证和签名过程如图 4-6 所示。

实现移动终端身份认证有两种方式：一是 WTLS 终端之间的 WTLS 客户端证书认证，二是用 WMLScript 中的签名函数 SignText 实现终端和网络服务器的安全连接。

这两种方法都要求移动终端有一个私钥和一个用户证书 URL。私钥必须保存在终端，通常保存在 WIM(Wireless Identity Module，无线身份识别模块)中，WIM 是一个防篡改硬件。一般都将 WIM 做在 SIM 卡中，称为 S/WIM 卡，也就是两卡合并，而不是一个移动终端中装入两张卡。

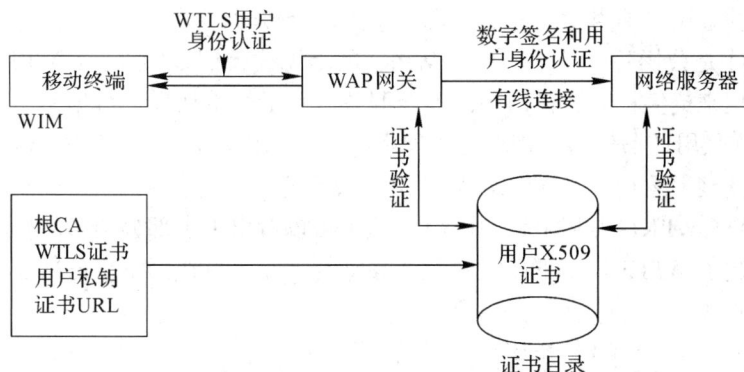

图 4-6 移动终端身份验证和签名

由于用户证书(移动终端证书)是被 WAP 网关和网络服务器验证，也就是在有线环境中验证的，用户证书可以是 X.509 证书。但是，X.509 证书的尺寸较大，不太可能存储在 WIM 中，因此 WAP 中规定 WIM 中存储的不是终端的证书，而是证书的 URL，证书则集中存储在证书目录中。当 WAP 网关和网络服务器需要验证移动终端身份的时候，将根据 WIM 中的证书 URL 到相应的位置获取证书。

3) WAP 网关认证

当建立 WTLS 连接时，WAP 网关首先将自己的数字证书发送给移动终端来证明自己的身份，移动终端必须事先拥有对网关证书签名的根 CA 证书，用根 CA 证书来验证网关证书。用 WTLS 实现无线安全连接的过程如图 4-7 所示。

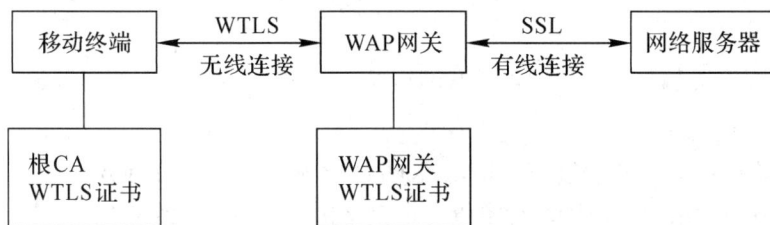

图 4-7 用 WTLS 实现无线安全连接

一般来说，根 CA 的 WTLS 证书保存在移动终端的 WIM 中。与有线网络安全连接最大的不同是移动终端的存储能力和计算能力有限，因此采用了一种新的证书格式——WTLS 证书。WTLS 格式证书是 X.509 证书的简化，尺寸比 X.509 证书小很多，更适合移动终端的有限存储资源，而且 WTLS 采用椭圆曲线密码算法(Elliptic Curves Cryptography，ECC)代替了 PKI 中的 RSA 算法，使密钥长度大大缩短。

2. WPKI 安全体系

WPKI(Wireless Public Key Infrastructure，无线公开密钥基础设施)是将互联网电子商务中 PKI 安全机制引入到无线网络中的一套遵循既定标准的密钥及证书管理体系，用来管理移动网络环境中使用的公开密钥和数字证书，有效建立安全和值得信赖的无线网络环境。

WPKI 是传统的 PKI 技术应用于无线环境的优化扩展。它采用优化的 ECC 椭圆曲线加密和压缩的 X.509 数字证书,同样采用证书管理公钥,并通过第三方的可信任机构——认证中心(CA)来验证用户的身份,从而实现信息的安全传输。

如果说 PKI 是公钥基础设施,那么 WPKI 就是无线公钥基础设施。WPKI 采用非对称密码算法和原理来提供移动通信网中的安全服务,包括身份认证、数据完整性和加密等服务。WPKI 同样采用证书作为密钥对的管理手段。可以说,WTLS、WIM 和 WIMScript 都是在 WPKI 的基础上运行的,WPKI 是 WAP 的安全基础。

图 4-8 描述了 WPKI 的结构及工作流程,从中可以看出上半部分与 WAP 体系结构相同,下半部分则描述了 WPKI 证书的签发过程。移动终端在与有线网络服务器连接之前必须得到 CA 颁发的证书。

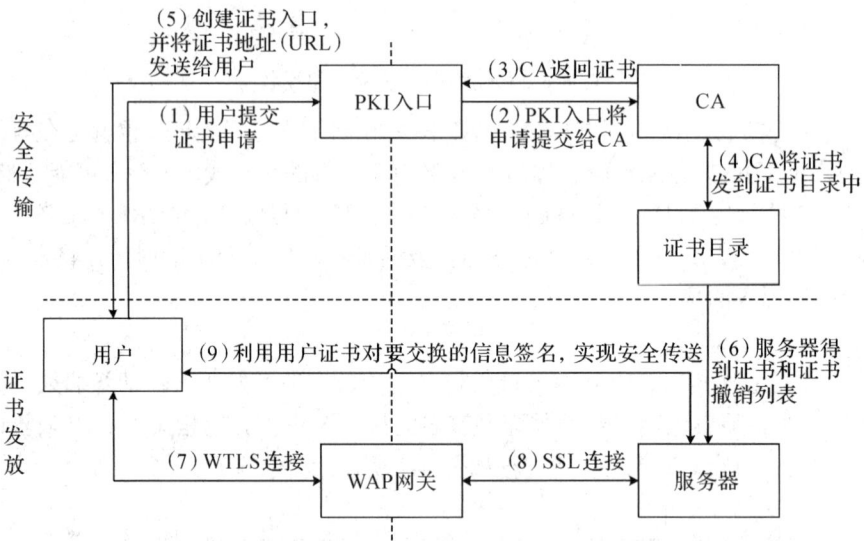

图 4-8　WPKI 结构及工作流程

WPKI 的详细工作流程如下:

(1) 用户向 PKI 入口提交证书申请,PKI 入口类似于 PKI 中的 RA。

(2) PKI 入口对用户的申请进行审查,审查合格后将申请交给 CA。

(3) CA 为用户生成一对密钥并制作证书,然后将证书交给 PKI 入口。

(4) CA 同时将证书发布到证书目录中,供有线网络服务器查询。

(5) PKI 入口保存用户的证书,针对每一份证书产生一个证书 URL,并将该 URL 发送给移动终端。这个证书 URL 就是证书在证书目录中的地址。

(6) 有线网络服务器下载证书列表备用。

(7) 自动终端和 WAP 网关利用 CA 颁发的证书建立安全的 WTLS 连接。

(8) WAP 网关与有线网络服务器建立 SSL 连接。

(9) 移动终端和有线网络服务器实现安全信息传送。如果服务器需要用户的证书验证用户签名,那么用户将证书 URL 告诉服务器,服务器根据这个 URL 到网络上下载用户证书;如果用户需要服务器的证书验证服务器的签名,那么服务器将证书通过空中下载存储到用户的移动终端。

WPKI 定义了三种不同的安全通信模式：使用服务器证书的 WTLS Class2 模式；使用客户端证书的 WTLS Class3 模式；使用客户端证书合并 WMLScript 的 SignText 模式。

随着移动通信和互联网逐渐成为信息产业的两大支柱，无线通信技术在银行、证券、商务、贸易、办公、教育等各方面的需求越来越多，无线通信的安全性显得日益重要，这同时也带动了 WPKI 技术的发展，为解决移动环境下的安全认证和支付奠定了基础。

1) 无线存取电子邮件

由于商业活动信息交换比较频繁且实时性较强，商业人士可能会随时用电子邮件交换一些秘密的或者有商业价值的信息，因而用手机无线上网收发电子邮件就成为一种易用、高效的信息交换工具，但这也引发了一些安全方面的问题。例如消息和附件可以在不为通信双方所知的情况下被读取、篡改或截掉，同时发信者的身份也会被人伪造，可能造成不可挽回的经济损失。

在遵从可以发送加密和有签名邮件的安全电子邮件协议的前提下，采用 WPKI 技术可以解决这一问题。当用手机无线上网发送电子邮件给一位或多位接收人时，发送者可以先将邮件加密、签名。这样，只有指定的接收人才可以在 CA 中心的服务器上取得公钥并开启邮件，即使该邮件被其他人截获，这些人也会因为得不到公钥而无法阅读邮件。

2) 在移动商务中的应用

在移动商务中，如何实现在线、实时、安全的支付是技术实施的核心。尤其在移动环境下，需要准确地识别人员身份、判别账号真伪，并迅速、安全地实现资金的转账处理。WPKI 技术为实现这一目标发挥着不容小觑的作用，具体应用如下：

(1) 网上银行。用户可以用移动设备通过网上银行轻松实现电话费缴纳、商场购物、停车费缴纳、公交车付费、投注彩票等手机支付服务。如果网上银行系统中采用了 WPKI 和数字证书认证技术，不法分子即使窃取了卡号和密码，也无法在网上银行交易中实施诈骗。从世界范围看，数字证书技术已经被广泛地应用在国内外网上银行系统中，至今尚未发现一例由于数字证书被攻破而使网上银行诈骗得逞的案件。

网上银行的应用主要有如下两种：

● 无线电子支付：用户可以利用手机完成实时支付，在付款过程中用户通过认证后输入相应的银行卡账号，支付系统会从远程账号上自动减掉这笔账目，主要交易处理完成之后会将相应信息回传给用户并加以确认。

● 无线电子转账：用户可以通过手机连接到银行，执行登录操作后进行转账交易。此时，银行的相应服务器必须确认用户的转账交易资料，它会要求用户端做电子签章的确认，同时也会发给用户一份电子收据。

(2) 网上证券和网上缴税。同样，通过移动终端设备进行无线网上证券交易和网上缴税也给用户带来了极大便利，减少了操作时间，提高了办事效率，但是也面临着安全性和可靠性的问题。类似于网上银行系统的实现，采用 WPKI 体系作为安全技术框架，移动用户可以通过使用个人数字证书，使信息获得有效的、端到端的安全保障。

3) 其他应用

WPKI 技术在其他领域内也有广泛的应用，以下是几个简单的例子。

在指纹识别系统方面，公安局可以使用附有指纹识别与网络浏览器的掌上电脑，运用无线上网方式，连线至已经建立好的指纹、相片甚至脸型、声音特征等资料库进行即时的线上查询与对比，这些资料采用 WPKI 体系加密后再传输于掌上电脑与资料库之间，可达到安全保密的效果。

公安部门执行拘留、逮捕等重大行动之前，法律规定必须有主管领导的签字审批。但在现实工作中，领导工作流动性大，有时难以达到。此时，如果领导持有移动终端，便可通过无线查询得知需要审批的工作内容，在签署审批意见后立即发送到后台业务系统中提高工作效率。WPKI 机制能够保证领导审批内容在传输过程中的保密和完整。

为了及时掌握企业产品的销售情况，许多企业经常派遣销售人员去做市场调研，收集本企业产品的销售和库存信息以及竞争对手的活动，以便及时通知企业补给缺货或者调整定价。为保证消息的及时可靠，销售人员可以使用无线移动终端设备，将相关信息以加密方式传回企业内部，企业便可实时更新各种商业信息和工作流程。

在小型超市及物流仓库的盘点方面，工厂仓库的盘点人员盘点之后，可以通过无线网络直接将相应资料以加密的方式传回到相应部门；同时可以进行数字签名，以保证信息的安全和可靠性。

3. WLAN 安全体系

无线局域网络(WLAN)是以无线连接至局域网络的通信方式，采用 IEEE 802.11 系列标准。下面主要介绍 IEEE 802.11 标准中的三种最基本的安全机制。

(1) 采用 SSID。服务区别号 SSID 相当于一个简单的口令，只有与无线访问点(Access Point，AP)的 SSID 相同的移动终端才可以接入该网络。如果把 AP 配置成向外广播其 SSID，则任何没有配置指定的 SSID 的移动终端都可以收到 AP 的 SSID，并接入 AP，此时这种安全机制将不起任何作用。在一般情况下，WLAN 中的多个用户都知道 AP 的 SSID，泄密的可能性很大，因此这种措施的安全性很低。

(2) 使用 MAC 地址访问控制列表(MAC ACL)。与有线网卡类似，无线网卡也具有唯一的 MAC 地址，所以在 AP 中可以手工维护一组允许访问的移动终端的 MAC 地址列表，随后进行物理地址过滤。

(3) 使用 WEP(Wired Equivalent Privacy)、WPA(Wi-Fi Protected Access)或其升级版本 WPA2 等协议，能够提供对信道上传送数据的安全保护，然而这些协议也存在一些漏洞，可能会面临一些安全性攻击。2018 年 1 月，Wi-Fi 联盟宣布采用 WPA3 替代 WPA2。WP3 协议通过算法将认证和密钥交换同时进行，极大地改善了原有 WP2 密钥交换过程中因需要四次握手所带来的安全隐患。WPA3 提供了两种 Wi-Fi 安全模式，其中 WPA3 个人模式采用 128 位密钥，使用 WPA-DSK 预共享密钥；WPA3 企业版采用 192 位密钥，使用 AAA/RADIUS 认证服务器。

二、手机病毒及其防范措施

手机短信的诞生掀起了一场通信革命，"拇指经济"拯救了不少处于危难之中的 IT 企业。然而，短信也如电子邮件一样成为病毒的传播载体。

世界首例手机病毒是 2000 年 6 月在西班牙爆发的 Timofonica，该病毒通过运营商的移动系统向系统内的用户发送辱骂短信。手机病毒已成为手机目前面临的最严重的安全问题，在此，我们特别分析用于移动商务的手机终端出现的手机病毒及相应防范措施。

1. 手机病毒的概念

普遍接受的手机病毒定义参照计算机病毒定义：以手机为感染对象，以手机网络和计算机网络为平台，通过发送病毒短信、彩信、电子邮件、浏览网站、下载铃声等形式破坏手机功能或者破坏数据，造成手机状态异常，影响手机正常使用的一种新型病毒。

根据手机病毒的来源和传播机理的不同，当前的手机病毒可划分为以下几类：

(1) **蠕虫型病毒**。蠕虫型病毒是一种通过网络自我传播的恶性病毒，它最大的特性是利用操作系统和应用程序所提供的功能或漏洞主动进行攻击，如"卡比尔"和 Lasco.A 病毒等都是蠕虫病毒，它们会感染手机系统中的文件，并通过无线通信信道对附近手机扫描，发现漏洞手机后，病毒就会自我复制并发送到该手机上。蠕虫病毒可以在短时间内通过蓝牙或短信的方式蔓延至整个网络，造成用户财产损失和手机系统资源的消耗。

(2) **木马型病毒**。木马型病毒也叫后门病毒，其特点是运行隐蔽、自动运行和自动恢复，能自动打开特别的端口传输数据。随着当前黑客组织越来越商业化，其开发目的从最初的炫耀技术演变成贩卖手机中的个人或商业信息，因此手机用户面临的隐私泄露风险也越来越大。目前较为常见的手机木马程序有 Pbstealer(如通信录盗窃犯)、Commwarrior 病毒(彩信病毒)等。

(3) **感染型病毒**。感染型病毒的特征是将其病毒程序本身植入其他程序或数据文件中，使文档膨胀，以达到散播传染的目的。传播手段一般使用网络下载，资源拷贝。这种破坏用户数据的病毒难以清除。

(4) **恶意程序型病毒**。恶意程序型病毒专指对手机系统软件进行软件和硬件破坏的程序，常见的破坏方式就是删除或修改重要的系统文件或数据文件，造成用户数据丢失或系统不能正常启动运行。典型的例子有导致手机自动关闭的移动黑客(Hack.mobile.smsdos)，导致手机工作不正常的 Mobile.SMSDOS 病毒。

2. 手机病毒的特点

手机病毒主要有以下几个特点：

(1) **传染性**。病毒通过自身复制感染正常文件，即病毒程序必须被执行之后才具有传染性，继而感染其他文件，达到破坏目标正常运行的目的。

(2) **隐蔽性**。隐蔽性是手机病毒最基本的特点。经过伪装的病毒程序还可能被用户当作正常的程序而运行，这也是病毒触发的一种手段。

(3) **潜伏性**。一般病毒在感染文件后并非立即发作，而是隐藏于系统中，在满足特定条件时才被激活。

(4) **可触发性**。病毒如未被激活，则会潜伏于系统之中，不构成威胁。一旦遇到特定的触发事件，则能够立即被激活且同时具有传染性和破坏性。

(5) **针对性**。一种手机病毒并不能感染所有的系统软件或是应用程序，其攻击方式往往具有较强的针对性。

(6) **破坏性**。任何病毒侵入目标后，都会不同程度地影响系统正常运行，如降低系统性能，过多地占用系统资源，破坏硬件甚至造成系统崩溃等。

(7) **表现性**。无论何种病毒被激发以后，都会对系统运行、软件的使用及用户信息等进行不同程度的破坏。病毒程序的表现性或破坏性体现了病毒设计者的真正意图。

(8) **寄生性**。病毒嵌入载体中，依赖载体而生存，当载体被执行时，病毒程序也同时被激活，然后进行复制和传播。

(9) **不可预见性**。和计算机病毒类似，手机病毒的制作技术也在不断地提高，从病毒检测方面来看，病毒对反病毒软件来说永远是超前的。

3. 手机病毒的攻击方式及危害

手机病毒的攻击方式及危害主要可以分为以下几类：

(1) **攻击手机本身**。病毒直接攻击手机本身，使手机无法提供正常的服务。这种病毒是手机病毒最初的形式，也是目前手机病毒的主要攻击方式，例如短信息、WAP 服务。一方面它们给我们带来方便，只需按几个键就可以换个 logo，下载我们喜欢的铃声，但也正是这些功能，可以在系统或存储器中写入指令，破坏者只要找出缺口，传出一个"病毒短信"，以 Assembly Programming 改变系统的机内码，将指令藏在存储器中，然后再开启其他手机的电话本，大肆传播病毒，并在一定时间内发作，来破坏手机的开机系统。

(2) **攻击 WAP 网关**。攻击 WAP 网关，使 WAP 手机无法接收正常信息，并向手机发送垃圾信息，或者通过其他方式致使手机通信网络运行瘫痪，这种手机病毒其实是一种变种的电脑病毒。由于它发给其他手机的是文本文档，所以不会破坏手机本身的硬件设备。

(3) **攻击 WAP 服务器**。一旦有人发现 WAP 服务器的安全漏洞，并对 WAP 服务器进行攻击，将会造成手机无法接收到正常的网络信息。

4. 手机病毒的防治

从手机病毒的特点来分析，我们可以从以下几方面来防范手机病毒带来的危害。

(1) 手机用户应养成良好的手机使用习惯，加强安全防范意识。

第一，谨慎接听电话、接收短信息以及网络下载信息。用户需要留意一些乱码电话、未知短信和彩信等手机异常情况，尽量从安全和信誉好的网站上下载软件、信息等，下载完毕后最好进行病毒查杀后再打开或安装。

第二，谨慎传输数据信息。目前手机交换数据的主要方式包括数据线、存储卡、红外线、蓝牙、Wi-Fi 等。其中数据线和存储卡属于接触性传输，需要确保接触源的安全性，防止交叉感染。红外线、蓝牙是短距离传输，如果不常用这些连接，尽量将它们关闭。需要注意数据来源的可信性，因此不要接受未知的连接请求，更不要打开其发来的文件、图片和软件等。另外，蓝牙和 Wi-Fi 具有保护措施，可以有效防范未授权的数据进入手机，如蓝牙可以设置链接认证的 PIN 码；Wi-Fi 可以设置更复杂的访问密码。尽量使用支持 WPA标准的 Wi-Fi，它能提供更强大的加密和认证机制。

第三，关注手机系统补丁，安装手机杀毒软件和防火墙，及时更新病毒库查杀病毒，做好审记日志工作。

(2) 手机是手机病毒寄生和发作的温床，要防范手机病毒，首先手机制造商要防止出现手机的安全漏洞。

手机制造商可以为用户提供手机固件或者操作系统升级服务，通过对漏洞的修补来提高防范病毒的能力。手机终端商可通过对第三方软件进行认证的方式来提高安全性。如Symbian 和 Windows Mobile 操作系统中都采用了数字证书，当未获得数字证书的软件安装时，系统会警告用户。手机在出厂前，在内部捆绑反病毒软件，为用户提供最基本的安全服务。用户可以通过 WAP、蓝牙、短信、红外线、数据传输等形式升级软件，从而保证自己手机的安全。

(3) 安全软件生产商可以结合手机的特点，推出更有效的手机反病毒软件，能针对手机进行全面快速的病毒扫描和安全监控，保护用户的手机及存储数据的安全。也可以考虑将存储卡或手机直接与 PC 相连，利用 PC 上的杀毒软件进行查杀操作，或提供无线网络在线杀毒，能较好地实现实时查杀。

(4) 由于手机病毒的传播依靠网络，手机杀毒一个有效的办法是让网络运营商进行网络杀毒。

本　章　小　结

本章具体介绍了移动商务在安全性方面存在的问题，面临的安全需求和技术现状；介绍了移动商务的主要安全技术，并阐述了移动商务的安全协议和标准(WAP、WPKI、WLAN 和蓝牙标准)。最后分析了常见手机病毒的种类、特征及相关防治措施。

练　习　题

1. 某公司经理通过移动网络发送给客户订单后，发现其订单被不明原因篡改了内容，这种问题属于网络安全中的(　　)需求。

A. 不可否认性需求　　B. 完整性需求　　C. 公平性需求　　D. 私密性需求

2. 什么是业务抵赖？移动商务中的业务抵赖表现为什么形式？

3. 简单描述 WAP 安全结构体系的组成及各组成部分的作用。

4. 什么是 WPKI？它采用什么样的机制来保障通信的安全性？

5. 一种手机病毒能够感染手机系统中的文件，并通过无线通信信道对附近手机扫描，发现漏洞手机后，病毒会通过蓝牙传输自我复制到该手机，进而蔓延到整个网络，造成用户财产损失和手机系统资源的消耗。这种手机病毒属于(　　)。

A. 蠕虫型病毒　　B. 木马型病毒　　C. 感染型病毒　　D. 恶意程序型病毒

第五章　移动银行与移动支付

【学习目标】
- 学习掌握移动支付的基础知识；
- 了解和把握移动银行的发展状况。

【引例】

NFC 支 付

世界上不同的地区，移动金融的含义也略有不同。广义上，移动资金的范围包括了店内支付、在线支付、点对点支付、运营商代收费、移动 POS 支付和电子钱包支付。

从整体看，发达国家市场上的移动设备较为普及，基础设施也更为完善，使得这些市场上能够让消费者之间以及消费者与商户之间进行更加复杂的移动转账操作。例如NFC(Near Field Communication, 近场支付)支付，这种支付方式在发达国家市场上打开了一个全新的窗口，让店内支付操作变得更加快捷。NFC 支付流程如图 5-1 所示。

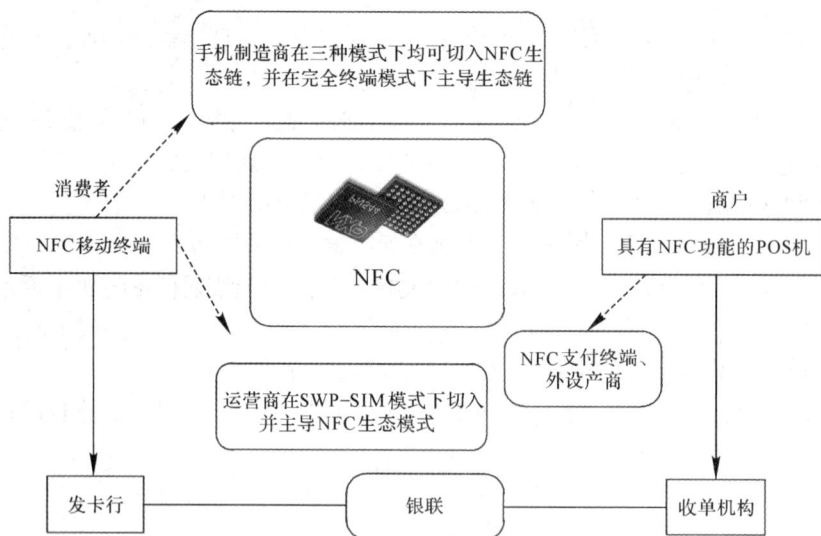

图 5-1　NFC 支付流程

NFC 支付的另一个值得关注的地方，是越来越多的零售商开始使用这种支付方式来进行其他的工作，例如提升消费者忠实度，为消费者提供奖励，从而提升实体店的人流量。星巴克采用 NFC 支付后，每周有超过 1600 万用户使用其应用，带来了 800 万美元的销售额。

移动金融发展的关键是无缝支付验证和方便性。典型的支付方式如指纹识别支付，苹果的 iTunes 目前已经支持了这种支付方式。

第一节　移动支付及其技术

一、移动支付概述

1. 什么是移动支付

移动支付(Mobile Payment)，也称为手机支付，是交易双方为某种货物或者服务，使用以移动终端设备为载体，通过移动通信网络实现的商业交易。具体而言，移动支付是指单位或个人通过移动设备、互联网或者近距离传感设备，直接或间接向银行金融机构发送支付指令，产生货币支付与资金转移的行为。

移动支付将终端设备、互联网、应用提供商以及金融机构相融合，为用户提供货币支付、缴费等金融业务，其中终端设备可以是手机、掌上电脑、移动 PC 等。

移动支付主要分为近场支付和远程支付两种。近场支付是利用近场通信(Near Field Communication，NFC)的方式进行支付的过程，允许电子设备之间进行非接触式点对点数据传输，适用于乘车或购物时进行的小额支付；远程支付是指通过发送支付指令(如网银、电话银行、手机支付等)或借助支付工具(如通过邮寄、汇款)进行的支付方式，如掌中付推出的掌中电商、掌中充值和掌中视频等。

移动支付属于电子支付方式的一种，具有电子支付的特征，但因其与移动通信技术、无线射频技术、互联网技术相互融合，又具有自己独有的特征。

(1) 移动性。移动支付具有随身携带功能的移动性，消除了距离和地域的限制，可以随时随地获取所需要的服务、应用、信息和娱乐。

(2) 及时性。移动支付不受时间地点的限制，信息获取更为及时，用户可随时对账户进行查询、转账或进行购物消费。

(3) 方便性。这是移动支付区别于传统的银行卡支付的重要特点。如今，智能手机已经成为业界的主流，用户可以方便地通过手机使用移动互联网，随时随地查询账户余额、交易记录、实时转账、修改密码等，管理自己的移动支付账户。

(4) 定制化。基于先进的移动通信技术和简易的手机操作界面，用户可制定自己的消费方式和个性化服务，账户交易更加简单方便。

(5) 安全性。移动支付作为电子商务最为重要的支付环节，直接涉及用户和运营商的资金安全，所以，支付安全是移动支付的核心问题之一。移动设备用户对隐私性的要求远高于 PC 用户。在互联网上，PC 用户的信息是可以被搜集的，而移动设备用户显然不需要让他人知道甚至共享自己设备上的信息，移动设备的隐私性保障了支付的安全。移动支付采用的高安全级别的智能卡芯片，与目前的银行磁条卡相比，具有更高的安全性。

(6) 集成性。智能手机作为一个功能强大的平台，能够方便地进行身份认证和移动支付。除网上银行、网络购物中进行的远程支付之外，通过集成终端读写器等近距离通信装置，可以满足用户对公交、食堂等小额支付的需要，而其中的身份认证功能还可以直接用于门禁和考勤等服务。以手机为载体，运营商往往会将移动通信卡、公交卡、地铁卡、银行卡等各类信息整合到以手机为平台的载体中进行集成管理。与此同时，搭建与之配套的网络体系，从而为用户提供方便的支付以及身份认证渠道。

2. 移动支付的基本要素

移动支付的本质是支付服务提供商通过合适的支付渠道，为买家购买服务或商品而将资金从买家的账户划拨到卖家账户的过程。和电子支付一样，移动支付主要包括了四个要素：买家和卖家的资金账户、资金安全、支付接入渠道和支付应用。因此，开展移动支付服务，首先必须回答以下四个问题：要服务于什么类别的支付应用？可以使用哪些支付账户？可以向用户提供哪种支付渠道？如何保障支付安全？

电子支付本质上就是资金在不同账户间的转移，资金从哪里来到哪里去，是电子支付业务中最关键的问题。支付账户是开展支付业务的核心，可用的支付账户包括以下几类：

(1) 银行账户。银行账户包括借记卡、信用卡、存折等账户，拥有庞大的资金，是支付业务最重要的资金来源，任何做支付业务的服务商都难以绕开银行账户。

(2) 第三方支付账户。第三方支付是指支付服务提供商为摆脱银行账户资金调度灵活性等方面的制约，自己建立的电子货币账户体系，典型的如支付宝等，这类电子货币账户上的资金一般与人民币等值，具有全业务的支付能力。由于支付服务商可完全掌控自建的电子货币账户上的资金，有利于其提供灵活的支付业务模式。资金可通过银行转账到电子货币账户，有的电子货币账户甚至可以再转回银行，本质上已类似于银行账户。

(3) 积分账户。运营商或各服务提供商(如航空公司、连锁超市等)为使用其业务或购买其商品的用户赠送积分，拥有积分的用户也同时拥有运营商或服务提供商提供的某种权益，如可获取某些类型的商品、换取礼品、联盟商家购物时抵扣一定的金额等。因此，积分从某种意义上来讲也可当成一种外部支付账户，但不能直接当现金使用，只能在特定的应用范围内使用，通常需要配合适当的营销策略。

(4) 离线钱包账户。该账户不与后台账务系统实时交互，是直接记录在某种载体上(如集成 RFID 芯片的手机或其他移动终端)的电子货币。其特点是能充分利用庞大的移动终端的用户群，以及移动终端随身携带的特性，快速发展支付用户；支付过程中不需要与后台系统实时交互，适用于公交、商店、电影票、彩票等小额近距离支付业务。

(5) 运营商的通信账户(如固话、手机、宽带上网账户等)。通信账户代收费是电信运营商特有的电子支付模式，可充分运用运营商庞大的用户群以及已经建立的缴费渠道，为其他支付应用提供代收费服务，从中获取收益。

二、移动支付技术及其发展

1. 移动支付的技术方案

从移动终端的角度看，其支持移动支付的技术实现方案主要有以下五种：双界面 CPU 卡、SIM Pass、RFID-SIM、NFC 技术和智能 SD 卡。

(1) 双界面 CPU 卡是一种同时支持接触式与非接触式两种通信方式的 CPU 卡，接触接口和非接触接口共用一个 CPU 进行控制，接触模式和非接触模式自动选择。卡片包括一个微处理器芯片和一个与微处理器相连的天线线圈。该卡具有信息量大，防伪安全性高，可脱机作业，可多功能开发，数据传输稳定，存储容量大，数据传输稳定等优点。双界面 CPU 卡的构成如图 5-2 所示。

图 5-2　双界面 CPU 卡的构成

(2) SIM Pass(基于 13.56 MHz)是一种多功能的 SIM 卡，支持 SIM 卡功能和移动支付的功能。SIM Pass 运行于手机内，为解决非接触界面工作所需的天线布置问题给予了两种解决方案：定制手机方案和低成本天线组方案。SIM Pass 是一张双界面的多功能应用智能卡，具有非接触和接触两个界面。接触界面上可以实现 SIM 应用，完成手机卡的通信功能；非接触界面可以同时支持各种非接触应用。

(3) RFID-SIM(基于 2.4 GHz)是双界面智能卡技术向手机领域渗透的产品。RFID-SIM 既有 SIM 卡的功能，也可实现近距离无线通信。

(4) NFC(基于 13.56 MHz)是一种非接触式识别和互联技术。NFC 手机内置 NFC 芯片，组成 RFID 模块的一部分，可以当作 RFID 无源标签支付时使用，也可以当作 RFID 读写器完成数据交换和采集。

(5) SIM 卡的存储容量取决于卡内数据存储器 EEPROM 的容量，而这种内置存储器的容量即使达到极限，总的存储空间也相当有限。通过使用外置的智能 SD 卡来扩大 SIM 卡的容量，可以满足客户对更大存储量的需求。

2. 移动支付的发展趋势及问题

随着智能手机的普及和移动互联网的快速发展，近年来移动支付业务呈现快速增长势头，成为全球支付产业发展的重要趋势。2015 年 12 月 12 日，中国银联会同商业银行等产业各方，共同推出"云闪付"移动支付品牌并相继发布系列产品，标志着我国移动支付发展进入了新的阶段。总体而言，目前我国移动支付已经进入爆发式增长阶段，同时业务和技术模式多元化发展，消费者移动支付习惯正在快速形成。

技术进步推动移动支付创新。支付产业是技术密集型产业。典型的支付流程包括支付信息的采集、支付信息的传输和支付信息的处理，仅是前端的支付信息采集就需要卡片及其模拟、通信和终端三大领域技术的支撑。移动支付是移动技术和支付技术的跨界交汇点，虽然一些基础性的技术已成熟多年，但诸如主机卡模拟(HCE)、标记化(Token)等技术则是近几年才逐步走向市场的。与此同时，智能手机在硬件模块和操作系统层面对支付的支撑能力也不断提升。在此基础上，产业各方为探索市场认可的移动支付发展方式，积极利用新兴技术进行多种移动支付技术路线试点，推动移动支付产品和商业模式不断创新。

随着中国经济的结构调整和转型升级，新的商业形态对支付方式创新不断提出新的需求。以零售业为例，从商场现场交易对银行卡现场快速支付的需求，到互联网电子商务对银行卡互联网支付的需求，再到线上线下 O2O 全渠道零售商对面对面和非面对面一体化移动支付的需求，为移动支付的快速发展提供了强大的动力。

移动支付的发展具有以下趋势：

(1) **替代纸币虚拟化**。美国移动支付公司 Square 的出现引领了一场支付方式革命，只需要一部智能手机或平板电脑即可完成付款。包括 Square 在内，GoogleWallet、PayPal 以及其他 NFC 支付技术正带领我们走向一个无纸质货币时代。

(2) **银行服务移动化**。Simple 又名 BankSimple，是一个专注于移动银行业务的全方位个人理财工具。通过其 iPhone 应用，用户就能完成存取款、转账等各种操作，存取票据用手机拍照保存即可。通过与全美最大的无中介费 ATM 网络组织 Allpoint 合作，Simple 的所有操作都不需要任何手续费用。

(3) **理财工具贴身化**。Planwise 是一款免费的个人理财软件，它能让普通消费者为不同的财务目标创建不同的理财计划，并根据实际消费随时进行调整。

移动支付的发展过程中也存在以下问题。首先，运营商和金融机构间缺乏合作。国内移动支付不同商业模式并存，运营商、金融机构、移动支付第三方虽然已经在不同程度上建立起合作关系，但总的来看，主导者、合作方以及运营模式不统一。不同主导方所采用的技术方案有差别，实现移动支付功能的载体及其工作频段不统一，分别工作于 13.56 MHz 和 2 GHz 频点。上述两方面的差异，提高了国内移动支付推广的成本，为国内移动支付更快地普及带来了一定的障碍。其次，交易的安全问题未能妥善解决。移动支付的安全问题一直是移动支付能否快速推广的瓶颈，如信息的机密性、完整性、不可抵赖性、真实性、支付模式、身份验证、支付终端的安全性，以及移动支付各环节的法律保障(合同签订、发货、付款、违约、售后责任、退货、纳税、发票、支付审计等)不健全。最后，从国内移动支付业务的开展情况看，仍然缺乏统一的被广泛认可的支付安全标准。针对以上问题，首先应加快用于移动支付安全保障的信息安全基础和通用标准的研制，为移动支付的安全保障提供基础性技术支撑。同时，加快支撑移动支付业务应用的 RFID 标准的研制，突破 RFID 空中接口安全保障技术，加快具有自主知识产权的 RFID 空中接口协议的制定。国内移动支付产业链中各部门应加强合作，制定通用的移动支付安全保障流程、协议、安全管理等标准，保障移动支付业务系统的互联互通，促进移动支付产业的安全、快速、健康发展。

移动支付过程中的安全问题是需要特别注意的方面。一方面是手机病毒感染。大量手机支付类病毒猖獗暴发，包括伪装淘宝客户端窃取用户账号密码隐私的"伪淘宝"病毒、盗取 20 多家手机银行账号隐私的"银行窃贼"以及感染首家建设银行 APP 的"洛克蛔虫"等系列高危风险的手机支付病毒。而移动支付类软件主要典型病毒，又分为电商类 APP 典型病毒、第三方支付类 APP 典型病毒、理财类 APP 典型病毒、团购类 APP 典型病毒及银行类 APP 典型病毒。据腾讯移动安全实验室统计显示，"盗信僵尸"等转发用户手机验证码的新兴手机支付类病毒给手机用户支付安全造成严重威胁。另一方面，当前的手机一般都会有一些漏洞。手机支付安全的状况不容乐观，Android 系统漏洞加剧了这一现状。国内漏洞报告平台乌云预警称，淘宝和支付宝认证被曝存在安全缺陷，黑客可以简单利用该漏洞登录他人淘宝/支付宝账号进行操作，不清楚是否影响余额宝等业务。对移动支付安全造成较大威胁的相关 Android 手机漏洞主要有三个：MasterKey 漏洞、Android 挂马漏洞及短信欺诈漏洞。当前的电信网络诈骗问题也表现得比较突出，直接影响到移动支付的安全性。诈骗短信、骚扰电话也造成了一定的手机支付风险。腾讯移动安全实验室监控到，诈骗分子除了通过诈骗骚扰电话诱导手机用户进行银行转账之外，主要还是通过发送带钓鱼网址或恶意木马程序下载链接的诈骗短信，这些恶意钓鱼网址往往会诱导用户登录恶意诈骗网址，引导用户进行购物支付，中奖钓鱼类诈骗已呈现多发趋势。其中重点案例有三类：网银升级、U 盾失效类诈骗，社保诈骗及热门节目中奖诈骗。

第二节　移动支付业务的实现

一、移动支付业务的实现方式

1. 移动支付的流程

要实现移动支付，除了要有一部能联网的移动终端以外还需要移动运营商提供网络服务，还需要银行提供线上支付服务和移动支付平台。当商户提供了商品及服务后，即可利用移动支付进行付款。

移动支付和一般的网络支付行为相似，都要涉及消费者、商家、金融机构等。移动支付与普通支付的不同之处，在于交易资格审查处理过程有所不同。因为这些都涉及移动网络运营商及其所使用的浏览协议，例如 WAP 和 HTML、信息系统 SMS 或 USSD 等。下面将介绍消费者和商家都在金融组织拥有账户情况下的一种预付款形式。移动商务的一般支付流程如图 5-3 所示。

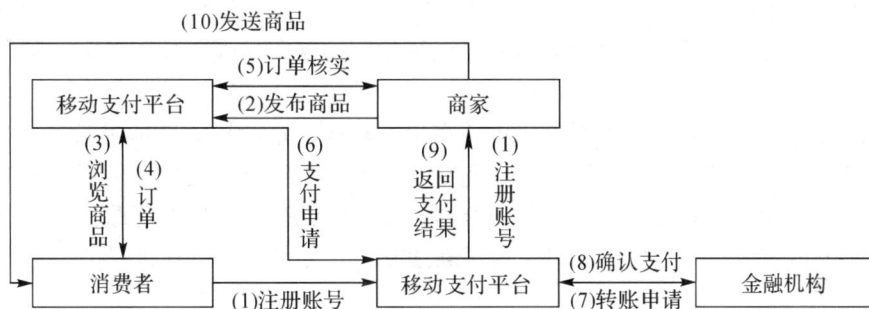

图 5-3　移动商务的支付流程

(1) **注册账号**：消费者和商家都要求在移动支付平台注册账号，关联付款与收款账户。

(2) **发布商品信息**：商家利用移动交互平台发布自己的商品信息。

(3) **浏览商品**：消费者通过终端设备进入移动交互平台，浏览商品信息。

(4) **订单**：消费者可以通过短消息服务或其他服务方式向移动交互平台提出购买意向。

(5) **订单核实**：订单被确认后，移动交互平台将发送消费者支付申请的消息。

(6) **支付申请**：移动交互平台首先根据服务号对消费者的支付申请进行分类，然后把这些申请压缩成 CMPP(China Mobile Peer to Peer，中国移动点对点协议)格式转交给系统。

(7) **转账申请**：系统会处理消费者的申请，并把经过加密的信息等转发给金融机构。

(8) **确认支付**：金融机构会对转账申请的合法性进行验证并给出系统反馈。

(9) **返回支付结果**：在收到金融机构的反馈之后，移动支付系统就会向商家发出转账成功的消息并要求发送商品。

(10) **发送商品**：商家将商品通过一定形式发送给消费者。

以上所讨论的流程是一种成功支付的方式，即消费者、商家、金融机构能在支付网关的支持下进行移动支付。如果在其中某一步发生错误，整个流程就会停滞，并且系统会立刻向用户发出消息。

2. 移动支付的分类

1) 以支付方式分类

(1) **网络银行直接支付**。在一些数额较大的 B2B 交易中，仍然普遍使用网络银行直接支付模式，主要原因是随着交易金额的增大，对于第三方机构信誉的要求也越来越高，而且 B2B 支付要求有很高的资金收付速度，如建设银行、招商银行、中信银行等。

(2) **第三方辅助支付**。此种支付方式除了用户、商户和银行外还会经过第三方的参与，但是与第三方支付平台不同的是，在此支付方式中，用户无须在第三方机构拥有独立的账户，第三方机构所起到的作用也更注重为了使得双方交易更方便快捷而存在。就拿超级网银为例，超级网银是 2009 年央行最新研发的标准化跨银行网上金融服务产品。通过构建"一点接入、多点对接"的系统架构，实现企业"一站式"网上跨银行财务管理。

(3) **第三方支付平台**。所谓第三方支付平台，就是一些和产品所在国家以及国外各大银行签约，并具备一定实力和信誉保障的第三方独立机构提供的交易支持平台。在通过第三方支付平台的交易中，买方选购商品后，使用第三方平台提供的账户进行货款支付，由第三方通知卖家货款到达进行发货；买方检验物品后，就可以通知第三方付款给卖家，第三方再将款项转至卖家账户。因此买卖双方均需在第三方支付平台上拥有唯一识别标识，即账号。第三方支付能够对买卖双方的交易进行足够的安全保障，如支付宝、财付通、快钱等。

互联网支付与第三方支付既不是等价关系也非从属关系，它们只是拥有一定的交集。互联网支付除了包含第三方支付以外，还包括个人网络银行直接支付，而第三方支付的本质是通过第三方参与交易使得交易更加安全、方便，因此除了可以在互联网上进行外还可以通过其他渠道完成，如易付宝就已实现了离线支付，允许通过电话进行第三方支付。

2) 以业务模式分类

(1) **电话账单交费**。这种方式能够通过电话账单进行移动支付(手机话费账单如图 5-4 所示)，操作简单，大大压缩了成本，可以不需要银行或信用卡公司的介入，因此被广泛使用。不过前提是移动运营商以及其账单必须具备良好的信誉，且交费额度较小、时间固定；用户所缴纳的费用在移动通信费用的账单中统一结算，如个人用户的 E-mail 邮箱服务费代收。当前，这种服务在手机支付服务中居首要地位。

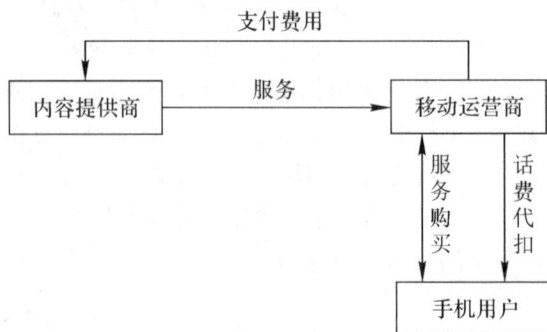

图 5-4　手机话费账单

(2) **手机银行**。手机银行又称"移动银行"，即通过移动通信网络将客户的手机连接至银行，实现通过手机界面直接完成各种金融理财业务的服务系统。手机银行是货币电子化与移动通信业务的结合，以无线通信技术为手段，在人们应用无线通信手段进行信息交流的基础上，将银行业务应用到手机功能中，特别是通过短消息、WAP 等方式，使手机银行真正成为人们身边的银行。

(3) **手机钱包**。手机钱包是综合了支付业务各种功能的一项全新业务，是以银行卡账户为资金支持、手机为交易工具的业务。将用户在银行的账户和用户的手机号码绑定，通过手机短消息、IVR、WAP 等多种方式，使得用户可以对绑定账户进行操作，实现购物消费、转账、账户余额查询，并可以通过短信等方式得到交易结果通知和账户变化通知。手机钱包系统如图 5-5 所示。

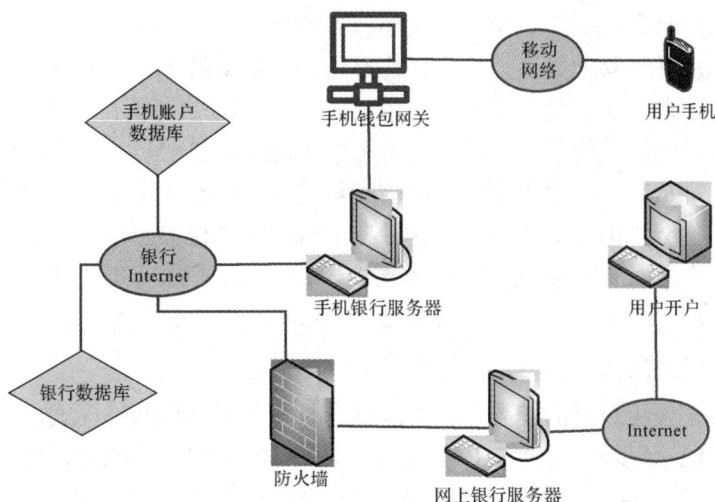

图 5-5　手机钱包系统

手机银行和手机钱包的主要区别有以下几方面。手机钱包由移动运营商与银行合资推出，以规避金融政策风险；而手机银行由银行联合移动运营商推出，移动运营商为银行提供信息通道，它们之间一般不存在合资关系。另一方面，申请手机银行需要更换具有特定银行接口信息的 STK 卡，容易受到银行的限制，难以进行异地划拨；而手机钱包则不需要更换 STK 卡，受银行的限制也比较小。此外，手机钱包需要建立一个额外的移动支付账户，而手机银行只需要原有的银行卡账号。同时，手机钱包主要用于支付，主要是小额支付；而手机银行可以看作是银行服务方式的升级，用户除了可以进行支付，还可以查询账户余额和股票、外汇信息，完成转账、股票交易、外汇交易和其他银行业务。

(4) **手机信用平台**。手机信用平台的特点是移动运营商和信用卡发行单位合作，将用户手机中的 SIM 卡等身份认证技术与信用卡身份认证技术结合，实现一卡多用功能。例如在某些场合用接触式或非接触式 SIM 卡可以代替信用卡，用户提供密码就能进行信用消费。

现阶段在我国推广手机代缴费和手机钱包比较可行，可接受的用户群体和使用范围比较广，中国移动和中国联通也各自独立(或联合银行)推出了这两种业务。但是，我国的信用卡业务尚在普及阶段，手机信用平台推广的市场准备和技术准备都不足。

单纯从终端的不同来看，手机用户使用移动终端对所消费的商品或服务进行账务支付的服务方，目前主要由移动运营商、移动应用服务提供商(MASP)和金融机构共同推出。除

手机外，使用平板电脑、上网笔记本等其他移动终端
也可以进行移动支付。移动支付分为近场支付、远程
支付和第三方支付等几种方式。近场支付(NFC)是由
RFID 演变而来，一般在 20 厘米范围内进行工作的典
型近距离支付形式，其将手机作为 IC 卡承载平台与
POS 机通信从而进行支付(见图 5-6)。远程支付仅仅把
手机作为支付用的简单信息通道，通过 Web、SMS、
语音等方式进行支付，又可分为手机话费支付方式、
指定绑定银行支付和银联快捷支付三种。第三方支付
是由一些与销售产品所在国家、国外各大银行签约并

图 5-6　移动终端近场支付

具备一定实力和信誉保障的第三方独立机构提供的交易支持平台。买方选购商品后，使用
第三方平台提供的账户进行货款支付，由第三方通知卖家货款到达、进行发货；买方检验
物品后，就可以通知付款给卖家，第三方再将款项转至卖家账户。电脑支付是最先兴起的
互联网支付方式，从某种程度上来说，电脑支付的兴起推动了电子商务产业的发展。虽然
受到移动支付的挑战，但目前仍然占据着网上支付的最多份额。互联网电视支付装置主要
分为两种，一是将类似 POS 机的装置植入遥控器中；二是将银行卡的支付功能植入到数字
电视机顶盒里。

3. 移动支付系统的结构

移动支付根据使用场合的差异，分为远程支付和现场支付两种模式，手机支付也将同
时具备这两种功能。现场支付通过 RFID 芯片/卡、POS 机等设施配合，也就是一般所说的
"刷手机"的方式；远程支付通过短信、WAP 等手段接入互联网的商城和银行来实现，涉
及消费者、金融机构、业务提供方和商家等实体，类似于计算机电子支付在信息传输环节
的无线化。这些实体在由基础网络、接入平台、安全体系、管理平台、业务平台、营销体
系、客户目标等组成的移动支付体系上进行信息流动。移动支付系统框架如图 5-7 所示。

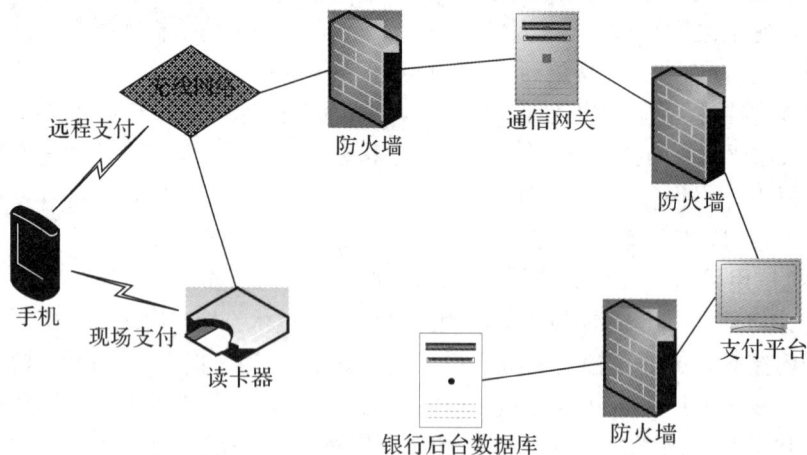

图 5-7　移动支付系统框架

从移动通信体系结构来看，支撑移动支付的技术分为平台层、支撑层、交互层、传输
层四个层面。移动支付系统技术支持如图 5-8 所示。

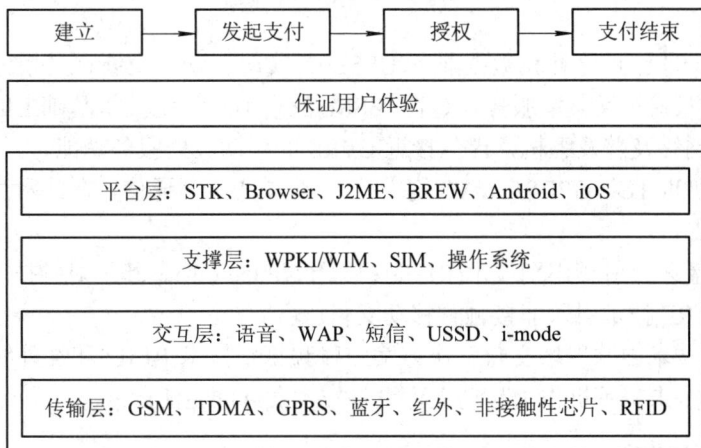

图 5-8　移动支付系统技术支持

(1) STK。STK(SIM Tool Kit)卡不是一般通信使用的 SIM 卡，而是基于 Java 语言平台的 Simera32K 卡片。STK 是一种小型编程语言的软件，可以固化在 SIM 卡中。它能够接收和发送 GSM 的短消息数据，作为 SIM 卡与短消息之间的接口，同时还允许 SIM 卡运行自己的应用软件。

(2) J2ME。J2ME(Java 2 Micro Edition)是一种高度优化的 Java 运行环境，针对市面上大多数消费类电子设备，例如数字机顶盒、汽车导航系统等。J2ME 技术将 Java 语言与平台无关的特性移植到小型电子设备上，允许移动无线设备之间共享应用程序。

(3) BREW(Binary Runtime Environment for Wireless)。BREW 是由高通公司提供的一个专门为无线设备设计的瘦薄而高效的应用程序执行环境，BREW 为无线应用开发、设备配置、应用软件分发、计费和付款提供了一个完整、开放的解决方案。

(4) Android。安卓(Android)是一种基于 Linux 的自由及开放源代码的操作系统，主要使用于移动设备，由 Google 公司和开放手机联盟领导开发。第一部 Android 智能手机发布于 2008 年，逐渐扩展到平板电脑、电视、数码相机、游戏机等。

(5) iOS。iOS 是由苹果公司开发的移动操作系统，最初是给设计 iPhone 使用的，后来陆续套用到 iPod Touch、iPad 以及 Apple TV 等产品上。iOS 与苹果的 Mac OS X 操作系统一样，属于类 Unix 的商业操作系统。

(6) 短信服务。短信服务是移动支付中经常用到的，用于触发交易支付、进行身份认证和支付确认的移动技术。在移动支付中，按照信息流的流向可以分为上行和下行两种方式。用户使用短信的上行通道，发送特定信息(此信息格式由移动支付运营商提供，一般包括购买商品的编号、数量等)到指定的特服号进行支付；另外，也可以通过下行通道向客户推送一些商品或服务，如提醒充值用户进行充值，如果用户确认充值，则完成了此次的移动支付。同时，下行通道也是进行用户消费确认的渠道，以保证支付的安全，避免支付中的欺诈行为。

(7) 自动语音服务(IVR)。自动语音服务技术与短信类似，用户可以通过拨打某个特服号码进行支付。

(8) WAP。WAP 是面向连接的浏览器方式，可实现交互性较强的业务及网上银行业务功能。

(9) USSD。非结构化补充数据业务(USSD)是实时互动的全新移动增值业务平台，为最终用户提供交互式对话菜单服务，是在 GSM 的短消息系统技术基础上的新业务，支持现有 GSM 系统网络及普及手机，提供接近 GPRS 的互动数据服务功能。

(10) GPRS/UMTS。GPRS/UMTS 均支持 IP 协议的数据通信，在此网络上可以开发类似于 Internet 的支付。

(11) RFID/蓝牙。射频识别技术(RFID)和蓝牙(Bluetooth)是基于射频技术(RF)的两种通信标准，可以将 RF 技术引入非接触式移动支付服务。

在这些通信技术中，现场支付解决方案中射频识别技术(RFID)和红外线技术与非接触式芯片的结合将是未来手机作为移动支付设备技术发展的主流。

二、移动银行的发展

1. 移动银行的定义

移动银行(Mobile Banking Service)也可称为手机银行，是利用移动通信网络及终端办理相关银行业务的简称。作为一种结合了货币电子化与移动通信的崭新服务，移动银行业务可以使人们在任何时间、任何地点处理多种金融业务，极大地丰富了银行服务的内涵，使银行能够以便利、高效而又较为安全的方式为客户提供传统和创新的服务，成为继 ATM、互联网、POS 之后银行开展业务的强有力工具。

手机银行是由手机、GSM 短信中心和银行系统构成的。在手机银行的操作过程中，用户通过 SIM 卡上的菜单对银行发出指令后，SIM 卡根据用户指令生成规定格式的短信并加密，然后指示手机向 GSM 网络发出短信，GSM 短信系统收到短信后，按相应的应用或地址传给相应的银行系统，银行对短信进行预处理，再把指令转换成主机系统格式，然后银行主机处理用户的请求，并把结果返回给银行接口系统，接口系统将处理的结果转换成短信格式，最后由短信中心将短信发给用户。

手机银行并非电话银行，电话银行是基于语音的银行服务，而手机银行是基于短信的银行服务。目前通过电话银行进行的业务都可以通过手机银行实现，手机银行还可以完成电话银行无法实现的二次交易。比如，银行可以代用户缴付电话费、水费、电费等费用，但在划转前一般要经过用户确认。手机银行采用发送短信息方式，使用户可以随时收到银行发送的信息并能够在任何时间与地点对划转进行确认。

手机银行与 WAP 网上银行相比，优点比较突出。首先，手机银行有庞大的潜在用户群；其次，手机银行须同时经过 SIM 卡和账户双重密码确认之后，方可操作，安全性较好。而WAP 是一个开放的网络，很难保证在信息传递过程中不受攻击。最后，手机银行实时性较好，折返时间几乎可以忽略不计，而 WAP 进行相同的业务需要一直在线，并且还取决于网络拥挤程度与信号强度等许多不确定因素。

2. 移动银行业务介绍

下面以中国工商银行为例进行移动手机银行业务的介绍。随着手机银行使用频率的提高，中国工商银行加快了手机银行应用的开发进度，丰富了手机银行服务内容，让更多的客户享有手机银行更高效、便捷的金融服务。

如图 5-9 所示，中国工商银行手机客户端将新开发的网银查询功能在手机银行上实现同步，已经可以与政府和企业进行合作，使得在其内部办公系统中直接配置录入网上银行、手机银行公积金联名卡以及其他查询缴费项目。银行机构要求员工转变思想观念，积极开展手机银行营销工作。在客户办理业务时，主动推荐工商手机银行，充分利用网点配备的手机银行及网上银行演示设备，为客户下载手机银行客户端，指导客户学会登录并使用手机银行办理查询、转账汇款、缴费和理财等操作。

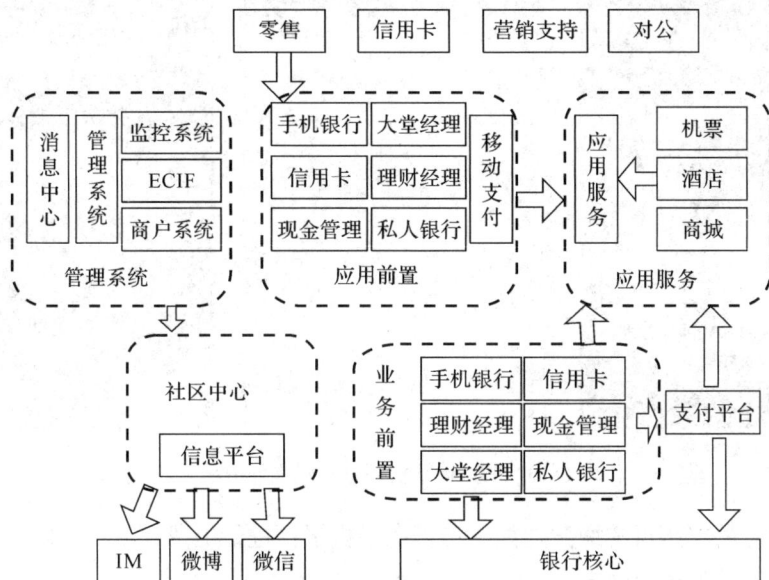

图 5-9 中国工商银行手机银行业务

中国工商手机银行的特色优势有以下几个方面：

(1) **随身使用**。工行手机银行(WAP)可提供 24 小时全天候的服务，只要随身携带可以上网的手机，便可随时随地管理账户、打理财务、缴纳费用。

(2) **申请简便**。可以通过工行门户网站、手机网站、个人网上银行三种方式进行自助注册，也可以随时到工行营业网点办理柜面注册手续。

(3) **功能丰富**。工行手机银行(WAP)为您提供转账汇款、缴费、手机股市、基金、外汇买卖等金融服务，使得客户能够随时掌握市场动向。

(4) **安全可靠**。工行手机银行(WAP)的资金转出功能有严格限制。此外，工行还采取静态密码、电子银行口令卡等多种手段确保客户的资金与信息的安全。

(5) **登录快速**。为了方便操作，工行推出了"快速登录软件"，下载安装后，点击手机菜单中的软件图标，即可实现一键登录。

3. 手机银行客户端操作演示

(1) **登录界面**。以 iPhone 为例，进入手机 App Store，搜索"工商手机银行"等关键字，查找工行手机银行客户端，点击下载安装。客户可以选择自助注册，也可以选择去中国工商银行营业网点去开通办理。登录的时候输入注册的手机号和密码即可。

(2) **iPhone 工行手机银行的主界面**。可以使用手机银行主界面选择管理账户、打理财务、缴纳费用、信用卡还贷等，方便快捷。如在地铁里，用手机银行买卖黄金；在机场，用手机银行还信用卡欠款或给朋友转账等。

(3) **iPhone 手机银行转账操作流程**。登录手机银行后，选择主菜单"转款汇款"功能，选择相应的汇款银行和收款人姓名和账户，使用工银电子密码器认证后即可完成汇款交易，同时得到短信通知。iPhone 手机银行转账操作流程如图 5-10 所示。

图 5-10　iPhone 手机银行转账操作流程

(4) **iPhone 手机银行的缴费功能**。可以在手机银行进行电费、水费、燃气费、交通违章费缴纳以及手机充值等。

4. 移动银行的发展趋势

从统计数据上看不出移动银行业务在目前的移动通信市场中具有多么重要的地位，但是该业务作为低成本提高与用户沟通效率的手段正逐步获得银行和用户的肯定。

移动银行业务发展主要呈现以下趋势：

(1) **新的移动通信技术对移动银行业务的影响加深**。新的移动通信技术特别是一些短程通信技术，传统的如红外、蓝牙，新兴的如 RFID、NFC 等都可能涉及移动银行业务前端的变革。新技术带来的是风险，也是机会。未来移动银行业务必然会逐渐采用这些新的技术以解决诸如安全、准确、效率等问题。此外，智能卡技术的发展也值得关注。韩国和日本的移动银行业务都不同程度地利用了智能芯片技术，因此智能芯片可能会成为移动银行业务发展的下一个热点。

(2) **移动银行发展具有梯度性**。从地域上看，日韩市场的移动银行业务发展比较迅速，而欧美相对滞后，这是由于移动应用发展具有梯度性造成的。移动银行属于移动互联网的高层应用，因此对于一直非常重视系统发展移动互联网应用的韩国和日本，在移动银行业务的开展和推广上投入了很多精力，占领先地位。欧美虽然目前滞后，但随着其移动应用的发展，移动银行业务必然会重新进入运营商的视野。

(3) **银行在移动银行业务中的位置越来越重要**。移动银行本质上是一组移动业务与银行业务的整合，而银行是该业务的直接提供者，银行了解客户需求，拥有客户资料，因此银行在该业务中的位置将越来越重要，移动运营商的作用主要还是为业务提供安全的数据传输通道。韩国移动银行业务发展迅速的重要原因就是银行在该业务中表现积极。

(4) **移动银行业务发展的环境越来越成熟**。影响移动银行业务发展的环境是多方面的，包括用户的认可、法律环境、行业标准等。随着电子银行和电子消费概念的深入，人们会逐渐适应利用电子手段进行金融交易的方式；法律环境指相关法律的配套支持与完善，如电子签名、用户隐私保护等；而行业标准指移动银行业务流程的认定、安全认证和行业服务标准的统一，是保障业务合法性，防范风险的重要因素。

5. 移动银行在移动支付中的问题及对策

1) 安全问题

调查数据显示，近七成的手机支付使用者最关注的就是支付的安全性问题，同时有50.5%的被调查者对手机支付的安全性表示怀疑。手机支付的安全性包括技术层面的安全与制度层面的安全两个方面。一个真正安全的手机支付离不开支付网络与终端的密切配合以及完备的支付法律制度的保护。在目前该项法律缺失的状态下，终端与网络的安全性以及对于安全性的感知成为了人们选择不同手机支付模式的出发点。据了解，70%的安卓系统手机 APK 涉嫌泄露用户隐私，所以手机银行的使用环境是否安全至关重要。对于手机银行的安全性问题需要客户、银行、移动运营商、手机操作系统开发商等多方面的共同努力和安全保护才能做到。

2) 服务费用高昂

手机银行的服务费用通常包括通信运营商收取的流量费和银行收取的手续费。手机银行的业务办理需要手机上网操作，如果没有无线网络的支持，流量的花费是非常高的，并且需要较快的网络支持，如果网速过慢，容易导致交易失败，花费不必要的流量，产生额外费用。以中国联通 3G 为例，除了每月的流量套餐资费外，超出部分，国内(不含港澳台)按照 0.0003 元/KB 收费，所产生的流量费用会非常大。

中国工商银行早期的本地跨行、异地跨行、本行异地转账手续费为资金的 1%。民生手机银行客户端与工行手机银行相比，民生手机银行免费本行汇款、免费跨行汇款、免费签约注册、免费跨行收款、免费升级体验、免费短信通知。虽然工行手机银行已取消了每月的服务费，但与民生手机银行相比，还是会给客户心理带来负面影响。对于频繁使用手机转账的客户，转账手续费增加了使用成本，打击了长期使用工行手机银行的积极性，从而损失更多的客户。基于这一点，从 2016 年起，中国工商银行、中国农业银行、中国银行、中国建设银行、交通银行，这五家规模最大的银行联合宣布，对客户通过手机银行办理的转账、汇款业务，无论是跨行还是异地都免收手续费。

3) 法律问题以及行业规范问题

目前，各大商业银行均在积极开展手机银行业务，抢占市场。但由于通过移动终端完成金融交易的手机银行业务兼有速度快、虚拟性等特征，其潜在风险远高于传统的银行业务。

首先，第三人侵权和违法犯罪行为引发的法律风险日益增多。钓鱼网站、恶意软件严重威胁手机银行业务的安全。犯罪分子通过钓鱼网站、恶意软件窃取手机银行客户的账户信息和密码后，冒用用户账户密码及电子签名，窃取用户的资金，造成客户资金损失，引发法律纠纷。

其次，商业银行内控机制不完善导致的法律风险日益凸显。由于手机银行交易系统故障等原因，没有及时、正确地执行交易指令，从而给客户造成损失，导致双方纠纷。由于银行内部人员的过失导致系统遭到黑客攻击或未能正确完成交易，从而给客户造成损失，引发纠纷。

最后，用户自身的不谨慎，欠缺自我保护意识，疏于防范等，造成账户信息泄露，从而引发法律风险。

4) 交易支付观念

传统消费习惯阻碍着移动支付的发展，中国人对现金交易的依赖是推广移动支付业务的最大障碍。目前国内的移动业务多局限于小额支付，而将移动支付方式应用于酒店消费、宾馆住宿等高额消费的情况仍然不多。

5) 移动支付系统选择问题

中国工商银行手机银行客户端转账采用的支付操作系统，如图 5-11 所示，在转账的时候需要选择收款银行、用户开户网点、收款银行所在市、收款银行所在省，填写收款户名、收款账户、汇款金额、付款账户，相当繁琐。民生手机银行客户端采取的支付操作系统，转账时只需填写收款户名、收款账户、收款银行、汇款金额，操作简单，到账及时。在操作设计方面，民生银行深度调研掌握用户操作习惯，将常用的功能用形象的图标放到主界面，减少不必要的操作步骤，保证操作的简洁和流畅。民生银行手机银行客户端刚上线即在苹果商店和安卓客户端获得的好评如潮，成为五星用户体验的手机银行。

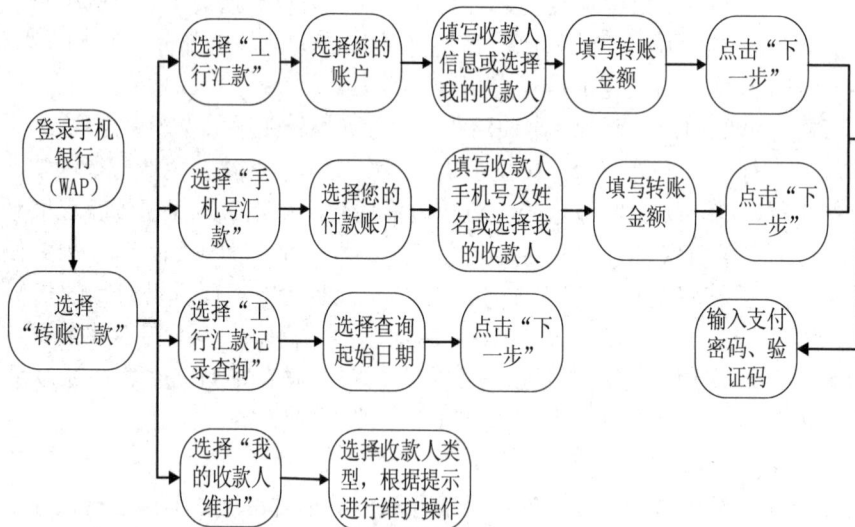

图 5-11　中国工商银行手机银行客户端转账支付系统

6) 移动支付运营模式选择问题

移动电子商务支付运营模式主要有移动运营商模式、银行模式、第三方支付模式(见图 5-12)及银行与运营商合作运营模式等四种模式。在不同的国家和地区，移动电子支付出现的时间先后有别，发展状况不同，政策各有侧重，运营商企业性质也存在差异。

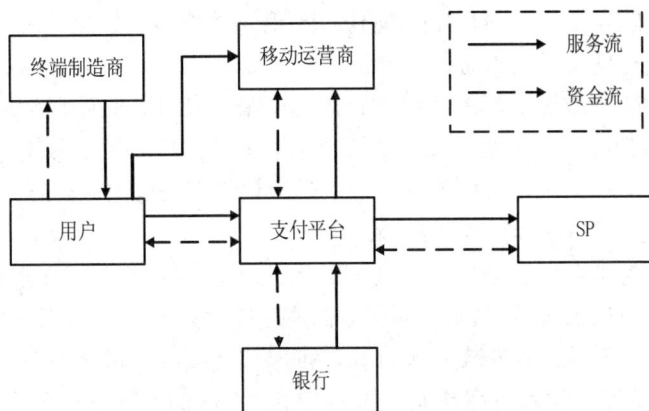

图 5-12　以第三方移动支付平台为运营主体的模式

对于以上各类问题，相应的解决对策如下。

1) 解决安全问题的对策

对所有使用和将要使用手机银行服务的用户来说，银行账号、交易过程是否安全是最受大家关注的。中国工商银行手机银行目前配备业界领先的工银电子密码器和口令卡安全产品，交易有保障，使用更安心。

在实际使用过程中，中国工商银行手机银行给人的安全感很好，不仅针对用户登录密码太过简单有温馨提醒，当手机在一定时间(约 5 分钟)内停止访问手机银行页面时，再次访问将自动退出并要求重新登录。如果用户需要短信息通知服务，也可以向银行提出申请，但需要交 2 元/月的费用。

一旦用户手机丢失，中国工商银行和其他银行一样都可以到柜台或通过网上银行对手机银行业务进行注销，待手机 SIM 卡补回后再申请开通。

2) 解决操作和开通繁琐的对策

为了方便新用户快速上手，中国工商银行手机银行还提供操作演示教程，只要通过演示功能操作一遍，基本可以熟悉手机银行的大部分功能。

工行手机银行客户端总体风格简洁稳重，流程设计融合多点触控、重力感应灯操作等特点，对普通用户来说很容易看懂且较易上手；但是截至目前，转账系统操作依旧繁琐。

为了给用户提供最大的方便，中国工商银行目前支持三种方式(包括柜台、网上银行、WAP 手机银行)开通手机银行业务，但实际的交易操作需要到柜台办理一张电子银行口令卡，如果没有办理电子银行口令卡，那么手机银行的操作仅限查询功能。简易的申办流程以及丰富的银行网点，都给用户开通手机银行带来了便利。

3) 解决服务费用高的对策

为了吸引更多的客户，中国工商银行手机银行取消了每月的服务费，普通用户异地账户汇款或向其他银行账户汇款，按汇款金额的 0.2%收取，每笔最低 0.4 元，最高 10 元。星级越高的客户享受的折扣越多，用户可享受折上折优惠。

4) 解决用户体验的对策

随着全球通信技术的迅猛发展，手机上网的速度有了质的提升。4G是集 3G 与WLAN于一体，并能够快速传输数据，高质量音频、视频和图像等。4G 能够以 100　Mb/s 以上的速度下载，比一般的家用宽带 ADSL(4 兆)快 25 倍，并能够满足几乎所有用户对于无线服务的要求，增加了对使用手机银行的信心。

手机银行的功能要通过良好的用户体验体现出来，人机界面外观必须一目了然、赏心悦目，使用方式则要直观、简便、灵活，符合绝大部分客户的使用习惯。对客户操作的响应速度要足够迅速，对操作错误或返回错误信息应提供合适的后续操作，防止程序崩溃。

5) 解决移动支付系统选择问题的对策

手机支付已成为当今手机应用的热点，银行、运营商以及第三方支付平台均想在这一极具发展潜力的领域抢占市场份额，各种技术解决方案纷纷出炉。中国工商银行手机银行率先推出自己的支付系统，并与支付宝合作，推出快捷支付，最终用户反响良好。虽然现阶段还存在问题，但是一直在完善更新。基于 13.56 MHz 的 NFC 技术规范是国际移动支付标准，产业链完整，适用于大部分现有的 POS 终端机，具有较为广泛的市场基础。但缺点是必须更换移动终端，较高的成本制约了终端用户的使用热情，且该项标准的技术核心专利几乎完全被国外控制，高额专利费的支出也是困扰行业各方发展的问题。基于 2.4 GHz 的 RF-SIM 技术由移动主导，国内自主研发，用户更换成本小，且可以实现近场与远程的良性对接。但缺陷在于庞大的 POS 机网络搭建费用以及建设服务后台费用。

本 章 小 结

本章介绍了移动支付业务及其业务实现，并讲解了移动银行业务。移动支付是借助移动终端设备，对所消费的商品或者服务进行账务支付的一种服务方式，它是移动电子商务发展的基础条件，其发展的起点是小额电子支付，并逐渐向大额、实物的方向发展。移动银行业务在目前的移动通信市场中具有重要的地位，但是该业务作为低成本提高与用户沟通效率的手段正逐步获得银行和用户的肯定，银行可以首先把一些简单的业务转移到手机的自助服务上，如账户查询等。

练 习 题

1. 移动支付的基本要素有哪些？从移动终端的角度看，移动支付的技术实现方案包括哪些？

2. 移动支付与网络支付有什么相似性与不同？

3. 什么是第三方支付平台？互联网支付与第三方支付之间有什么样的关系？

4. 手机银行是否就是 WAP 银行？二者有什么区别？

5. 移动电子商务支付运营模式有哪些？

第六章　智慧城市与云计算

【学习目标】

- 了解智慧城市的概念、特征和发展方向；
- 了解云计算的概念、服务、技术及其对移动商务的影响。

【引例】

上海——城市，让生活更加美好

上海把信息化作为覆盖现代化建设全局的战略举措，经过三个五年规划的持续推进，当前整体水平保持国内领先。上海市到 2016 年底，基本构建起以便捷高效的信息感知和智能应用体系为重点，以高速泛在的下一代城市信息基础设施体系、绿色高端的新一代信息技术产业体系、自主可靠的网络安全保障体系为支撑的智慧城市体系框架。智慧城市建设成为上海提升国际竞争力和城市软实力的强大支撑和重要基础。上海信息化整体水平继续保持国内领先，率先迈入国际先进行列。

上海信息化应用水平和效益显著提升。智慧生活初具雏形，信息化应用有效促进信息消费，基于网络的智能化医疗、教育、交通、养老等公共服务基本涵盖全体市民。智慧经济蓬勃发展，信息技术引领带动新技术、新产业、新模式、新业态(以下简称"四新")发展，信息化与工业化融合指数达到 86.5，电子商务交易额达到 2 万亿元。智慧城管不断深化，基于网格化的城市综合管理平台基本覆盖全市域。智慧政务取得突破，信息化助力政府改革创新的效应不断凸显，电子政务建设管理模式进步显著。智慧城市区域示范效应明显，形成一批示范性智慧社区、智慧村庄、智慧商圈、智慧园区、智慧新城。

下一代城市信息基础设施服务能级显著提升。全面建成宽带城市，光纤宽带网络基本覆盖全市域。功能设施进一步完善，全市互联网数据中心机架数突破 5 万。国际网络出口、本地网络网间交换能力显著提升，网络就绪度指数明显提高。

新一代信息技术产业创新发展能力显著提升。集成电路、高端软件等领域自主创新能力大幅提升。在大数据、云计算、物联网、移动互联网等领域培育一批新模式、新业态企业。上海基本成为国内新一代信息技术创新引领区和产业集聚区、信息服务业发展高地。新一代信息技术产业总规模达到 1 万亿元，占信息产业比重超过 70%，从业人员超过 80 万人，信息服务业经营收入达到 6800 亿元，增加值占全市国内生产总值比重超过 7%。

最近几年，将信息感知和智能应用作为发展重点，着力实施智慧化引领的"活力上海"行动，推动建设互联网金融和智慧商务两个重点专项，让上海城市的生活更加美好。

第一节　智慧城市的概念与应用

2008 年年底，IBM 出于自身产业转型和推销软件与服务的商业目的，提出"智慧的城市在中国突破"的战略，其主要内容是把新一代 IT 技术充分运用在各行各业之中，即把感应器嵌入和装备到全球每个角落的医院、电网、铁路、桥梁、隧道、公路、建筑、供水系统、大坝、油气管道等各种物体中，通过互联形成"物联网"，而后通过超级计算机和云计算将物联网整合起来，最终形成"互联网＋物联网＝智慧的地球"。伴随着"智慧地球"概念的提出，IBM 相继推出了各种"智慧"解决方案，包括智慧的电力、智慧的医疗、智慧的交通、智慧的供应链、智慧的银行业等，其中智慧城市是 IBM "智慧地球"策略中的一个重要方面。

一、智慧城市的概念

1. 了解智慧城市

在物联网时代，"智慧"是指物与物通过各种系统互联、互通，以自动或半自动的方式实现更为迅速、正确、灵活、节约的交流和反应。人对事物的度量、判断很多时候没有系统准确，这常常会导致决策错误。通过系统使物体与物体之间直接对话，能够提高决策的速度和质量，使生产和生活更加便利，也能节省能源。从更高层次来说，"智慧"传达着这样一种理念：利用先进的科学技术，达成人与自然、人与人之间和谐相处。

智慧城市是指充分运用物联网、云计算等先进信息技术手段，全面感测、分析、整合城市运行中的各项关键信息，通过对城市包括民生、环保、公共安全、城市服务、工商业活动在内的各方面各层次需求作出明确、快速、高效、灵活的智能响应，营造人与社会、人与人、人与物和谐共处的环境，为城市管理者提供高效的城市管理手段，为企业提供优质服务和广阔的创新空间，为市民提供更好的生活品质。智慧城市具有更深入的智能化、更全面的互联互通、更透彻的感知。智慧城市的运营指挥系统如图 6-1 所示。

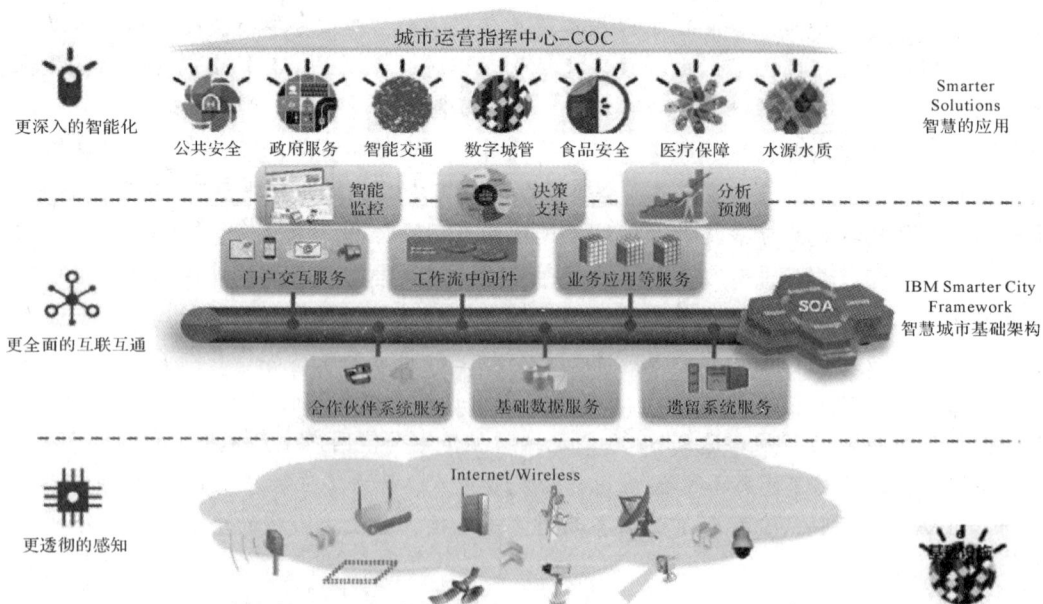

图 6-1　智慧城市的运营指挥系统

智慧城市的定义主要包括了三个方面的内容。首先，智慧城市运用了物联网、云计算等新一代信息技术的最新研究成果，同时也为新一代信息技术的创新发展提供现实动力。其次，实现智慧城市的途径是全面感测、分析、整合城市运行中的各项关键信息，通过信息处理，结合政府、企业、市民的各方面各层次需求，作出明确、快速、高效、灵活的智能响应。这些智能响应使得政府、企业、市民可以作出更明智的决策，甚至自动或半自动地执行某些决策。最后，从环境、政府、企业、市民角度阐述了智慧城市要达到的目标，说明智慧城市追求的理念是和谐、美好。

顾名思义，智慧城市的核心特征在于其"智慧"，而智慧的实现，有赖于建设广泛覆盖的信息网络，具备深度互联的信息体系，构建协同的信息共享机制，实现信息的智能处理，并拓展信息的开放应用，如图6-2所示。我们将智慧城市的核心特征概括为 C^2I^2O，即以下五方面。

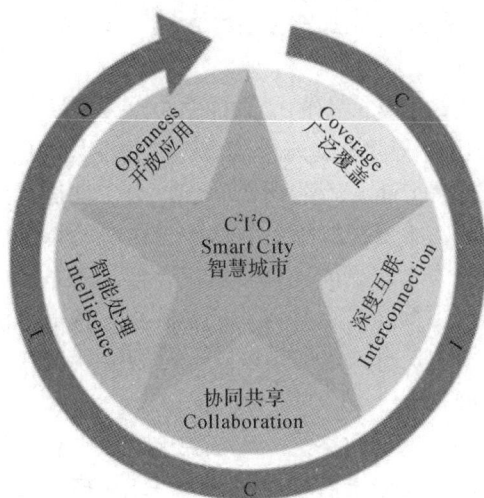

图 6-2　智慧城市的核心特征简图

1) **广泛覆盖(Coverage)**

广泛覆盖的信息感知网络是智慧城市的基础。任何一座城市拥有的信息资源都是海量的，为了更及时全面地获取城市信息，更准确地判断城市状况，智慧城市的中心系统需要拥有与城市的各类要素交流所需信息的能力。智慧城市的信息感知网络应覆盖城市的时间、空间、对象等各个维度，能够采集不同属性、不同形式、不同密度的信息。物联网技术的发展，为智慧城市的信息采集提供了更强大的能力。

当然，"广泛覆盖"并不意味着对城市的每一个角落进行全方位的信息采集，这既不可能也无必要，智慧城市的信息采集体系应以系统的适度需求为导向，过度追求全面覆盖既增加成本又影响效率。

2) **深度互联(Interconnection)**

智慧城市的信息感知是以多种信息网络为基础的，如固定电话网、互联网、移动通信网、传感网、工业以太网等，"深度互联"要求多种网络形成有效连接，实现信息的互通访问和接入设备的互相调度操作，实现信息资源的一体化和立体化。

3Com 公司的创始人，计算机网络先驱罗伯特·梅特卡夫所提出的梅特卡夫法则指出，网络的价值同网络节点数量的平方成正比。智慧城市将多个分隔独立的小网连接成互联互通的大网，可以大大增加信息的交互程度，使网络对所有成员的价值获得提升，从而使网络的总体价值显著提升，并形成更强的驱动力，吸引更多的要素加入网络，形成智能城市网络节点扩充与信息增值的正反馈。

3) 协同共享(Collaboration)

在传统城市中，信息资源和实体资源被各种行业、部门、主体之间的边界和壁垒所分割，资源的组织方式是零散的，智慧城市"协同共享"的目的就是打破这些壁垒，形成具有统一性的城市资源体系，使城市不再出现"资源孤岛"和"应用孤岛"。

在协同共享的智慧城市中，任何一个应用环节都可以在授权后启动相关联的应用，并对其应用环节进行操作，从而使各类资源可以根据系统的需要，各司其职地发挥其最大的价值。这使各个子系统中蕴含的资源能按照共同的目标协调统一调配，从而使智慧城市的整体价值显著高于各个子系统简单相加的价值。

4) 智能处理(Intelligence)

智慧城市拥有体量巨大、结构复杂的信息体系，这是其决策和控制的基础，而要真正实现"智慧"，还需要表现出对所拥有的海量信息进行智能处理的能力，这要求系统根据不断触发的各种需求对数据进行分析，产生所需知识，自主地进行判断和预测，从而实现智能决策，并向相应的执行设备给出控制指令，这一过程中还需要体现出自我学习的能力。

智能处理在宏观上表现为对信息的提炼增值，即信息在系统内部经过处理转换后，其形态应该发生了转换，变得更全面、更具体、更易利用，使信息的价值获得了提升。在技术上，以云计算为代表的新的信息技术应用模式，是智能处理的有力支撑。

5) 开放应用(Openness)

智能处理并不是信息使用过程的终结，智慧城市还应具有信息的开放式应用能力，能将处理后的各类信息通过网络发送给信息的需求者，或对控制终端进行直接操作，从而完成信息的完整增值利用。

智慧城市的信息应用应该以开放为特性，并不仅仅停留在政府或城市管理部门对信息的统一掌控和分配上，而应搭建开放式的信息应用平台，使个人、企业等个体能为系统贡献信息，使个体间能通过智慧城市的系统进行信息交互，这将充分利用系统现有能力，大大丰富智慧城市的信息资源，并且有利于促进新的商业模式的诞生。

C^2I^2O 模型不但概括了智慧城市的核心特征，而且包含了信息的采集、传输、共享、处理到应用的全过程，体现了完整的信息智慧循环。

"智慧城市"还需要具备两大特点：全面透彻的感知和以人为本的可持续创新。

(1) **全面透彻的感知**。通过传感技术，实现对城市管理各方面监测和全面感知。智慧城市利用各类随时随地的感知设备和智能化系统，智能识别、立体感知城市环境、状态、位置等信息的全方位变化，对感知数据进行融合、分析和处理，并能与业务流程智能化集成，继而主动作出响应，促进城市各个关键系统和谐高效地运行。

(2) **以人为本的可持续创新**。面向知识社会的下一代创新重塑了现代科技以人为本的内涵，也重新定义了创新中用户的角色、应用的价值、协同的内涵和大众的力量。智慧城市的建设尤其注重以人为本、市民参与、社会协同的开放创新空间的塑造以及公共价值与独特价值的创造。注重从市民需求出发，并通过维基、微博、创新实验室等工具和方法强化用户的参与，汇聚公众智慧，不断推动用户创新、开放创新、大众创新、协同创新，以人为本实现经济、社会、环境的可持续发展。

2. "智慧城市"与"数字城市"的关系

智慧城市不是一个全新的城市理念，而是汲取了多个先进理念的精髓，它与"数字城市"有着极为密切的关系。数字城市于上世纪末提出，由成熟的空间地理系统技术推动而成，是城市相关的管理与服务信息实现充分计算机化的城市。智慧城市则充分应用物联网、云计算、虚拟化、地理空间等技术，是在数字城市基础上，信息化应用取得良好效益的知识型城市。

"数字城市"系统是一个人地(地理环境)关系系统，它体现了人与人、地与地、人与地的相互作用和相互关系，系统由政府、企业、市民、地理环境等，既相对独立又密切相关的子系统构成。政府管理、企业的商业活动、市民的生产生活无不体现出城市的这种人地关系。CUDI 国际城市发展研究院认为城市的信息化实质上是城市人地关系系统的数字化，它体现"人"的主导地位，通过城市信息化更好地把握城市系统的运动状态和规律，对城市人地关系进行调控，实现系统优化，使城市成为有利于人类生存与可持续发展的空间。城市信息化过程表现为地球表面测绘与统计的信息化(数字调查与地图)，政府管理与决策的信息化(数字政府)，企业管理、决策与服务的信息化(数字企业)，市民生活的信息化(数字城市生活)，以上四个信息化进程即数字城市。

智慧城市是新一代信息技术支撑、知识社会下一代创新环境下的城市形态。智慧城市基于物联网、云计算等新一代信息技术以及维基、社交网络、综合集成法等工具和方法的应用，营造有利于创新涌现的生态。利用信息和通信技术令城市生活(ICT)更加智能；高效利用资源，节约成本和能源；改进服务交付和生活质量，减少对环境的影响，支持创新和低碳经济。实现智慧技术高度集成、智慧产业高端发展、智慧服务高效便民、以人为本持续创新，完成从数字城市向智能城市，再向智慧城市的跃升。

数字城市是数字地球的重要组成部分，是传统城市的数字化形态。数字城市是应用计算机、互联网、3S、多媒体等技术将城市地理信息和城市其他信息相结合，数字化并存储于计算机网络上所形成的城市虚拟空间。数字城市建设通过空间数据基础设施的标准化、各类城市信息的数字化整合多方资源，从技术和体制两方面为实现数据共享和互操作提供了基础，实现了城市 3S 技术的一体化集成和各行业、各领域信息化的深入应用。数字城市的发展积累了大量的基础和运行数据，也面临诸多挑战，包括城市级海量信息的采集、分析、存储、利用处理问题，多系统融合中的各种复杂问题，以及技术发展带来的城市发展异化问题。

新一代信息技术的发展使得城市形态在数字化基础上进一步实现智能化成为现实。如图 6-3 所示，智慧城市与数字城市在城市建设过程中已经实现了全面的融合，依托物联网可实现智能化感知、识别、定位、跟踪和监管，借助云计算及智能分析技术可实现海量信息的处理和决策支持。同时，伴随知识社会环境下新一代创新形态的逐步展现，现代信息技术在对工业时代各类产业完成面向效率提升的数字化改造之后，逐步衍生出一些新的产业业态、组织形态，使人们对信息技术引领的创新形态演变、社会变革有了更真切的体会，对科技创新以人为本有了更深入的理解，对现代科技发展下的城市形态演化也有了新的认识。

图 6-3 智慧城市与数字城市的全面融合

对比数字城市和智慧城市,我们可以发现以下六方面的差异:

(1) 数字城市通过城市地理空间信息与城市各方面信息的数字化在虚拟空间再现传统城市;智慧城市则注重在此基础上进一步利用传感技术、智能技术实现对城市运行状态的自动、实时、全面透彻的感知。

(2) 数字城市通过城市各行业的信息化提高了各行业管理效率和服务质量;智慧城市则更强调从行业分割、相对封闭的信息化架构迈向作为复杂巨系统的开放、整合、协同的城市信息化架构,发挥城市信息化的整体效能。

(3) 数字城市基于互联网形成初步的业务协同;智慧城市则更注重通过泛在网络、移动技术实现无所不在的互联和随时随地随身的智能融合服务。

(4) 数字城市关注数据资源的生产、积累和应用;智慧城市更关注用户视角的服务设计和提供。

(5) 数字城市更多注重利用信息技术实现城市各领域的信息化以提升社会生产效率;智慧城市则更强调人的主体地位,更强调开放创新空间的塑造及市民参与、用户体验,以及以人为本实现可持续创新。

(6) 数字城市致力于通过信息化手段实现城市运行与发展的各方面功能,提高城市运行效率,服务城市管理和发展;智慧城市则更强调通过政府、市场、社会各方力量的参与和协同,实现城市公共价值塑造和独特价值创造。

3. 我国智慧城市的发展

1) 城市信息基础设施全面升级

近年来,在各地政府和企业的共同推动下,我国智慧城市建设如火如荼。智慧城市在基础设施、项目建设等方面取得显著进展,部分智慧城市专项应用亮点纷呈,"互联网+"成为智慧城市服务新入口;随着智慧城市建设的逐步推进,我国智慧城市运营商整体能力也得到进一步提升。城市信息基础设施全面升级,表现在以下几个方面:

(1) **运营商积极落实宽带提速降费**。据初步统计,在 2015 年中,50 兆和 100 兆带宽的价格平均分别下降了 30%和 20%,其余的速率都实施了不同程度的提速不提价。

(2) **固定网络加速向光纤宽带升级**。截至 2015 年 9 月,我国光缆总长度超过 970 万公里,其中通往东盟国家的陆地光缆 5 条,国际海洋光缆 3 条。互联网宽带接入端口数量达4.7 亿个,是 2014 年同期净增规模的 2.3 倍。

(3) **4G 移动通信网络全面推进**。目前,我国已经建成全球最大的 4G 移动通信网络。

(4) **Wi-Fi 成为智慧城市重点基础项目**。Wi-Fi 是移动互联网重要的底层入口,用户对于 Wi-Fi 的使用率极高。特别是免费 Wi-Fi 成为医院、车站、机场、景区、酒店等场所的重点网络建设项目，为公众获取出行信息、景区导航、商务办公提供了极大便利。

(5) **移动宽带用户持续增长**。截至 2015 年 9 月，我国移动电话规模近 13 亿，移动宽带用户占比达到 56.1%。

(6) **数据中心向规模化、集中化演进**。近年来，数据中心快速发展，成为承载智慧城市各类计算资源的主要容器。

2) 智慧城市发展面临的问题

我国智慧城市建设尚处于起步阶段，虽然取得了一些经验，但也面临一些问题：

(1) **一些城市没有进行科学的统筹规划，缺乏长远的制度保障和可持续性**。智慧城市规划是在传统城市规划中融入信息技术，充分考虑新的信息技术的出现对传统的运作方式所带来的改变。

(2) **"信息孤岛"现象存在，信息开放程度亟待提高**。城市各部门在长期的信息化应用中虽积累了海量的数据和信息，但因为各系统独立建设、条块分割，缺乏开放和共享机制，导致"信息孤岛"现象普遍存在，信息难以产生价值。

(3) **我国信息安全的规范和标准明显滞后**。推进智慧城市建设既需要顶层设计，提前规划布局，制定标准，也需要从各城市的探索中总结经验，根据城市发展的战略需求，在一些领域实现重点突破，提升城市功能品质。

3) 努力的方向

由于存在以上问题，因此，我们应做好以下工作：

(1) **科学地统筹规划**。智慧城市建设应科学规划、稳步推进、注重绩效。要进一步明确智慧城市建设的方向和若干具体领域，引导共性技术研发，支持产业结构优化升级和新兴智慧产业的发展。同时，要完善智慧城市建设的相关标准，包括明确市政基础设施和传感器等智能设备的接口标准，制定数据搜集、传输、存储和使用规范，增强系统的通用性和可扩展性。

在强化信息安全措施的基础上还需要加强信息资源的整合与共享。在智慧城市应用过程中，应明确信息开放和共享的边界，构建智慧城市的信息安全保障体系，对于有可能危害国家安全和公共利益的信息，要制定严格的保密标准，严防泄露。应加强相关的法律法规建设，规范信息利用行为。

(2) **发展以人为本的"智慧民生服务"**。"以人为本"是智慧城市建设的核心理念，其内涵是以城市生态系统中的"人"为焦点，最大限度地为城市中的"人"提供医、食、住、行、游、教等全面细致的"智慧民生服务"，使城市居民享受到安全、高效、便捷、绿色的城市生活。智慧民生服务包括智慧交通、智慧医疗、智慧家居、智慧社区、智慧旅游、智慧商务等应用系统的建设，比如发展基于电子病历的智能健康服务系统、远程关爱系统；发展未来教室、在线学习，促进优质数字化教育资源共建共享。

(3) **以智慧城市建设带动经济增长和产业升级**。智慧城市建设将促进新一代信息技术产业、先进制造业、智慧农业、生产性服务业的发展，是促进城市产业转型升级的重要契机。面对日益严峻的资源环境约束，国内城市可基于新一代信息技术的研发应用，推进信息技术与第一、第二、第三产业的融合发展，引导企业将云计算等技术应用到信息化服务平台建设，将物联网技术应用到物流管理、生产过程控制、生产设备监控、产品质量溯源、工业企业节能减排和安全生产等领域，加快提升经济发展的智能化水平，打造智慧城市产业链，促进生产性服务业发展，有效带动我国经济增长和产业升级。

二、智慧城市的应用

　　智慧城市的主要应用领域包括环境保护领域、交通物流领域、城市管理领域和医疗卫生领域。智慧城市在这些领域的建设和应用，将推动城市管理与服务能力的提升，推动传统产业智能化改造，促进产业升级和产品更新换代，助推企业技术发展。因此发展智慧城市，是提高城镇化质量、推进内涵型城镇化建设的重要举措，有助于提高市民的生活幸福感，推进城市生产、生活和管理方式创新，构建便捷、舒适、高效、安全的生活方式。如图 6-4 所示，典型的智慧城市应用系统可以分为八个类别，下面分别加以介绍。

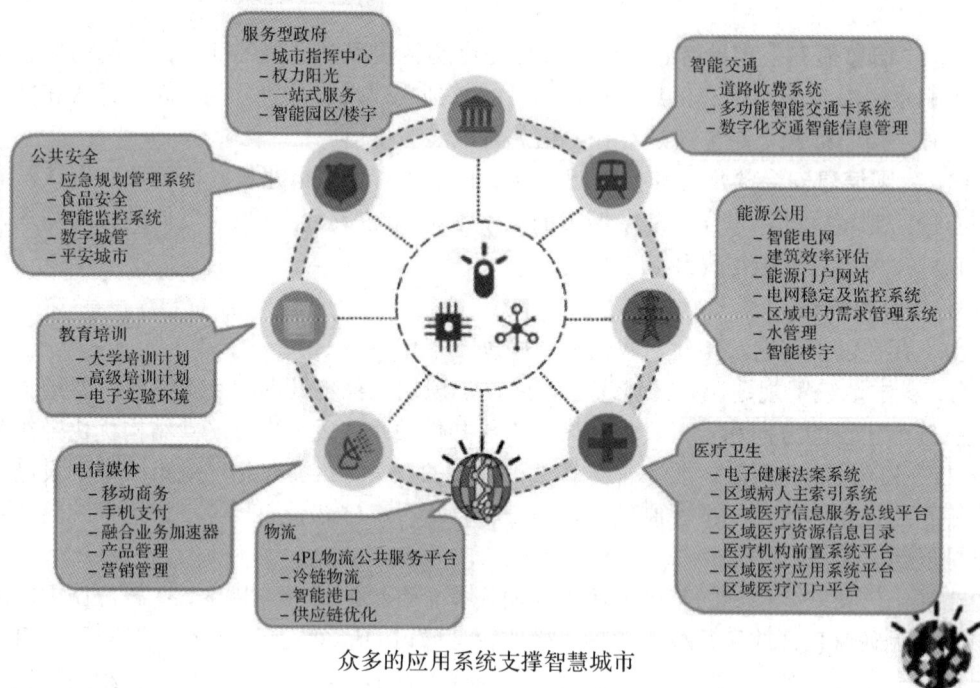

众多的应用系统支撑智慧城市

图 6-4　智慧城市各领域应用系统

1. 智能交通

　　道路收费系统、多功能智能交通卡系统、数字化交通智能信息管理系统等多种模式进行数据整合，提供基于交通预测的智能交通灯控制、交通疏导、出行提示、应急事件处理管理平台；智能交通帮助进行城市路网优化分析，为城市规划决策提供支持。

2. 能源公用

　　以物理清洁能源为目标，以我国的智能电网为基础，将现代先进的传感测量技术、通信技术、信息技术、计算机技术和控制技术与清洁能源高度集成而形成了新型能源网。它以充分满足用户对能源的需求和优化资源配置，确保能源供应的安全性、可靠性和经济性，满足环保约束，保证能源质量，适应能源市场化发展等为目的。对水、大气等与人类生活环境紧密相关的各种资源进行信息实时采集和监控，及时发现和处理各种污染事件；借助先进的数据挖掘、数学模型和系统仿真，提升环境管理决策水平。

3．物流

智慧物流利用 RFID、BarCode、EDI、GNSS、GIS、GUID、现代网络技术和普适计算等技术，兼容国际国家标准，打造"现代大物流"公共服务平台，利用基于位置的物联网技术实现物流过程中物物之间信息交换、共享，对物流各环节进行实时跟踪和监控，实现物流全过程数字化、信息化、智能化、高效化，融合物流、信息流和资金流，降低物流成本，提高物流效率。

"智慧物流"从以下方面开展应用：基于云计算的物流信息化公共服务平台；基于物联网的低成本人车货安全保障服务系统；基于物联网的货物配送信息采集系统；基于物流标准的可定制智能化物流集装箱；电子车牌电子驾照管理系统；基于 RFID 的仓储配送仓库管理系统；基于 RFID 的货物运输监控系统；智能闸口系统等。

4．电信媒体

支持企业通过自建网站或第三方电子商务平台，开展网上询价、网上采购、网上营销，网上支付等电子商务活动。积极推动商贸服务业、旅游会展业、中介服务业等现代服务业领域运用电子商务手段，创新服务方式，提高服务层次。结合实体市场的建立，积极推进网上电子商务平台建设，鼓励发展以电子商务平台为聚合点的行业性公共信息服务平台，培育发展电子商务企业，重点发展集产品展示、信息发布、交易、支付于一体的综合电子商务企业或行业电子商务网站。

5．医疗卫生

在城市"老年化"不断加剧的今天，社区远程医疗照顾系统能有效地节约社会资源，高效地服务于大众。电子健康档案系统和医疗公共服务平台的建立能解决目前突出的"看病难，看病贵"的医患矛盾。

6．公共安全

利用现代信息技术，以互联网、无线通信技术为平台，以数字地理信息为基础，结合移动定位系统、数字通信技术和计算机软件平台，为城市管理者提供声、像、图、文字四位一体的城市数字化管理平台，实现针对城市部件的检查、报警、紧急事件处理、指挥调度、督察督办等功能，如食品安全追溯、危险品安全处置、灾害预警与处理等。

7．服务型政府

通过电子政务、公共物流服务、公共交通信息服务等政府公共服务平台，改变"公告栏"式的政府网站，将其变成"服务型"的业务网站，树立服务型政府为民办事的形象。为市民提供各种咨询信息和服务，提高市民的生活质量和满意度。

8．教育培训

积极推进智慧教育文化体系建设，建设完善我国教育城域网和校园网工程，推动智慧教育事业发展，重点建设教育综合信息网、网络学校、数字化课件、教学资源库、虚拟图书馆、教学综合管理系统、远程教育系统等资源共享数据库及共享应用平台系统。继续推进再教育工程，提供多渠道的教育培训就业服务，建设学习型社会。继续深化"文化共享"工程建设，积极推进先进网络文化的发展，加快新闻出版、广播影视、电子娱乐等行业信息化步伐，加强信息资源整合，完善公共文化信息服务体系。构建旅游公共信息服务平台，提供更加便捷的旅游服务，提升旅游文化品牌。

第二节　云计算及其对移动商务的影响

一、云计算概述

1. 什么是云计算

狭义上讲，云计算是指计算机基础设施的交付和使用模式，指通过网络以按需、易扩展的方式获得所需的资源(硬件、平台、软件)。提供资源的网络被称为"云"，其中的资源在使用者看来是可以无限扩展的，并且可以随时获取，按需使用，随时扩展，按使用付费。

广义上讲，云计算是指服务的交付和使用模式，指通过网络以按需、易扩展的方式获得所需的服务。这种服务可以是计算机和软件、互联网相关的，也可以是其他的服务。云计算是并行计算(Parallel Computing)、分布式计算(Distributed Computing)和网格计算(Grid Computing)的发展，也可以说是这些计算机科学概念的商业实现。云计算是虚拟化(Virtualization)、效用计算(Utility Computing)、IaaS(基础设施即服务)、PaaS(平台即服务)、SaaS(软件即服务)等概念混合演进并跃升的结果。

从原理上来看，云计算通过使计算分布在大量的分布式计算机上，而非本地计算机或远程服务器中，企业数据中心的运行将与互联网更相似。这使得企业能够将资源切换到需要的应用上，根据需求访问计算机和存储系统。云计算按照层次将业务模式划分为三层，最顶层是软云，中间层是平云，底层是基云。在基云之下是构建云计算的基础技术。

云计算的核心思想，是将大量用网络连接的计算资源统一管理和调度，构成一个计算资源池向用户按需服务。提供资源的网络被称为"云"。"云"中的资源在使用者看来是可以无限扩展的，并且可以随时获取，按使用付费，这种特性经常被称为IT基础设施。总的来说，云计算可以称作是网格计算的一个商业演化版。

一般情况下，云计算具有如下特点：

(1) **超大规模**。Google云计算已经拥有100多万台服务器，Amazon、IBM、微软、Yahoo等的"云"均拥有几十万台服务器。企业私有云一般拥有数百上千台服务器。

(2) **虚拟化**。云计算支持用户在任意位置、使用各种终端获取应用服务。所请求的资源来自"云"，而不是固定的有形的实体。应用在"云"中某处运行，但实际上用户无须了解、也不用担心应用运行的具体位置。

(3) **高可靠性**。数据多副本容错、计算节点同构可互换等措施保障服务的高可靠性。

(4) **通用性**。同一个"云"可以同时支撑不同的应用运行。

(5) **高可扩展性**。"云"的规模可以动态伸缩，满足应用和用户规模增长的需要。

(6) **按需服务**。"云"是一个庞大的资源池，可以像自来水、电、煤气那样计费。

(7) **极其廉价**。由于"云"的特殊容错措施可以采用极其廉价的节点来构成云，"云"的自动化集中式管理使大量企业无须负担日益高昂的数据中心管理成本，"云"的通用性使资源的利用率较之传统系统大幅提升，因此用户可以充分享受"云"的低成本优势。

(8) **潜在的危险性**。云计算服务当前主要由私人机构(企业)提供，政府机构、商业机构(如银行等)对于选择云计算服务应保持足够的警惕。一旦商业用户大规模使用私人机构提供的云计算服务,不可避免地会存在商业信息泄露的可能性。云计算中的数据对于数据所有者以外的其他云计算用户是保密的,但是对于提供云计算的商业机构而言却有可能无秘密可言。这些潜在的危险,是商业机构和政府机构选择云计算服务不得不考虑的因素。

2. 云计算的服务模型

云计算的核心是提供服务,因此,云计算也被称作"云计算服务"。目前学术界和企业界提出的云计算服务包罗万象,但根据云计算的发展来看,目前云计算提供的服务只有SaaS、PaaS、IaaS 几种。

1) SaaS:软件即服务

SaaS(Software as a Service,软件即服务)以服务的方式将应用程序提供给互联网最终用户。它是用户获取软件服务的一种新形式,不需要用户将软件产品安装在自己的电脑或服务器上,而是按某种服务水平协议(SLA)直接通过网络向专门的提供商获取自己所需要的、带有相应软件功能的服务。本质上而言,软件即服务就是软件服务提供商为满足用户某种特定需求而提供其消费的软件的计算能力。它是一种通过 Internet 提供软件的模式,用户无须购买软件,而是向提供商租用基于 Web 的软件,来管理企业经营活动。目前,SAP、微软、Oracle 等公司都已经建立了自己的 SaaS 云计算服务中心。

2) PaaS:平台即服务

PaaS(Platform as a Service,平台即服务)以服务的方式提供应用程序开发和部署平台。就是指将一个完整的计算机平台,包括应用设计、应用开发、应用测试和应用托管,都作为一种服务提供给客户。在这种服务模式中,客户不需要购买硬件和软件,只需要利用 PaaS平台,就能够创建、测试和部署应用和服务。PaaS 实际上是指将软件研发的平台作为一种服务,以 SaaS 的模式提交给用户,因此,PaaS 也是 SaaS 模式的一种应用。PaaS 的出现也可以加快 SaaS 的发展,尤其是加快 SaaS 应用的开发速度。这类云计算服务的典型代表是Salesforce 和 Google App Rngine。

3) IaaS:基础设施即服务

IaaS(Infrastructure as a Service,基础设施即服务)以服务的形式提供服务器、存储和网络硬件以及相关软件。它是三层架构的最底层,是指企业或个人可以使用云计算技术来远程访问计算资源,这包括计算、存储以及应用虚拟化技术所提供的相关功能。无论是最终用户、SaaS 提供商还是 PaaS 提供商,都可以从基础设施服务中获取应用所需的计算能力,但却无须对指出这一计算能力的基础 IT 软硬件付出昂贵的原始投资成本。消费者通过Internet 可以从完善的计算机基础设施获得服务。IaaS 的典型代表有亚马逊的 EC2/S3/SQSSE 服务和 IBM 的蓝云服务。

3. 云计算的核心技术

1) 虚拟化技术

虚拟化是云计算最重要的核心技术之一,它为云计算服务提供基础架构层面的支撑。可以说,没有虚拟化技术也就没有云计算服务的落地与成功。随着云计算应用的持续升温,业内对虚拟化技术的重视也提到了一个新的高度。与此同时,我们的调查发现,很多人对云计算和虚拟化的认识都存在误区,认为云计算就是虚拟化。事实上并非如此,虚拟化是云计算的重要组成部分但不是全部。

从技术上讲，虚拟化是一种在软件中仿真计算机硬件，以虚拟资源为用户提供服务的计算形式，旨在合理调配计算机资源，使其更高效地提供服务。它把应用系统各硬件间的物理划分打破，从而实现架构的动态化，实现物理资源的集中管理和使用。虚拟化的最大好处是增强系统的弹性和灵活性，降低成本、改进服务、提高资源利用效率。

从表现形式上看，虚拟化又分两种应用模式：一是将一台性能强大的服务器虚拟成多个独立的小服务器，服务不同的用户；二是将多个服务器虚拟成一个强大的服务器，完成特定的功能。这两种模式的核心都是统一管理，动态分配资源，提高资源利用率。在云计算中，这两种模式都有比较多的应用。

2) 分布式数据存储技术

云计算的另一大优势就是能够快速、高效地处理海量数据，在数据爆炸的今天，这一点至关重要。为了保证数据的高可靠性，云计算通常会采用分布式存储技术，将数据存储在不同的物理设备中。这种模式不仅摆脱了硬件设备的限制，同时扩展性更好，能够快速响应用户需求的变化。

分布式存储与传统的网络存储并不完全一样，传统的网络存储系统采用集中的存储服务器存放所有数据，存储服务器成为系统性能的瓶颈，不能满足大规模存储应用的需要。分布式网络存储系统采用可扩展的系统结构，利用多台存储服务器分担存储负荷，利用位置服务器定位存储信息，它不但提高了系统的可靠性、可用性和存取效率，还易于扩展。

在当前的云计算领域，Google 的 GFS 和 Hadoop 开发的开源系统 HDFS 是比较流行的两种云计算分布式存储系统。

GFS(Google File System)技术：谷歌的非开源的 GFS(GoogleFile System)云计算平台满足大量用户的需求，并行地为大量用户提供服务。这使得云计算的数据存储技术具有了高吞吐率和高传输率的特点。

HDFS(Hadoop Distributed File System)技术：大部分 ICT 厂商，包括 Yahoo、Intel 的云计算平台采用的都是 HDFS 的数据存储技术。未来的发展将集中在超大规模的数据存储、数据加密和安全性保证以及继续提高 I/O 速率等方面。

3) 编程模式

从本质上讲，云计算是一个多用户、多任务、支持并发处理的系统。高效、简洁、快速是其核心理念，它旨在通过网络把强大的服务器计算资源方便地分发到终端用户手中，同时保证低成本和良好的用户体验。在这个过程中，编程模式的选择至关重要。

云计算项目中分布式并行编程模式将被广泛采用。分布式并行编程模型与工具集如表6-1 所示。

表 6-1　分布式并行编程模型与工具集

模　型	描　　述	特　　性
MPI	一个可供 C 或 FORTRAN 调用的子程序库，用于编写分布式计算系统的并行程序	点对点制定同步和异步，在用户程序中收集通信请求和 I/O 操作
MapReduce	在大数据集或 Web 搜索操作上用于大集群的可扩展的 Web 编程模型	Map 函数生成一个中间的键值对集合；Reduce 函数用相同的键合并中间值
Hadoop	一个用于在商业应用中海量数据集上编写和运行大型用户应用程序的软件库	提供给用户商业集群可靠、高效、可伸缩的方式进行数据处理

分布式并行编程模式创立的初衷是更高效地利用软硬件资源，让用户更快速、更简单地使用应用或服务。在分布式并行编程模式中，后台复杂的任务处理和资源调度对于用户来说是透明的，这样用户体验能够大大提升。MapReduce 是当前云计算主流并行编程模式之一。MapReduce 模式将任务自动分成多个子任务，通过 Map 和 Reduce 两步实现任务在大规模计算节点中的高度与分配。

MapReduce 是 Google 开发的 Java、Python、C++编程模型，主要用于大规模数据集(大于 1 TB)的并行运算。MapReduce 模式的思想是将要执行的问题分解成 Map(映射)和 Reduce(化简)的方式，先通过 Map 程序将数据切割成不相关的区块，分配(调度)给大量计算机处理，达到分布式运算的效果，再通过 Reduce 程序将结果汇整输出。

4) 大规模数据管理

处理海量数据是云计算的一大优势，那么如何处理则涉及很多层面的东西，因此高效的数据处理技术也是云计算不可或缺的核心技术之一。对于云计算来说，数据管理面临巨大的挑战。云计算不仅要保证数据的存储和访问，还要能够对海量数据进行特定的检索和分析，因此，数据管理技术必须能够高效地管理大量的数据。

Google 的 BT(BigTable)数据管理技术和 Hadoop 团队开发的开源数据管理模块 HBase 是业界比较典型的大规模数据管理技术。

(1) **BT(BigTable)数据管理技术**。BigTable 是非关系的数据库，是一个分布式的、持久化存储的多维度排序 Map。BigTable 建立在 GFS、Scheduler、Lock Service 和 MapReduce 之上，与传统的关系数据库不同，它把所有数据都作为对象来处理，形成一个巨大的表格，用来分布存储大规模结构化数据。BigTable 的设计目的是可靠地处理 PB 级别的数据，并且能够部署到上千台机器上。

(2) **开源数据管理模块 Hbase**。HBase 是 Apache 的 Hadoop 项目的子项目，定位于分布式、面向列的开源数据库。HBase 不同于一般的关系数据库，它是一个适合于非结构化数据存储的数据库。另一个不同的是 HBase 基于列而不是基于于行的模式。作为高可靠性分布式存储系统，HBase 在性能和可伸缩方面都有比较好的表现。利用 HBase 技术可在廉价 PC Server 上搭建起大规模结构化存储集群。

5) 安全与隐私保护

调查数据表明，安全已经成为阻碍云计算发展的最主要原因之一。数据显示，32%已经使用云计算的组织和45%尚未使用云计算的组织的 ICT 管理将云安全作为进一步部署云的最大障碍。事实上，云计算安全不是新问题，传统互联网也存在同样的问题。云计算出现以后，安全问题变得更加突出。在云计算体系中，安全涉及很多层面，包括网络安全、服务器安全、软件安全、系统安全等。当然，包括传统杀毒软件厂商、软硬防火墙厂商、IDS/IPS 厂商在内的各个层面的安全供应商都已加入到云安全领域。相信在不久的将来，云安全问题将得到很好的解决。

6) 绿色节能技术

节能环保是全球整个时代的大主题。云计算也以低成本、高效率著称。云计算具有巨大的规模经济效益，在提高资源利用效率的同时，节省了大量能源。绿色节能技术已经成为云计算必不可少的技术，未来越来越多的节能技术还会被引入云计算中来。

4. 云计算的优势和问题

云计算被视为科技界的下一次革命，这与其巨大优势和特点是分不开的。云计算具有如下优势：

(1) **安全性高**。多人觉得数据只有保存在自己看得见、摸得着的电脑里才最安全，其实不然。个人电脑可能会因为自己不小心而被损坏，或者被病毒攻击，导致硬盘上的数据无法恢复，而有机会接触你电脑的不法之徒则可能利用各种机会窃取你的数据。而云计算提供了最可靠、最安全的数据存储中心，解决了丢失、病毒入侵等麻烦。

(2) **便捷易用**。个人电脑上为了使用某个最新软件，我们必须不断升级自己的电脑硬件；为了打开某种格式的文档，我们不得不疯狂寻找并下载某个应用软件；为了防止在下载时引入病毒，我们不得不反复安装杀毒和防火墙软件，很繁琐，也占用了大量宝贵的时间。而云计算就是最好的解决方案，且对用户端的设备要求最低，使用起来也最方便。

(3) **资源整合共享**。传统模式下，各个企业和政府机构的信息化建设都是自己开发程序、购买服务器和建立设计中心，这些设备大部分时间都是闲置的，且数字资源难以分享。而云计算本身就是对大量 IT 资源的整合，统一灵活调配。在云模式下，通过租用云计算服务，各自为政的信息资源建设模式将会彻底改变，可以实现真正意义上的共享。

(4) **延伸性强**。我们知道个人电脑的能力毕竟是有限的，而通过云计算为我们使用网络提供了几乎无限多的可能，有望极大地提高计算机的使用效率。

另一方面，云计算服务也存在一些问题。首先是数据安全问题。企业内部数据向云端迁移中，最重要的一个问题就是数据的安全问题。自己管理、保存数据相比托管代理安全系数较高。如银行业务，因为有政府的法律约束，人们对银行就会有较大的信任，而目前还没有政府机构声称支持云计算。其次是系统可靠性。网络也会有出现故障的时候，企业如何应对这些突发事件以及云计算中心故障恢复的能力，也成为其中一个关键问题。最后产业链不够成熟。云计算对传统的硬件和软件制造商的冲击，使得这些厂商随之衰落，利益受到威胁。目前推出的云计算方案各有不同，云计算技术也缺乏相关的标准，这使用户将数据和应用从一家云计算服务提供商转去另一家成为一个问题。

二、云计算与移动商务

1. 云计算带来的新机遇

云计算的出现，同样为电子商务的深度发展带来了机遇，它可以有效解决构建 IT 环境成本巨大等问题。云计算将给移动商务带来全面的历史发展机遇。

近些年来，国外的各大行业巨头纷纷推出自己的云计算战略，如亚马逊的简单存储服务和弹性云计算、谷歌的 AppEngine、微软的 Windows Azure、IBM 的蓝云。而在国内方面，阿里巴巴集团宣布将筹建多个电子商务云计算中心，专注于云计算在电子商务领域的研究和发展；中搜把从硬件、网络、软件、构架系统、平台等应用服务开放给用户。此外还有中国电信的综合信息服务云、中国移动的 BigCloud 系统、中国联通的互联云，都是各大企业对于电子商务时代利用云计算的实例。

将云计算的概念引入企业的电子商务领域，将给电子商务带来巨大的变化。企业电子商务充分利用云技术的应用特点，能够有效地利用资源，降低成本。云计算对企业电子商务应用的改善主要表现在以下方面：

(1) 云计算可以为企业提供可靠安全的数据存储中心。

(2) 云计算通过快速、快捷的服务，能够改善企业电子商务应用的灵活性和专业性。

2. 全新移动电子商务模式的构建

1) 利用云计算为移动电子商务提供技术支持

在电子商务行业中，如何利用云计算解决电子商务行业的发展瓶颈，更好地为企业创造价值是一个实践性的应用难题。电子商务企业核心服务对象是客户，核心竞争力是想方设法把价值通过不同渠道传递给客户，而价值可以通过许多表现形式传递。

(1) 利用云计算基础设施为电子商务行业提供数据存储服务。

云计算共享的基础设施包括了大型服务器集群，这些集群由云计算提供商来维护。电子商务企业使用这些基础设施所提供的计算能力、存储能力以及应用能力，来满足业务的运行需要，也摆脱了峰值问题。因为应用程序是在云中，而不是在企业内部的计算机上运行，而云计算提供了几乎无限的存储容量和处理能力，所以企业不会对资源瓶颈再有忧虑，也不用担心需要投入大量资金来购买高性能的 IT 设备和搭建先进的数据处理和存储服务平台满足业务需求。

(2) 利用云计算平台为电子商务行业提供信息共享和业务协作。

云计算平台如何帮助电子商务企业优化，改良信息共享和业务协作，是电子商务企业最为关心的问题。云计算资源的高度灵活性可以轻松实现电子商务企业和外部供应商、客户、政府机构之间或者企业内部之间的信息共享和业务协作。可以通过云平台，随时随地查看文件、数据和订单。当有任何更新和改变时，所有的成员都可以收到及时更新的信息，员工之间的协作会更加紧密、有效率；而电子商务企业和外部供应商、客户、政府机构的沟通依靠云平台，可提升业务扩展性。这是基础云服务层在电子商务行业的应用目的。

(3) 利用云计算软件为电子商务行业扩展业务和客户群。

电子商务行业随着 IT 技术的变革，业务的多样性和复杂度大大提升。客户群遍布全球，虽然只是信息，但是信息最有价值的部分就是数据。大数据时代，电子商务行业就是与数据处理和数据挖掘结合在一起的行业。云计算软件提供了大数据整合和挖掘的功能，为企业提供商业智能，帮助决策人分析数据并快速作出决定。通过云计算基础设施提供的数据存储服务，云平台构建的信息共享和业务协作平台，企业才能扩展电子商务业务，分析潜在客户群和客户购买规律，乃至预测更多的购买行为和喜好。

2) 基于"供应链云"的移动电子商务功能层次

现阶段，将云计算运用于电子商务环境，构建新型的商务模式，其主要思想是基于电子外包服务的应用。利用电子外包服务所提供的"按需分配"的能力，电子商务企业可以在需要的时候快速获得相关资源和平台建设，获得云计算的基本环境和物理基础。基于"供应链云"的全程移动电子商务模式，如图 6-5 所示，包含了以下三个基本功能层次。

(1) 基础云平台层，主要由平台供应商提供云计算的基础架构和平台建设，为电子商务企业提供使用"云计算"的基本环境和物理基础。

(2) 基础云服务层，主要由应用开发商提供云计算的相关服务和公共应用接口，为电子商务企业提供所需的服务和软件。

(3) 企业应用云层，是企业开展全程电子商务的核心层。在这一层面，电子商务企业应用供应链管理的基本思想，开展企业核心业务流程的重组，构建供应链管理系统，并利用已有的云计算平台和服务，整合企业资源，改善企业流程，合理分配权限，利用广泛的"供应链云"实现全程电子商务的最终目标。

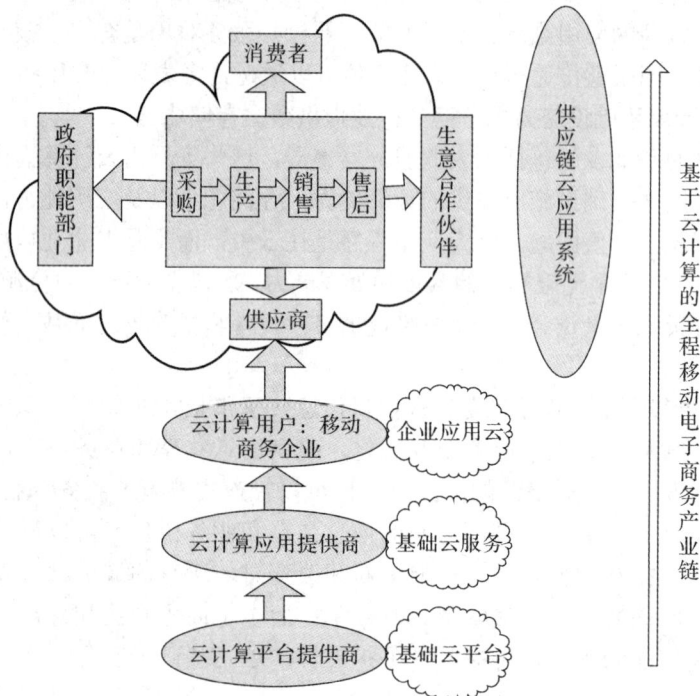

图 6-5 基于"供应链云"的全程移动电子商务模式

从云计算平台提供商，到云计算应用提供商，再到使用云计算的移动商务企业，形成了一个完整的产业链，免去了电子商务企业前期建设和后期维护等方面的烦恼；而服务提供商也能利用为众多用户提供服务的机会实现更深层次的资源共享和技术外包服务。目前，诸如用友、金算盘、伟库等大型服务商都已经开始打造全程电子商务的服务模型，使得"供应链云"的全程电子商务模式进入实践应用的阶段。

3. 基于"移动云"的移动电子商务模式

基于"移动云"的移动电子商务模式对手机等移动终端没有复杂的硬件性能要求，只要具备简单的跨系统平台就可以顺利连接"云端"，获取移动商务企业利用"移动云"所提供的信息和服务。"移动云"快捷高效的存储、运算、处理、共享能力，为移动电子商务的发展提供了全新的发展空间。这种简单而实用的方式不但有助于解决移动终端性能瓶颈的问题，还可以极大地提高数据分享的便捷性和任务执行的高效性。基于"移动云"的移动电子商务模式如图 6-6 所示。

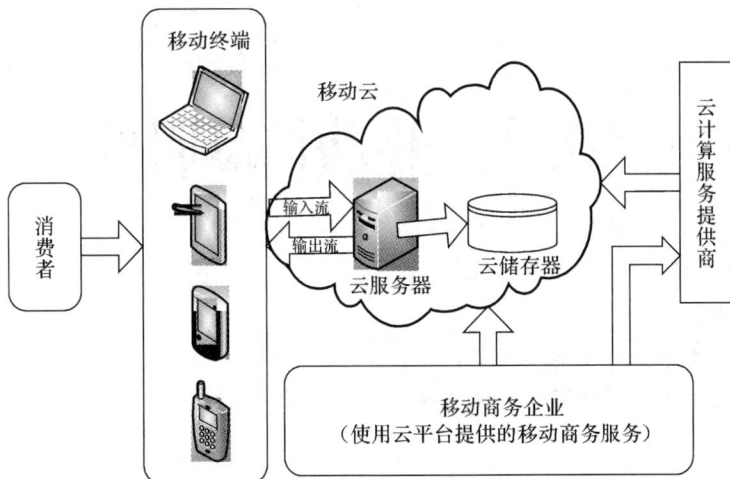

图 6-6 基于"移动云"的移动电子商务基本模式

本 章 小 结

本章介绍了智慧城市的概念和云计算技术。智慧城市的发展离不开技术层的支持，云计算的出现为智慧城市的发展提供了不可替代的作用。智慧城市的发展也离不开移动商务技术支持，而云计算技术又带来了全新的移动商务模式。本章对智慧城市和云计算分别进行了较为详细的介绍，阐述了云计算的 IaaS、PaaS、SaaS 等服务模型。对于云计算的关键性支撑技术，分析和阐述了其优点和不足，为云计算的学习提供必要的引导。

练 习 题

1. 什么是智慧城市？它与数字城市有什么区别？

2. 如何理解智慧城市中的以人为本、智慧民生服务等概念？

3. 某公司为其用户提供了微信公众号，用户只需扫码关注即可在微信里直接看到其公司的服务软件，形成了利用微信来访问该公司所提供的各项服务的方式。从云计算服务模型的角度看，这一方式属于(   )。

A. SaaS   B. PaaS   C. IaaS   D. 其他

4. 什么是云计算中的虚拟化技术？如何实现虚拟化？

第七章　移动信息服务

【学习目标】

- 了解短信息和多媒体短信技术；
- 把握移动搜索、移动定位服务的特点及发展趋势。

【引例】

通过定位用户终端寻找丢失手机案例

通常情况下，手机一旦关机，我们就只能定位到用户最后通话的时间和粗略的位置了，将用户 GIS 呈现在地图上。如果是用户手机没电了自动关机，最后几次的呼出电话应该与用户回忆的号码基本一致，且位置基本没有改变。对于以上几点推断，首先判断是否为没电自动关机，需要利用 CDT 话单，找出用户最后通话的区域。为了明确用户的手机是否被换卡后继续使用，我们除了可以通过 IMSI 对用户的 UIM 卡进行跟踪，还可以通过 ESN 和 MEID 对用户的终端进行即时跟踪。

ESN 是电子序列号 Electronic Serial Number 的缩写，是 CDMA 网络术语，它是一个 32 位长度的参数，可唯一标识一台 CDMA 移动设备，类似于 GSM 网络中的 IMEI，是一个非常重要的参数。一方面，ESN 在无线接口上用来生成长 PN 码，作为扩频和解扩之用。另一方面，ESN 是系统鉴权中不可缺少的参数之一。 运营商的系统保障每个合法用户正常使用手机而不被其他用户盗用，靠的就是系统的鉴权功能。每当你拨打手机的时候，系统都会对你进行鉴权，只有通过鉴权的合法用户才能正常使用手机进行通话。ESN 是鉴权的 CAVE 算法中的必要参数。每部手机都被分配了一个电子序列号，在每次呼叫过程中，它能被传送到电话中心，移动电话每次接收时都要验证对方的电子序列号。

MEID (Mobile Equipment identifier)是全球唯一的 56 位移动终端标识号，被烧入终端，可用来对移动式设备进行身份识别和跟踪。由于 ESN 号段是有限的资源，基本上耗尽，可能还有少量回收利用的号段，所以制定了 56 位的 MEID 号段，用来取代 32 位的 ESN 号段。MEID 主要分配给 CDMA 制式的手机。

由于用户之前每次通话的话单中都会上报 ESN 进行鉴权，因此通过话单就可以找到用户的 ESN。利用网管系统对该 ESN 进行呼叫进行跟踪，发现用户在本地网 1 号基站 3 小区进行了呼叫操作。通过 MEID 对 EVDO 呼叫进行跟踪，发现用户在本地网 1 号基站 3 小区附近进行了呼叫操作。如果用户在该时段没有信令上报，则可以通过主动释放用户 ESN/MEID，对用户进行清除，使其重新登记。

利用信令跟踪里上报的 MNID/IMSI，还可以查询到用户的个人信息，辅助案件处理。

第一节 短信息和多媒体短信息技术

一、SMS 短信息服务

1. 短信息服务简介

短信息服务(SMS)的英文是"Short Messaging Service",即"短消息服务",是由 Etsi 所制定的一个规范(GSM 03.40 和 GSM 03.38)。一条 SMS 信息最多可达 160 个字节(约 80 个汉字),所以通信费用十分低廉,与大约 1 秒钟的语音所占空间相当。短消息已经介入到企业办公、银证、交通、教育、移动电子商务等领域,成为企业、行业应用密不可分的一部分。

早在 1985 年,短信就作为 GSM 的一部分被提出。被誉为第一条 SMS"短信"是于 1992 年由英国的移动网络工程师们发送的,此消息是从 PC 传送到手机。1993 年初,发送手机消息的第一款手机由兰芬诺基亚内部工程专业的学生发明。经过多年的发展,短信息服务中心 SMSC 技术得以发展,从 1993 年 SMSC1.0 版本具备了每秒 10 条消息的能力,到 1999 年 Acision 推出的第一个高性能 SMSC,容量增加至每秒 500 条消息。

手机用户如今可以阻止未经请求的短信或垃圾短信;设置自动回复,进行信息转发;自动复制信息到另一个手机号码以及设置短信白名单。在白名单上,用户可以定义多达 10 个他们想要接收短信的号码。这些过程全部都在手机上操作完成。

短信息业务前几年已经以各种各样的形式渗入公众的生活当中。随着短信从手机扩展到固定终端,从数字移动通信网扩展到固定电话网,人们对短信的认识也不再仅限于数字手机的"专利",业务形态在改变、网络要素在变化、信息内容在丰富。这一过程中始终不变的只有两点:一是短信的信息长度,二是短信传递的方式——存储转发。这些特点使短信具备了准确可靠、迅速及时的优点,以适应人们的使用习惯。

短信作为手机上的一种业务,让本来具有语言传递功能的手机变成了电报式的解读工具,用文字传递信息成为一种沟通方式,使现代电信的业务具有了技术和文化的双重色彩。

短信息收发过程如图 7-1 所示,其中 MT1 代表发送方的手机终端,MT2 代表接收方的手机终端。该过程包括短信息的发送和接收两个部分。

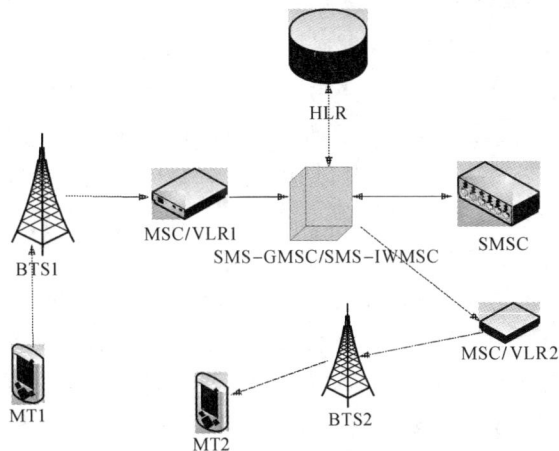

图 7-1 短信息收发过程

(1) 手机终端发送短消息的过程如图 7-2 所示，MT1 表示的是手机终端 1，SAPI3 连接表示的是无线路径上建立的链路层连接，BTS 是一段传输基站，MSC\VLR1 是用户数据，检查用户是否具有短消息业务功能，SMSC 是短信息服务中心。

(2) 手机终端接收短消息的过程如图 7-3 所示，SM-TPSMS-DELIVER 信息中包含短消息内容、原发者的识别符号及 SMSC 收到该短消息的时间，HLR 表示位置归属寄存器，是负责移动用户管理的数据库。

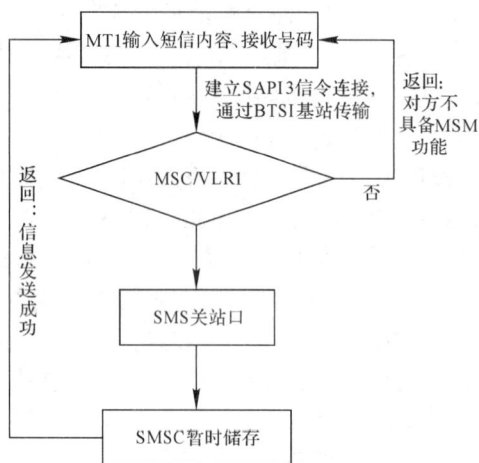

图 7-2　手机终端 1 发送短信息过程　　　　图 7-3　手机终端 2 接收短信息过程

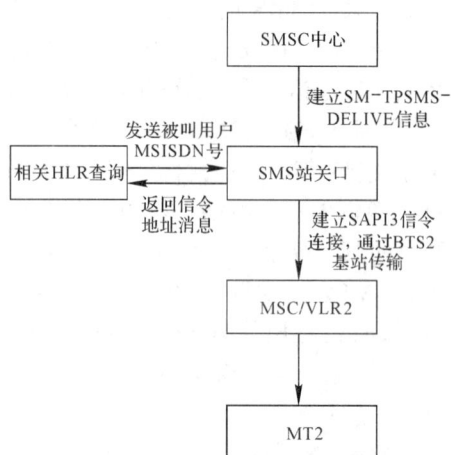

2. 短信息服务的特点和不足

SMS 应用广泛，具有输入能力的手机一般都可以享受 SMS 服务，用户可以根据个人需要定制个性化信息或内容。SMS 技术具有如下特点：

(1) **使用方便，技术简单，抗干扰能力强，覆盖范围广**。SMS 通过共享频道传输，不占用独立的频道，信息的发送和接收可以在 GSM 网络上与语音、数据和传真服务同时进行而不会互相干扰，占用的资源非常少，同时可以支持国内和国际漫游，使移动用户可以用短信服务向全球任何使用该系统的移动用户发短信。

(2) **通信成本低，业务种类多**。一条 SMS 信息最多可达 160 个字节(约 80 个汉字)，仅对发送方收费 0.1 元，接收方免费。随着通信技术的发展和短信业务的用户群体不断扩大，各大通信服务商纷纷制定出各式各样的短信套餐来满足不同人群的需求，价格便宜。

(3) **通信速度快，有反馈功能**。短信通过无线通信系统自动发送给移动用户，数百万手机用户均可在发送完毕后马上接收到信息反馈，接近同步通信的效果。

(4) **短信群发的特点**。为客户提供更为细致、及时的服务；适合于企业品牌宣传、市场推广、商业促销、招商活动等。

然而，SMS 技术也有一定的不足，其信息容量小，对用户的吸引力小。短信平台只能用文字编辑，缺乏相应的图像资料，加之短信广告泛滥，阅读率不高。此外，由于短信息服务使用的是低速信令频道且为传输信号所共享，所以信息收发速度相对较慢。

3. 短信息的主要应用和国内外现状

由于互联网应用的兴起，短信息的应用量大量增长。短信息应用类目繁多，根据研究重点的不同，短信息服务的主要应用有多种分类方法，主要包括以下三种。

1) 按服务是否收费分类

非增值服务，即不向客户或业务集成商收取功能费的行业应用服务。

增值服务，即需要向客户或业务集成商收取功能费的行业应用服务。

2) 按业务类型分类

短信息服务应用的业务分类，如表 7-1 所示。

表 7-1 短信息服务应用的业务分类

业务名称	需 求 描 述
查询类业务	气象信息、航班、股票、外汇降价和新闻等
交易类服务	炒股、转账、外汇买卖等
信息收集和发布	新产品、新服务、促销活动、发布会等广告信息传播；内部通知、业务变更等；发送下文、会议通知、住处通报、工作进度、人事变更等
定位业务	查询本人或者员工的位置，实现外地员工的考勤，重要设备定位

3) 按行业应用业务分类

(1) **商业零售行业**。运用对象：商场、超市，服装、服饰、鞋业/品牌连锁店。典型客户：沃尔玛、麦德隆、苏宁电器、国美电器等用于促销活动。

(2) **餐饮、娱乐、美容行业**。运用销售对象：餐馆、酒店、KTV、酒吧、影剧院、桑拿、夜总会、DISCO、美容、美发店等。

(3) **汽车销售、维修等相关服务行业**。运用行业特征：对汽车车主服务，客户群体信息(包括手机号)记录完善；反复型消费，客户对服务的重视度非常高；对通信服务品质要求一般，部分客户对短信价格较敏感；短信内容丰富，服务性质强，语言温馨亲切，较易使客户接受。短信营销，投放准确度高，效果明显。

(4) **金融行业**。运用销售对象：银行、证券、基金、保险、期货、投资咨询公司、信用卡公司、贷款公司。行业特征：对通信质量非常敏感，要求速度快，到达率高，系统稳定；对系统安全性、数据安全要求非常高；发送量稳定；充值量大，企业还可定制开发。

(5) **俱乐部、会所、健康行业**。运用范围：运动俱乐部(高尔夫、潜水、野外、台球)、会所、健身房、保健中心、体检中心。

(6) **交通、旅游业、票务行业**。适用范围：出租车公司、票务公司、旅行社等。

(7) **房地产行业**。适用范围：房地产销售公司、物业管理公司、装修公司、房产中介、房产展会等，可用于推广楼盘广告。

(8) **政府机关**。适用范围：政府机关、类政府组织、学会、商会等事业机构。应用模式：投诉/咨询中心；亲情关怀信息等。

(9) **税务机关**。适用范围：应用于税务机关对纳税人的纳税提醒、税款催收、税务信息发布以及税务机关内部管理等。高速高效、费用低廉，增加税务收入。

(10) **交警行业**。适用范围：将交通违章的信息自动实时发送给违章车主；对到期仍未年检的车辆自动发送提醒信息给车主；对有效期到期仍未换证的驾驶证自动发送提醒信息给驾驶员；对到报废期仍未报废的车辆自动发送提醒信息给车主；交通政策法规的变更和实施、出行提醒、年节问候等信息自动发送。

(11) **社保管理机构**。适用范围：短信群发营销服务于社保管理机构，采用短信的方式将参保人每月的社保基金交纳情况、账户余额，社保政策变动等信息及时发送到参保人员的手机，使参保人员及时了解自身社保基金的缴纳情况等。

(12) **医院体检方面**。适用范围：短信群发营销广泛应用于医院体检的体检结果通知、体检时间和地点通知、体检项目通知、定期体检提醒、体检宣传、体检知识教育、体检咨询等。

在我国，短信业务的发展可以概括为两个阶段：第一阶段，以短信中心为主要的业务提供及信息提供的时期。在此阶段，短信中心是唯一的信息提供者及数据传输通道，信息量少，信息来源不一致。这是短信息服务的独立发展时期。第二阶段，以互联网上的信息作为短信的主要信息来源，由互联网上的 SP 直接与各 SMSC 相沟通，建立信息交换的接口。由信息的极大富有者 SP 作为信息的提供者，弥补了原来 SMSC 的不足。这一阶段是短信业务的急剧扩展时期。目前短信业务正处在发展的第二阶段，其主要的业务特征模式就是依附于原有的手机信息传递方式(短信息)，将互联网上的巨大信息量根据用户的要求，通过手机的短信息方式传递给用户。这一发展模式将传统的信息提供与信息服务的合二为一彻底分离，体现了一种传统业务与互联网相结合的发展模式。

在国外，尤其是欧洲，短信息服务已经成为电信运营商的重要收入来源。欧洲主要的无线运营商每月要处理超过 3 亿条短信息，而且这个数字还在以每月 10%到 15%的速率增长。在德国、英国、意大利、挪威等一些国家和地区，有些运营商的短信息业务收入已经超过了传统的话音业务。短信息在年轻人群中受欢迎的程度还在稳步增长。

4. SMS 服务的主要发展趋势

当中国手机用户超过 10 亿后，三大电信运营商的用户总数增长就变得趋于缓慢。与之不同的是，微信、微博等新的信息传递平台的用户数正在飞速发展。用户的选择增多了，短信息难以再现当年的盛况，甚至已经开始有了一些衰败的迹象。对于短信息的未来，业界意见各不相同。

(1) 消亡。因为用户选择增多，短信息被边缘化。

(2) 不可替代。在一些特殊场景仍受青睐。

(3) 适合行业应用。因为其具有良好的安全保障体系。

二、MMS 多媒体短信息服务

1. 多媒体短信息服务简介

MMS(Multimedia Message Service)即多媒体信息服务，是目前短信技术开发最高标准的一种。它最大的特色就是可以支持多媒体功能，借助高速传输技术 EDGE(Enhanced Data rates for GSM Evolution)和 GPRS，以 WAP 为载体传送视频片段、图片、声音和文字，不仅可以在手机之间进行多媒体传输，而且可以在手机和电脑之间传输。具有 SMS 功能的移动电话的独特之处在于其内置的媒体编辑器，使用户可以很方便地编写多媒体信息。

随着人们对短信内容和表现形式的要求越来越高，对视觉、听觉等多种媒体形式的需求越来越强烈，SMS 作为第一代无线数据服务技术已不能满足人们日益增长的应用需求，所以开发更高短信服务标准的呼声也日益高涨。

EMS 是英文 Enhanced Message Service 的缩写，中文意思为增强型短信息服务。比起 SMS 来，EMS 的优势是除了可以像 SMS 那样发送文本短信息之外，还可以发送简单的图像、声音和动画等信息。它最大的优势是仍然可以运行在原有 SMS 运行的 GSM 网络上，并且在发送途径和操作方法上也没有差别。但作为曾经世界最大的手机制造商，诺基亚并不支持 EMS，他们认为 3G、4G 的开通是迟早的事，如果在现阶段再去投入精力物力去支持一个实际意义并不大的过渡性技术，还不如踏踏实实搞好未来更高的短消息标准 MMS。

随着移动设备硬件处理能力的增强，在彩屏的出现、和弦铃声的应用以及市场需求的综合推动下，多媒体技术在无线领域中开始了进一步的应用，一种功能更新更强的短信标准——多媒体短信(MMS)便悄然应运而生。2001 年 3 月，爱立信公司开发出世界上第一台支持 MMS 功能的手机 T68，在法国戛纳举办的 GSM 世界大会上演示了下一代信息传输技术，发送了世界上第一条多媒体信息，也为 MMS 的发展奠定了基础。MMS 的发展经历了两个阶段。第一阶段主要集中在终端对终端的业务上。终端对终端业务也像 SMS 那样占据了 MMS 业务量的主要部分。第二阶段是 MMS 的增值应用发展时期。在 MMS 增值业务发展初期，主要是各种静止图形，如图片、照片、屏保、问候卡、铃声等业务。通过这些应用让客户养成从无线网络上下载的习惯。

2. 多媒体短信息业务流程

1) 终端到应用的流程

用户发送一条彩信至一个梦网服务提供点 SP 的服务代码。发送方用户归属地的移动交换机 MMSC 收到消息后，判断该 SP 归属 MMSC，如果需要，转到该 SP 归属的移动交换机 MMSC。MMS 终端到应用业务流程示意图如图 7-4 所示。

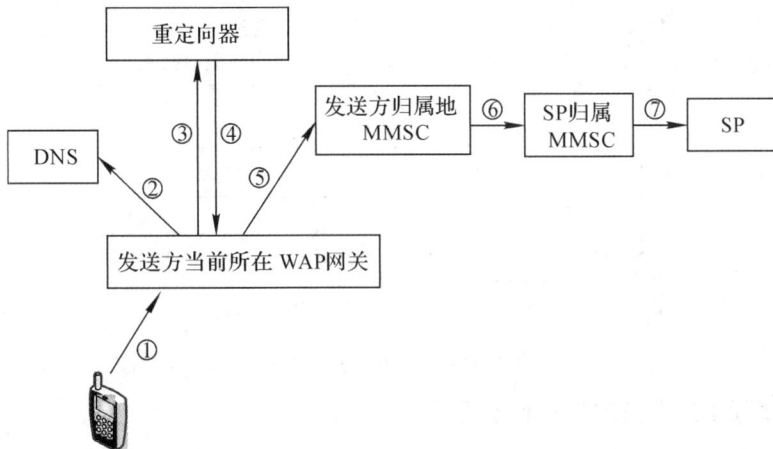

图 7-4　MMS 终端到应用业务流程示意图

2) 应用到终端的流程

用户到网站上点播一条彩信，网站所对应的服务提供点 SP 把彩信发送给相连的移动交换机 MMSC1。MMSC1 收到消息后，搜索判断接收方用户归属 MMSC。若属于另一个移动交换机 MMSC2，则把消息转发给该 MMSC2(见图 7-5①~③)。接收方用户归属 MMS 将检查接收方的用户是否为支持彩信的 MMS 终端。若是 MMS 终端，则向接收方用户发送通知消息。接收方收到通知消息后会自动连接到 MMSC2 上提取消息(见图 7-5④~⑥)。

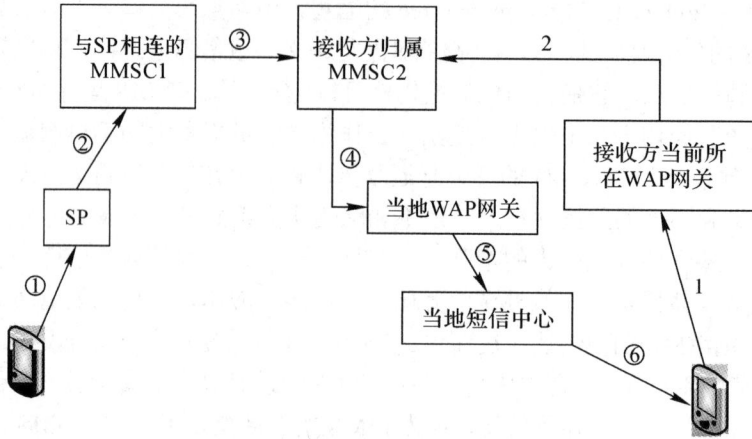

图 7-5   SP 到 MMS 终端业务流程示意图

3) 异常处理流程

若不是支持彩信的移动终端 MMS, 接收方用户归属的移动交换机 MMSC2 则会经过当地短信网关给原发送方用户的手机发送一条短信通知, 提示发送方用户由于接收方无法接收而失败(见图 7-6④～⑦)。

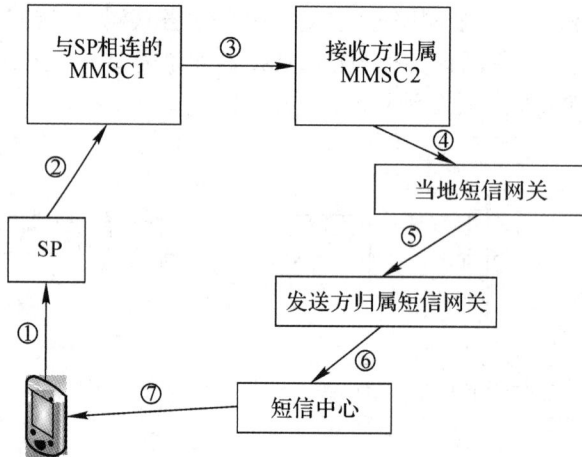

图 7-6   SP 到非 MMS 终端或未知用户业务流程示意图

3. 多媒体短信息服务的特点和不足

1) MMS 的特点

多媒体短信息给用户带来了新奇时尚的个人通信体验。移动互联网服务提供商提供的多媒体短信息业务, 由于支持的多媒体类型更丰富, 使用的手机流量费用更低廉, 软件本身更智能易用, 因而具有更明显的竞争力, 将会开辟一个新的通信时代。其特点主要包括如下方面:

(1) **丰富性**。收发信息同时可包括文字、图片、语音、地图、网页等多种内容。

(2) **可靠性**。像短信一样, 只要手机联网, 就能保证信息及时送达, 无须登录。

(3) **易用性**。只要会使用传统的手机短信, 就会用手机多媒体短信。

(4) **易扩展**。可以根据需要，添加更多格式，比如表情，视频等。

(5) **新颖**。多媒体短信息是一种全新的媒体传播形式，时尚新颖，新鲜感强。

(6) **大容量**。电信运营商支持的短信每条容量最大为 100 KB，移动互联网服务提供商支持几十倍的大小，通常达到每条几兆字节，可以支持高清大图。

2) MMS 的不足

(1) **网络限制**。MMS 业务要求建立一个多媒体信息中心——MMSC，MMSC 通常要求适用于各种二代和三代网络。因此在从第二代移动通信网络向第三代移动通信网络演进的过程中，MMSC 要做到平滑过渡。从目前试运营的情况来看，MMS 还不能很好地实现互联互通，且信道堵塞而导致短信频频出错的情况时有发生，用户在发短信时，经常出现"短信发送失败"的提示，而实际上有时候对方已经收到了短信息，这样就使发信方在无意中增加了重复发信的费用。因此，移动运营商应该及时更新技术，解决信道堵塞的问题。

(2) **MMS 原理的限制**。由于 MMS 沿用了 SMS 的"存储转发"机制，所以和 SMS 一样，MMS 同样也会发生延迟甚至丢失信息的情况。MMS 可以以 2G、2.5G、3G 移动网络为基础运行。因此，MMS 短信的大小受到网络传输速率的限制。所以其主要的应用范围将局限在传递照片、播放不超过 10 帧的动画、5 秒左右的视频等。

(3) **兼容性问题**。现在市场上有不少支持增强型短消息服务(EMS)的手机，同样支持 MMS，不同品牌的手机却往往不能互相发送图片和声音。各品牌手机支持的图片和声音格式都不尽相同，这极大地限制了 MMS 的普及。

(4) **手机的局限性**。如果双方的屏幕不一样的话，短信中心就要作出相应的处理。此外手机设置也是比较麻烦的事情，需要降低使用门槛。

(5) **MMS 计费问题**。SMS 业务能够成功的一个重要因素在于其低廉的价格，比打电话便宜很多。到了 MMS 短信的年代是否有这样的好处呢，显然没有了。因为 MMS 短信要处理和传输的数据远远比纯文本的 SMS 短信要大得多，MMS 的资费不仅要包含线路传送的费用，还可能要包含很多图片、视像等方面的版权费用。

(6) **服务内容的问题**。要推动 MMS 的成功应用，必须依赖三个方面：娱乐、图形、点对点应用。要让终端用户愿意分享娱乐和图形信息并创作多媒体消息，以及愿意下载各种 MMS 内容，才能带动 MMS 的使用。

4. 多媒体服务的主要应用及其发展趋势

多媒体服务的主要应用包括：

(1) **E-mail**。E-mail 将成为 MMS 最主要的应用之一。

(2) **广告**。MMS 将成为与报刊、杂志和互联网相并列的广告手段。

(3) **语音信箱**。将语音留言"推"到用户手机上。

(4) **铃声和图片**。通过 MMS 从互联网向手机发送铃声和简单图片。

(5) **与其他业务的结合**。如通过 MMS 给用户发送清晰明了的电子地图。

我国移动增值新业务、新应用层出不穷。彩信作为短信的升级，以声像、图文并茂的多媒体形式弥补了短信的单调形式；WAP 服务可以使用户随时、随地接入互联网；Java 应用把第三方应用程序下载到手机上，提供游戏、娱乐、商务和生活等方面的应用。从第三代移动通信开始，话音业务之外的移动增值服务会被更多的手机用户使用。

基于移动 MMS 可以开展各种增值业务,如与现有的 LCS(位置业务)相结合,通过 MMS 给用户发送清晰明了的电子地图。不同运营商之间可以通过 MMS 业务的互联互通使得用户在更大范围内更加方便地使用 MMS 业务。

从长远的角度来看,MMS 的发展壮大是必然的。用户对 MMS 的需求是巨大的,而该业务的发展将取决于运营商以及各方的得力举措。想要大力发展 MMS 业务,必须要有好的经营模式,吸引更多的行业和传统企业进入这个领域,形成各环节的合力,如此才能让这个业务真正发展起来,让用户从中得到更为优质的服务。

第二节　移动搜索和移动定位服务

一、移动搜索服务

1. 基于移动互联网提供的移动搜索服务

移动搜索是指以移动设备为终端,进行对普遍互联网的搜索,从而高速、准确地获取信息资源。随着近年来手机技术不断完善和功能的增加,利用手机上网也已成为一种获取信息资源的主流方式。

互联网的飞速发展给人们带来了海量信息,在带来便利的同时,也带来了烦恼。如何在海量信息中获取所需要的信息成为难点,搜索引擎的出现极大地解决了这个难题。随着手机和掌上电脑等移动设备的普及和性能的大幅提高,特别是无线上网等新功能的推广,应用无线信息服务已经被越来越多的人关注。作为互联网上仅次于电子邮件的第二大应用,搜索引擎正在从 PC 向无线移动设备转移。2004 年 Google 在美国推出基于短信的手机搜索服务,雅虎紧随其后于 2005 年推出类似服务,2006 年摩托罗拉与索尼爱立信联手 Google,Baidu 则与诺基亚结盟共同进入手机搜索市场。与此同时,国内一批网络服务商也纷纷加入这一领域。无线移动搜索技术也成为信息检索领域的发展方向和研究热点之一。

移动搜索不是互联网搜索在移动端的简单复制,它与互联网搜索在许多方面有着本质的区别。相对于互联网搜索,移动搜索无须上网设备,只需一部随身携带的手机就可以免费搜索需要的信息,可以满足突发、紧急、特殊查询的需求,能够为用户尤其是商旅人士提供一个快速有用的答案而不用他们亲自花时间去探索。移动搜索通过特有的技术(如手机挖宝网使用的网络爬虫和中文模糊搜索技术)将互联网上分散的信息聚合在手机 WAP 平台,根据用户的性格、地理位置、行为方式、兴趣爱好的不同,提供分类信息搜索服务以满足不同的用户需求,并能实现实时在线更新,其搜索的内容和过程具有更强的人性化色彩。移动搜索业务能将各种移动增值业务进行有效整合,引导用户消费,提高用户黏性,对提高移动运营商的业务收入和推动电信运营商向综合信息服务提供商转型具有重要的意义。

从实际应用的角度看,手机搜索和计算机搜索基本原理相似,但手机搜索并不是网络搜索的简单翻版,其不同之处体现在两个方面:① 计算机搜索强调的是"海量";手机受屏幕较小的限制,需要对多余的图片、超级链接、Flash 等内容进行过滤,为用户提供最精确、最有价值的内容。② 移动搜索内容和搜索过程具有更强的人性化色彩。移动搜索可以结合移动用户的搜索记录、搜索习惯等个人偏好进行分析筛选,为用户提供最符合个人需求的搜索功能。

WAP 方式的移动搜索输入方式一般为关键字，对用户需要的信息进行搜索的工作流程包括两部分。第一部分是搜索器从 WAP 或 Web 站点抓取网页，直至索引器建立索引数据库的过程，如图 7-7 所示。第二部分是用户接收到关键字，检索器根据索引库查询信息的过程，如图 7-8 所示。

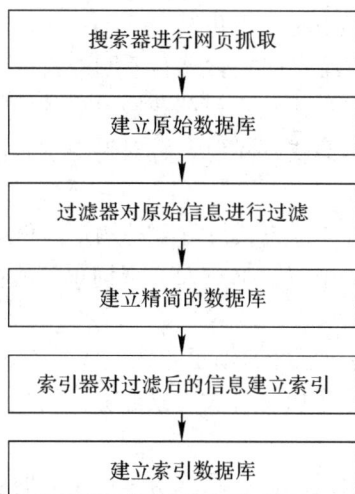

图 7-7 建立索引数据库的工作流程图

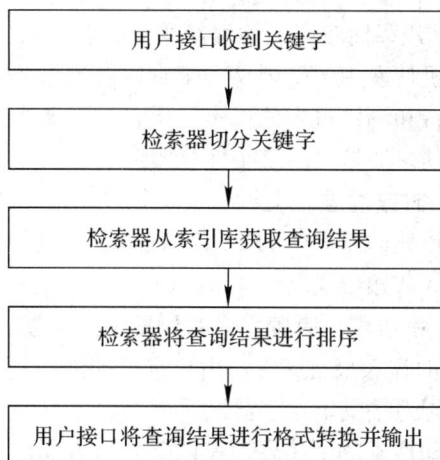

图 7-8 根据索引库查询信息的工作流程图

典型的移动搜索业务系统架构图，如图 7-9 所示。

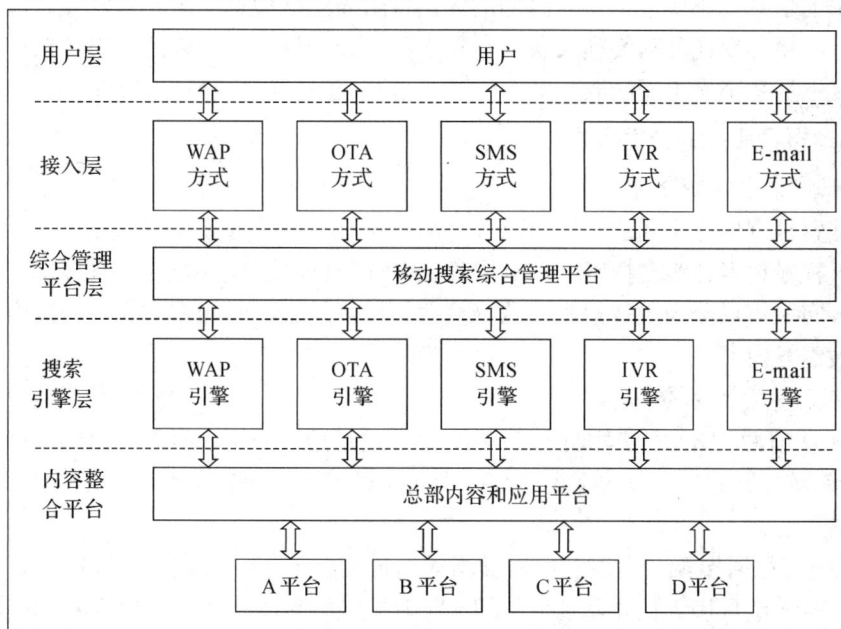

图 7-9 典型的移动搜索业务系统架构图

2. 移动搜索服务的特点和不足

移动搜索具有如下特点：

(1) **用户的普及性高**。相对于 PC 而言，手机的灵活性、便利性和终端价格等方面优势明显。截至 2019 年 3 月底，我国手机上网用户数已达 12.9 亿，远高于互联网等其他渠道的上网用户数。庞大的手机用户量为移动手机搜索服务提供了用户基础。

(2) **自由度更大**。用户能随时、随地、随需搜索，不受网络限制。而且移动网络速度也变得更快，随着无线开发商从第二代技术向高性能的 2.5G 和 3G 技术发展，可以提供达到 3.1 Mb/s 的下行速度，4G 技术，最高速度可达 100 Mb/s 或者更高。

(3) **效率比较高，检索结果更有针对性**。不同于传统桌面搜索动辄返回成百上千个结果，手机搜索由于受屏幕、带宽以及流量等方面的限制，用户不可能花费过多的时间和金钱去等待和浏览过多的检索结果，这就要求搜索到的信息更加精练，针对性更强，能够根据用户的习惯偏好提供个性化服务。

(4) **时效性强**。手机搜索可以采用短信这样的即时通信方式进行互动沟通。例如，用户想知道他们感兴趣的足球比赛的比分或者当天的航班信息，通过发送查询短信就可以在第一时间获知结果。

(5) **手机用户有着良好的付费使用习惯**。互联网用户已经习惯了免费模式，Google 超过 90%的收入来自广告，用户进行搜索则是免费的。在手机上开发搜索业务，用户会对收费模式坦然接受，这也鼓励了网络服务商的积极性。

移动搜索的不足表现在以下几个方面。首先是搜索成本高。手机检索信息有时要支付增值服务费、通道费、流量费，这在某种程度上减少了手机用户进行移动搜索的尝试。其次是信息资源局限。与互联网相比，移动搜索的资源相对匮乏，可以用来搜索并满足用户个性化需求的信息并不多。信息资源的局限性将阻碍移动搜索的进一步发展。最后是技术发展制约，主要体现在移动终端设备屏幕狭小和无线网络宽带的束缚。用户在使用移动搜索时，因终端屏幕小而不能获取更多的资源，因网速慢而等待的时间较长。

3．移动搜索服务的分类方式

1) 按照搜索内容划分

移动搜索根据内容形式的不同可以分为网页搜索、图片搜索、音乐搜索、地图搜索、位置搜索、视频搜索、实名搜索、本地搜索、WAP 网址搜索、AQA 应答搜索等；根据内容的垂直分布又可以分为游戏搜索、购物搜索、铃声搜索、新闻搜索、小说搜索、黄页搜索、贴吧搜索等内容。

2) 按照搜索方式划分

(1) **WAP 搜索**。WAP 搜索即针对 WAP 站点进行搜索。由于目前中国只有极少数高级移动端支持 Web 浏览，一般的手机还只能看文字和图片等简单元素，因此 WAP 搜索成为移动搜索的首选。

(2) **无线互联网搜索**。无线互联网搜索即通过支持的移动终端访问互联网资源。一般中低端手机是无法直接浏览互联网页面的，因为编码不同，只可以浏览 WML 格式的 WAP内容。不过实时编码转换功能的出现，却能把互联网中的网页转换为手机所能接收的信息，让用户从 WAP 门户通过网关访问到 Internet 资源。

(3) **短信搜索(SMS)**。短信搜索是一种基于手机或其他支持短信息服务的移动终端的短信搜索引擎服务。短信搜索对手机性能要求很低，一般手机都能享有此项服务。用户只需在手机中编辑短信息输入要搜索的关键词，发送到移动搜索服务提供商的服务代码，就可以获得搜索结果。

(4) **语音搜索(IVR)**。语音搜索是语音识别技术和手机移动搜索技术的结合。用户通过接通服务提供商电话，说出关键词，就可获得语音搜索信息。一般语音搜索可以获得的服务包括预订酒店、机票等商业服务，通过电话搜索个人通话簿以及音乐、图书等信息。

(5) **电子邮件搜索(EMS)**。电子邮件搜索是以电子邮件为载体的一种搜索方式，用户通过发送查询信息到电子邮箱从而获得搜索结果。

3) 按照搜索范围划分

(1) 站内搜索。这种搜索是指搜索范围仅限于移动运营商业务平台内的内容。

(2) 站外搜索。这种搜索是指搜索范围包括独立的 WAP 网站内容和互联网内容。

(3) 本地搜索。这种搜索是指结合用户所在位置进行搜索。

4．移动搜索服务的发展趋势

移动市场仍处于发展初期，盈利模式、商业模式都尚未完全形成，但不影响运营商、终端手机提供商、搜索引擎提供商、内容服务商等对此持热情高涨态度。

移动运营商方面，2004 年，宁波移动首先推出了一项嫁接在移动通信和互联网搜索平台上的全新信息搜索服务；随后，越来越多的运营商涉足移动搜索业务。移动搜索服务商方面，2004 年 12 月 16 日，北京 GOGO 科技公司宣布，已开发出基于手机上网的搜索引擎——cgoo，成为国内首个在全国范围内开通的手机搜索引擎。2005 年 11 月 1 日，上海网村(Netvillage)推出了手机中文搜索引擎——悠悠村，为用户提供 PC 端、WAP 端和 JAVA 端三个平台为一体的手机无线搜索服务。移动搜索服务主要沿以下三个方向发展。

1) SoLoMo 化

so——social 社交；lo——local 本地位置；mo——mobile 移动网络。社交网站都已经很好地和移动搜索结合，这一模式将成为移动搜索的发展模式(见图 7-10)。自 2011 年 2 月美国 KPCB 风险投资公司合伙人约翰·杜尔第一次提出"SoLoMo"概念以来，由 Social(社交)、Local(本地化)和 Mobile(移动)整合而来的这六个字母随即风靡全球，被认为是互联网的未来发展趋势。从 Facebook 到人人网，代表社交的"So"已经无处不在；而"Lo"所代表的以 LBS(Location Based Service，地理位置服务)为基础的定位和签到也开始风靡，包括Foursquare、街旁，以及社会化媒体所延伸而来的 Facebook Places 和人人报到；"Mo"则涵盖了智能手机带来的各种移动互联网应用。在 SoLoMo 的号召下，众多激情澎湃的创业者联手 VC 准备孵化下一个"QQ"或"中国的 Zynga"。

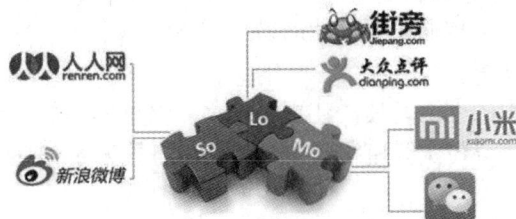

Current situation of China's SoLoMo

图 7-10　移动搜索的新结合 SoLoMo

2) 语音化

通过对话的方式来得到天气、交通等查询信息，让手机成为一个智能的机器人；手机键盘小，通过语音来取代传统搜索繁琐的键盘输入，能够提高用户的友好体验度(见图 7-11)。

早在 1987 年，苹果就已经有了这个概念。2010 年，苹果以 2 亿美金收购了 Siri，进一步强大了语音识别技术；而随着苹果 iOS6 新系统的推出，其旗下的 siri 语音搜索功能正式亮相，成为移动终端领域的中一个独树一帜的功能点。

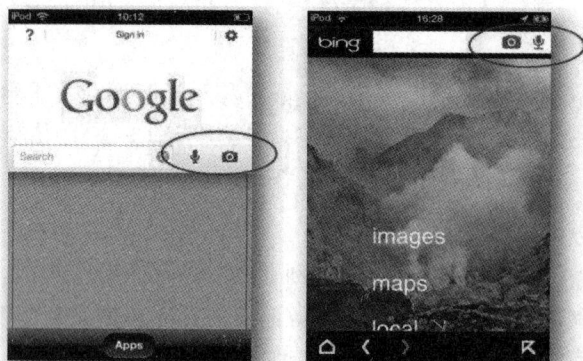

图 7-11　移动搜索的语音化

3) 碎片化

移动设备主要包括非智能手机、智能手机、平板电脑，这三者和普通桌面 PC 的搜索结果各不相同，这就产生了移动搜索结果的碎片化问题。

从发展前景方面看，目前不管是全球还是中国，手机用户数量均远远超过了互联网用户数，这一状况为手机搜索引擎的发展提供了巨大的潜在市场和发展空间，具体包括以下几个方面：

(1) **个性化服务**。通过认识和分析用户的移动搜索习惯，只返回用户感兴趣的信息。这要求各网络服务商根据自己的各种数据库，为用户提供更加实用的细分信息搜索。

(2) **手机定位服务**。主要是为手机用户提供实时的地理位置查询，这样即使用户处在一个陌生的地方，也可以很快了解自己所处的位置，以及附近的邮局、餐厅、银行、医院等场所信息。

(3) **多媒体搜索**。彩信、彩铃等多媒体信息在手机中的普及，使得多媒体搜索服务也是手机搜索引擎的发展方向之一。

(4) **人性化检索界面**。研究更加适用于小屏幕、小键盘的检索界面，比如带自动提示、关键词提示、口语查询、文本摘要等功能的易用文本输入系统，也有专家建议可以加入语音搜索功能，方便用户使用。

另外，培养手机用户的上网习惯，让更多的用户通过他们的手机访问因特网；尽快解决包括小屏幕、低流量、窄带宽等瓶颈问题，移动手机搜索才有更广阔的前景。

二、移动定位服务

移动定位服务(Location-based Service，LBS)，是指通过移动运营商的无线网络(如 GSM 网、CDMA 网、PHS 网等)，获取移动终端用户的位置信息(经纬度坐标数据)，并在电子地图平台的支持下为用户提供相应服务的一种移动增值业务。

1. 定位服务的起源和发展过程

其实 LBS 并不是什么新东西,建设 GPS 系统的目的就是为了给用户提供位置服务。早在 20 世纪 70 年代,美国颁布了 911 服务规范。1993 年 11 月美国一个叫作詹尼弗·库恩的女孩遭绑架之后被杀害,在这个过程当中,库恩用手机拨打了 911 电话,但是 911 呼救中心无法通过手机信号确定她的位置。这个事件导致美国的 FCC(美国通信委员会)在 1996 年推出了一个行政性命令 E911,要求强制性构建一个公众安全网络,即无论在任何时间和地点,都能通过无线信号追踪到用户的位置。2001 年的 9·11 事件也让美国的公众认识到位置服务的重要性。因此,在实现 E911 目标的同时,基于位置服务的业务也逐渐开展起来。从某种意义上来说,是 E911 促使移动运营商投入了大量的资金和力量来研究位置服务,从而催生了 LBS 市场。1994 年,美国学者 Schilit 首先提出了位置服务的三大目标:你在哪里(空间)、你和谁在一起(社会)、附近有什么资源(信息查询)。这也成为 LBS 最基础的内容。2002 年,Ahonen 和 Barrett 出版了一本书,叫作《UMTS 服务》,其中首次对位置服务进行了讨论。

将手机基站的资讯与传统 GPS 卫星结合起来的技术,又称为辅助全球卫星定位系统(Assisted Global Positioning System,AGPS)。第一款支持 AGPS 的手机叫作 Benefon Esc,是在 2002 年初上市的。该手机支持双 GSM,同时带一个 GPS 接收器,可以实现高精度定位、个人导航、移动地图、找朋友等功能,并可以通过无线方式下载地图。另外,Benefon 同时提供一个专业版的 AGPS 终端——Benefon Track,主要为专业人员提供导航定位和通信服务,并在该终端上首次设置了一个急救按钮,只要按下这个按钮,就可以将持有者的位置信息通过短信发送到一个预先设定的电话号码,并可以自动呼叫该电话。这成为以后 LBS 产品的一个基本功能。

2004 年,Reichenbacher 将用户使用 LBS 的服务归纳为五类:定位(个人位置定位)、导航(路径导航)、查询(查询某个人或某个对象)、识别(识别某个人或对象)、事件检查(当出现特殊情况时向相关机构发送待求救或查询的个人位置信息)。

基于位置的服务在为人类提供便利的同时,也能够为 LBS 网站以及商家带来极大的利润。LBS 类网站现阶段的商业模式主要以与品牌及活动机构联合推广为主,网站通过积极与大量品牌企业及活动机构合作从而获利,且行业覆盖范围广泛,如体育行业中的耐克,汽车行业中的宝马、奔驰等。这便形成了一个三赢的局面,第一是消费者获利,第二是品牌通过与 LBS 网站的合作,不仅影响力提高且在用户反馈中可以获得良好的评价,第三是 LBS 网站本身认知度提高的同时也增强了用户对网站的依赖性。

2. LBS 价值链

可以通过 LBS 的价值链来分析各个 LBS 服务参与方之间的关系,如图 7-12 所示。

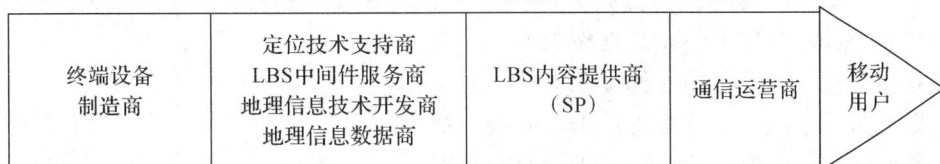

终端设备 制造商	定位技术支持商 LBS中间件服务商 地理信息技术开发商 地理信息数据商	LBS内容提供商 (SP)	通信运营商	移动 用户

图 7-12 LBS 价值链

(1) 通信运营商:其在 LBS 价值链中扮演着重要角色,移动用户使用的任何终端都必须利用运营商提供的通信功能才能得到服务内容。因此，LBS 内容提供商应该先和通信运营商签订相关的合作协议，才能通过网络部署应用；定位技术支持商的各种定位方案，也必须通过运营商的测试才有可能被选用。

(2) LBS 内容提供商：是指具备电信增值业务经营资格的移动互联网内容服务商，在 LBS 价值链中处于核心位置。LBS 的数据来源由 LBS 内容提供商提供，然而 LBS 是一项非常复杂的系统性工程，需要定位技术支持商、LBB 中间件服务商、地理信息技术开发商和地理信息数据商等多方面的协同，而 LBS 内容提供商只是整个系统的策划者、组织者、开发者和管理者。

(3) 终端设备制造商：LBS 是一种移动数据增值业务，与语音数据业务相比，对终端设备的要求比较高，如要求支持彩屏、较大的存储容量、较长的待机时间等。终端制造商必须根据市场动态不断进行创新，生产更符合 LBS 服务需求的产品。

LBS 应用平台的发展需要包括运营商、终端厂商和互联网厂商在内的各方形成合力，关键是要厘清各自的业务边界。

运营商的优势在于对 LBS 产业链的整合能力比较强，有能力提供精确和完备的定位平台，并在行业应用领域有相当的积累。劣势在于面向个人用户，LBS 服务的前向收费模式受到免费模式的挑战，缺少业务创新和个性化产品开发能力。我们认为运营商应当将重点放在基础定位平台，向更多的行业应用提供服务。

互联网厂商的优势在于广告盈利模式比较成熟；业务创新能力有助于其从基础 LBS 服务向增值 LBS 服务拓展，如 LBS+SNS+GAME+E-Commerce，获得手机地图业务开展资质。互联网厂商的重点是提升本土化增值业务创新能力和盈利模式。

3. LBS 空间数据库的内容及管理方法

在 LBS 系统中，用户请求和用户当前位置通过空间数据引擎上传到数据层空间数据库，然后利用空间数据库对数据进行存储、管理和处理后，将结果通过网关返回给用户。在这个过程中，LBS 空间数据库表现出了巨大的作用，是整个过程的核心。而城市空间信息浩瀚复杂，本文在对比城市空间信息数据库构成的基础上，根据 LBS 系统体系的需要，对 LBS 空间数据的内容进行了归纳、整理和分类，为 LBS 空间数据库的建立奠定基础。

LBS 空间数据库是一个综合的数据集，包括空间要素的几何信息、要素的基本属性、要素的增强属性、交通导航信息等。它着重表达道路及其属性信息，以及 LBS 应用所需的其他相关信息，如地址系统信息、地图显示背景信息、用户所关注的公共机构及服务信息等。而城市空间信息数据库所存储和管理的是城市中所有的基础设施和空间现象，主要包括遥感影像数据、电子地图数据、定位信息数据、社会经济数据、基础地理数据等。LBS 空间数据库所包含的信息要比城市空间信息数据库少得多，它是建立在城市空间信息数据库的基础上的，通过信息提取、数据抽取与清理等方法来调取城市空间信息数据库的数据为用户服务。LBS 空间数据服务网络计算模型(见图 7-13)采用以服务器为中心的星形结构提供空间数据。

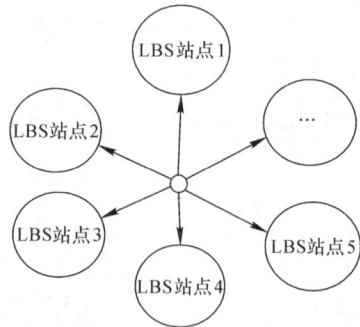

图 7-13　LBS 空间数据服务网络计算模型

　　根据国家标准《导航地理数据模型与交换格式》，通过对数据的处理，LBS 空间数据的地理要素可以分为以下 13 类：

　　(1) **道路与渡口要素数据**：包括地址区域要素、地址区域边界要素、封闭交通区域要素、道路元素、渡口联络线、连接点、路段、渡口、交叉点、环岛、聚合路、交汇路口。

　　(2) **行政区划要素数据**：包括行政区划边界要素、行政区划边界连接点、国家、第 1～7 级行政区划、第 8 级行政区划、第 9 级行政区划、跨国行政区划行政地点。

　　(3) **命名区域要素数据**：包括命名区域边界、命名区域边界连接点、城市建成区、统计区、选区、急救医疗服务区、消防区、有名称区域、电话区、治安区、邮区、学区。

　　(4) **土地覆盖与利用要素数据**：包括建筑物、人工表面、农业区、森林与半自然区、湿地、岛屿。

　　(5) **构造物要素数据**：包括交通网络中的重要建筑物，如桥梁、隧道、沟渠等。

　　(6) **铁路要素数据**：包括铁路元素、铁路元素连接点。

　　(7) **水系要素数据**：包括水体、水体边界元素、水体边界连接点。

　　(8) **道路附属设施要素数据**：包括交通标志、路标、路面标记、交通信息灯、照明灯、人行横道、测量设备、环境设备、安全设备。

　　(9) **服务要素数据**：包括一些可由用户自定义的服务种类，如服务入口点等。

　　(10) **公共交通要素数据**：包括公交路线线段、公交连接点、公交路线、公交线路、公交车站、公交换乘区、公交点。

　　(11) **链要素数据**：在有些应用领域，人们习惯于通过地理实体的相对长度及相对位置来定义实体，链要素是用来描述这类线形地理是实体的要素。

　　(12) **通用要素数据**：指其性质、属性及关系适用于所有要素主题中的要素。

　　(13) **用户自定义要素数据**：指用户自定义的要素。

　　由于 LBS 空间数据具有数据量大、空间数据和属性数据相结合以及空间数据操作难度大等特点，而且对空间数据操作的软件也多种多样，所以对 LBS 空间数据的有效存储和管理也显得日趋重要。本文选用 Oracle Spatial 这种对象—关系数据库管理方式对 LBS 空间数据进行管理和存储。这种方式是在传统关系数据库管理系统之上进行扩展，使之能够同时管理矢量图形数据和属性数据；其效率较高，又具有数据的安全性、一致性、完整性、并发控制以及数据损坏后的恢复方面等基本功能，支持海量数据管理。

　　LBS 空间数据通过空间数据引擎上传到 Oracle 空间数据库。空间数据引擎(Spatial Data Engine)是指提供存储、查询、检索空间地理数据，以及对空间地理数据进行空间关系运算和空间分析的程序功能集合，是一种处于应用程序和数据库管理系统之间的中间技术，在用户和空间数据库之间提供一个开放接口，类似于 ODBC 或 ADO。用户可以通过空间数据引擎将不同形式的空间数据提交给空间数据库，由空间数据库统一管理。同样，用户也可以通过空间数据引擎从空间数据库中获取空间类型的数据，满足客户端操作需求。

　　数据通过空间数据引擎上传到数据层空间数据库(如 Oracle Spatial)中，利用空间数据库(如 Oracle Spatial)对数据进行存储、管理和处理，并将结果通过网关返回给用户。返回的信息根据业务的需要，可以返回空间信息关联到的所有信息，通过网关返回到移动终端，可以是当前位置的地名、城市地标、自定义地标、道路名称等位置信息，也可以是当前位置的周边信息：医院、宾馆、加油站、公交车站等。

4. 移动定位服务的应用分类和发展趋势

1) 应用分类

LBS 在许多方面得到广泛应用，其中包括一些高端或低端的用户，也包括公共事业或私人用途上。具体来说，目前主要有以下一些应用：

(1) **个人安全服务与紧急救援服务**。如美国的"911"紧急服务。

(2) **地图信息服务**。如提供与地图坐标有关的信息服务及交互式地图信息服务。

(3) **导航服务**。如提供交通路况及最佳行车路线；帮助用户寻找最近的模板地及相关信息。

(4) **定位服务**。如跟踪车队、船队及贵重物品的运输，了解用户所在位置及移动情况。

(5) **广告与旅游服务**。如移动广告，无线广告，移动黄页，旅游信息。

(6) **银行财务的虚拟支付与位置计费**。如室内、室外不同位置打电话的不同计费等其他服务。

目前 LBS 提供的服务主要集中在休闲娱乐与生活服务、社交三个方面。盛大切客、街旁等是休闲娱乐这一类服务的代表。作为消费者，我们可以从中得到积分等奖励；作为商家，这类服务可以很好地为商品或品牌进行各种形式的推广。街旁娱乐界面以签到为模式的 LBS 应用如图 7-14(a)所示。

(a) 签到界面   (b) 周边搜索定位界面

图 7-14　以签到为模式的 LBS 和以周边搜索定位为模式的 LBS

另一类 LBS 服务专注于生活领域，以"周边搜索"这一工具为代表，例如大众点评、百度身边、口碑外卖等网站，通过定位为其合作的商家推荐和导入客流，作为消费者也可以得到不同的优惠。以周边搜索定位为模式的 LBS 应用如图 7-14(b)所示。

第三类主流的 LBS 服务则是与社交 SNS 的结合，即地点交友。不同的用户在同一时间处于同一地理位置就可以促成，比如微信和 QQ 中都包含的寻找附近的朋友和联系人、陌生人等功能。以地点交友为模式的 LBS 应用如图 7-15 所示。

图 7-15 以地点交友为模式的 LBS

2) 发展趋势

从移动定位服务的发展趋势来看，日韩在 LBS 商业应用方面的成功经验值得借鉴。日本用户已建立起对 LBS 业务的使用习惯，中国的移动位置服务市场目前仍处于早期阶段。未来，LBS 业务与其他移动增值服务相结合的业务将具有很强的竞争力。

(1) **行业化**。与传统行业融合也将是 LBS 业务的重要发展方向。基于位置的服务将会促进物流、交通、安全、城市规划、农林渔等众多传统产业的精确信息化管理，衍生价值无限。运营商将会充分与传统产业开展合作，全面打造和扶持基于 LBS 的融合性行业应用，促进 LBS 产业价值链的多元化，拓宽行业市场容量。位置服务的最大市场是跟踪、导航服务，今后在位置导航、路线导航、交通导航、紧急求助等方面将涌现出大批新业务。

(2) **趣味化**、实用化。高精度定位信息将更加实用化，同时游戏、聊天、交友、聚会、社区、博客等将通过 WAP、Java/BREW 等形式，提供更加丰富的互动服务。如社交网络，引进了互动网络以及 FourSquare 和 MyTown 等移动应用，包含了当地商店、饭店和娱乐场所相关的信息和体验。用户在现实生活中某一位置登录后，可以挣取奖励或现金，然后在现实生活的场所中尽情享受。

(3) **与商务紧密结合**。基于位置的定向广告推送，为用户提供随时随身的服务。移动说的就是位置问题，因此位置、受众、终端、行为、情景等可以成为广告主更精准地锁定用户的手段。此外，通过感知用户情景，可以投放更具互动和精准性的移动广告。根据用户登记的历史记录，针对客户偏好提供定制广告。此外，这些 LBS 应用不断收集客户日常行程数据，而这些数据都是目标广告的宝贵分析材料。

本 章 小 结

本章从内容和应用两个方面介绍了移动信息服务，重点阐释了 SMS 服务、MMS 服务、移动搜索服务和 LBS 服务四类当前较为热门的移动信息服务内容，并分别从发展背景、发展过程、服务特性、主要应用和未来发展趋势等方面进行了介绍。

练　习　题

1. 简述短信息服务的发展经历了哪两个阶段，各阶段有什么样的特征。

2. 移动信息服务中的 SMS、EMS、MMS 分别指什么？各自有什么特点和不足？

3. 移动搜索就是复制了互联网搜索的方式和技术，这种说法是否正确？为什么？

4. 结合 LBS 价值链，分析一下 LBS 服务的参与方有哪些，其各自的作用是什么，彼此之间如何相互配合。

5. 什么是 SoLoMo？浅谈为何 SoLoMo 是移动搜索服务的一个重要的发展趋势。

中篇 应 用 篇

第八章　移动社交与购物体验

【学习目标】

- 了解移动社交的基础知识及发展方向；
- 把握移动购物的主要形式与影响因素。

【引例】

一、轻兴趣 + 轻社交：兴趣社交的擦边球

Nice 的前身是个名为"KK 购物"的时尚导购电商，其以"图片+标签"式玩法的微创新在图片社交中显得别具一格。用户可以在照片上打上各种标签，然后将这些打上标签的图片和好友进行分享，也可以通过点击标签发现更多感兴趣的内容。该产品在 2014 年 6 月引入"聊天"功能后，实现了聊天的场景化，从单纯的图片分享向社交跨进一步。

二、轻兴趣 + 重社交：结四方好友，不止于神交

"微群组"结合 LBS，延续贴吧、豆瓣小组、QQ 群的优良传统，在独立应用下创建多个兴趣群组，线上对话对组织线下兴趣活动起到支持作用。腾讯"微群组"的亮点在于可以迅速找到附近有共同兴趣的朋友和感兴趣的活动；"兴趣部落"则是将相同兴趣、相近地理位置的用户聚集到一起的泛社交平台。相关群则依据"热门"及"同城"两个维度罗列。

三、重兴趣 + 重社交：垂直兴趣的小而美

2012 年，虎扑体育 Android、iPhone 手机客户端上线，为用户提供各大赛事、球星的即时资讯，用户就资讯内容展开场景化讨论；社区一栏，围绕体育主题分设 NBA、CBA、足球、运动装备等七个板块，每个板块又包含用户创建的各种群组，用户围绕相关主题展开讨论。

第一节　社交网络与移动社交

一、社交网络的形成与发展

1. 社交网络与网络社交

互联网让人们能够方便地接触到各类信息和多媒体资源，然而真正让互联网更加深入地走进人们生活的互联网功能是社交网络。社交网络的全称为社交网络服务(Social Network Service，SNS)，是一种包括硬件、软件、服务及应用的网络设施，用于实现基于网络的多人社交功能。然而相对于社交网络，人们更为熟悉和习惯的用语是"网络社交"。

广义上的社交就是人与人之间的互动交流。社交的前提是彼此有交流的意愿、有共同

的兴趣话题和空余时间。换句话说，社交要能够形成必须是在合适的时间、合适的地点，将合适的信息以合适的方式传送给合适的人。互联网不但能够提供对远程信息的访问，也能够为人们相互交流提供网络化支持，这种通过互联网进行的社交活动就是网络社交。

2. 网络社交形式的演进

网络社交形式的演变过程如图 8-1 所示，下面对其中的发展节点及其演变过程逐一进行介绍。

图 8-1　网络社交演变形成社交网络

早期的网络社交功能较为简单直接，人们直接发送电子邮件(E-mail)来相互传递信息。电子邮件解决了远程邮件传输的问题，这构成了最初形式的网络社交，即点到点式交流。网络论坛(Bulletin Board System，BBS)指的是一个和网络技术有关的网上交流场所。BBS 网络论坛功能早在 1980 年以后就得以逐步发展，到 1991 年以后，逐步传到我国。BBS 进一步的发展，理论上实现了向所有人发布信息并讨论话题的功能，这样就将单纯的点到点式交流，推进到了点到面式的交流。

现代网络社交中更为重要的发展是即时通信(Instant Messaging，IM)技术的研制以及博客(Blog，来源于 Web Log，即网络日志，以及 Blogger，即创作网络日志的人)系统的建立。即时通信是一种可以让使用者在网络上建立某种私人聊天室(chatroom)的实时通信服务。大部分的即时通信服务提供了状态信息的特性——显示联络人名单、联络人是否在线及能否与联络人交谈。博客的含义是网络日志，然而由于外来语经常被人们作为主导地位使用，人们更容易接受博客一词的使用，而不是其原本该有的名词——网络日志。

即时通信(IM)和博客(Blog)提高了通信的即时效果和同时交流能力，属于可提供社会化交流的一类工具和技术，即社交工具。对于社交工具的研究和探索属于国际上的热门领域，早期社交工具的功能相对较为单一，如 RSS 专注于信息的传播，Flickr 侧重于图片分享。此后出现了 YouTube、Digg、Mini-feed、Twitter、Fetion、Video-Mail 等各类融合信息发布、短视频、语音、短信等技术的社交工具服务平台。国内常用的即时通信工具包括人们熟知的 QQ、微信(WeChat)、MSN Messenger、Jabber、ICQ 等。我国开展博客创建的想法始于1998 年，但到了 2000 年博客才开始真正流行起来。2005 年，如新浪、搜狐等原先不看好博客业务的国内门户网站，也加入了博客阵营，开始构建起各具特色的博客平台。

　　另一类社会交流工具是微博客(MicroBlog)，简称微博。微博是一种允许用户及时更新简短文本(通常少于 140 字)并可以公开发布的微型博客形式。它允许任何人阅读或者只能由用户选择的群组阅读。随着技术的发展，这些讯息可以被以很多方式传送，包括短信、即时讯息软件、电子邮件或网页。一些微博客也可以发布多媒体信息，如图片或影音剪辑和出版。微博客的代表性网站是 Twitter，国内人们熟知的一般是新浪微博、腾讯微博等。微博客与传统的博客不同，其文件(例如文本、音频或者录影)容量常较传统的博客小，但更容易让访问者对内容进行评论等互动，也经常被一些企业和政府部门作为产品展示、政策宣传的渠道。

3. 社交网络概念的形成

　　随着网络社交的悄然演进，一个人在网络上的形象更加趋于完整，这时候社交网络出现了。社交网络作为一种概念，同时也是一种现象，它是当网络社交工具蓬勃发展之后，人们之间的网络化交流数据形成了一种独特的网状连接结构，通过对大量社交数据进行挖掘而得到的这种含有大量信息的网状数据，即社交网络。针对社交网络的数据处理和挖掘属于当前一个热门的研究领域，然而这一概念最早可追溯到 1967 年，哈佛大学的心理学教授斯坦利·米尔格拉姆(Stanley Milgram)的理论。斯坦利·米尔格拉姆最初想要描绘一个联结人与社区的人际联系网，结果发现了"六度分隔"现象(见图 8-2)：任何两个陌生人之间所间隔的人不会超过五个，即最多通过六个人你就能够认识任何一个陌生人。"六度分隔"说明了社会中普遍存在的"弱纽带"，但是却发挥着非常强大的作用。"六度分隔"理论被认为是现代社交网络的最初模型，也因此不断引发了各种将这一理论转化为实用模型的社交网络软件。

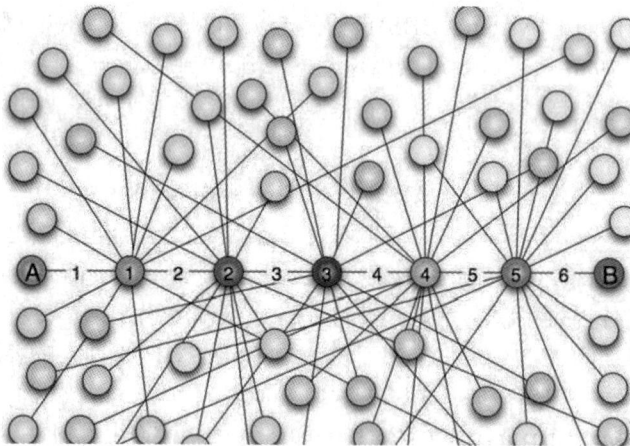

图 8-2　人际联系网中存在"六度分隔"现象

　　随着社交网络应用的不断深入发展，还引发了社交网络软件的不同发展阶段。早期的社交网络以结交陌生人为主，这一阶段的典型应用是成立于 2002 年的全球最大社交网站之一 Friendster，其着眼于建立弱关系从而带来更高社会资本的理论。随之而来的就是娱乐化的社交网络，其典型应用是 2003 年研制的大型社交网站 MySpace，其发展的基础是创造丰富的多媒体个性化空间，从而吸引公众的注意力。可以看出，社交网络从其诞生开始，就成为引领时代发展的领头羊。无论是国际上，还是国内的即时通信、微博等平台的研制厂家，都成为了各个方面的引领型企业。2004 年，Facebook 提出了利用社交图的方法建立社交网络的模型，从而开创了利用社交网络的发展成为世界级软件企业的先例。Facebook 的社交图方法通过复制线下人际网络，进而形成线上低成本的管理格局，从而快速发展了一套几乎覆盖全球的大型社交网络。

可以说，社交网络从其诞生之日开始，就一直是一种极其重要的移动互联网应用，它通过融合移动电子商务功能，实现了自身发展及盈利的无缝衔接，在国际上和国内均获得了长足的发展，相应的企业也一般都为移动互联网和移动电子商务领域的成长发挥了重要的推动作用。随着云计算的兴起，社交网络逐渐向云社交方面转变，这是一种物联网、云计算和移动互联网交互应用的虚拟社交应用模式，以"资源分享关系图谱"为目的开展网络社交，通过整合社会资源形成有效池向用户按需提供服务，使得参与分享的用户越多，则其社交网络所能够创造的价值就越大。

二、移动社交的兴起与机遇

作为互联网发展历程中的变革性应用，社交网络一度改变了人们的沟通方式和信息传播渠道。移动社交综合了移动网络、手机终端和社交网络服务的优势和特点，将社交网络的发展推向了一个崭新的阶段。

移动社交是指用户以手机、平板等移动终端为载体，以在线识别用户及交换信息技术为基础，通过移动网络来实现的社交应用功能，它将社交网络的发展推向了一个崭新的阶段。这里的移动社交特指移动社交类应用，由于电话、短信等属于传统的移动通信业务，因此这里的移动社交应用并不包括打电话、发短信等通信业务。与传统的 PC 端社交相比，移动社交具有人机交互、实时场景等特点，能够让用户随时随地地创造并分享内容，让网络最大程度地服务于个人的现实生活。

移动社交的具体表现形式有以下几种：

(1) **文字**。文字作为最早的移动社交的形式，具备简单、快速、及时等特点，是人们最为常用的沟通方式，并会保持长久优势。

(2) **声音**。声音作为传播载体正在被人们广泛使用。与文字不同，声音在进行沟通时让人感觉更为直观、清晰。无论是国外的 Kiki 还是国内的微信，在移动社交领域已经渐露锋芒。

(3) **图片**。图片社交形式的兴起很大程度上得益于智能手机拍照功能的逐步强大及 Instagram 等应用的成功。在以文字为核心的第一代社交化引爆市场后，用户急需一个专注于图片分享的移动社交形式更加简单、生动地分享生活碎片。

(4) **视频**。视频作为移动化分享的传播形式与前三种形式还有很大差距，这主要来源于其本身对于网络及硬件的要求较高，所以当前还在探索期；不过在国外有很多应用正在专注于 15 秒视频分享的移动社交网络，比如 Shoutz，相信在不久之后视频将成为又一爆发点。

同传统社交网络不同，手机具有天然的联系人属性、实名属性和位置属性，可以大大地减少信任成本，同时又具有很强的便利性，满足了人们实时社交、永不离线的需求，加上智能设备的快速普及，移动实名社交在发展规模和发展远景上都比 PC 社交更具有想象力。

移动实名社交也会延续互联网实名社交的用户规模优势。以 Facebook 为例，尽管其在移动社交上起步较晚，但凭借本身在互联网社交上绝对垄断的地位，在移动社交领域依然毫无对手，在AppStore免费下载榜和全部下载榜中都稳坐第一，这其实就是马太效应的延伸。

第二节 移动社交应用类别

一、开放社交与私密社交

1. 开放社交

移动互联时代的无界限交流，使得人们有了一个更加广阔的交流平台。哈佛心理学家斯坦利米创立的六度空间理论中说："你与陌生人之间的间隔不会超过六个人"，每个个体的社交圈子不断放大形成一个大型网络。通过熟人的圈子认识陌生人这是早期社交网络的雏形，也是 Facebook 依托的蓝图；而随着移动化与社交化概念的融合，不再限定以人为中心的传播模式，与传统病毒式传播不同，移动社交的开放模式在界定陌生人与熟人之间加入多元化因素，比如基于LBS的签到、随机发送、兴趣等多种因素。

从 AppStore 下载数据分析，很多移动社交应用正在涉足 LBS+陌生交友领域，尤其是在垂直细分的陌生交友领域。对于这些应用而言，陌生交友将会逐步转变为熟人关系。而以手机为载体的移动社交让虚拟化的社交途径转化为更为真实的交流平台，扎克伯格"让世界更透明"的理想似乎正在实现，在这个隐私无处不被追踪和记录的年代，伴随着开放社交生态的逐渐蔓延，每个人都成了"透明人"。

2. 私密社交

私密社交的原理基于英国人类学家罗宾·邓巴的研究成果，即在任何时候，人们最多能与大约 150 人维持稳定的社交关系，其中 50 个是你值得信任的朋友，15 个好朋友，5 个最好的朋友。只允许 150 个私密好友，正是打造高质量社交网络的一个基础。不是广播，不是自我推销，私密社交是将生活瞬间和真正认识你的人分享。

"私密社交"的价值不仅在于它满足了"隐私"这个日益被关注的需求，从发展的角度来看，还在于这个切入点正好契合了 SNS 发展路径的潜在规律。

3. 封闭式社交

社交应用 Path(见图 8-3(a))是封闭式社交的鼻祖，它采取了限制好友人数为 150 人以内的方式，同时要求社交圈封闭式构建，在朋友的照片下面，只能看到共同好友的点赞和留言，其他人的留言则看不见。

Path 推崇的是时时刻刻以及生活细节的分享，比如它让用户分享自己是"睡着"还是"醒了"，让用户打卡地理位置，并且和 Nike 等运动厂商合作以获取和分享用户的身体节律、运动记录。Path 应用 2018 年 9 月 17 日宣布关闭服务并下线。

Facebook 是完全公开的网络，当网络拥有的连接数不断增大时，一个用户加入这个网络能够获得巨大连接数时，对于用户则有极大的吸引力，用户增长是呈现指数级的。

严格的私密性最终导致了 Path 的失败，主要的原因在于 150 人的规模限制、对个人隐私缺乏必要的保护，这使得社交网络的基本属性，即网络效应没有得到发挥。

微信继承了 Path 的私密社交逻辑，在其朋友圈的设定中，摒弃了 150 人的规模限制和个人隐私不做保护等特征，使其限定在一个封闭的群体之中，从而形成一种封闭式社交的模型。

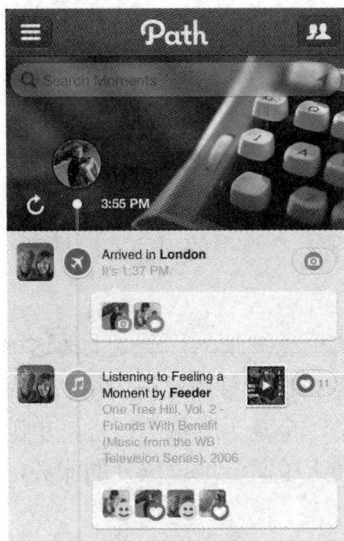

(a) Path 社交应用   (b) Kakao Talk

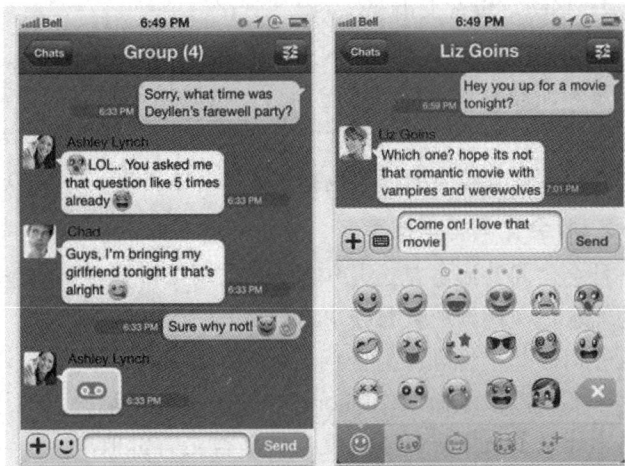

图 8-3 两种社交应用

4. 微信的朋友圈模型

2011 年 "米聊" 凭借 500 万注册用户处于领先位置，当时微信还是一个默默无闻，没有很多用户量的应用。然而，微信相继开发了灵感来源于韩国版微信 "Kakao Talk"(见图 8-3(b))的语音消息、模拟真实世界的 "附近的人" 和 "摇一摇" 等功能。2012 年上线并继承于 Path 应用的 Moment(朋友圈)，继承了 Path 社交逻辑中的封闭性，只能看到共同好友的点赞和评论。朋友圈的推出增加了微信的用户黏性，随后微信不断开发出新功能，公众号、表情商店、红包等相继问世，逐渐形成如今所见的微信，并成长为社交巨头。私密性和封闭性随着用户个人通讯录好友数的增长而被破坏，如果个人好友的数量足够多，朋友圈的私密性就越发不明显。

网络效应是指当有更多的人使用某产品时，该产品就对用户更具有价值。当越来越多人使用 Facebook 或者微信时，就意味着越来越多的好友在 Facebook 或微信上产生了联系，这两款产品的价值就越大。因此可以说，正是由于网络效应的作用，才使得众多社交网络应用的开发商一跃成为了当今互联网和软件领域的巨头型企业。

微信的成功经验表明，应不断学习和吸收国外的先进经验、理论、原理，然而不可以完全照搬国外的模式，而是应结合实际情况作出科学合理的判断，找出适合当前情况、符合国情的方式和方法，才能更加有效地解决实际问题。回顾中国革命初期，正是由于完全照搬了西方的军事理论，才造成了红军第五次反 "围剿" 的失败。而以毛泽东为代表的一批老一辈革命家正是由于能够灵活地结合实际情况作出科学的决策，才让红军重新走上了胜利的道路。因此可以说，实事求是、在实践中灵活运用理论并不断改进和完善，就是马克思主义的一个精髓。

二、移动社交应用的发展

基于技术和使用特点的不同，移动社交应用的发展具有多个不同的发展方向，如移动定位社交服务、社会化问答与推荐服务、多维化社交等，以下分别加以介绍。

1. 移动定位社交服务

移动定位社交服务(LBSNS)是将 LBS 与 SNS 整合起来的新型服务，通过时间序列、行为轨迹和地理位置的信息标记组合，帮助用户与外部世界创建更加广泛和亲密的联系，增强社交网络与地理位置的关联性。LBSNS 在国外起步较早，著名的包括Foursquare、Yelp等；在国内相对划分较为细致的包括生活服务类的街旁、大众点评，交友类的陌陌、遇见等。

2. 社会化问答与推荐

社会化问答服务是近几年的一个热点。随着智能手机的快速扩张，移动端上面这种问答的需求正在逐渐取代传统 PC。国内百度知道、知乎等也都推出了移动问答应用。也有团队在专门做基于地理位置的问答服务，但是基于地理位置是一个基于手机的特性，单独基于这个点来做很难做成。Quora 在做手机客户端时自然地加上了基于地理位置的服务，在移动上还是多从用户需求角度来做问答更有价值。

社会化推荐是指用户希望更容易地获取自己感兴趣的内容，而不是自己去主动搜寻内容。在这方面除了兴趣标签的设定以及周边签到之外，还包括基于地理定位的周边店铺推荐，比如 Foursquare 应用，可向用户推荐周边热门的优质商家，Zite通过用户选择的兴趣点直接推荐用户可能感兴趣的内容，通过用户的反馈不断改进推荐。国内的豆瓣电台、虾米音乐等应用就是一种方便让用户发现音乐的社会化推荐的应用。用户的需求很多，如何让用户在降低成本的同时，获取自己感兴趣的内容，会是未来移动社交的发展方向。

3. 多维化社交

根据艾瑞研究的数据，中国移动社交按照用户社交关系不同，以及是否能够在移动终端构成新的移动社交关系，可分为传统的移动社交应用和新型的移动社交应用。传统移动社交主要是熟人社交，熟人社交用户黏性强，用户参与积极性较高。而新型移动社交根据产品定位和参与者目的，可以提供陌生人社交、多维化社交(见图 8-4)。与传统的依赖于 2G/2.5G 低速带宽、主要以文字信息传递为主的移动社交应用相比，新型移动社交应用则需要依赖于 4G/5G 或 Wi-Fi 等高速网络传输，不但支持文字，还能够对图片、语音和视频内容提供支持，如表 8-1 所示。

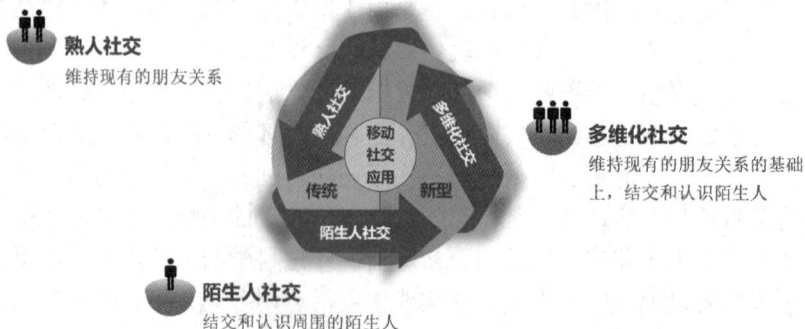

熟人社交
维持现有的朋友关系

多维化社交
维持现有的朋友关系的基础上，结交和认识陌生人

陌生人社交
结交和认识周围的陌生人

图 8-4　中国移动社交应用类型

表 8-1　传统移动社交应用和新型移动社交应用对比

	新型移动社交应用	传统移动社交应用
社交关系	基于手机通讯录或移动互联网	主要基于互联网社交
终端要求	高，一般要求智能手机、平板电脑	低，功能手机即可满足用户需求
网络标准	4G/5G/Wi-Fi	2G/2.5G
内容形式	文字、图片、语音、视频	文字为主
应用举例	微信、米聊	手机 QQ、飞信

新型社交功能更加突出人们在社会交往过程中的特点，比如陌生人社交就是社会交往中一个常见的类别。陌生人通过交往变成熟人的过程也是开放式社交的具体过程，具体形式与方式是移动社交类应用积极探索的领域。弹性社交是一种陌生人交往的形式，由有一定关联的人构建即兴即时、可远可近的社交网络群组。用户可以是通过 LBS 所建立的位置关系，或共同参与某种场景遇到社交人群，比如共同参加某种游戏、娱乐、直播等形成的偶遇关系。多维社交则综合了传统的熟人社交、陌生人社交和弹性社交等各类社交形式所形成的多层次化社交体验，这样的多维度社交关系与现实社会中的社交情景更加贴切，代表了移动社交应用的发展方向。

第三节　移动社交电商的发展

一、传统电商的困局及移动社交价值的体现

传统电商经过一段时间的发展，呈现出红利将尽、增速放缓和获客成本上升等问题。QuestMobile 提供的数据显示，2019 年我国移动互联网月活跃用户规模达到 11.38 亿人，增长进一步放缓。如图 8-5 所示，整个 2019 年 1 季度，MAU(Monthly Active User，月活跃用户人数)增长只有 762 万人，相比 2018 年同期的增长幅度下降了 300 余万人，3 月份同比增速更是首次跌破了 4%，移动互联网的流量红利将尽。

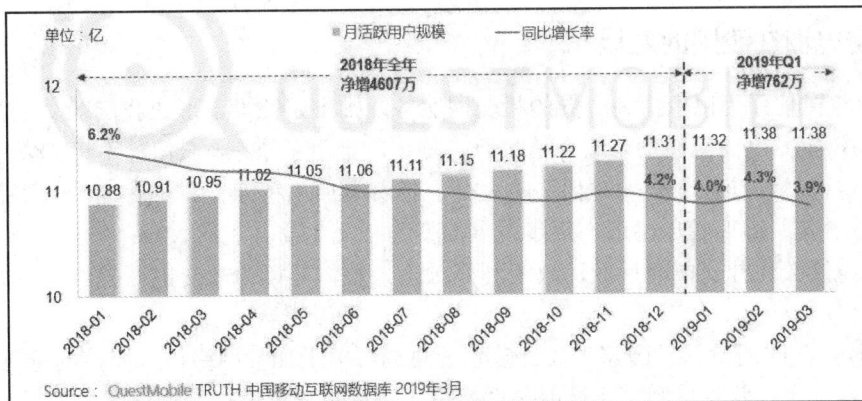

图 8-5　移动互联网用户规模增速放缓

以天猫、京东、唯品会等为代表的传统主流电商平台用户增速已持续放缓至 20%甚至更低。无论对于电商平台还是商家而言，都面临着竞争日益激烈、获客成本不断上升的困

境，寻找新的低价流量成为电商企业面临的首要难题。

另一方面，随着 4G 网络的普及，移动社交应用获得了长足的发展。移动社交已经成为移动互联网最大的流量入口，截至 2018 年底微信月活跃用户已高达 10.98 亿人，以微信为代表的移动社交平台占据用户大量的时间，并沉淀了用户的熟人关系。移动社交平台依靠网络效应牢牢地抓住了用户，用户使用频次高、黏性强，流量价值极其丰富。随着小程序的兴起，商业功能不断完善，为电商的进入创造了条件。

二、社交电商—移动电子商务的新模式

社交电商即社会化电子商务(Social Commerce)，是电子商务的一种新的衍生模式。它借助社交网站、SNS、微博、社交媒介、网络媒介的传播途径，通过社交互动、用户自生内容等手段来辅助商品的购买和销售行为。社交电商的参与方以移动用户为主，因此社交电商本质就是移动社交电商。

通过社交网络开展电子商务，原本就是各个社交网站的主要盈利方式，2007 年 Facebook 就在网站上开放了虚拟礼品功能。

2010 年知名品牌李维斯(LEVI's)在 Facebook 展开友谊商店的社会化营销，成为早期社交电商的成功案例。如图 8-6 所示，截至 2011 年，美国有 35%的消费者在 Facebook 有过购买经历，32%的消费者从 Twitter 在社交网有过购买经历，47%的消费者购买商品时需要通过手机查询评价信息。这些数据表明，将社交与电商结合早已成为消费者普遍接受的事实。

图 8-6　社交电商发展初期美国消费者状况

三、社交电商在我国的发展

2013 年微信作为以电商为主导的社交网服务，推出了微商，形成我国社交电商发展的雏形。2014 年，电商巨头京东联合社交巨头腾讯，推出了京东&微信、手机 QQ 购物，从此拉开了电商"移动社交购物时代"的大幕，带着更加"精细"和"有趣"的姿态蓬勃而来。到 2015 年，微商等原始形态逐步发展演变为社交电商并走向大众。

政府持续关注社交电商行业，政策利好频出，整体环境为社交电商提供了良好的发展土壤。

● 2015 年 11 月 6 日，国家工商行政管理总局《关于加强网络市场监控的意见》指出，积极开展网络市场监管机制，建设前瞻性研究，研究社交电商、跨境电子商务、团购 O2O 等新型业态的发展变化。

● 2016 年 11 月 29 日，国务院《"十三五"国家战略性新兴产业发展规划》提出，加快重点领域融合发展，推动数字创意在电子商务、社交网络中的应用，发展虚拟现实购物、

社交电商、"粉丝经济"等营销新模式。

- 2016 年 12 月，商务部、中央网信办、发展改革委联合发布《电子商务"十三五"发展规划》，提出要积极促进社交电子商务健康快速发展，积极鼓励社交网络电子商务模式。
- 2017 年 6 月，商务部通过了中国互联网协会提出的行业标准《社交电商经营规范》的申请。
- 2019 年 1 月 1 日，《中华人民共和国电子商务法》正式施行。微商、社交电商被正式纳入到电子商务领域，为法律所认可。

相关法律法规的出台、行业组织的成立、高规格论坛的展开为社交电商正言，大大促进了社交电商的规范和健康发展，帮助社交电商走得更远更久。

4. 社交电商发展的经济和社会因素

社交电商是社交网的形成与移动电子商务的发展相结合的产物，然而，具体而言，社交电商的产生和发展并不是孤立的，其发展具有一定的经济和社会因素。

1) 社群经济(Community Economy)的发展

社群经济是指互联网时代，一群有共同兴趣、认知、价值观的用户在一起互动、交流、协作，对产品品牌本身产生反哺的价值关系。

企业可以做社群经济的生态链条中的一部分，也可以自己构建生态圈。生态内组织模式和组织关系的场景创新带来了整个经济体系的大变革。

2) 网红经济的发展

网红经济是指以网络红人、时尚达人为形象代表，以红人的品位和眼光为主导，在社交媒体上聚集人气，依托庞大的粉丝群体进行定向营销，从而将粉丝转化为购买力的一个过程。

3) 微商的兴起

微商的出现，正赶上微信等社交新媒体的崛起，吃到了朋友圈人口的红利。"去中心化"的微商渠道，入门的门槛低，利用几乎零成本的"病毒式"裂变营销模式，迅速占领了大多数人的朋友圈。可以说，微商起到了国内社交电商发展雏形的作用。

4) 自媒体(We Media)的成熟和发展

自媒体是指普通大众通过网络等途径向外发布他们本身的事实和新闻的传播方式。自媒体的发展经历了三个阶段：第一个阶段是自媒体初始化阶段，它以 BBS 为代表；第二个阶段是自媒体的雏形阶段，主要以博客、个人网站、微博为代表；第三个阶段是自媒体意识觉醒时期，主要是以微信公众平台、搜狐新闻客户端为代表。随着各类门户网站、视频、电商平台等纷纷涉足自媒体领域，使得文字、直播、短视频等多种媒体形式都成为自媒体内容的创作媒介。

第四节　全渠道营销与移动购物体验

一、全渠道营销的挑战

1. 移动电子商务对传统零售的影响

传统零售业的营销理念发展比较成熟，一般接受 4P 营销理论，包括四个基本策略的组合(见图 8-7)，即产品(Product)、价格(Price)、地点(Place)、促销(Promotion)，再加上策略(Strategy)。渠道是 4P 营销理论中重要的一环，是完成产品(服务)从厂家到消费者手中的转移，并使产品(服务)的价值增值的途径。

娃哈哈是一家传统型的大型企业，具有相对较为成熟的营销模式。下面以娃哈哈为例进行营销渠道建设的进一步介绍。经过多年的发展，娃哈哈已经成为具有相当规模和市场的饮料企业，然而，2014 年，娃哈哈的销售额同比下降7%；到了2017 年，娃哈哈的销售额已经下滑到 450 多亿元。

图 8-7　4P 营销理论

娃哈哈采取的是传统的联销体式营销渠道，销售渠道及重心在二三线市场，其推行的联销体将中国广告的经销商、分销商捆绑在一起，形成强大的渠道推动力。经之前多年的发展，已经证明是行之有效的营销方式。渠道结构如下：

总部—省级公司—特约一级批发商—特约二级(二级)批发商—三级批发商—终端—消费者

对于 2014 年以后娃哈哈销售额下降的问题，可进行如下问题分析：

(1) 以淘宝为代表的 B2C 电商的崛起，2013 年网上销售达到 4 万亿元。

(2) 2014 年正是微商等早期社交电商发展的时间点，2015 年以后社交电商呈现爆发式增长。

(3) 以移动电子商务为代表的互联网经济，其去中心化、时尚化、年轻化、品质化的消费者和消费意识在不断显现，让传统渠道失去了绝对的统治力。

结合此案例，可以进一步分析移动电子商务对传统零售的影响因素。

首先，单一的渠道已经很难全方位抓住顾客。传统渠道受到移动互联网的冲击和影响，效果显著；传统渠道并不会消亡，而是一个独立而重要的营销方式，属于不可再生资源。

其次，移动互联网成为生活的一部分。基于搜索、电商和社交的需求，智能手机成了人们生活第一屏，成为人们的刚性需求；传统企业若不及时跟上电商和移动互联等移动电子商务，业务自然会下滑。

对这类问题的解决方案就是由传统的渠道战略发展为全渠道营销。

2. 全渠道营销

在移动电子商务蓬勃发展的新时代，单纯依赖于传统营销渠道的策略，即便是对于一些传统的规模性企业而言，仍然会造成很多问题，可能会带来企业盈利的减少甚至经营的困难。接纳移动电子商务，将其与传统营销方式相结合形成全渠道营销的组合，是新的形势下传统企业转型升级的一条必由之路。

全渠道营销(Omni-channel Marketing)，指品牌方根据不同目标顾客对渠道类型的不同偏好，实行针对性的营销定位，设计与之匹配的产品、价格等营销要素组合，并通过各渠道间的协同营销，为顾客提供一体化的无缝购物体验。

1) 全渠道营销的关键要素

(1) 线上线下同款同价。实现双向互动，从线上或线下转向线上线下融合。

(2) 终端门店职能的转变。具体职能包括：消费体验、定制化服务、聚会交流"社区"。

(3) 实现全渠道数据打通。实体门店、电商(自建官方商城或入驻平台)、社交自媒体内容平台、CRM 会员系统打通，通过融合线上线下，实现商品、会员、交易、营销等数据的共融互通，向消费者提供跨渠道的无缝化体验。

2) 国际品牌体验店的特点

一些国际品牌更加注重全渠道营销方式的构建。国际知名品牌耐克(Nike)早在 2018 年就开始了"创新之家(House of Innovation)"新旗舰店的建设，如今已经在纽约、上海、巴黎等多个国际化大城市建立了这种新型的体验店，其建设具有如下特点：

(1) 可提供身临其境的客户体验；

(2) 没有收银机，借助遍布商店的即时结账点，可以当场扫描并付款；

(3) 通过将传统购物与数字应用程序相结合，Nike 公司已将多功能性和个性化提升到了全新的水平；

(4) 客户可个性化地选择运动鞋的样式，如鞋带、颜色、面料、图案、印花等均可设置。

国际品牌企业通过巧妙设计全渠道策略，无缝集成不同渠道，从而向受众群体传达一致的品牌信息。

二、新零售与移动购物体验

1. 传统电商发展的瓶颈

由于互联网与移动互联网终端的大范围普及，传统电商的增长"瓶颈"开始显现。一方面，如图 8-8 所示，国家统计局的数据显示，全国网上零售额的增速自 2014 年起已经连续多年下滑。另一方面，根据艾瑞咨询的预测：国内网购增速的放缓仍将以每年下降 8%～10%的趋势延续，传统电商发展的"天花板"已经依稀可见。对于电商企业而言，唯有变革才有出路。

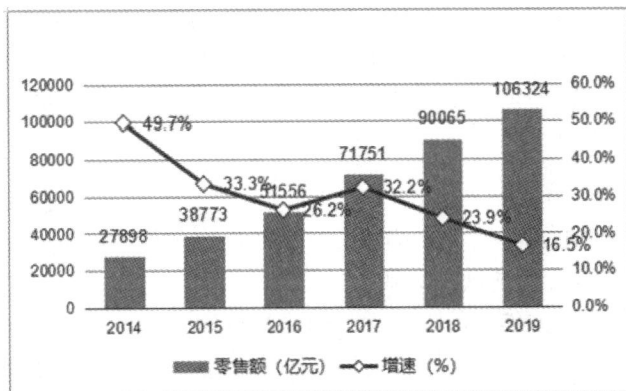

图 8-8　全国网上零售额的增速自 2014 年起已经连续多年下滑

事实上，传统的线上电商从诞生之日起就存在着难以补平的明显短板，线上购物的体验始终不及线下购物是不争的事实。线上电商无法做到线下实体店为顾客提供的可视性、可听性、可触性、可感性、可用性等直观属性，而传统线上电商不能满足人们日益增长的对高品质、异质化、体验式消费的需求。人们对购物的关注点不再局限于线上电商曾经引以为傲的低价优势方面，而是愈发注重对消费过程的体验和感受。

为满足消费升级的需要，应探索新型购物体验等多种方法，实现传统电商企业的自我创新。线上线下融合的方式是解决传统电商购物体验问题的理想选择。

2. 线上服务与线下体验的融合

当传统电商的发展面临瓶颈，迫切需要寻求新的增长方式的背景之下，"新零售"这一概念得以形成并发展。所谓新零售(New Retailing)，即个人、企业以互联网为依托，通过运用大数据、人工智能等先进技术手段，对商品的生产、流通与销售过程进行升级改造，进而重塑业态结构与生态圈，并对线上服务、线下体验以及现代物流进行深度融合的零售新模式。

新零售的商业生态涵盖网上页面、实体店面、支付终端、数据体系、物流平台、营销途径等诸多方面，并嵌入购物、娱乐、阅读、学习等多元化功能，推动企业线上服务、线下体验、金融支持、物流支撑等能力的全面提升，使消费者对购物过程便利性与舒适性的要求能够得到更好的满足，从而增加用户黏性。

政策方面，2016 年 11 月 11 日，国务院办公厅印发《关于推动实体零售创新转型的意见》(国办发〔2016〕78 号)，提出"建立适应融合发展的标准规范、竞争规则，引导实体零售企业逐步提高信息化水平，将线下物流、服务、体验等优势与线上商流、资金流、信息流融合，拓展智能化、网络化的全渠道布局。"这被认为是国家层面对新零售商业生态的认可和支持。

具体而言，新零售具有如下特征：

(1) 无界化。企业通过对线上与线下平台、有形与无形资源进行高效整合，以"全渠道"方式清除各零售渠道间的种种壁垒，促成人员、资金、信息、技术、商品等的合理顺畅流动。

(2) 智慧型。"新零售"商业模式需要依赖于"智慧型"的购物方式，如智能试装、隔空感应、拍照搜索、语音购物、VR 逛店、无人物流、自助结算、虚拟助理等。

(3) 体验式。"体验式"的经营方式通过利用线下实体店面，将产品嵌入到所创设的各种真实生活场景之中，赋予消费者全面深入了解商品和服务的直接机会，也使线下平台的价值得以进一步发挥。

3. 新零售商业生态的实施

要实施新零售商业生态，主要从以下几个方面进行改进。

1) 线上经营模式和技术应用的创新

负责商家与消费者双方信息的收集、整理、反馈与决策，同时也承担了支付、交流等渠道功能，使得顾客在不同购买渠道和支付手段下亦能获得一致性的价格、服务与权益。

2) 线下的全新购物场景

构建以生活场景为体验入口的零售生态体系，形成"产品 + 服务 + 场景 + 体验"四位一体的线下平台，满足消费升级与用户体验等各类需求。

3) 智慧化物流

线上线下一体化必须有高效、智能、精确、协同、环保的智慧化物流解决方案作为支撑，包括大数据、物联网、人工智能、高精度地图定位等新兴技术发挥重要的作用。

4) 移动购物体验

用户购物体验水平的高低体现了电商企业服务质量的好坏，因此进行移动购物体验的创新是企业进行市场营销时经常需要考虑的话题。对于这一问题，一般可以从以下因素出发进行分析和研判：

(1) 查找店铺与产品信息及位置；

(2) 产品对照和比价；

(3) 个性化定制产品或服务；

(4) 灵活与便捷的选购和服务；

(5) 评价、点赞的即时性传播；

(6) 产品和服务的本地化支持。

下面看一个移动购物体验的案例。全球超市巨头 Tesco(乐购)对它在韩国的业务 Home plus 连锁超市展开研究，以确定用何种方法来增加对争分夺秒的韩国消费者的销售。通过在地铁和地铁车站里设置虚拟商店，为消费者带来别样的购物体验。通过栩栩如生的超市货架图片，鼓励等待地铁的购物者用智能手机扫描产品的二维码，并把它们加入购物车里。购物者所下的订单将被直接送到他们的家门口，免去了携带购物袋的麻烦(见图 8-9)。

图 8-9 移动购物体验

上海地铁中也出现了"虚拟超市"的购物模式，从过去以"逛超市"为代表的传统模式到以"互联网"为核心的新兴模式，再到以"移动互联网"为支撑的第三代移动购物模式，新技术的兴起无疑让人们的生活方式经历了前所未有的变化。顾客进入超市后，可以利用本地 Wi-Fi 进行 WLAN 局域网登录购物 APP 中的用户账户，也可以利用移动网络直接进行账户登录。在账户中可以直接利用手机扫描商品的 RFID 标签获取所需商品信息，将其添加到购物清单中，也可以借助购物 APP 进行打折商品的浏览或一般商品的查询。用户所购买的商品会直接快递到家中，实现了方便且灵活的移动购物体验。

本 章 小 结

本章从网络社交应用的起源和发展出发，进而介绍了社交网络的概念和移动社交。移动社交电商是将移动社交应用与移动电子商务应用相结合而发展出的新型应用，移动社交电商目前已经在国际和国内表现出了勃勃的发展生机。通过移动社交应用的全面普及和应用，其与线下营销渠道相结合而形成的全渠道营销方式是用户消费升级的客观需要。新零售是在新的形势下所提出的一种新型企业运作和营销理念，新零售的商业生态是未来电商发展的方向。

练　习　题

1. 什么是社交网络？它跟网络社交有什么区别和联系？

2. 移动社交中的网络效应是指什么？私密社交有网络效应吗？为什么？

3. 以下哪些网络媒介可以用于开展社交电商？(　　　　)

A. 语文学习网站，允许学习者互动发帖

B. 电影介绍网站，只能浏览，不能进行社交互动

C. 某公司的微博

D. 某网络媒体网站，允许用户生成自己的内容供其他用户访问

4. 分析一下网红经济有几个基本要素(特征)。

5. 对于全渠道营销，如何实现终端门店的职能转变？

第九章　移动学习与娱乐

【学习目标】

- 了解移动学习的应用模式和发展趋势；
- 了解移动娱乐的现状、特点和发展趋势。

【引例】

MobiLearn

MobiLearn 是一个重要的欧洲研究项目，用于将内容和服务的背景知识传递给使用移动设备的学习者。背景知识的探索不仅仅是作为一种传递合适内容的方式，而且能够实现合适的行为和活动，包括在相同或相似背景下与其他学习者的互动。这个项目的核心目标是为移动学习提供可多次使用的结构。伯明翰大学的研究者目前正在开发一个背景知识组件(CAM)，它将促进通过各种移动设备给学习者传递依赖背景的信息，意图支持不同环境中的不同学习者，使用的移动设备相适应的人机接口，以及在特定环境下可得到的周围信息的属性，成为探索背景和记录学习经历的背景知识工具，提供移动环境中的协作学习途径。

移动电视的春天

用户被手机深度绑架，低头族越来越多。用户平均每天 104 分钟通过手机端获得媒体信息，而且比例还在逐年上升。

无移动不营销的寒潮到来。户外媒体的投放整体来看增速都是在下降的；而移动端广告业务却在以每年 50%的速度增长。所以不管是从传统的电视、报纸、广播、户外，甚至传统的 PC 互联网，都面临着所谓的"寒潮"，广告客户要求无移动不营销。客户诉求也在转变。从品牌客户来讲，快消品品牌始终追求互动，互联网客户讲转化率，这是当前不管品牌客户还是互联网客户都给我们带来的新挑战。

户外媒体的数字化变革，通过 Wi-Fi、4G 形成了联网，巴士在线构建跨平台公交移动社区。利用移动电视传播通道打造移动视频手机 APP，将移动电视的内容延伸至手机端，双向打通，预示着移动电视的春天。

第一节　移动学习的发展及其特征

一、移动学习的来源与发展

1. 移动学习的定义

作为一个新兴的研究领域，对于移动学习(见图 9-1)，目前还没有一个统一的定义，各国专家都有不同的见解。

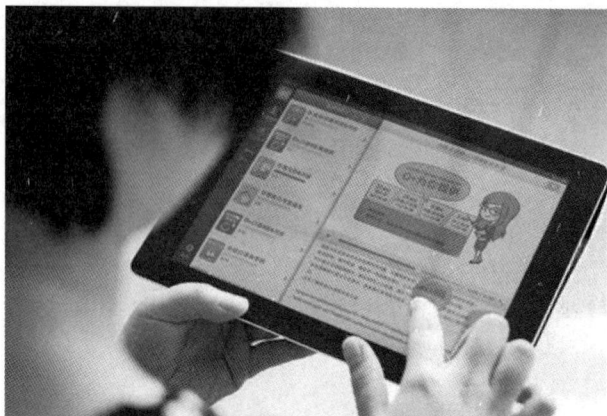

图 9-1　移动学习

国际远程教育权威之一戴斯蒙德·基更(Desmond Keegan)认为，移动教育是远程教育的一种形式。他提出远程教育、数字化教育和移动教育是远程教育的三个阶段。Knowledge Planet 公司认知系统部主任 Clark Quinn 在谈到移动教育时说：移动教育是移动计算与数字化教育的结合，它包括随时、随地的学习资源，强大的搜索能力，丰富的交互性，对有效学习的强力支持和机遇绩效的评价。它是通过诸如掌上电脑、个人数字助理或移动电话等信息设备所进行的数字化教育。在芬兰，由 Ericsson、Insite、Telenor Mobile 与 IT Fornebu Konwation 联合发起的名为"Telenor WAP 移动教育"的研究项目报告中给出的移动教育的定义是：由于人们地理空间流动性和弹性学习需求的增加而使用移动终端设备进行学习成为一种新型的教育模式。

我国北京大学现代教育技术中心移动教育实验室对移动教育作出如下定义：移动教育(Mobile Education)是指依托目前比较成熟的无线移动网络、国际互联网以及多媒体技术，学生和教师通过使用移动设备(如手机等)来更为方便灵活地实现交互式教学活动(崔光佐，2001)。全国高等学校教育技术协作委员会的定义为："移动教育是指依托目前比较成熟的无线移动网络、国际互联网以及多媒体技术，学生和教师通过利用目前较为普遍使用的无线设备(如手机、掌上电脑、笔记本电脑等)来更为方便灵活地实现交互式教育活动，以及教育、科技方面的信息交流。"

综合以上各专家的观点，移动学习的定义应该包括如下基本内容：

(1) 移动学习是学习者通过移动和可携带设备与网络相连开展的学习。

(2) 移动学习可以在任何时间、任何地点开展。

(3) 移动学习应强调情景学习，并与其他学习方式混合，而不是孤立的学习方式。

基于上述对移动学习定义的了解，我们可以认为移动学习是指学习者通过移动便携设备与网络相连，在非固定的时间、地点开展或发生的个性化学习。

2. 移动学习的来源

媒体技术与通信传播技术的变革决定了学习技术与方式的变革，从单一的学徒式教学、班级集中授课发展为计算机辅助学习、基于网络的数字化学习。随着移动通信技术、计算机技术、互联网技术的不断融合，出现了一种新的学习技术与学习方式——移动学习。

移动通信技术是推动移动学习发展与应用的直接原因。从更广泛的技术进步、社会经济发展的角度来看，网络技术、数字化学习(E-learning)技术、教育理念的变革、人类社会对教育的需求等诸多因素综合推动了移动学习的发展。

1) 移动通信技术的发展

4G (第四代移动通信技术)的概念可称为宽带接入和分布网络，具有非对称的超过 2 Mb/s 的数据传输能力。它包括了宽带无线固定接入、宽带无线局域网、移动宽带系统和交互式广播网络。相较于 3G 技术，4G 具有更多的功能，可以在不同的固定、无线平台和跨越不同频带的网络中提供无线服务，可以在任何地方用宽带接入互联网，能够提供定位定时、数据采集、远程控制等综合功能。

2) 网络技术的发展

网络技术的快速发展始于 20 世纪 90 年代初 Web 技术的发明。Web 2.0 是网络技术理念和思想体系的更新换代，普通用户由原来单纯的信息接收者转变为互联网建设者。目前以 Web 2.0 为特征的典型服务有以下几个方面：

(1) 博客(Blog)。Blog 一词为 Web Log 的缩写，通常由简短且经常更新的帖子构成。这些张贴的文章按照年份和日期倒序排列。博客的内容和目的根据个人想法及需求而定。

(2) 微博。微博即 Microblog 的简称，是一个基于用户关系的信息分享、传播及获取平台。用户可以通过 Web、Wap 以及各种客户端组建各类社区，以 140 字左右的文字更新信息，并实现即时分享。

(3) 信息聚合。信息聚合是 RSS 的简称，是一种描述和同步网站内容的格式，目前广泛用于网上新闻频道。使用者不仅可链接到一个网页，而且可以订阅这个网页，并在该网页产生变化时都会得到通知。当前，RSS 不仅用于推送新的博客文章通知，还可以用于其他各种各样的数据更新，包括股价、天气预报等。

3) 媒体与通信技术的变革引导了学习方式的发展

媒体与通信技术的变革也引导了学习方式的发展，大致可以划分为五个阶段。如图 9-2 所示，每一阶段都因媒体与通信技术的变革而发生一次学习方式的质的改变。

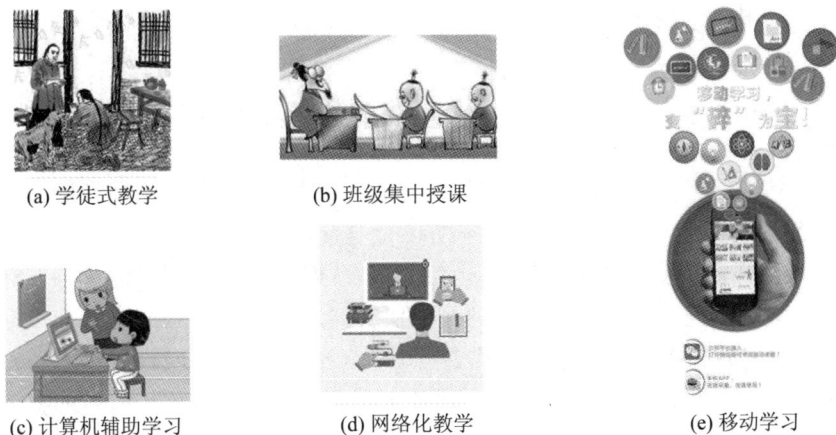

(a) 学徒式教学　　　　　　(b) 班级集中授课

(c) 计算机辅助学习　　　　(d) 网络化教学　　　　　(e) 移动学习

图 9-2　媒体与通信技术的变革引导了学习方式的发展

综观历史，早期的学习方式多采用一种学徒式的教学形式。一些手艺或特定行业领域之中往往采用这种方法进行教学，其特点是范围小、参与人员少，学习内容专而精，学习方式通过言传身教、手把手式辅导为主，在我国历史上特别是一些特殊行业领域占据了举足轻重的地位。这种早期的学徒式教学方式当然也有其局限性，教学内容过于狭窄，不利于全方面、各类别的知识把握，同时能够接纳的学员数量也受到极大限制。

文字记录方式的发展促进了学习方式的改变，后期出现的班级式集中授课形式就能够让更多学员同时参与学习，同时也依托于书本等工具的使用，使得教学方式不再局限于单纯依赖于言传身教，学习者可以借助文字记录工具和书本。早期的学堂教育一般只有少数贵族子弟能够参与，春秋时期孔子兴办私学，极大地拓展了教育对象的范围，使得普通平民也能够有机会参加私塾的学习。这种学堂教学形式逐步演变到今天的学校及班级授课。

随着计算机技术的兴起，还出现了计算机辅助学习的形式，丰富了学习的手段和工具。而计算机网络的发展又让网络化教学形式得以实施，这样就不再局限于仅仅能够面对面获取知识，学习者可以通过网络远程获取各类学习资源。现如今，随着移动通信技术的兴起，移动学习成为一种新型模式。它比网络化教学更为灵活，同时还可以利用手机来代替计算机成为辅助学习的工具。这样就使得学习者具有更多的灵活性，能够更加灵活地获取更多学习内容，并且能够根据自己的需要选取适合的学习方式和学习时间。

3. 移动学习的发展历程

移动学习的研究起源于美国，发展于欧洲。当前对移动学习研究较活跃、研究与应用相对较广泛的是欧洲和日本。

1) 移动学习在美国的发展

移动学习研究始于美国。1994年卡耐基梅隆大学开展了一个研究项目 Wireless Andrew，这项研究工作使得在校园环境中能够自由享受到无线通信技术支持下移动学习所带来的便利性。

马萨诸塞理工学院 2005 年发起了一项利用移动学习技术改善贫困地区儿童学习状况的公益项目 One Laptop Per Child(OLPC)。OLPC 着眼于发展中国家的儿童学习问题，这些国家的儿童教育问题相对比较严重，OLPC 为儿童们"学习获取知识"而设计了一款专用的笔记本电脑，用于发掘儿童自身学习、创造和互助方面的潜力。

2) 移动学习在欧洲的发展

欧洲是全世界移动商务发展较快的地区之一，进入 21 世纪后，手机普及率的提高、移动无线宽带网的普及、Wi-Fi 的广泛应用都为移动学习的开展提供了基础；加之欧洲的研究机构及大学非常注重将移动通信技术和学习相结合，因此，欧洲较早地开展了对移动学习的研究，并将研究结果应用到实际生活当中。

2002 年，由戴斯蒙德·基更和保罗·兰德斯等人共同合作开展了达·芬奇计划，重点解决了在掌上电脑上开展移动学习课程遇到的所有问题。此外，还产生了一项重大理论成果：国际远程教育界的权威戴斯蒙德·基更出版了 *The Future of Learning: From E-learning to M-Learning* 一书。该书详细论述了从远程教育到电子学习再到移动教育的发展，在远程教育和移动教育领域产生了深远的影响，引起了人们对于移动教育应用的高度重视。

3) 移动学习在亚非的发展

在亚非两洲，日本无疑是移动互联网技术发展的领头羊，在移动商务应用方面亦走在世界前列。有了移动互联网技术作为基础，日本对移动学习的研究与应用同样发展迅速，研究偏重软件的设计，且更加注重实际的应用。Musex 是东京大学 2002 年开发的一个项目，支持学生在博物馆中的协助学习。通过 Musex 系统，孩子们可以协助解决与展览品相关的问题。

2007 年 11 月 28 日，日本首家以互联网为媒介、以手机为载体的"网络大学"正式开课，可授予学士学位。它提供大学 100 项课程，包括中国古代文化、英国语言文学、网络新闻等，学生可通过手机听讲。

由于经济以及移动通信技术发展的限制，在亚非的其他地区，尤其是非洲地区，智能移动手持设备的普及率并不高，这些地区对移动学习的研究多集中于如何利用手机短信来开展移动学习，这为在教育资源匮乏的偏远地区推进教育公平、实现优秀教学资源共享提供了很好的借鉴。

4) 移动学习在中国的发展

移动学习在中国的发展可分为五个阶段。

阶段一：移动信息化培训管理工具。2009—2011 年，国内部分理念超前的企业开始尝试性地实施移动学习，当初只是非常简单地通过手机 APP 作为培训运营管理的工具。

阶段二：混合式学习项目的学习方式。2011—2012 年，混合式学习在国内企业培训领域掀起一股浪潮，恨不得所有的企业、所有的培训项目都通过线上线下相结合的培训方式来实现。当初称之为混合式学习，现如今称之为 O2O。

阶段三：以绩效为导向的业务培训系统。2012—2013 年，国内掀起了一股以绩效为导向的业务培训之风。很多人认为培训没有效果，是因为没有跟公司的业务很好地结合，培训应该以绩效为导向，为提升销售业绩服务，提升员工的业务技能。

阶段四：社群化的学习平台。2013—2014 年，移动化、碎片化、游戏化、项目化、社群化，这"五化"对于培训界的人来说，无人不知。随着自媒体的兴起，去中心化的狂热，非正式学习将成为一种习惯，越来越多的人开始利用碎片化时间，配合企业组织的正式学习，慢慢地形成自己的族群，开始社群化的学习。

阶段五：企业自建移动学习平台。2014 年至今，随着移动学习的不断兴起，国内大型的企业开始投入重金尝试自建移动学习平台。

二、移动学习的特点

1. 移动学习的基本特征

移动学习具有两个基本特征。一是学习形式的移动性。这是移动学习最重要的特征，学习者可以在任何地点进行学习，不再受传统教学固定场所和有线网络固定接入点的限制。二是学习设备的无线性。移动学习的技术设备必须具有支持无线传输的特征，这是由学习形式的移动性决定的。在移动学习过程中，学习者只有基于能够无线上网的学习设备，才能够自由、方便且有效地实现学习资料的传送。

此外，移动学习还有泛在性、学习方式的混合性、普及性等特点，以下分别加以介绍。

2. 泛在式学习

学习的泛在性是移动学习带给我们的新型学习观点和理念。所谓泛在性(Ubiquitous)是指任何人(Anyone)在任何时间(Anytime)、任何地点(Anywhere)学习任何信息(Anything)。泛在式学习突破了时空、内容、形式等的局限，让学习无处不在。

当拥有了智能手机、平板电脑或笔记本电脑时，只要有学习资源，无论步行、泡吧，乘坐私家车、公交、地铁、出租车，乘坐火车、轮船、飞机，还是躺在床上、沙发上，都可以随时随地为不同的目的、以不同的方式进行学习。突破了传统的学习往往要么在学校里进行，要么在家里或在公共图书馆里。

3. 混合式学习

学习方式的混合性也是移动学习的一个重要特征。移动学习模式提倡的是一种"混合式学习"(Blending Learning)，即将 E-learning 和教师主导培训结合起来的学习方式，它是对传统教学和对 E-learning 融合并发展后的产物。

4. 普及教育与学习

任何持有移动终端的人都可以成为移动学习中的学习者和教育者，不在乎学习者的种族、年龄、区域。

日本神奈川县的若宫正子(Masako Wakamiya)81 岁时希望开发一款适合老年人的游戏。由于没有进行过任何专业学习，正子选择了自学苹果开发语言 Swift，并向年轻人请教各类电脑操作和美术素材制作技巧，以日本传统节日——女儿节为背景开发了一款名叫"Hinadan"的手游。三年后该手游在苹果 App Store 上架并受到好评，正子也因此受到苹果公司 CEO 库克的邀请，她参加了当年的苹果全球开发者大会(WWDC)，成为苹果"最高龄程序员"。

正子的事迹也说明了一句古话，"活到老学到老"。而移动学习通过灵活而方便的终端形式，让更多人更加方便地得到学习机会以及丰富的学习素材，从而实现普及教育与学习。移动终端的大量涌现和普及，为移动学习的普及打下了坚实的基础，任何持有移动终端的人都可以成为移动学习中的学习者和教育者，即使在偏远山区的人也可以通过移动终端进行学习，从而使教育得以普及。

第二节　移动学习的应用模式及其发展

一、移动学习的应用模式

移动学习革新了学习方式，提供了新的学习媒体和工具，促进了情境学习、个别化学习、协作学习、非正式学习等学习理念的创新实践。

移动技术的引入，使学习者可以在真实的问题情境或工作生活情境中进行学习，促进情境认知。传统教学的组织方式主要有个人自主学习和小组协作学习，移动技术在这两种组织方式中均能得到较好的应用，使人际交互越来越密切。传统的信息技术主要辅助课堂教学等正式学习场合，而移动技术不仅能改进和增强正式学习环境，更能促进非正式学习的发展。本节分别从情境学习、个别化学习、协作学习、非正式学习四个维度(见图 9-3)来阐述移动学习的应用模式。

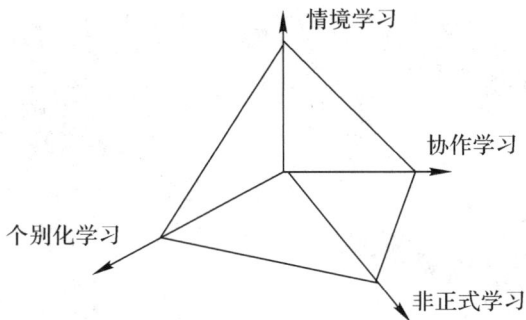

图 9-3 移动学习应用模式分析框架

1. 协作学习

建构主义是一种关于知识和学习的理论，强调学习者的主动性，认为学习是学习者基于原有的知识经验生成意义、建构理解的过程，而这一过程常常是在社会文化互动中完成的。建构主义的最早提出者可追溯至瑞士的心理学家皮亚杰(J.Piaget)，他所创立的关于儿童认知发展的学派被人们称为日内瓦学派。因而，可以说建构主义源自关于儿童认知的原理，可以比较好地说明人类学习过程的认知规律，并且能够较好地说明学习如何发生、意义如何建构、概念如何形成，以及理想的学习环境应包含哪些主要因素等。

建构主义主张世界是客观存在的，但是对事物的理解却是由每个人自己决定的。建构主义学习理论认为：学习是引导学生从原有经验出发，生长(建构)起新的经验。

协作学习随着建构主义学习理论的提出与发展而出现，并逐渐受到重视。当前应用较广泛的是计算机支持的协作学习(Computer-Support Cooperative Learning，CSCL)，是指利用计算机技术(特别是多媒体技术及网络技术)来辅助和支持协作学习。相比较在传统教室内开展的协作学习，利用计算机进行的协作学习克服了环境的限制，实现了时间空间上的延续，一定程度上消除了交流障碍，使工作简单化，并为协作学习的参与者提供了丰富的资料数据。

随着移动技术的不断发展，移动技术支持的协作学习(MCSCL)成为协作学习中的又一研究热点。2002 年，芬兰的 Tampere 大学针对协作学习开发出了被称为 XTask 的移动学习系统。它能够支持台式电脑和 PDA 设备的方位，包含了多项支持协作学习的功能，如电子邮件、聊天、讨论区和概念地图等。

瑞典的 Vaxjo 大学数学与系统工程学院的研究人员通过使用 Java 和 XML 技术，创建了一个适用于掌上电脑的应用程序，称为 C-Notes(见图 9-4)。C-Notes 可以有效地支持无线学习环境下的协作学习，尤其是协作的知识建构。实际应用中，教师针对某一主题为每个学习者指定相应的阅读材料，学习者在阅读时使用一种被称为 C-Pen 的设备(是一种包括了数字摄像头、处理器和储存器的小型设备，它能够通过数字摄像头抓取文字并把它们以文档格式存储起来)来抓取和存储重要的概念和观点。材料阅读完成后，学习者把 C-Pen 上的信息通过红外线端口传送并保存到掌上电脑上。在接下来的小组协作学习中，学习者把各自提取出的重要概念和观点通过无线局域网上传到运行了 C-Pen 的服务器上，这些信息被汇总到一起并最终通过电子白板显示出来，从而实现了一种协作的知识建构。

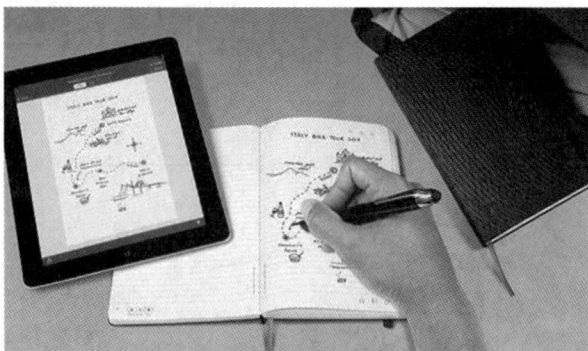

图 9-4　利用 PDA 设备实现协作式知识构建

2. 非正式学习

很多校园内的学习经常会以应付某种考试或测试为目的，这类学习较为正式，有完整的学习计划、内容规划和外部目标要求。然而，在实际的生产、工作和生活中，人们常常需要边学习边解决所遇到的突发性问题，这种学习往往是即时的、零碎的，称为非正式学习。相对于单纯以应试为目标的某些"正式"学习，非正式学习往往对现实生活和工作过程中所遇到的各类问题更有针对性。

诺基亚的"行学一族"(见图 9-5)是国内首个支持移动掌上学习社区的软件。"行学一族"面向有一定学习需求的学生和白领群体，倡导共同学习的教育理念，可以在任何时间、任何地点满足人们的学习需求，属于早期的一个非正式学习社区。

图 9-5　诺基亚的"行学一族"

3. 情境学习

随着学习理论从行为主义向认知主义、建构主义的不断发展，学习由简单的信息加工、知识传递向情境学习转变。情境学习正发展成为移动学习中一种重要的应用模式。情境学习的主要特点包含以下方面：

(1) 知识具有情境性，学习者可以在情境中获取知识。情境学习认为知识普遍存在于学习者日常生活的各个角落，知识无法从生活中独立出来，任何知识都与周边环境息息相关，是人与环境交互作用的产物。人类的学习不是独立地从书本上获得理论和定理，而应是与整个环境的互动。脱离环境的学习，最终将导致学习者无法将获得的知识应用于现实之中，指导学习者的工作、生活。情境学习主张在情境中学习知识，将学习知识的过程融于情境之中。

(2) 学习者应在真实的生活中学习。知识除了具备情境性之外，还应能应用于真实的活动中。情境学习强调学习应该发生在真实的生活中，而不是封闭的校园内。在学校的封闭环境中，学习者在人为的情境中进行学习，依然无法将知识转化至真实的世界中，使学习者往往无法学以致用。

移动通信技术的发展为情境教学提供了新的机遇，学习者可以携带移动设备进入真实的问题情境中进行学习。从已有的项目研究中，可以发现目前移动技术支持的情境学习主要分为三类：基于真实问题环境的学习、基于情境感知的学习以及基于情境模拟的学习。

(1) 基于真实问题环境的学习指人们在日常生活、工作中常常遇到各种问题，在问题发生的真实情境中学习掌握解决问题的相关知识，非常有效也很有意义。学习者可通过手持移动设备及移动通信技术实现信息检索共享、问题数据采集(图片、视频、录音等)、专家咨询、讨论交流。挪威奥斯陆大学的 KnowMobile 研究项目支持医学专业的学生在实习和工作时通过 PDA 或其他可联网的移动设备查询远程服务器上的相关资料，解决实际遇到的困难。

(2) 基于情境感知的学习要求学习者通过感知情境中的知识及资源库进行学习。情境感知学习系统用于支持学习者进行情境感知学习，系统包含知识库、相关学习资源；能够辨认学习者的身份，感知学习者的学习时间、位置、学习状态及需要的服务。随着技术的进步，移动设备集成了各种传感器、探测器等微型电子感知设备，可以捕捉用户、设备、场所、问题、应对策略方法等真实世界的信息。当前运用较为成熟的有 RFID 技术及 GPS 感知技术。典型的情境感知学习应用项目的例子如日本德岛大学的礼貌语表达普适学习系统。

(3) 对于基于情境模拟的学习，尽管情境学习强调真实工作、生活情境中的学习，但在教学中，依然有很多情境学习者无法接触，因此，虚拟现实和仿真技术在情境教学中得到了一定的应用。学习者可以通过移动设备进入模拟的真实情境中，利用设备参与到模拟情境中，成为情境中的一部分。

4. 个别化学习

个别化学习，亦称为个体化学习或个性化学习，其内涵可以包括非班组学习的，没有教师面授的所有学习活动。个人学习大多由学习者按照自我对知识的需求进行个性化的自学。学生可以在教师或指导者的指导下，对学习内容进行选择、设计，对学习时间及进度进行自我安排。在个别化的学习中，移动技术和移动设备既是知识传递的工具，同时也是学习者学习的工具。

2008 年，日本东京大学与 Benesse 公司合作，开发了一个面向企业的英语移动学习项目"Narikiri English"(意为"彻底英语")。项目基于移动设备开发了专供行业领域的英语教材，供企业人士使用。例如针对日本制铁公司，会依据公司的文化背景提供大量有关制铁领域的词汇，从而提高了教材的专业性。

二、移动学习的发展

1. 无处不在的移动学习

"三网融合"，就是指电信网、广播电视网和计算机通信网的相互渗透、互相兼容并逐步整合成为全世界统一的信息通信网络。这是一种说法，并不是指物理合一，而主要是指高层业务应用的融合。具体表现为技术上趋向一致，网络层上可以实现互联互通，形成无缝覆盖，业务层上互相渗透和交叉，应用层上趋向使用统一的 IP 协议，在经营上互相竞争、互相合作，朝着提供多样化、多媒体化、个性化服务的同一目标逐渐交汇在一起，行业管制和政策方面也逐渐趋向统一。

三网融合的实现让电信网、广播电视网和计算机通信网之间的界限消失。大量的网络教育资源可以进入千家万户的电视节目中，特别是可点播的电视教学节目将会在教育教学中发挥极大的作用。对希望随时随地可以学习的移动者而言，无缝的网络连接使本地单独存在于互联网或广播电视网中的学习资源成为三网融合下的共享资源，让他们可以使用手持移动设备随时随地地搜索、观看他们所需的学习课程，真正让学习环境无处不在。

2. 从 m-Learning 到 u-Learning

"m-Learning"指的就是"Mobile Learning"，即移动学习。而"u-Learning"是"Ubiquitous Learning"的缩写，Ubiquitous 在英语中的解释为"普遍存在的，无所不在的"。当前在研究者当中，对于 Ubiquitous 通常翻译为"普适"，u-Learning 意为"普适学习"。"普适"(Ubiquitous)一词最早出现在美国，美国施乐公司帕洛亚托研究中心(PARC)的首席技术专家马克·威赛(Mark Weiser)首先提出了这个概念，他在 1991 年 9 月美国《科学》杂志上发表了论文《21 世纪的计算机》，并第一次提出了"普适计算技术"(Ubiquitous Computing)的概念。普适计算技术是继主机(大型机)计算模式和 PC 机计算模式之后的第三次计算技术革命。普适计算强调"以人为本"的计算思想，它主张计算应该迎合人的习惯，自主地与使用者产生互动，使用户能集中精力用于所要完成的任务。在普适计算环境下，计算将融入人们的日常生活之中，使人们能够随时随地无妨碍地获得计算和信息服务。在这样的环境中，计算不再局限于桌面，用户可以通过手持设备、可穿戴设备或其他常规、非常规计算设备无障碍地享用计算能力和信息资源。普适计算模式将对人们享用计算和信息的方式产生另一场变革。

支持 u-Learning 环境的技术包括：

(1) **教育资源**。在 u-Learning 环境中，教育资源的变化可谓是翻天覆地。首先，计算机图像、虚拟现实、三维等技术的发展将会使高品质的、接近于真实情境的教育资源的开发成为现实；其次，学习资源的传送与下载将会从单方向转向适应性双向传送，即基于使用者形态的适应性双向服务的技术特性能够体现出来；最后，U 时代的教育资源服务将会追求强调携带性与相互作用性。支持这些教育资源的开发的关键技术有电脑图像、虚拟现实、移动三维资源等技术。

(2) **电脑图像**。电脑图像技术是指体现人能够想象的对象和场面，或者利用仿真技术来体现在现实世界中所不能感知的对象和场面，以及体现对象动作的移动的动漫技术，并利用这些技术来生成虚拟的真实影像，如基于事实的仿真技术、HD 级别的事实描写技术，CG 真实影像等都属于电脑图像技术的范畴之内。

(3) **虚拟现实**。虚拟现实是指通过计算机来构建，通过虚拟世界和人类传感世界的相互作用来提供如同现实世界真实经验的多媒体技术。现在的虚拟现实技术已经发展到能够凭人类的五官来作出反应，即时传达使用者的意图和状态，体现虚拟现实中的相互作用等关键技术和装置的开发也成为现实。有关教育的虚拟现实应用系统的开发也在快速进行。

(4) **移动三维资源**。移动资源是指通过 WLAN、手机、掌上电脑、Post-PC 等无线数据传送方式来共享可以利用的资源。为了在移动空间体现 3D，需要根据国际标准的 Khronos来开发移动 3D 资源制作标准的 API(Application Program Interface)，并且开发基于 BREW等标准平台上能够使用的资源制作工具技术和多媒体处理技术等。

(5) **学习终端设备**。在 u-Learning 环境中学习终端装置不是以机器为中心的，而是以人为中心的，更具亲和力，携带更加方便。

(6) **网络化**。要构建多样的、未来先进型的教学环境，网络化的开放学习环境的构建应该先行。在 u-Learning 中所需的网络化包括 u-Senser 网络化和有线、无线、广播相整合的网络化。

在普适环境下将会衍生出新的既简单实用又有效的教学模式，将基于 Web 的网络教学演变成一种更人性化的学习模式。u-Learning 环境涵盖了现实世界与虚拟空间的连接，并且可以协调个人空间与共享空间的共存，形成随时随地的学习模式，这些空间的无缝连接使得学习者能以适当的方式获取学习资源。u-Learning 包括人与人之间的交互、人与对象的交互、人与人造物的交互、对象与对象的交互、对象与人造物的交互、人造物与人造物的交互等。

面向终身教育的 u-Learning 学习模式(见图 9-6)，将正式学习和非正式学习两者结合起来，从而最大化地促进学习。u-Learning 的学习模式既包括正式学习中教师主导的教授型教学、基于网络课程的学习、研究性学习、基于资源的学习等，也包括非正式学习中个体基于知识门户、移动电视、掌上电脑、Web 2.0 技术，以及基于虚拟学习社区的协作互助学习、行动学习等学习模式。

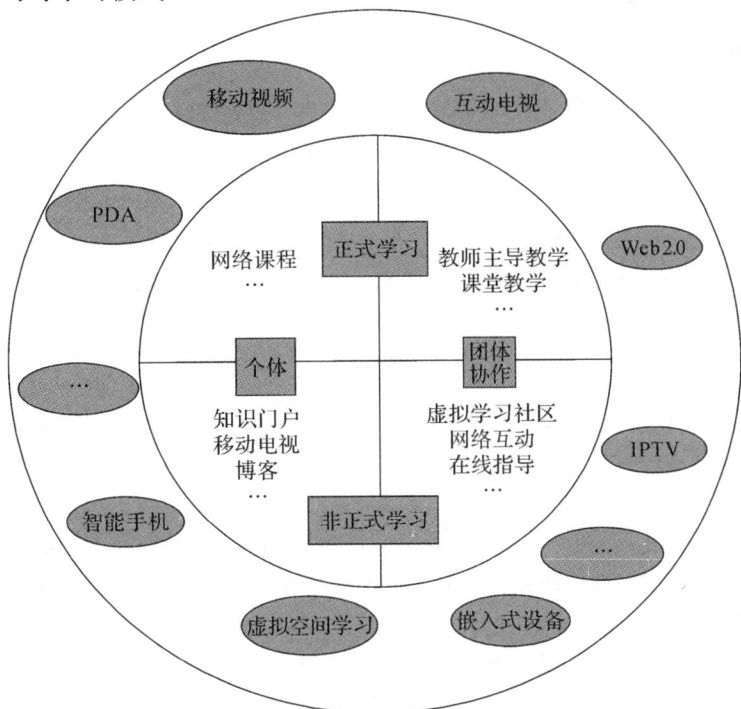

图 9-6　面向终身教育的 u-Learning 学习模式

第三节　移动娱乐及其产业链的融合

一、移动娱乐概述

1. 移动娱乐服务的由来

移动电子商务发展到 2005 年，移动运营商、设备制造商和服务提供商们的处境不够乐观。

为了减轻这些不良影响，运营商寻求一些可以吸引用户更多使用手机的服务。

日本的运营商、设备提供商和 Motorola 均认为：游戏和娱乐服务就是移动运营商们正在寻找的"取胜秘笈"。

通过手机来提供娱乐服务，不需要太复杂的技术，许多服务只需文本信息或简单的图表。如图 9-7 所示利用文本信息设计的早期游戏。

以移动游戏为代表的移动娱乐业务能够为运营商、服务提供商和内容提供商带来附加的业务收入，是运营商提供的一项有特色的移动增值业务。

移动娱乐服务已经涉及短信、拍照、录像、游戏、音乐等终端移动娱乐以及图铃下载、电子视频、网上聊天、新闻资讯、定位导航、商务办公等增值服务。

图 9-7　利用文本信息设计的早期游戏

2. 移动电子娱乐服务的内容和形式

移动电子娱乐服务的内容和形式主要包括以下几个方面：

(1) **沟通服务**：包含短信息、电子邮件、聊天室、移动 QQ 等，包括一对一、一对多及多对多服务。

(2) **信息服务**：其所蕴涵的范围相当广泛，包括运营商、内容提供商、媒体从业者以及短信、彩信、手机广播、商业信息、交通信息、新闻、天气预报等。

(3) **纯娱乐服务**：包含移动游戏、移动音乐、手机电视下载音乐、手机铃声等。

(4) **定位导航服务**：包括交通工具、方位追踪等。

3. 移动娱乐的现状

进入 21 世纪，随着数字技术的不断前行，包括音像、游戏、资讯、交友等在内的娱乐方式已成为移动娱乐产业中主要的组成部分。

资策会 MIC 调查消费者使用移动电话取得流行及娱乐信息时的考虑因素时发现，最重要的考虑因素为"信息内容丰富"，占 38%的比例；而有 56%的消费者认为"屏幕够大便于阅览"的考虑因素是最不重要的。消费者整体对于流行及娱乐移动信息内容的需求较偏好流行精品推荐(55%)，其次为时尚穿搭建议(52%)与电视电影播映情报(50%)。对于使用移动电话取得流行及娱乐信息的考虑因素，38%的受访者认为信息内容丰富是最重要的因素，其次为可快速查询到想要的信息(31%)。

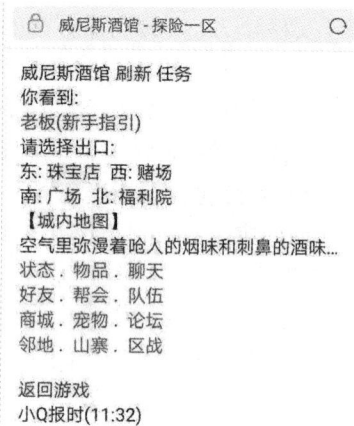

移动娱乐发展需要解决三方面的问题。首先，从移动娱乐诞生、发展到目前为止，行业内部依然没有一个相关的标准可以参考执行，移动娱乐产业标准化严重滞后于它自身的发展。其次，业务要依靠终端来支持，只有支持该业务终端数量比较大的时候，业务才可以得到比较好的发展；如果业务量增加了，用户需求扩大了，终端提供商也会增加这项业务的终端量。所以说终端的发展状况是制约移动电子娱乐发展的一个重要问题。最后，业务网的融合也是一个主要问题。国内现存在的网络主要有两类，一是广播网，二是移动通信网。在移动电子娱乐产业中如何利用广播网的频谱资源，把广播网和移动通信网结合起来，为移动娱乐产业服务，这是一个非常重要的问题。这样的结合非常有利于手机电视的发展。

二、移动娱乐产业价值链的整合

1. 移动互联网时代知识产权保护意识的觉醒

传统意义上的知识产权(Intellectual Property，IP)主要由著作权、专利权、商标权三个部分组成。

在移动互联网时代，由于与 TCP/IP 协议中的 IP 有谐音的作用，知识产权常被直接称为 IP，同时其指代的含义也由传统的狭义权属扩展为更加广泛的含义，包括音乐、视频、电影、图片、游戏、文学和其他艺术作品、发现与发明，以及一切倾注了作者心智的词语、短语、符号和设计等被法律赋予独享权利的内容。

人们对知识产权保护意识觉醒的原因除了互联网与移动互联网所带来的新媒体传播形态的改变，同时也是由于发现了 IP 对移动娱乐产业的重要引领作用和意义。

2. 强调 IP 的移动娱乐业态——泛娱乐

移动娱乐确定了娱乐的样式和形态，而泛娱乐则着重强调 IP 对娱乐产业的重要作用，而这种知识产权保护恰恰是文化创意产业发展的精髓。

泛娱乐的概念最早由腾讯公司于 2011 年提出，目前已被业界公认为互联网发展的几个重要趋势之一。泛娱乐指的是基于互联网与移动互联网的多领域共生，打造明星IP(Intellectual Property，知识产权)的粉丝经济，其核心是 IP，可以是故事、角色或者其他任何大量用户喜爱的事物。

泛娱乐产业的本质是内容产品在多元文化娱乐业态之间的迭代开发，通过内容产品连接、受众关联和市场共振，有效地降低了文化娱乐产业的前期开发风险，同时扩大受众范围，挖掘产品的长尾价值，实现规模效应，切实提高产业回报率。

泛娱乐将创意作为娱乐产业发展的核心，将知识产权保护作为产业发展的关键。而且，泛娱乐创建了线性的价值链，涉及技术研发、策划、生产制作、市场营销等环节，其关键环节是技术集成、内容制作、产品运营以及版权贸易。

3. 泛娱乐引发了产业的融合

泛娱乐以 IP 为核心实现产业的发展，IP 对于打造泛娱乐的生态链发挥至关重要的作用。通过 IP 将文字、影视、游戏等不同的内容形式串联起来，满足粉丝的多元化需求，帮助产业打通泛娱乐的生态链。另一方面，IP 的周边衍生品则从 IP 出发，营造出更多产品和利润。

以美国动画片《变形金刚》为例，其衍生的变形金刚玩具为该动画片制造商创造的利润不亚于原动画片本身，此外还有文化衫、物品、迪斯尼乐园中的雕像等各类衍生品。可以说，IP 衍生品能够为泛娱乐产业带来持续的价值，甚至可以实现反哺原 IP，放大 IP 的整体价值。以此为基础的文漫影游(即文学、漫画、电影、游戏)联动的模式是当今很多泛娱乐产品成功的典范。综合而言，泛娱乐对于产业融合的作用大致可以表述为：

(1) 现代数字技术基础上传统产业之间的融合；

(2) 现代信息平台基础上新兴业态的发展与融合；

(3) 现代技术手段基础上文艺表演等各种文化表现形式之间的融合。

图 9-8 展示了泛娱乐产业的多元产品形态，包括文学、音乐、动漫、电影/纪录片、电视剧、综艺节目、游戏、短视频/直播、主题公园/线下演出、周边衍生品等，这些产品形态以 IP 为核心相继展开，形成了完整的产业化链条。

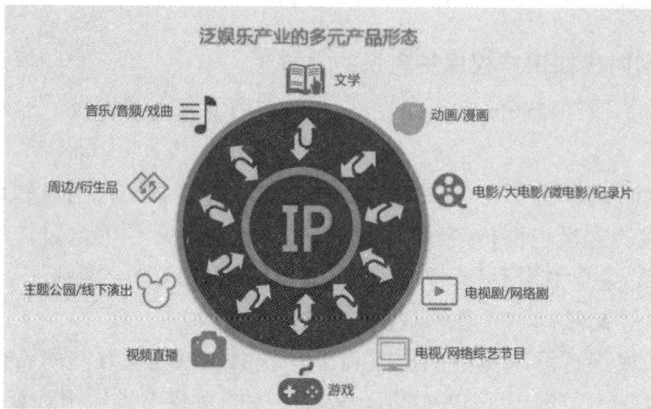

图 9-8　以 IP 为核心的泛娱乐产业

第四节　移动娱乐的形式

一、移动游戏

1. 移动游戏概述

移动游戏一般是指将移动终端与游戏产品相结合，为消费者提供方便、易携带的游戏服务支持。按照移动终端的不同类型，移动游戏的定义可分为广义与狭义两种。广义的移动游戏是指能在移动过程中进行游戏的服务。目前市场中的掌机、掌上电脑、游戏手机等均可享受广义的移动游戏服务。狭义的移动游戏特指运行于智能手机或采用智能手机所对应的平板设备上的游戏软件，简称"手游"。

移动游戏的产生主要从三个角度分析。从市场需求角度，用户对电子游戏网络化和游戏终端移动化的需求催生了移动游戏；从技术角度，移动通信网络的数据承载能力的提高，使移动游戏成为可能；从市场运作角度，移动通信运营商为推动数据业务的发展，增加用户对移动网络的使用，加强了与各种内容服务提供商的合作。具体而言，移动游戏具有如下业务特点：

(1) **便携性**。移动设备便于随身携带，用户可以随时随地地进行游戏，不受空间、时间的限制。

(2) **可定位性**。用户可以通过定位服务，得知自己所在位置以及其他用户的位置，自由组合联合对战，这为游戏的设计和开展带来了全新的体验。如图 9-9 中的 Worldopoly AirMiner 游戏，这款游戏使用增强现实(Augmented Reality，AR)和地理定位技术相结合来挖掘加密货币，构成了游戏的一个特色。

(3) **商务价值明显**。根据中国互联网网络信息中心公布的数据，参考国内其他数据分析机构的统计数据，2011 年移动游戏用户 2.1 亿，占移动用户的五分之一左右。移动网络游戏销售额约 12.67 亿元，移动单机游戏销售额约 27.56 亿元，共约 40.23 亿元。

(4) **群众性**。移动游戏是一种娱乐性较强、群众喜欢的移动服务，具有广泛的群众基础及明显的群众性特征。

图 9-9　Worldopoly AirMiner 游戏使用增强现实(AR)和地理定位技术来挖掘加密货币

2. 移动游戏的分类

移动游戏可按技术和表现形式进行分类。

1) 按技术分类

按技术分类的移动游戏类型见表 9-1。

表 9-1　按技术分类的移动游戏类型

游戏类型	游戏特征
嵌入式游戏	嵌入式游戏是一种将游戏程序预先安装于手机终端的芯片中的游戏
短信游戏	短信游戏是玩家与游戏服务商之间通过文字内容互动来进行，达到进行游戏的一种文字游戏
WAP 游戏	WAP 是手机拨号上网服务，WAP 浏览器游戏就类似于我们用电脑上网，并通过浏览网页进行简单游戏一样
Java 游戏	是基于 K-java 程序语言开发的手机游戏，凡是在支持 K-java 的手机上都可以顺利运行，有着较强的交互娱乐性，并支持任意下载和删除
Brew 游戏	Brew 是无线二进制运行环境的简称，是美国高通公司于 2001 年推出的基于 CDMA 网络"无线互联网发射平台"上增值业务开发运行平台的基本平台

2) 按表现形式分类

按表现形式分类的游戏类型见表 9-2。

表 9-2　按表现形式分类的移动游戏类型

游戏类型	游 戏 特 征
RPG(角色扮演类)	在游戏中玩家扮演自己喜欢的角色，根据事先设计的丰富的剧情，让角色不断成长，具有较高可娱乐性
FTG(动作类)	对手机性能有很高要求
ARC(竞赛类)	竞赛类游戏具有较强的操作性，使玩家可以体验到超快感，感受赛车疯狂的速度，尤其是通过移动网络的多人竞赛，使玩家的感受更加刺激
AVG(冒险类)	属于考验玩家的冒险精神、敢于挑战的一类游戏，努力为玩家营造身临其境的感觉
SPG(体育类)	具有其独特的魅力，可为用户播放 FAFA 实况、打棒球、打 NBA、打高尔夫等
PUZ(益智类)	最适合手机平台的游戏种类，不需精彩的画面，操作更容易
STG(射击类)	是考验操作能力的一款游戏种类，营造逼真的场面环境
SLG(战略类)	属于通过思考，进行策划类的游戏

3. 移动游戏产业

移动游戏产业属于创意产业，创意转化为产品，满足用户需求才能创造财富。移动网络游戏的产业链(见图 9-10)参与者主要包括游戏开发商、游戏发行商、游戏平台运营商和游戏玩家。

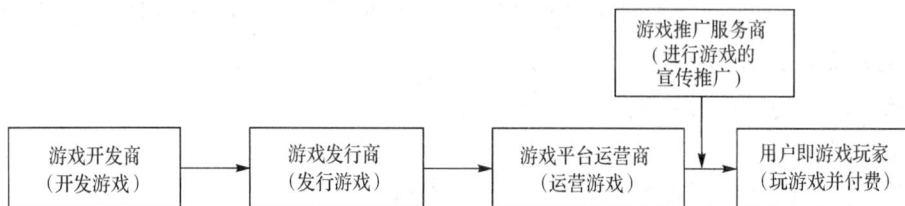

图 9-10　移动网络游戏产业链

(1) **游戏开发商**。游戏开发商主要负责根据市场需求制订产品的开发或升级计划，组织游戏策划、美工、程序开发人员等按照特定的流程进行游戏的开发，再经过多轮测试并调整完善后，形成正式的游戏产品。

(2) **游戏发行商**。游戏发行商主要负责移动网络游戏的发行和推广，其在产业链中充当了连接开发商和平台运营商的纽带。由于规模较小、缺乏发行运营经验的游戏开发商通常专注于游戏的开发，从分工协作和经济效益的角度权衡，并未建立庞大的负责商务合作和游戏推广的部门，而是主要通过将游戏交由游戏发行商发行和推广，完成游戏在各个平台、渠道上的推广和运营。部分规模较大、发行渠道成熟、运营经验丰富的游戏开发商也可以不通过发行商，直接与游戏平台运营商合作，独立负责游戏的发行和推广。

(3) **游戏平台运营商**。平台运营商主要负责游戏与最终用户之间的对接，通过在自身的移动网络游戏平台上开放游戏的下载入口，使得游戏到达最终用户。平台运营商利用自有玩家资源，通过协调游戏开发商、发行商和充值支付渠道等各种资源，进行游戏的运营、维护，并完成用户充值和收益结算等业务。

目前国内移动网络游戏的平台运营商主要包括三类，第一类是以中国移动、中国联通、中国电信为代表的电信运营商；第二类是以苹果 App Store 和 Google Play 为代表的移动终端应用提供商；第三类为独立运营的各种专业移动网络游戏平台。

(4) **游戏推广服务商**。推广服务商也称游戏渠道商，主要负责在其自身推广渠道(包括门户或社区网站、平面媒体等)上向游戏玩家提供游戏产品的资讯介绍、进入链接等，协助游戏运营商一起进行产品的推广。

国家政策方面对移动游戏有一定的支持，能够推动游戏行业快速发展；而移动互联网信息基础设施建设有利于带动移动游戏市场的增长和移动游戏用户数量的持续增长。然而当前网络游戏同质化严重，创新性不足，部分游戏研发企业资金短缺，游戏行业综合型人才相对缺乏，这些属于影响移动游戏发展的不利因素。

二、移动音乐

1. 移动音乐的由来

移动音乐服务指的是通过移动通信网络和终端提供的数字音乐服务。移动音乐是人类社会活动的产物，在起源之初，移动音乐只是分布在用户媒体播放器里的一首首歌曲，这些播放器里又各自存放着用户自己喜爱的音乐，朋友之间可以彼此交流自己喜爱的音乐。这个时期移动音乐的发展还具有一定的局限性。随着网络技术的逐步成熟，美国一大学的学生制作了一个专门共享音乐的网站并发布在校园网络上，结果大受欢迎，后来逐步发展成集百家之长的音乐形式。

2. 移动音乐服务的内涵和特点

一直以来，人们对音乐都有旺盛的需求。移动终端的快速发展和智能手机的普及，带动着音乐向全民化的方向发展，音乐逐步向各年龄段以及各阶层的用户渗透。而移动互联网的随时随地性、自主性等特点逐步培养了用户在移动端使用习惯的碎片化，这就要求音乐服务提供商重新组织音乐内容，满足用户在移动端的场景化需求。

(1) 移动音乐除了与传统音乐一样具备娱乐性、分享性等特征外，还具备快速传播性、可选择性、创作主体多元化等特点，平民主动参与性增强，内容丰富、形式多样，直接面向用户，为反盗版提供保障。

(2) 移动音乐服务的形式有无线音乐搜索引擎、手机音乐彩铃(个性化回铃音)、数字音乐店、移动音乐会、移动音乐平台和移动音乐门户。

3. 移动音乐的发展和存在的问题

1) 移动音乐的发展

欧洲运营商在手机音乐业务上起步最早。日本 KDDI 是最先提供整首音乐下载业务的运营商，其采用了最新的 HE-AAC 编码方式，降低内存并提高音质，并采用了 DRM 方法很好地解决了数字音乐版权问题。在移动音乐领域，我国电信运营商最先推出的是彩铃业务，并取得了巨大的商业成功。手机音乐被认为是继短信之后，移动通信增值业务中最有可能再现行业"神话"的业务。

2) 移动音乐存在的问题

(1) 音乐版权问题。知识产权是未来移动音乐发展最为基础的一个影响因素，是大力发展移动音乐所首要解决的问题。

(2) 内容展现形式问题。随着未来音乐市场的发展，在音乐市场中出现的歌曲、歌手会越来越多，以何种形式把这些歌手和歌曲展现给用户，让用户能够及时地获得新的音乐内容，是扩大内容展现形式的问题。

(3) 技术支持问题。未来移动音乐的发展必然走向更加完善的地步，通过移动终端获得完整音乐体验的方式将逐步取代传统的音乐获得方式。因此，大数据量的下载将成为未来的趋势，这就对网络容量和下载速度以及下载连续性都提出了更高的要求，需要在技术层面提供更高的支持。

三、移动阅读

1. 移动阅读的内涵

移动阅读是指用户通过各类移动终端，如手机、平板电脑、掌上电脑、MP4 等，连接互联网在线或下载各类电子书进行阅读，或以手机接收短信、彩信等方式进行的阅读。从产品形式看，移动阅读主要有两种形式：第一种是从移动阅读平台(例如中国移动的手机阅读平台)选择各类电子书内容，包括图书、杂志、漫画等(如图 9-11 所示)，用户可以在终端上选择感兴趣的内容进行阅读，也可以下载之后阅读；第二种为通过发送短信或彩信的形式进行阅读，这种形式主要针对手机展开。

移动阅读作为一种新生的移动增值业务，在短时间内得到快速推广，主要原因是其具有如下特点：

(1) **便捷性**。移动阅读主要通过移动终端来进行，移动终端固有的特性使得移动阅读打破了时间、空间的限制，可以随时随地进行，非常便捷。

(2) **互动性**。通过手机，读者可以阅读各类感兴趣的作品，还可以通过手机短信、电子邮件或者网络互动平台就内容与作者进行沟通，撰写作品评论，给作者提意见等。通过互动提升了阅读的乐趣。

图 9-11 移动阅读

(3) **精简性**。句式简单，通俗易懂是移动阅读的特点之一，也是移动阅读迅速推广发展的原因之一。

(4) **丰富性**。网络资源丰富，各类文学作品均可制作为 TXT 格式的文件下载到移动终端进行阅读。用户也可以将感兴趣的内容制作为 TXT 格式的文件，放入移动终端进行阅读。

2. 移动阅读与传统阅读、网络阅读

1) 移动阅读的优势

传统的阅读，即读者通过书店购买纸质图书进行阅读。由表 9-3 可以看出，与传统阅读相比较，移动阅读的优势体现为以下四点：

(1) **突破了时间、空间的限制**。用户可以将图书资源下载至移动设备中，随身携带，也可以利用各种零碎时间进行阅读。

(2) **资源丰富，不受地域及销售量的限制**。传统阅读通常需要花费大量的时间精力去寻找自己想要的书，而移动阅读由于资源源于网络，不受地域限制，同一资源可以反复下载。

(3) **费用低廉**。传统纸质图书价位比较高，而移动阅读使用户可以免费或者花费少量的信息费、服务费即可阅读到心仪的书籍。

(4) **互动性较强**。相比传统的信件，移动阅读可以通过网络留言或发送电子邮件等方式对书籍进行评论，与作者和读者实时交流，增强了阅读的互动性，提高了阅读乐趣。

表 9-3　移动阅读与传统阅读的比较

	传 统 阅 读	移 动 阅 读
阅读形式	传统纸质书籍阅读	通过移动终端进行离线或在线阅读
图书来源	书店购买或图书馆借阅	网友、出版社提供的电子版，以及文学网站提供的移动文学下载等
屏幕影响	无屏幕影响	阅读质量受移动设备屏幕大小影响
阅读地点	书店、家中、图书馆等固定场所	无固定场所
阅读时间	工作学习之余、饭后、睡前、假日等相对固定的休闲时间	无固定时间
阅读资源	阅读资源来源于书店、图书馆等图书集中的地方，受地域及销售量限制	来源于网络，无地域及销售量限制
阅读成本	正常书价	免费或少量信息及服务费
互动性	读者通过信件或通过出版社与作者交流，速度缓慢	读者通过网络留言或电子邮件等方式与作者进行实时交流

网络阅读模式的兴起依赖于互联网的发展，读者希望阅读的杂志、书籍等印刷品均可在网络上找到电子版，而不是每一次都要去书店购买印刷版的资料。2008 年第五次全国国民阅读数据调查数据显示，网络在线阅读已成为最普遍的阅读方式，选择比例高达 79.9%。

2) 移动阅读与网络阅读的对比

由表 9-4 可以看出，移动阅读与网络阅读的相同点在于：

(1) **均无时间限制**。只要有阅读设备，就可以在任何时间开展阅读。

(2) **阅读资源来源于互联网，无地域限制**。网络阅读的资源与移动阅读的资源同样来源于互联网，不存在地域及销售量的限制。读者可以通过互联网搜索来自全球各地区的杂志、书籍、报纸等阅读资源。

(3) **在阅读成本方面，两种阅读模式均有共享资源可以进行免费阅读**。此外，付费资源也由于减少了印刷成本，相比传统纸质书籍，这两种书籍的阅读成本仍可大大降低。

(4) **互动性强**。二者均可通过网络留言、电子邮件等方式与作者及其他读者进行交流。

表 9-4　移动阅读与网络阅读的比较

	移 动 阅 读	网 络 阅 读
阅读形式	通过移动终端进行离线或在线阅读	通过互联网使用电脑进行阅读
图书来源	网友、出版社等提供的电子版图书，以及文学网站提供的移动文学下载等	网友、杂志社、出版社等提供的电子版图书，大型文学网站上的原创文学等
屏幕影响	阅读质量受移动设备屏幕大小影响	阅读质量受电脑显示器屏幕影响
阅读地点	无固定场所	具备电脑并能连接互联网的场所
阅读时间	无固定时间	无固定时间
阅读资源	来源于互联网，无地域及销售量限制	来源于互联网，无地域及销售量限制
阅读成本	免费或需少量信息及服务费	免费或支付少量费用
互动性	读者可通过网络留言、电子邮件等方式与作者进行实时交流	读者可通过网络留言、电子邮件等方式与作者进行实时交流

由表 9-4 可以看出，移动阅读与网络阅读的区别在于：

(1) 阅读形式不同。网络阅读通过互联网使用电脑进行阅读，移动阅读则是通过手机等移动终端进行在线或离线阅读。

(2) 屏幕的影响。两种阅读模式均存在屏幕的影响，所不同的是，网络阅读不会因为屏幕的大小而影响阅读质量，移动阅读的阅读质量则受屏幕大小的限制。

(3) 阅读地点不同。网络阅读受电脑设备的限制，必须在固定的场所进行；而移动阅读则充分发挥了移动设备固有的属性，可以在任意场所进行。

3. 移动阅读的现状及存在问题

当前国内移动阅读发展存在版权意识薄弱和盗版猖獗等问题，说明其产业链尚未成熟，而移动市场也需要进一步细分，比如少儿教育类和文学作品类的阅读材料在用户群体和阅读体验等方面会有很大差别，如何针对领域特征深入开展不同形式的阅读还有很多有待研究的经营性和技术性的问题。

四、移动电视

1. 移动电视概述

移动电视是指在移动环境中或者采用移动设备看电视的技术或应用。一种情景是在公共汽车等可移动物体内通过电视终端观看移动节目；另一种情景是通过智能手机等移动设备观看电视节目，这也属于流媒体服务的一种。

在移动电视盈利模式中，"被动接受"成为其显著的优势。比如在公交车上，人们没有收视的选择性，无论是喜欢或不喜欢这个节目或广告，它均在播放，人们完全处于被动收视和收听的状态。据专业媒体调研机构"央视—索福瑞"调查报告显示，乘客在公交车上看移动电视，遇到广告继续收看的比例达到 82.9%，详见表 9-5。

表 9-5 移动电视广告与家庭电视广告效果的比较

	家里看电视遇广告	公交车上看电视遇到广告
换台	42%	0%
继续看	43%	82.9%
不理，忙别的	15%	16.6%
关掉电视	0.5%	0%

移动电视的产业链结构主要由运营商、内容提供商、广告商、设备提供商和传输平台等组成，其中运营商处于核心位置。移动电视的内容供应商目前主要还是当地的电视台，由于电视台往往是移动电视的运营方或营运方的主要合作者，因此内容供应的收费很低，甚至是免费的。内容供应商也可以通过为广告商制作软广告节目来获得收益。移动电视的设备提供商可以分为发射设备提供商和终端设备提供商，其中发射设备提供商的销售对象只是移动电视运营商，而终端设备提供商的销售对象除了移动电视运营商以外，还可能销售给对移动电视感兴趣的商务车主和私家车主。

2. 移动电视的运营模式

移动电视的实现方式包括以下几种类型：

一是利用蜂窝移动网络实现，如美国 Sprint、中国移动和中国联通公司已经利用这种方式推出了手机电视业务；

二是利用卫星广播的方式，韩国及中国的中广卫星移动广播有限公司已采用这种方式；

三是在手机中安装数字电视的接收模块，直接接收数字电视信号。

移动电视的运营模式包括以下两种。

1) 以无线移动通信技术为基础，移动运营商主导的商业模式

移动运营商采用流媒体技术，即"流媒体技术支撑下的手机电视"。用户可以通过点播或下载的方式收看手机电视内容，移动运营商和用户建立"最后一公里"的联系。

(1) 模式特征。 移动运营商主导运营平台，产业链的主导权将掌握在移动运营商手中，广电部门或其他节目制作公司作为一个 CP(内容提供商)与其合作。

移动运营商主要通过向用户收取电视内容使用费和向广告投放厂商收费获得收益，广电部门与其他节目公司通过与移动运营商分成的方式获得收益。

移动运营商主导下的手机电视商业模式，是目前"SP(服务提供商)+运营商"合作模式的一种延伸，用户通过移动通信运营商的网络定制由 CP 提供的节目内容。这种模式的赢利方式与现在各种数据业务的赢利方式类似。目前在国内，提供内容服务的 CP 都需经过国家广电总局的审核批准。

(2) 赢利模式。 一般移动增值业务收入主要是通信费、流量费(计次和包月)和信息费(手机定位、手机支付等)。移动运营商主导手机电视业务，如增加广告、互动等元素，从而使得其赢利模式更加多元化。

① 广告模式。传统电视广告依据收视率、节目时段、广告时长等确定广告价值和播出费用，而在移动运营商主导的手机电视上，发布定向广告和点播广告成为可能，从而使按用户点击次数付费和按实际效果付费有了可行的方案。

② 上传反哺模式。在手机电视中，DIY(Do It Yourself，自己动手制作)内容和 UGC(User Generated Content，用户生成的内容)内容构成内容的重要来源。对于内容上传者，运营商可以给一定的报酬，也可以通过免费定制其他内容的方式实现。这种模式的核心是对于内容上传者的反向付费。通过这种模式，能够激发用户的积极性，不断创造新内容。

2) 以数字无线广播技术为基础，广电运营商主导的商业模式

广电运营商采用数字广播技术，即"地面数字广播或卫星数字广播支撑下的手机电视"，在业务上把手机电视视为移动多媒体业务的一种；在收视方式上，用户通过直播方式收看手机电视内容，广电部门与用户建立"最后一公里"的联系。

(1) **模式特征**：在这一模式下，广电部门主导运营平台，把手机作为移动电视的一种接收终端；在接收终端上强调终端的"移动性"，只要终端上配置有独立的电视接收装置，即可进行接收。

在这里手机虽是重点，但也只是其"移动终端"布局中的载体之一。在这一模式下，产业链的主导权将掌握在广电运营商手中，移动运营商只提供用户管理和收费机制。

(2) **赢利分析**：广电运营商主导下的手机电视的赢利模式没有跳出传统广告模式的藩篱，主要收入来源是商家广告费。除广告费之外，还包括其他收入费用，如业务开通费、互动点播费以及信息服务费用，如互动游戏、电子拍卖、股票信息、地图指南等。

用户分别向手机电视运营商和移动运营商提供月租费、流量费，移动运营商就信息费与手机电视运营商进行分成，手机电视运营商要分别向网络运营商提供网络租用费，向内容提供商提供信息分成和内容版权费，商家向手机电视运营商提供广告费。其计费方式形式多样，有包月计费、按次计费、按流量计费及其他计费方式。尽管广电运营商要从移动运营商的账单中获得收入，但它实际上是商业模式的核心。

3. 移动电视的发展

移动电视系统稳定性较好，费用相对低。移动电视是新型的传媒形式，不需要像传统电视媒介那样有大量的资金投入和技术支持，移动电视的运营成本、制作成本等都是相对较低的，这是它的魅力所在；信号覆盖面广，信息覆盖面大，灵活多变；移动电视具有"短、频、快"的新闻传播优势；数字科技优势有更高的传输速率并支持群发机制，更大的传输带宽，稳定的传输质量；受众广而精，移动电视的受众主要是城市中的上班族等，所以移动电视的受众较其他媒介更具有针对性，是一个受众比较明确的媒体。

移动电视虽然有很多明显的优点，但是也有自身的局限性，主要表现为传播效果不能令人十分满意，内容量少且重复性强；协作体制尚未成熟。

我国移动电视的发展策略主要体现在以下几个方面：

(1) **大力拓展覆盖范围和空间**。要解决移动电视信号网络覆盖问题，加大移动电视接收终端平台建设。

(2) **充分利用各类资源进行节目运营**。移动电视依托广电集团丰富的广电节目资源，进行合理编排和播出；在节目编排上，移动电视应当充分考虑到移动人群在路上的短暂性和变动性，编辑短小精悍而又内容丰富的各类栏目。

(3) **积极打造移动电视产业链**。大力拓展传统电视广告市场，打造移动广告品牌；努力与各个文化产业公司进行合作，开发更多形式的内容。

(4) **构建健全的产业市场体制**。市场体制是决定产业发展的关键因素，积极的政策引导、开放的市场运作、明确的市场走向等都是移动电视产业的重要发展因素。

(5) **发挥自身优势，解决弱点与存在问题**。移动电视是一种新兴的传媒形式，有着得天独厚的受众优势。怎样发挥好优势是市场主体需要好好研究的重要方面。

本 章 小 结

本章概要性地介绍了移动学习的相关内容，包括定义、发展历程、应用模式及发展趋势等，从情境学习、个别化学习、协作学习及非正式学习等四个方面分析了移动学习的应用模式，从技术视野探讨了移动学习的发展趋势。此外还从移动游戏、移动音乐、移动阅读和移动电视等几个方面介绍移动娱乐的细分领域。

练 习 题

1. 分析一下移动学习与网络化教学的关系，二者有什么区别，能够相互取代吗？
2. u-Learning 与 m-Learning 有什么区别和联系？
3. 移动娱乐与泛娱乐是否相同？有什么区别？
4. 移动音乐就是指通过手机播放音乐和歌曲，这样的说法是否准确？为什么？
5. 移动电视有哪些运营模式？
6. 移动阅读的特点是什么？

第十章　移 动 旅 游

【学习目标】
- 认识移动电子商务在旅游中的应用形式;
- 把握移动旅游电子商务的现状、问题及发展趋势。

【引例】

一、在线商旅

去哪儿网是全球最大的中文旅行平台,为了满足旅行者的个性化需求,提供更具针对性的一对一服务,去哪儿网推出"当地人"服务;同时为了吸纳更多热门目的地的本地人加入"当地人"板块,去哪儿网运用搜狐快站这一一站式建站平台搭建移动站点宣传招募页,通过手机站点介绍"当地人"板块概况和服务信息名录,发布"当地人"的招募信息,让更多的供应商(当地人)加入到整个旅游个性化服务链条中来,为消费终端提供地道的旅游服务。

二、旅行社

中国国旅是中国最早获得特许经营出境旅游的旅行社,是北京市首批 5A 级旅行社之一。通过搜狐快站搭建移动端站点,实现旅游线路的移动端预订和购买,重点推荐港澳旅游、国内旅游和出境旅游三大类旅游产品类型,增加旅欧预定窗口。促进移动端及时浏览、及时购买的消费形成。同时,通过一键拨出的联系电话、短信的移动端站点按钮设置,增强同消费者的互动与联系,让消费者第一时间联系到旅行社,提升消费满意度。

第一节　移动旅游应用及其发展历程

一、移动旅游的来源与作用

1. 旅游产业对国民经济的支撑作用

旅游业综合性强、关联度高、拉动作用突出。旅游消费不仅直接拉动了民航、铁路、公路、商业、食宿等传统产业,也对国际金融、仓储物流、信息咨询、文化创意、影视娱乐、会展博览等新型和现代服务业发挥着重要促进作用。据统计,与旅游相关的行业、部门已超过 110 个,旅游的外延在不断扩展。旅游消费对住宿业的贡献率超过 90%,对民航和铁路客运业贡献率超过 80%,对文化娱乐业的贡献率超过 50%,对餐饮业和商品零售业的贡献率超过 40%。

2015 年 11 月习近平总书记提出了"供给侧结构性改革"的概念。我国以前通过扩大内需、拉动消费的方式来刺激经济,侧重于"需求侧",而现在,中央明确要把调控的重点转向"供给侧",这将成为经济增长的新方法,从供给、生产端入手,解放生产力,提升竞争力,促进经济发展。

持续旺盛的国民旅游市场表明,当前制约旅游业发展的主要因素不是需求不足,而是供给侧结构不合理、不平衡,不能适应需求侧多元化、升级型的市场消费。持续多年出境旅游火热、国际入境旅游低迷,说明国内旅游供给与环境既不能满足部分国民的出游需求,也不适应国际游客的需要。着力推进供给侧结构改革,提高旅游供给体系的质量和效率,已成为我国旅游发展的主要课题。

2. 移动旅游的兴起

随着经济的发展和居民生活水平的提高,旅游者消费意识发生了巨大的改变,旅游需求层次也有了很大的提高,旅游消费者逐步走向消费成熟化。享受自然、享受人生的高品位旅游活动已经成为人们追求的目标,越来越多的旅游消费者希望根据自己的兴趣和爱好,选择有针对性、有主题、有重点的旅游方式,自助游的旅游形式应运而生。喜欢自助游的旅游者注重自由随意的旅游活动,他们受教育程度较高,旅游经历比较多,因此对旅游的要求也越来越高,一般不参加旅游团,喜欢与家人或少量朋友一起享受旅游乐趣。

传统旅游商务的形式表现出明显的不足,无法满足每个旅游者的个性化需求。越来越多的旅游消费者希望根据自己的兴趣和爱好,选择有针对性、有主题、有重点的旅游方式,即自助游。然而自助游发展过程中会面临若干问题,比如自助旅游者对旅游目的地情况不甚熟悉,没有严密周详的旅游计划可能导致无法完成购票、订房、交通,应急措施不能及时实施致使旅游产生不安全隐患等。

对供给侧结构进行改革,企业是中坚力量。旅游供给侧结构改革要从景区收入结构和产品服务两方面入手,改变收入结构,生产好的旅游产品和服务。同时,产品转型升级要与技术创新同步进行,移动旅游、互联网+旅游等技术的发展是旅游供给侧结构改革的重要内容。

二、移动旅游系统的构建模式

由于现在旅游者对旅游品质、个性和体验的强烈追求,要求快速识别旅客身份,有针对性地提供及时的信息和服务,这使得移动电子商务运用于自助游中成为旅游电子商务未来发展的必然趋势。这方面传统旅游电子商务就表现出明显的不足,因此推动旅游电子商务的边界不断扩展,移动通信设备就成为旅游电子商务新兴媒介之一,从而促进旅游移动电子商务的发展。现阶段,旅游移动电子商务系统构建模式主要有:基于移动运营商的旅游移动电子商务模式,基于掌上电脑的旅游移动电子商务模式和基于短信平台的旅游移动电子商务模式。

1. 基于移动运营商的旅游移动电子商务模式

中国移动、中国联通等移动运营商具有强大的资金实力和技术基础,有覆盖面广的网络分布,能为移动电子商务活动提供较好的安全保障和成熟的认证支付体系,已经建立了一套成熟的客服系统,有完整的客户资料管理,最适宜于移动电子商务的开展。

2000年11月中国移动启动了"移动梦网"计划,2001年8月中国联通开始了"联通在线",2002年7月中国电信推出"互联网星空计划"等,充分说明了移动运营商参与移动电子商务竞争、争夺移动电子商务市场的决心和实力。大型旅游企业可以利用自身专业经验和内容优势，向移动运营商申请成为服务提供商，成为移动运营商的合作伙伴，建立基于移动运营商的移动旅游电子商务平台，开展旅游移动服务。

在这种模式的旅游移动电子商务中，移动运营商的重要工作在于移动网络建设和维护，为移动信息的发送提供信息传输载体，而旅游企业运用其丰富的专业经验，对各个景区、企业提供的信息素材进行全面的加工，完成信息整合的功能。

2. 基于掌上电脑的旅游移动电子商务模式

旅游景区是旅游者的旅游动机，对旅游者的来访起着激发和吸引的作用。游客来到旅游景区的目的是从对其周围环境的认识和欣赏中得到满足和身心的放松。但是旅游过程中的经历，使得不同游客对于同一景观的感受可能截然相反。获得满足的游客会对景区有好的评价，同时影响其周围的人群对该景区产生向往。相反，未获得满足感的游客也会把他的失望或不满转移给他周围的人，影响该旅游产品在这些人群中的声誉、形象，进而影响该旅游景区的营销。

基于掌上电脑的旅游移动电子商务是指掌上电脑事先通过有线或无线下载景区旅游信息，游客在景区游玩过程中随时通过掌上电脑运行相关软件获取所需信息，并且在无线网络覆盖的范围内快捷地享受相关旅游服务，如旅游提供商可以通过文字、图片及音视频手段，把景区详细的地理位置、文化背景、自然景观分布、特色旅游商品等相关旅游信息实时传送给游客，并基于移动导航服务系统，满足游客个性化服务需求，增强旅游效果，树立良好的景区形象，同时提供查找旅游线路、订餐、租车、订房等扩展增值服务。

3. 基于短信平台的旅游移动电子商务模式

短信服务提供了手机用户之间文本信息交流方式，是最为成功、应用最为广泛的无线移动通信业务。对于资金、技术力量不足的中小旅游企业，可以选择自建基于短信的旅游移动电子商务平台。

基于短信的旅游移动电子商务平台主要完成信息发布和接收，并实现与旅游企业的信息管理系统的无缝连接。其具体实现功能有移动信息服务、基于行程的位置服务、安全救援服务、移动营销管理、移动的客户关系管理及移动的工作流管理等。

4. 基于 APP 的旅游移动电子商务模式

旅游 APP 主要是指用于目的地及景区信息查询、游记及图片分享、旅行计划、导游类的移动应用，具有便携性、可支付性和分享性三大特点。旅游 APP 的主要功能有 GPS 导航和地图定位、图文分享和行程记录、攻略及游记、景点查询、介绍及路线推荐和在线订购，如预订酒店、航班、火车票、景区门票、旅游套餐、休闲娱乐项目、租房租车、饮食特产等。

旅游 APP 按其功能可分为预订类、导游类和分享类三大类。如图 10-1 所示，预订类旅游 APP 可预订酒店、航班，购买景区门票、旅游套餐、商品(饮食、特产)等，还可以实现租房、租车等业务，真正实现了随时预订；导游类旅游 APP 主要功能有地图、导航、语音解说、行程规划，还有 AR 虚拟现实，可将手机的照相镜头瞄准身处位置的四周环境，手机屏幕上便会显示出附近的主要景点、商店、餐厅、地铁等信息，然后点选这些景点、商铺，便可获取详尽资料；分享类旅游 APP 可提供和分享旅游计划或攻略，旅行直播功能通过记录每张图片的 GPS 位置，系统自动地在地图上将行程足迹串连起来，最终自动生成一张完整的足迹图和带时间轴的照片墙，真正实现了边走、边记、边分享。

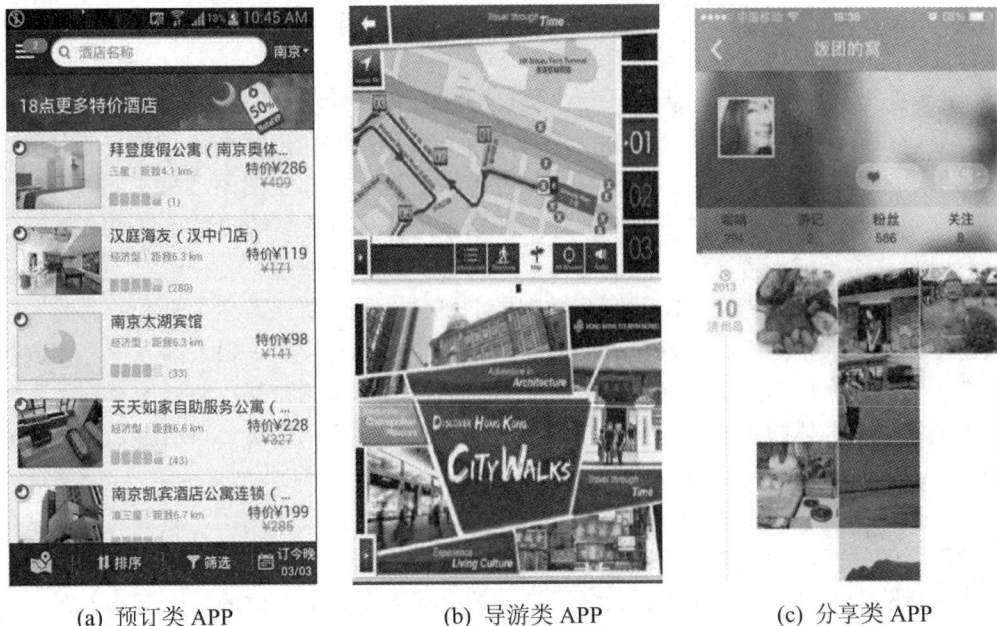

(a) 预订类 APP   (b) 导游类 APP   (c) 分享类 APP

图 10-1 旅游 APP

第二节 移动旅游的现状与发展趋势

一、移动旅游的创新服务

1. 旅游产业现状分析

在旅游者对品质、个性和体验追求的强烈趋势下，将移动电子商务运用于自助游中成为旅游电子商务未来发展的必然趋势。利用"移动的设备"通过无线网络为"移动的人"提供随时随地个性化服务，这是移动电子商务的核心服务内容，这恰好满足自助旅游者"个性张扬、亲近自然、放松身心"的心理需求。我国的自助游发展现状如下：

(1) **家庭短程旅游占多数**。家庭旅游的随意性较大，自助游的"自由性与自主性"满足了家庭旅游者的需要。家庭旅游多数选择短程旅游，因为短途旅游可以减少消耗在交通、住宿上的时间，保证旅游活动质量，费用相对较低，可以用节省的资金来增加出游次数。因此，在自助游市场中，家庭短程旅游占多数，其高峰期是双休日和公休假日，以休闲度假为目的，以城市周边的景点为目的地。

(2) **自驾车旅游增幅最快**。随着我国"有车族"和"有本族"的增加，以及交通网络的不断完善，自驾车出游或者租车旅游成为众多旅游者出游的首选方式。近几年黄金周期间，上海、广州等热门城市的旅游者，相当部分是自驾车旅游，以致很多知名景点周边的停车场均呈现饱和状态。

(3) **徒步背包旅游日益普及**。徒步背包旅游是一些青年人热衷的旅游方式，自由度大、新颖、刺激，旅游者不仅能从自然和人文景观中获得强烈的旅游体验，还能有效地增强体质、锤炼意志，因此徒步背包旅游逐步成为国际旅游的新时尚。另外，徒步背包旅游的另一个潜力市场，即年轻的白领，由于经济负担小，消费观念超前，他们更愿意选择徒步背包旅行这种更自然更环保的方式去亲近自然。

(4) **专业型自助旅游初露端倪。** 专业型自助旅游者追求新开发甚至尚未开发的旅游目的地，他们在旅游目的地及出游时间的选择上都具有避热倾向，这个特点客观上对缓解旅游市场供求矛盾起到一定作用。但同时他们在旅游过程中所面临的困难和安全风险更大，这就要求专业自助旅游者需要更多专业知识和技术，并且有更高的旅游经验要求。

自助游并不等同于散客游。人们通常以包价形式、团队规模、委托形式、销售方式以及组团地点等为标准来界定团队游客和散客游的概念。但随着旅游服务机构业态的发展以及旅游中介服务项目的不断丰富，人们自行安排旅游的方式发生了很大的改变。在散客市场中有一个群体表现出张扬个性、追求时尚、喜欢挑战的共同特征，明显地有别于一般散客，人们将这一群体的旅游行为称为自助游。从以上界定可以看出，自助游是从属于散客游的，是散客游的一部分。

如图10-2所示，从旅游目的上看，一般散客的旅游目的涵盖广泛，而自助游更侧重纯旅游或消遣的目的，一般多是观光、度假、生态旅游，而探亲、休学、教育、宗教旅游也可能成为自助游的目的，但不包括公务、商务和会议旅游。从旅行的组织方式上看，二者都有可能自行设计旅游路线、自行安排相应的旅游活动，但自助旅游者由于追求自由和展现个性的需求更强烈，因此依赖旅行社等中介机构进行旅游预订的程度比散客游要低。

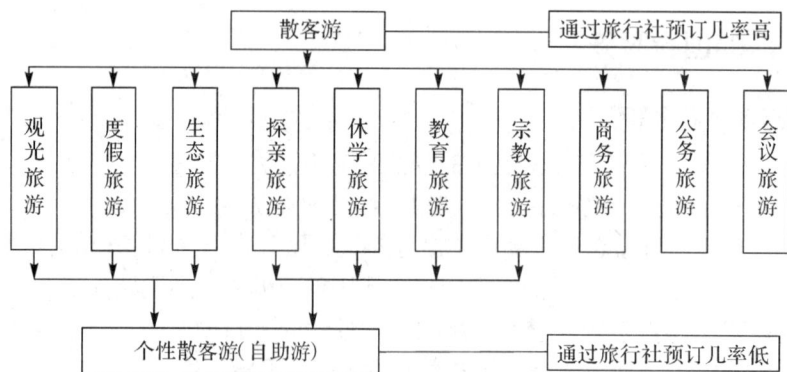

图 10-2　自助游与散客游的区别

2. 移动商旅的创新服务

在传统旅游电子商务方式下，一般来说只能为旅游者提供信息内容和交易等售前服务，而旅游中和旅游后缺乏相应的服务支持，如在旅游过程中游客难免出现不满意的状况，而问题如得不到及时解决，势必影响旅游活动的质量，严重破坏旅游企业的社会声誉。移动电子商务能提供基于现场的投诉手段和解决办法，通过移动设备与相关机构、人员互相协调，取得客户的理解与支持，使得后续旅游活动不受或少受影响。可见，旅游移动电子商务能提供全程 24 小时的创新服务，具体创新服务可分为以下三个阶段。

1) 旅游前的创新服务

旅游前，旅游者搜索、计划和预订旅程的每一部分，需要详尽的信息和交易服务。此时传统的旅游电子商务由于大屏幕连接高速的互联网，在预览旅游地景色、预订机票和酒店设计行程等方面更胜一筹。然而移动旅游电子商务却能提供更好的机会。如果旅游者在出行前的计划阶段对他所感兴趣的目的地信息做过标注，那么在途中就可以通过移动设备随时查询这些内容。另外旅游企业也可以通过桌面互联网接入设备捕捉和整合某一个性化线路所需的旅行内容，并将这些信息同步传递到旅游者的移动设备中，扩展旅游代理商和旅游信息提供商对整个旅游行程的影响。

2) 旅游中的创新服务

旅途中，旅游者会发现传统旅游电子商务所提供的所有内容和便利全部消失了，而这一阶段旅游者才真正需要了解飞机检票、离港起飞的时间以及始发和终点港口的情况。同时旅游过程的每一个环节都可能导致旅游行程被中断或改变，如由于天气原因飞机延误或取消，由于管理原因行李被误递，出现交通事故，以及旅游者主动改变行程等。旅游移动电子商务提供商能够帮助用户既节约时间又节省费用地处理这些旅途中的突发事件。

旅游者旅游活动过程中还需要各种与当前所处地理位置直接相关的服务内容，具体可概括为安全救援服务、交通和导航服务、移动导游服务、移动广告服务、基于位置的信息查询服务等。

旅游者在旅游活动过程中，可能产生一些事先未设想到的消费欲望，因此而更改旅游线路、增加旅游景点、获得额外的信息、增加服务等。传统的旅游电子商务无法解决这些费用的支付问题，游客可能不得不放弃，从而造成游客的不满或遗憾。而移动电子商务能随时随地完成支付过程，使得旅游活动更加完美。

3) 旅游后的创新服务

当旅游者拖着疲倦的身体返回时，旅游移动服务能让游客重温旅游中的美景，放松心情减轻疲劳。另外，在旅游结束后，旅游移动服务能及时进行客户满意度调查，同时表达关切、友好之情，打消旅客在旅途中由于各种原因产生的疑虑。另外，通过对不满意客户进行一定的补偿服务，重新得到这部分客户的认可。

在精准度上，旅游移动电子商务要力争实现为每一位用户制订出完全符合个人兴趣的旅游方案。从走出家门，一直到机场、酒店、旅游景点，直到返回家中，一整套的方案均可在网上完成，让用户享受称心如意的旅游服务。与旅行社旅游景点联合，建立一条龙的特色服务体系，从而实现双赢。旅行社、旅游景点可利用网站展示资料，发布信息以及利用 BBS 与用户加强沟通等。加大技术投入，实现实时网络预订，增强用户界面的实用性。为顾客管理、信息搜索提供良好的技术支持。网站要利用预订系统的客户端实现网站和企业信息管理系统的信息集成，加强维护商务信息和网络订单管理。

如何能让旅游移动电子商务本身更成熟？专业旅游移动电子商务的发展需要有强大的专业产业资源做后盾，同时品牌、资本投入和支付方式的彻底解决也需要一个渐进的过程。在移动电子商务模式等方面，尚有大量工作要做。因此，旅游电子商务需要将以往"大而全"的模式转向专业细分的行业商务门户，将增值内容与商务平台紧密集成，充分发挥互联网在信息服务方面的优势,使旅游电子商务真正进入"以用户需求为中心"的实用阶段。

3. 旅游营销创新

旅游营销是一种持续地、有步骤地进行的管理过程。旅游企业经营者在此过程中通过市场调研,了解市场环境和顾客需求,通过市场细分,选择特定的市场,找准特定的位置,提供适合市场需要的产品和服务,使顾客满意、企业获利,而同时又保证社会利益。由于移动电子商务依赖的是特定的个人随身携带的移动设备而开展的商务活动,因而更容易实现个性化的营销,满足不同人的不同需要。基于移动的客户关系管理通过无线网络,更容易贴近客户,能主动地将关怀送给客户,并识别、记录、跟踪客户的个性化需求的变化,及时地帮助销售人员针对不同客户提供个性化的旅游产品和服务。基于移动电子商务的旅游营销是速度最快的营销方式,可以提供最快、最广泛的个性化、自助式旅游服务,最终实现一系列创新性的旅游营销活动。

移动电子商务"推(Push)"业务的能力能帮助旅游企业更好地开展促销活动。企业可将促销活动内容,如具体旅游景点信息、优惠活动信息、新旅游线路信息等,直接发给用户随身携带的移动设备,可以做到 100%地命中目标群体,使促销活动能更准确地定位到合适的人群中,节约了宣传费用。同时,有意向的客户可以立刻通过手机进行进一步了解和预订,减小了宣传活动与客户响应之间的时间差,避免了潜在客户的流失,提高了促销效果。

移动电子商务"拉(Pull)"业务的能力特别适合于定制营销活动的开展。定制营销能使企业销售产品时变被动为主动,更好地迎合消费者需求。游客不再满足于参加旅行社规定的旅游线路,听导游千篇一律的解说,而是有更高层次的要求,其中一个非常明显的趋势便是从成团旅游向自助游发展。移动电子商务的定制营销,由旅游者按个人意愿选择出游的路线、费用支付的方式,在其希望的地点、时间,将其需要的内容、信息提供给客户,充分满足个人的需求与期望,体现了移动电子商务"无处不在、无时不在"的巨大优势。

移动电子商务"交互式(Interactive)"业务为旅游产品的营销提供了快捷有效的手段。在现代市场营销活动中,旅游产品营销渠道是否畅通,直接关系到旅游企业的生存与兴衰,是企业发展的重大问题。旅游产品营销渠道是指旅游产品从旅游生产企业向旅游消费者转移过程中所经历的各个中间环节连接起来而形成的通道,包括旅游经营商、旅游代理商、顾客以及饭店、航空公司、酒店等。游客进行旅游活动的过程也就是旅游产品的销售过程,在此过程中,游客随时有可能产生新的需求,如订餐、租车、改变旅游路线等,传统的旅游电子商务活动很难满足游客这种个性化的要求,而移动电子商务就可以利用游客自身携带的手机等移动设备,向相关旅游服务机构发出请求,并及时得到应答和服务。

旅游者在完成旅游活动之后,一般会有三种感受:满意、不满意或疑虑。每一种感受都会影响到该旅游者以后的旅游购买行为,并对他周围的人群今后的旅游行为产生影响。在传统的旅游活动中,当游客从旅游地返回,旅游活动就算结束了,旅游企业难以对旅游者的感受进行详细了解,更别说进一步增进感情或弥补客户的失落感,这些珍贵的客户资源就有可能从此丧失。通过运用移动电子商务,可以在旅游返回后,及时进行客户满意度调查,同时表达关切、友好之情,往往能打消客户的疑虑,通过对不满意的客户进行一定的补偿服务,重新赢得这部分客户的认可。

二、移动旅游的发展前景

1. 移动旅游商务的特点

移动电子商务适合运用于自助游，是由以下主要特点决定的。

(1) **移动对象的"移动性"**。需要移动电子商务提供服务的人一般都处于经常移动之中，自助旅游者就属于这一移动群体，因此用到移动电子商务的概率比一般不处于旅游环境的人要高很多。把移动电子商务理解为移动的电子商务是片面的，因为移动的不仅仅是移动终端，而应该看到人和服务都是在移动的。自助旅游者在旅游活动中，大多数情况处于移动中，因此所需的服务也是移动的。移动性是移动电子商务的一个重要特性，也是移动电子商务的基础，移动网络的覆盖面的广域性，以及具有的"3A"特性，即 Anywhere、Anyone、Anytime，使得自助旅游者可以在任何时间，任何地方登录网络，实现移动互联。

(2) **移动终端的"私人性"**。由于移动终端手机一般都属于个人使用，为移动电子商务带来了独特的优势。根据中国移动新开户的特点，每一个 SIM 卡仅对应一个用户，这使得SIM 卡成为移动用户天然的身份识别工具，除了识别用户的身份，利用可编程的 SIM 卡，可以存储用户的银行账户、CA 证书等用于识别用户的有效凭证，编程的 SIM 卡还可以实现数字签名、加密算法、公钥认证算法等电子领域的必备安全手段。有了这些身份标识手段和安全措施，自助旅游者才可以更加安全地使用有关财物、信息保密等私人性方面的服务，使自助旅游者在产品使用上的唯一性方面具有极大的优势。

(3) **信息要求的"即时性"**。自助旅游者对信息的依赖性相当高，因此自助旅游者作为移动电子商务的客户一般要求马上得到所需信息，但他们对信息的需求并不是越多越好，关键是要及时和有用，并与个体当时情况高度相关；因此移动通信商应根据自助旅游者的个性化需求提供针对性强的个性化服务，满足自助旅游者的即时性需求。同时由于移动手机作为自助旅游者身份的代表，信息可以直接发送到手机上，只要用户开机，一般都可以享受 24 小时的全天服务，这在一定程度上就进一步增强了自助旅游者获取信息的即时性。

(4) **移动方式的"方便性"**。由于手机小巧轻便，便于自助旅游者携带，而且价格低廉，操作简便，响应时间短，并且依靠网络可得到强大的计算能力和数据库的支持，自助旅游者可以根据个性化需求和喜好定制所需的服务、应用、信息和娱乐，真正做到自助旅游随时随地随心的需求满足。

2. 移动旅游存在的问题和困难

旅游类 APP 本身非高频应用，内容和流量变现能力弱，用户忠诚度低。自由行式移动旅游需求量大，作为经济型的结伴游正在兴起，但是有潜在安全风险问题。 另一方面，移动旅游 APP 迈向国际之路仍有众多阻碍因素，国外旅游资源整合匮乏。对国外政策和环境的不熟悉带来的隐患让游客望而却步，不得不选择跟团旅游。

旅行产品的购买，使用 PC 仍然较普遍，移动旅游转化率低，移动旅游盈利路漫漫。63%的用户在电脑上完成旅游方面的购买，而在平板电脑或智能手机上进行过旅游产品购买的用户则分别只有 39%和 27%。少数通过门票及商户的预订服务获得一些收入，其他的移动旅行类 APP 基本都没有收入或者暂时没有考虑盈利。此外，利用移动终端随时随地支付的便捷性还有待加强。有数据显示，机票手机搜索的转换率要低于 PC 搜索，但酒店转化率却比 PC 搜索更高，支付是其中重要的影响因素，因为机票预订需要网上付款，手机支付的不成熟成为预订转换的首要障碍。

移动旅游应用类目多，如地图导航应用、游记分享应用、结伴游应用等，这些类目比较分散，整合性不强，尚不能实现在线旅游的全流程覆盖。事实上，智慧旅游(一站式服务)的发展还不成熟。全国旅游服务平台性质的 APP "乐自游"以攻略咨询为主，积累了 100多万用户，但是商业化的落地及跟景区对接方面还有很多路要走。旅游产业链很长，要全方位打造智慧景区，一个项目就需要千万元起步，成本高，周期长，风险大。国内由于相对封闭和有限的信息来源、景区地图缺失等原因，致使智能导游服务的创业公司只能从景区地图绘制开始，离线导游则存在信息更新慢、下载麻烦，互动性差等问题。

3. 移动旅游未来发展趋势分析

1) 移动定位服务

移动定位服务也就是基于位置的服务 LBS(Location Based Service)，它是指移动网络通过特定的定位技术来获取移动终端用户的位置信息(经纬度坐标)，在电子地图平台的支持下，为终端用户提供相应服务的一种增值业务。移动定位服务是移动电子商务的热点。移动定位服务可以解决自助游中的安全性问题。自助旅游由于个性化、探险化和求知化的心理，往往避开旅游热点，选择远离城市喧嚣的自然风景地，由于这些地区不是人们所熟悉的，从而导致很大的安全隐患。这些问题可以由移动定位服务来解决。

在自助游中基于位置的移动定位服务包括位置跟踪服务、交通和导航服务、安全救援服务、移动广告服务、相关位置的查询服务等。

由于自助旅游者的自主性，旅途中存在很多不确定因素，因此自助旅游者比一般的团队旅游者更需要移动通信商提供的位置跟踪业务。自助旅游者利用位置跟踪服务来确定自己旅途中的具体位置以及周边和旅游目的地的位置，来消除心理上的不确定因素造成的紧张情绪，同时可以通过手机来确定一起进行自助游的亲友的位置，防止亲友走失和危险的产生。移动通信商也可以通过位置跟踪服务来对自助旅游者进行整个旅途的实时监测和跟踪，一旦移动通信商发现自助旅游者在旅途中的位置有异常情况，主动联系自助旅游者了解是否遇到了意外情况或事故，或者移动通信商通过接收到的自助旅游者发出的求救信号，利用移动定位技术得到旅游者当前准确的位置信息。

在交通和导航服务方面，由于自助旅游者选择的旅游目的地不是热点，因此一般情况下对目的地的路况不熟悉，特别是自驾车旅游者可能会由于对路况的不熟悉而多走冤枉路或违反交通规则，因此交通和导航服务特别适用于自驾车旅游者。自驾车旅游者只要通过手机输入起始点和目的地，同时获得诸如交通阻塞情况、平均车流、干线上的汽车占有量等相关交通信息，接着就由这位"电子领路者"对路线的选择作出最佳决策，从而让自驾车旅游者在旅游中进退自如。在移动通信商提供交通和导航服务之前，车辆跟踪导航信息的提供一般都是由传统的 GPS 完成的。但是 GPS 的卫星信号有时针对当地实际情况的精确度不够高，同时还有通信覆盖等问题。有了移动通信商的网络支持，可以靠手机基站的信号来定位。由于手机基站密度远大于卫星分布，信号更准确，灵敏度更高，与 GPS 相结合可以实现更加准确的移动定位。

移动的不确定性给人们的安全带来了一定的威胁，加之自助旅游者的随意性大，危险系数更大,因此危险情况下的紧急救援就显得尤为重要。如遇到交通事故或者野外事故,要用移动救援时,在用户不知道自己确切位置的情况下,使用移动电话呼叫救援中心有时也无法明确用户的准确位置,因此不能实施快速、有效的救援行动。在此情况下,移动定位业务将成功解决自助游随意性带来的安全方面的问题。移动定位业务中的安全救援服务,如旅游区安全预警可利用移动网络的信息发布功能(主要以短信息的方式)预先对游客进行安全注意事项宣传,对游览中的危险时段、景区中的危险地带、危险动植物等进行预警,这样,自助旅游者即使没有导游带领,也能注意防范危险。还可对突发事件进行紧急通知,如利用移动定位技术,对自助旅游者所处的景区通知可能遭遇的突发事件,如暴雨、雷电、泥石流等,及时使自助旅游者脱离危险。另一方面,可以通过对自助旅游者位置的确定,进行紧急状态下的救援活动。如在郊外无人区汽车抛锚、迷失方向、发生紧急事件需要医疗急救而事主并不清楚自己所在的位置等情况,安全救援部门能够通过移动救援体系对持有移动手机的用户进行准确的定位,然后予以援助。

自助旅游者可以通过移动广告服务得到与自助旅游者所处位置有关的一些酒店优惠、商场打折、特色餐饮广告信息等服务。日常生活中随意散播的广告,可能会引起接收者的反感,但自助旅游中,根据自助旅游者的位置信息,发布有针对性的资讯广告,对于一般处于陌生环境中的自助旅游者来说,能够对所处的环境增加认识、增加了解。可以购买打折机票、按优惠价预订宾馆房间,省去了中介费用,旅行费用将相对降低,这一点将大大刺激自助旅游者的消费欲望。移动广告服务有交互性强、送达率高、针对性强、扩散性强等特点。传统媒体的信息是单向传播,无法实现信息互动传播,自助旅游者可以获取他们认为有用的信息,直接与发布信息的移动通信商或企业联系,及时解决问题,满足需要,同时企业也可以随时得到宝贵的反馈信息。移动广告信息在移动网络和终端正常的情况下可以直接到达每一个自助旅游者,进一步确保了这种高送达率的延续。移动广告服务针对性发布,广告受众的精细化识别和广告需求的定制化消费,正好能满足自助旅游者的个性化需求。借助于先进的通信手段,自助旅游者可以将广告转发给其他有需要的潜在客户,有利于广告内容在潜在消费者中的准确迅速传播。

对于相关位置查询服务,由于自助旅游者的计划性不强,往往是临时决定去某地旅游,所以对要去的旅游地交通、餐馆和旅店的情况不熟悉,这时便可以利用此项业务在电子地图上查询旅游目的地的邻近车站、加油站、餐馆、饭店、商店以及娱乐场所等的位置。由于这项服务也属于移动信息服务的内容,具体运用在下面的移动信息服务中阐述。

2) 移动信息服务

移动信息服务是指人在移动过程中得到的信息。移动电子商务最关键的应用是高度个性化、高度相关性的信息传递,这些信息由客户定制,包括客户个人信息及其想达到的目的地自助旅游。在形成旅游动机、计划筹备旅游活动的阶段,旅游者可通过互联网查询丰富的信息;但是自助旅游者的随意性可能导致计划打乱,先前做的准备也无效。有了移动信息服务,自助旅游者不必花费大量时间和精力来准备计划,可在途中根据实际情况选择合适的旅游线路和服务产品。当自助旅游者到达某一目的地时,旅游企业可以通过移动手机针对自助旅游者当时情况进行信息发布,以保证信息的有效性。有了移动信息服务,可以降低自助旅游者由于旅游随意性导致的风险。

以旅行社整合过的旅游信息为信息来源，以移动通信商的移动通信网络为传输通道，共同构建一个虚拟的移动旅游信息服务平台，见图 10-3。旅行社整合过的旅游信息借助移动通信商的移动通信网络，通过语音通信业务、短信业务以及各种数据通信业务等多种手段传送到移动手机上，来促进自助旅游者提取。当然，自助旅游者也可以主动通过发送需求短信或 E-mail 到移动旅游信息服务平台上进行旅游信息的查询，再由移动旅游信息服务平台将查询到的结果发送到自助旅游者的移动手机上。

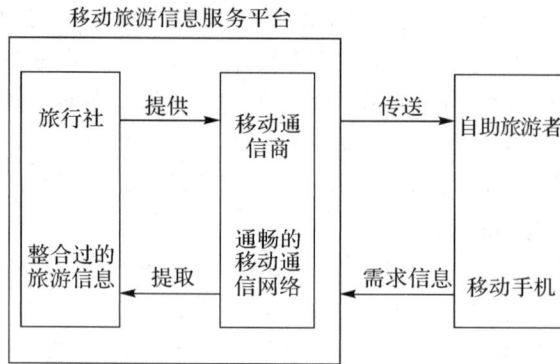

图 10-3　移动旅游服务信息服务平台

目前，移动电子信息服务运用于自助旅游中可以提供的信息有三大类，如图 10-4 所示，包括景点信息、与旅游密切相关的信息以及其他信息。其中景点信息包括景区介绍、景点介绍，景点路线信息，与旅游密切相关的信息包括交通介绍、住宿介绍、餐饮介绍、特产介绍等，其他信息即股票信息、彩票信息、新闻娱乐信息等。

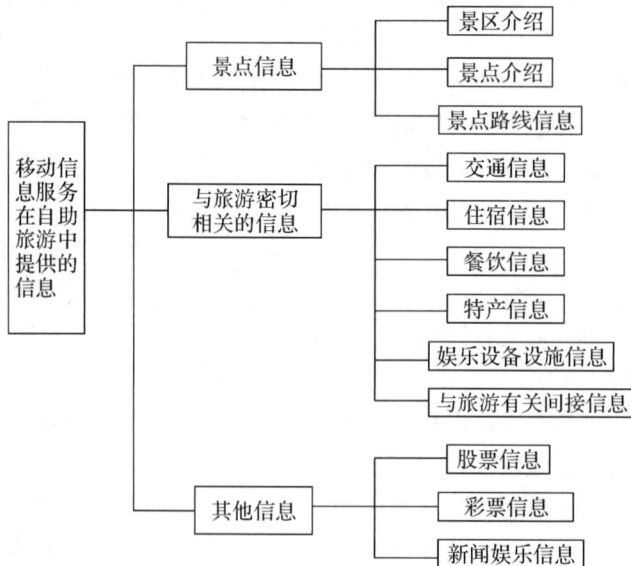

图 10-4　移动信息服务在自助游中提供的信息

3) 移动支付服务

移动支付是指交易双方为了某种货物或者业务，通过移动设备进行商业交易。移动支付可以分为两大类：微支付与宏支付。微支付是指交易额较少的支付行为，通常是指购买移动内容业务,如游戏、视频下载等。宏支付是指交易金额较大的支付行为,如在线购物或近距离支付(微支付同样也包括近距离支付,如交停车费等)。两者之间最大的区别就在于安全要求级别不同,对于宏支付方式来说,通过可靠的金融机构进行交易鉴权是非常必要的;而对于微支付来说,使用移动网络本身的 SIM 卡鉴权机制就足够了。另外,根据传输方式不同还可以分为空中交易和 WAN(广域网)交易两种。空中交易是指支付需要通过终端浏览器或者基于 SMS/MMS 等移动网络系统;WAN 交易则主要是指移动终端在近距离内交换信息,而不通过移动网络,如使用手机上的红外线装置在自动贩售机上购买可乐等。

自助旅游者不像传统的团队旅游者可以预先支付旅途中的一切费用给旅行社。自助旅游者必须自己携带现金或银行卡,以支付旅途中的所有吃、住、行、游、购、娱的费用。加上自助旅游者追求的更多的是生理和心理上的享受,在旅途中随时可能增加消费,如更改线路、增加旅游景点、品尝当地特色菜肴、增加娱乐休闲活动等,这些可以通过移动手机自动为旅途中的费用付费,省去了携带大量现金所带来的麻烦。这也恰恰符合了自助旅游者追求自由、完全放松的旅游心理。因此移动支付服务可以解决自助旅游中的支付问题。

移动电子商务在自助旅游中可以采取以下几种方式完成支付。

(1) 通过手机银行支付。

最近几年移动电子商务的发展比较迅速,中国移动和中国联通相继开通了手机钱包、手机银行和手机证券等业务,使移动手机用户能够通过手机来对个人的银行账号或股票进行管理与操作。现在通过移动手机就可以来完成自助旅游者旅游过程中随时可能发生的小额业务支付,还可以完成旅游预订、订餐、订房等较大金额的费用支付。在提供给自助旅游者资金安全保障的同时,还使他们得到充分享受旅游过程的愉悦。

(2) 通过 SP 实现移动小额支付。

当前,我国四大电信通信商(移动、联通、电信、网通)在大力支持 SP(信息服务提供商)发展移动业务,尤其是开展移动行业应用。对于小额的费用,移动通信商可以通过话费代 SP 先行收取,然后再与 SP 进行结算,这就保证了 SP 的利益,也使得我国移动业务得以迅速发展。

(3) 利用 WAN 进行交易。

WAN 支付方式主要用于短距离的移动支付,而这种形式的移动支付可以采取多种技术,如蓝牙、IEEE802. 11、红外线以及 RFID (Radio Frequency Identification)和遥控等。目前开展得比较成功的是红外线技术。

红外线与蓝牙、IEEE 802. 11 等技术相比,优势在于成本低,在手机等终端上应用广泛,而且传输时必须对准,这样就降低了信息被截取的危险;另外不易受到外界干扰。目前红外线应用于移动支付主要是在日本和韩国。

在日本的运营商为移动用户配备了红外线装置用于移动支付。韩国运营商的做法是联合与移动支付相关的行业和企业,共同推出这项业务,其中包括银行和信用卡机构、零售商店、自动贩卖机厂家、ATM 厂商、出租车和泊车公司等。RFID 技术在美国也开始了应用,为消费者提供了更智能安全的服务。

4) 移动互联网服务

移动互联网服务用手机直接代替电脑,进行网上的一切活动。通过移动互联网服务,自助旅游者不必在出发前做太过详尽的行程安排,而且完全可以不带比手机重而且大很多倍的笔记本电脑，就可以直接出发开始自由旅行，这恰好满足了自助旅游者的心理。旅途中，自助旅游者可以根据实际情况，随时对宾馆、酒店、车辆等进行网上预订。自助旅游者还可以随时随地通过手机，与其他旅游者在网上聊天和讨论，与他人分享旅途中的见闻和心得。除此之外，自助旅游者还可以在途中通过手机上网，进行邮件收发、在线游戏、在线音乐视听和下载、视频点播、移动电视等活动。

本 章 小 结

本章介绍了移动旅游的应用及其发展趋势。移动电子商务的发展为自助旅游提供了可能。引领移动旅游行业的有技术因素，也有产业因素，打造理想的智慧旅游方案和系统需要结合社会多方面的力量共同努力，才能逐步加以实现。

练 习 题

1. 扩大内需、促进更多人进行旅游，对于这样的举措，以下哪些说法正确？(　　　)

A. 需求侧措施　　B. 供给侧措施　　C. 经济刺激措施　　　D. 解放生产力

2. 以家庭为单位自行去城市周边景区旅游，当天去第二天回，以下哪些说法正确？(　　　)

A. 团队游　　　　B. 散客游　　　　C. 自助游　　　　　D. 家庭短程旅游

3. 某旅游公司的业务人员向客户公开自己的微信号码，及时回答客户的各类旅游线路及活动问题，这属于移动电子商务的(　　　)。

A. "推(Push)"业务　　　　　　B. "拉(Pull)"业务

C. "交互式(Interactive)"业务　　D. 自助式旅游服务

4. 移动旅游系统的构建模式有哪些？请分别简要叙述。

第十一章 移动医疗

【学习目标】

- 了解移动医疗的概念和产生原因；
- 把握移动医疗的现状及未来发展。

【引例】

大白真的快来了

看过迪斯尼动画片《超能陆战队》后，很多人都深深喜欢上了那个有着圆圆的大肚子和呆萌脸孔的医疗机器人大白(见图 11-1)。通过剧情，我们能够看到大白身上凝聚了当前科技界的两大热点——人工智能和移动医疗。而越来越成熟的智能手机云计算能力为这些提供了很好的技术支持，还有一些设备不只能够反馈测量的数据以及正常值与目标值之间的差距，还能提醒或"推动"用户，告诉他们该喝水了、该休息了或者该增加睡眠时间。日本研究机构开发的类似生活助手的照护机器人 Robear，已经在一些医疗机构投入使用，用以支持护工的工作。它可以将病人从床上抬起来，帮助行动不便的病人行走、站立等。

美国机器人公司 iRobot 打造了远程医疗机器人系列，实现了美国 1 万个社区与诊所的互联。这些机器人可以在社区

图 11-1　大白

医院、患者家、病房等地方发挥医生替身的作用。一个医生远程控制机器人，就能够长期跟踪一个患者的生活，监督其生活习惯，为其提供更为彻底的疗程。一方面帮助人们经常进行体检，另一方面能够监测病人服用药物的起效时间、药效、副作用以及病人对药物的反应。此外，医疗机器人对于一些有身心障碍的人以及老年人的生活也有很大的帮助。

第一节　移动医疗概述

一、移动医疗的概念

根据世界卫生组织(WHO)的统计数据，美国的医疗支出大约占其 GDP 的 17%，另外一些国家(加拿大、法国和德国等)的医疗支出占 GDP 的百分比也都呈现逐年上升的趋势。这种上升趋势对许多国家都提出了迫切的要求，即如何使用一种创新的、高成本效益的方法来为国民提供医疗服务。

医疗资源供给不足会导致看病难等问题。据统计，我国每千人拥有 1.2 个医师，而发

达国家是 2.8 个，中等国家是 1.9 个；我国每千人拥有 2.4 个床位，发达国家是 7.4 个，中等国家是 3.7 个。我国人口占世界人口的 22%，但医疗资源仅占世界医疗资源的 2%。1 个医生要服务 1000 个患者，2% 的医疗资源为 22% 的人口服务，我国医疗资源状况仅仅好于印度、尼日利亚这类国家，医疗资源想不稀缺都难。

随着移动通信技术和移动电子商务的发展，将移动通信技术应用到医疗领域，改善和提高原本的医疗水平，提高对各类疾病的预防和治愈效率，是医疗领域的一个发展方向。简单来说，将移动通信技术与医疗结合在一起，就成了移动医疗。移动医疗属于一门新兴学科，是物联网和智慧城市建设的一部分。

移动医疗(m-Health)的概念首次以"移动电子医疗"的形式提出，之后随着无线通信和网络技术取得了飞速的发展，一些可穿戴的用于医疗服务的系统逐渐普及，才逐渐有了"移动医疗"的说法。国际医疗卫生会员组织 HIMSS 对移动医疗的定义是，通过使用移动通信技术，如嵌入式设备、掌上电脑、移动电话和卫星通信来提供医疗服务。

移动医疗的体系非常庞大，组成比较复杂，从行业角度来分主要包括以下三种行业或者人群参与。移动医疗的提供者与使用者如图 11-2 所示。

(1) 移动通信运营商，提供了远程交互过程中的数据传输通道。

(2) 医疗器械生产厂商，提供了各类生理传感器模块以满足具体的医疗需求。

(3) 社区医疗服务中心、大中小型医院等传统医疗服务的提供者和有远程医疗资源需求的患者，包括患有慢性病或者需要健康监护的老年人，都是移动医疗的直接使用者。

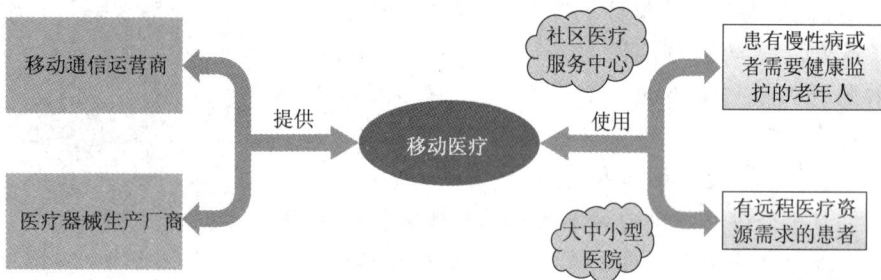

图 11-2　移动医疗的提供者与使用者

二、移动医疗的应用

1. 移动医疗在医院的应用

移动医疗在医院中的应用涉及医院的各种职能，从护士护理、医生查房，到医院内部呼叫和门诊等，如图 11-3 所示。以下分别加以介绍。

(1) **护士移动护理**。护士们在护理病人的时候，只需手持一个掌上电脑，即可进行病人信息以及药品信息的核对。在核对时用掌上电脑扫描病人的腕带便可随时查看病人的电子病历，也可扫描药品条码，以保证医嘱的可靠执行。此外，还可在现场完成病人体征信息的录入，录入掌上电脑的信息通过无线网络，与电子病历实时同步。护士移动护理如图 11-4 所示。

(2) **医生移动查房**。医生在查房过程中，可随身携带平板电脑或手推车载笔记本电脑，通过无线网络与服务器相连，录入医嘱信息，也可随时调出病人的历史电子病历，包括医学影像系统(Picture Archiving and Communication Systems)，以保证准确治疗。

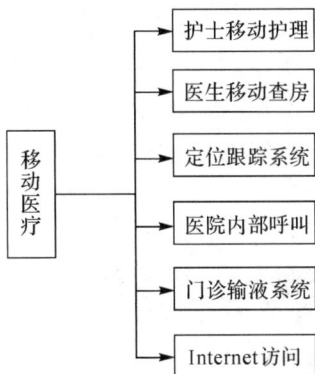

图 11-3　移动医疗的应用

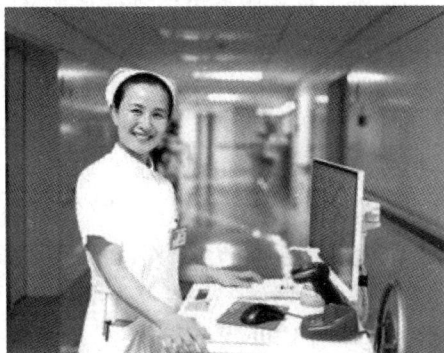

图 11-4　护士移动护理

(3) **定位跟踪系统**。医疗设备价格昂贵，维护过程中的任何疏忽，都会增加医院的二次投资。因此，对医疗设备尤其是移动医疗设备的监管至关重要。传统医疗设备的管理，只能靠规章制度来解决，不仅耗费人力，可管理性也比较差。如果改用 IT 管理手段，依靠无线定位系统，这一问题将得到良好解决。采用无线定位系统后，只需在医疗设备上贴上专用标签，便可通过 WLAN 网络对医疗设备进行定位，管理人员通过一台电脑就可以随时掌握各个医疗设备的位置信息。此外，对于特殊病人或婴儿，也可以通过专用的腕带对其进行实时的定位。

(4) **医院内部呼叫**。病人在需要帮助的时候，会使用病房的呼叫系统，传统方式只能通过有线网络从病房呼叫到护士站。如果护士站暂时没有人员值班，或是病人在病房外出现危急状况时，都可能因为无法及时呼救而造成严重后果。但若采用 WLAN 无线方式，病人可以随时随地和医护人员取得联系。采用 WLAN 方式的呼叫系统，更绿色更安全。其WLAN 手持终端的辐射远比手机辐射低得多，无论对病人或是医疗设备的影响都最小。

(5) **门诊输液系统**。与病房类似，WLAN 也可应用在门诊输液过程中。身份识别、皮试结果查询、输液执行及输液结果查询等一系列操作，都可以使用掌上电脑，通过无线方式进行处理。病人也可以通过身份识别标签呼叫，方便医护人员通过定位系统及时准确找到其位置，极大提高了门诊输液系统的稳定性和可靠性。

(6) **Internet 访问**。病人或其陪同人员通过 WLAN 方式随时随地访问 Internet，使得病房内的生活不再单调。

2. 移动医疗 APP

与医院的专用移动医疗系统不同，移动医疗 APP 是以求医者为中心建立的移动医疗应用软件，可以方便进行寻医问诊、预约挂号、购买医药产品、查询医疗信息等。

互联网在医疗行业的新应用带动了一大批线上医疗网站的发展。39 健康网以提供健康教育和信息等医疗信息查询为主营业务；好大夫在线囊括了医师评价和挂号等信息，为患者线下就医提供信息；宜康网根据患者填报的个人信息，提供有价值的疾病风险评估等。这些富有代表性的成熟线上网站为近年来移动医疗 APP 的设计提供了宝贵经验。有很多APP 采用了将互联网医疗模式迁移到线下的业务模式。

"春雨医生"APP 是一种"线上+线下"全流程就医服务软件，通过线上咨询+线下就医的方式为会员提供持续的健康管理。医生可以在春雨平台上开设自己的个人网络诊所，对所提供的服务项目和服务价格进行自定义。如图 11-5 所示，患者可以随时随地进行快捷问诊，降低时间、空间以及金钱成本；并且可以预防过度医疗，让小病不大治、大病不耽误。另一个医疗 APP——丁香医生，以"医药查询"为产品特色；同名的丁香医生网站是丁香园推出的面向所有需要了解和查询健康常识、疾病常见问题、就医推荐人群的一个网站，同时也为慢性病患者提供交流互助平台。借助网络平台，慢性病患者们能充分地交流病患信息和抒发心绪，更利于他们情绪稳定。

图 11-5　移动医疗 APP 线上问诊页面

移动医疗 APP 扩展了医疗资源的边界，以患者为核心的轻问诊、自助查询的模式，优化了医疗资源的配置，不仅给用户带来了很大的方便，也给医疗行业更多的发展机会，为医疗人员提供了更多的拓展空间。随着移动医疗品牌的树立和用户黏度的增加，患者将对移动 APP 有更多的依赖和期待。

3. 移动医疗设备

医疗保健产品公司 Scanadu 开发的一款名为 Scout 的硬件产品——随身医疗装置 Scanadu Scout，10 秒内就能取得就医者的脉搏、心跳、心脏电信号、体温、心跳变化和血氧饱和浓度等健康参数。其硬件部分包含了一个可见光和近红外线 LED 以及传感器(测试血氧饱和度等参数)、心电图(ECG)传感器、用于测量温度的远红外线传感器、麦克风(测量心跳和呼吸声)。Scanadu Scout 采用即时作业系统 Micrium，该作业系统也被 NASA 用于好奇号火星任务中的 SAM (Sample Analysis at Mars)火星物质分析。运用资料融合，包含在微处理器上的演算法便可以算出脉冲波的传导时间、血压、心跳和呼吸频率、情绪压力饱和度和其他参数。而这些资料都可通过蓝牙低功耗(Bluetooth 4.0 Smart Low Energy)在 Android 或 iOS 设备上显示。

Scanadu Scout 的操作方法很简单，如图 11-6 所示，只要将它放在前额就能侦测出多种生命体征。在没有急切看诊需求时，这个小玩意儿可以帮助使用者节省许多医疗开支，也能在需要看诊时提供日常记录的健康参数给医生参考，减少误诊概率。

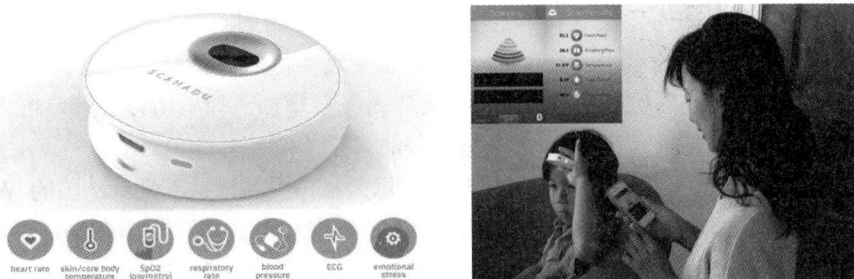

图 11-6 Scanadu Scout 放在前额侦测多种生命体征

该公司除了推出 Scanadu Scout，还开发了 Scanaflo 和 Scanaflu。Scanaflo 是一个尿液检测试剂盒，可用来测试尿液中的葡萄糖、蛋白质、白细胞、硝酸盐、血液、胆红素、尿胆素原、比重、pH 值水平，另外，它还能测试是否怀孕。ScanaFlu 则是让使用者以唾液检测是否感染呼吸道疾病，包括 A 群链球菌感染、A 型流感、B 型流感、腺病毒感染以及呼吸道细胞融合病毒感染。人们可以用 Scanaflo 在家中监测健康指数，当肝、肾、泌尿道或代谢功能出问题时可以早期发出警告。

京东众筹则推出了心云移动互联血压计，见图 11-7，该血压计直接与手机 APP 相连，只需触摸手机屏幕，就能完成全套血压及心率检测，并提供相应的健康指导，时间仅为 40 秒。通过心云血压计进行的每次检测都能直接存储进心云的云端，实现个人健康档案的永久保存，并能在不同的设备端查看，为日后的医学检测、医疗诊断、健康分析等提供了精确的原始数据。心云血压计可以通过"分享"功能，及时地将个人每日的检测数据发送给医生、亲人，由专业人士随时监控自己的健康状况，提供及时的健康建议。

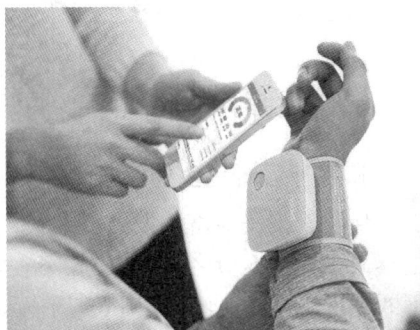

图 11-7 心云血压计

对于糖尿病或心脏疾病患者，可以体验到如美敦力(Medtronic)和 DexCom 等公司推出的无线血糖检测仪，见图 11-8，由贴片、处理器、发射器以及一个植入在皮肤表层下的铂电极薄片组成。血糖检测仪固定的时间间隔(通常隔 5 分钟)会计算血糖水平，然后将信息传递给输液泵，输液泵再以此计算出什么时候释放多少胰岛素。相比人工的自我给药方案，这种系统能使糖尿病患者病情得到更严密的控制，还避免了刺破皮肤、采集血液样本。

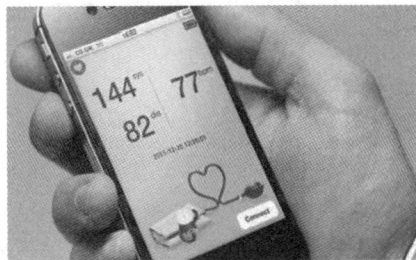

图 11-8 智能血糖仪

患有充血性心脏衰竭的病人可以使用一款由美国的医疗器械公司 CardioMEMS 研发的无线监控设备。这款心脏衰竭压力测量系统由两部分组成：植入式无线传感器和外部的电子模块。无线传感器中有一片玻璃膜，会根据压力变化发生位移，这一微小运动会改变传感器中振荡电路的谐振频率。外部电子模块则负责追踪这些变化，检测病人肺部积水的情况。这款设备能够在病人还没有特殊感觉病痛之前就检测到问题，医生可以据此调整病人的用药以减少肺部积水的水平。在美国，因为心脏衰竭而入院治疗时，一天费用是 1 万美元，而将近 30% 的住院病例在出院后的 30 天之内又会重新入院。所以，只要植入手术收费合理，无线监测设备能够节省的开支将是显著的。

如果体重超重或者久坐不动，医生便会建议每天量体重并记录下来。法国的 Withings 公司推出无线体重秤(Wi-Fi Body Scale)，会把人体的体重和身体质量指数(BMI)自动上传到一个安全的网站或移动设备里，并随着时间的推移对体重的发展趋势进行跟踪。

松下公司(Panasonic)出品了具有无线上网功能的血压计，血压计上有一个便携式无线显示器，最多可以储存 90 条个人读数记录。和 Withings 公司出品的体重计类似，这款血压计也可以很方便地跟踪一段时期内的血压发展趋势，让医生能够及时了解血压变化，并决定是否需要立即采取干预措施。这两款设备使生理数据可以在一段时间里很方便地被自动记录和监测。追踪这些信息对提供有效的卫生保健服务至关重要，血压极端波动其实比高血压更危险，而体重突然增加对心脏病患者来说意味着即将发病。

第二节　移动医疗的未来发展

一、传统医疗与移动医疗

1. 关乎国计民生的健康问题

伴随着国民经济的发展，人民的生活水平逐步提高，对医疗资源的需求也日益增强。近年来，我国人口老龄化加剧，65 岁以上人口占总人口的比重不断攀升，人口老龄化程度不断加深，至 2014 年我国 65 周岁及以上人口比重突破 10%。日益庞大的老年人群体对医疗健康行业提出了更高的要求。另一方面，随着城市化进程的加快，人们的亚健康问题严重，对健康日益重视。如图 11-9 所示，亚健康人群在现代社会中的比例较高，很多人都或多或少地存在一定的亚健康情况，而未必属于真正意义上具有某种疾病的"病人"。

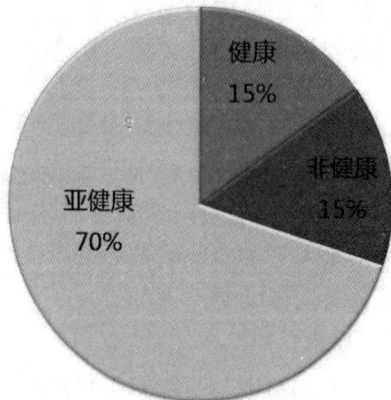

图 11-9　亚健康人群在当今社会中的比例很高

　　我国城镇家庭人均医疗保健支出呈逐年递增态势。到 2013 年人均保健支出占人均总支出比例已达到 6.9%。然而医疗行业资源分配不均导致看病难、看病贵，看病效率低。医疗资源配置不合理，偏远地区很难找到优质医疗资源，而大型医院人满为患导致诊疗效率低下。根据国家卫生部门公布的数据显示，我国 80% 的医疗资源集中在大城市，而其中 30% 的医疗资源又分布在大医院，可以看出地区之间的卫生医疗资源分配严重不均，同一地区不同等级的医院医疗卫生资源的分配差异也很大。农村和城市社区缺乏合格的卫生人才和全科医师，老百姓无论大小病都要涌向大城市、大医院就医，因此造成看病难、看病贵，浪费了大量的宝贵资源。北京堪称"全国看病中心"，大量外地人口进京看病就医，使北京三级医院不堪重负。据统计，日均 70 万外地人奔赴北京就医，毗邻的河北省每年有 700 万人次，甚至感冒发烧都要赶赴北京就医问药。透过北京的"全国看病中心"现象，我们看到的不仅是北京聚集着优质的医疗资源，同时也表现出我国医疗资源分配不均。

　　2014 年 11 月，中国社科院发布的《医改蓝皮书》统计数据显示，我国个人卫生支出占卫生总费用的比重虽然由 2008 年的 40.4% 下降到 2012 年底的 34.4%，但个人支出上涨了 64.31%。从这组数据中我们能够直观地看到，之前医改所带来的并不是药费是否上涨的问题，而是老百姓支付的医疗费用比重上升了，老百姓看病更贵了。总之，传统医疗体系存在着一系列的问题，如图 11-10 所示。

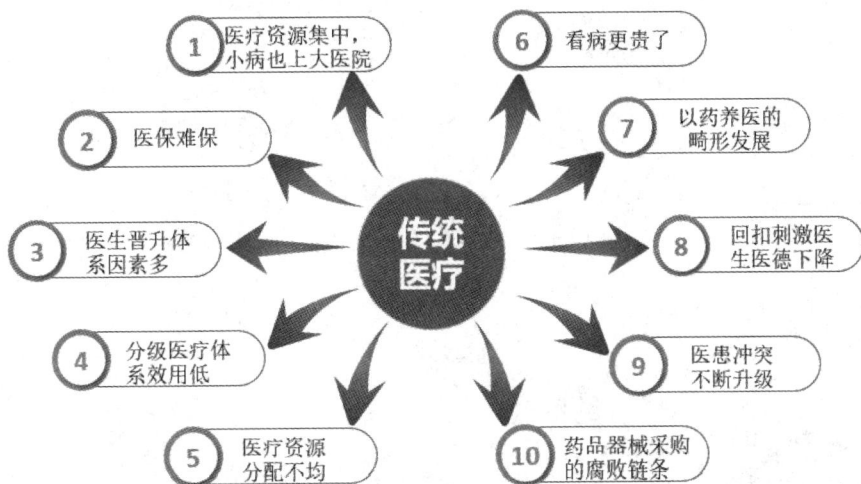

图 11-10　传统医疗体系的缺陷和不足

　　此外，传统医疗体系中数据孤岛化严重，信息无法共享。例如患者诊疗方案的碎片化，就会使得个人健康数据无法联通而形成孤岛；而各个区域、医院部门信息系统不能相互联通，最终导致信息无法共享。

2. 国家层面对医疗服务水平提升的支持

　　进行传统医疗体系的改造，应大力促进移动医疗的发展。移动医疗的优点可以概括为以下三个方面，如图 11-11 所示。

　　(1) 缩短医院驻留时间。使用电子方式访问各个实验

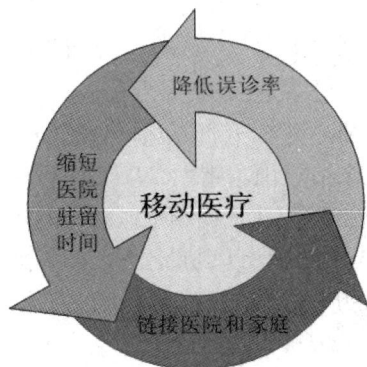

图 11-11　移动医疗的优点

室及其他测试结果，轻松实现信息共享，让疾病诊断和确定治疗方案变得更加快速。

(2) **链接医院和家庭**。患者离开医院后，医院可对其进行远程病情监控，确保能及时了解患者恢复情况。

(3) **降低误诊率**。更精确的医疗设备能够让患者在一个地方完成多种检查，有助于降低误诊率。

为了缓解医疗资源不足以及分布不均等问题，相关部门提出多点执业放开，鼓励分级诊疗，为移动医疗的实施提供了保障。2014年国家卫计委、药监局相继出台"多点执业""线上处方药""远程诊疗"等政策方案。2015年，《关于推进和规范医师多点执业的若干意见》《关于积极推进"互联网+"行动的指导意见》《关于推进分级诊疗制度建设的指导意见》等一系列政策意见。为移动医疗市场健康地发展奠定了良好的政策导向。

2015年9月12日，国务院办公厅推出"推进分级诊疗制度建设的指导意见"，分级诊疗催生巨大需求，促进医联体智慧平台(见图11-12)的搭建。提出2020年全国分级诊疗制度基本建立，逐步建立基层首诊、双向转诊、急慢分治、上下联动的分级诊疗制度。

图11-12　搭建医联体智慧平台缓解医疗资源不足以及分布不均等问题

国家各部委也同样发出明确信号对移动医疗行业进行支持。科技部在《医疗器械科技产业"十二五"专项规划》中将移动医疗定为重点技术发展领域和重点产品开发领域；卫生部在《国家重大专项"区域协同医疗服务示范工程"》中把移动医疗作为重点发展方向之一，发起并赞助一批医疗示范项目；工信部在《物联网"十二五"规划》中，将智能医疗作为九大重点领域之一，个人医疗监护和远程诊断是发展重点。2015年5月17日，国务院办公厅印发《关于城市公立医院综合改革试点的指导意见》，提出2015年进一步扩大城市公立医院综合改革试点。2017年，城市公立医院综合改革试点全面推开。健康服务业已经上升为国家战略性重点产业。国家政策支持中小创业企业与大型上市公司快速进入移动医疗行业，加快形成多元化的市场格局，是移动医疗行业能快速发展的春风。

二、移动医疗的发展走向

1. 移动医疗如何发展

对于移动运营商、医疗设备制造商、芯片企业、应用开发商等通信产业链的各个环节来说，移动医疗可谓一座"金矿"，是潜力极大的"朝阳产业"。我国人口普查的数据显示，截至 2021 年，60 岁及以上人口占比 18.7%，人口老龄化程度进一步加深，未来一段时间将持续面临人口长期均衡发展的压力。这对医疗、健康、生活质量、疾病护理等方面提出了越来越高的要求，医疗和健康领域正在从关注疾病治疗向日常保健方向转变，这些都将为医疗电子带来非常广阔的增长空间。近年来，随着政策利好、技术进步和居民健康意识的提升，我国数字医疗产业快速发展，年复合增长率始终保持在 30% 以上。我国数字化医疗用户数量（其中包括手机挂号使用用户，线上平台在线问诊的医生，慢病咨询患者，养生保健群体，以及一系列为幼儿常见疾病在线问诊的青年家长）迅速增长，2019 年中国数字化医疗用户数量为 6.2 亿人次，比 2018 年增长了 1.7 亿人次。数字医疗正逐步被人们接受和认可。

结合当前的社会需要，移动医疗的发展应从以下几个方面入手。

(1) **数据精细化**。随着传感技术、现代医学方法、人工智能与机器学习方法的发展，对于人体的各种指标数据的测量和分析会向着更加精细与准确的方向发展。

(2) **社交化**。移动医疗除了需要具备传统医疗的治病救人等属性之外，还需要构建家人、朋友等的分享和交互网络。

(3) **大数据化**。单纯的硬件设备和建立在设备上的模式化数据分析能够解决的问题过于单一，通过大数据找到数据之间的关联，可以获得更有价值的医疗信息。

2. 移动医疗时代盈利模式的转变

对于厂商来说，硬件销售将不再是盈利的唯一来源，如何获得用户认可、持续提供数据，并根据用户数据给出个性化的改善建议，吸引用户持续付费才是持续利益的源泉。硬件要更舒适、更方便、更小型化、更无感化，同时集成更多的传感器，数据来源将越来越丰富。数据分析服务将利用更多种类的数据来交叉分析，让平台融入用户日常生活，无须干预就能把重要的生理活动描绘出来。

用全新的分析方式去看数据，不再对单一数据进行解读，而是对连续数据的波动性规律进行分析并寻找异常，分析的基础不再是单点的体征值而是体征的变化规律。通过可穿戴移动医疗设备结合大数据的分析模型，就有机会在形成病症之前发现体征节律的异常并及时介入调整，避免疾病的形成。

因此，在移动医疗体系中，药品研发方和药品商业方都需要或多或少地跟移动应用开发和运营建立联系，大型企业会直接成立自身的移动应用研发团队，直接参与到药品研发和医疗管理之中。完整的移动医疗产业链结构如图 11-13 所示，其中也包括大数据服务商和云计算服务商，主要承担移动医疗中数据分析处理的职责。

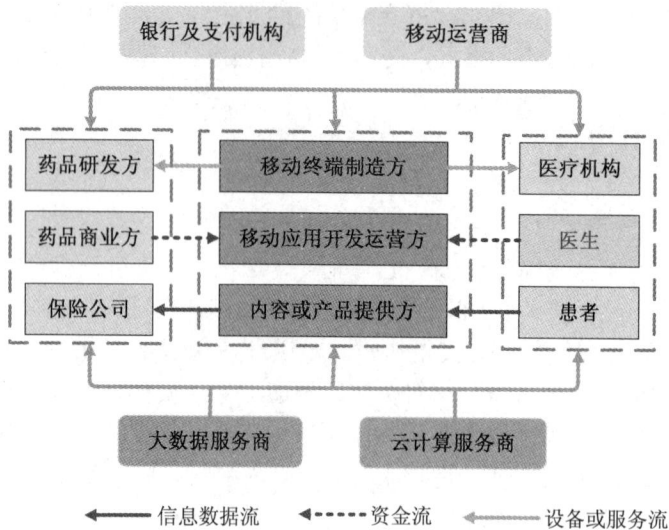

图 11-13　移动医疗的产业链结构

在这种以数据为主体的移动医疗体系格局之中，数据处理能力的高低和研发能力的强弱决定了企业在移动医疗产业链中的地位，因此，具有较强研发能力的互联网企业异军突起，纷纷参与到医疗领域，并进行了各自的战略布局。以下列举一些典型的代表。

(1) **阿里**：全面启动药店 O2O，圈地医药零售，布局"未来医院"，改变就医模式。

(2) **腾讯**：推出"智慧医疗"项目，附加预约挂号、医患沟通、电子报告、支付账单等功能。打造大健康管理平台。

(3) **百度**：开设健康、医生、dulife 三个自主板块，分别对应医院、医生和硬件。并同时对移动医疗电商好大夫进行投资。

(4) **春雨医生**：打造"线上+线下"全流程就医服务，通过线上咨询+线下就医的方式为会员提供持续的健康管理。

(5) **好大夫**：国内最大的从事医疗健康的网站和医疗分诊平台。

(6) **挂号网**：目前国内医联平台的典型代表。

3. 移动医疗发展中存在的问题

虽然移动医疗行业的发展拥有令人振奋的潜力，但是在医疗保健领域的无线技术革命还存在着一些障碍。首先，在监管方面，移动医疗设备技术正在飞速发展，超越了我们把所有潜在后果都考虑周全的能力，所以在监管指导上仍存在一定的滞后。移动医疗受阻的主要因素包括：

(1) **医疗界过时的政策**。比如 HIPAA 协议(病人数据的隐私权和医生护士的保密义务)，很多移动健康公司因此望而止步。

(2) **文化差异**。许多诊所拒绝病例记录数字化时代的来临，医生护士们依然习惯拿着纸和笔做记录。

具体而言，目前推行医疗无线化主要有经济因素和法律、政策因素。① 经济因素：医疗知识的正确性、费用的有效性、操作费用、要求是否合理、需要科技专家的支持、底层结构。② 法律、政策因素包括优先权问题、政策问题、合法性问题等。

从移动医疗行业领域来看，目前也存在以下问题：

(1) **产业链竞争激烈，同质化现象严重。** 因为移动医疗产业链中缺乏绝对的领先者，所以导致产业链中各厂商的主导权争夺。移动医疗产品、服务同质化现象严重，各厂商都在不断探索如何差异化来避免被复制。移动医疗厂商在发展模式上还处于探索的阶段。

(2) **用户的使用习惯以及付费意愿尚未养成，对移动医疗的依赖性还较低。** 由于用户的付费习惯尚未形成，移动医疗厂商在实现盈利模式时困难重重。智能健康设备的用户黏度较低，大多数用户尚未形成使用习惯。传感器采集数据的准确性方面有待观察。

本 章 小 结

本章介绍了移动医疗的概念及其发展趋势。与传统医疗体系相比，移动医疗体系的出现和发展有其必然性和迫切性，也是国家大力支持和鼓励发展的重点领域。移动医疗技术不仅在医院等领域获得应用，同时也延伸到药店、社区、家庭等诸多领域。引领移动医疗领域的发展不仅有技术因素，同时也包括盈利模式与方式。

练 习 题

1. 以下哪些属于移动医疗 APP 可以具备的功能？（　　　）
A. 寻医问诊　　　B. 预约挂号　　　C. 购买医药产品　　　D. 护士移动查房
2. 国家为何要实行多点执业、鼓励分级诊疗政策？
3. 传统医疗体系中的数据孤岛现象是什么？举例说明它是怎样形成的。
4. 移动医疗的优点有哪些？请分别加以说明。

第十二章　企业移动商务应用

【学习目标】

- 了解企业移动商务的主流应用，包括移动 OA、移动供应链管理、移动物流、移动营销和移动售后服务；
- 把握企业移动商务的特点和优缺点。

【引例】

企业移动商务应用概述

企业应用移动电子商务，就是借助以无线通信为主的连接方式，不仅使员工可以使用移动终端随时随地接入企业的信息系统之中，也为企业提供了一个随时随地做生意的机会，同时还为企业提供用户业务与管理移动化服务。根据近日对全国几大城市企业的调查，58%的企业希望尝试应用无线互联技术进行商务活动，但仅有 2%的企业使用过且感觉效果不错。这说明已经有大多数企业开始了解无线互联并产生兴趣，但目前的应用太少。

部署移动电子商务应用的用户中，OA 系统是用户部署最多的，49.2%的用户部署了移动办公系统，36.1%的用户部署了移动 CRM 系统，31.1%的用户部署了移动 ERP 系统。另外，还有 19.7%的用户定制了行业移动电子商务解决方案。移动电子商务的行业市场分布较均衡，这说明整个行业都有不同程度的移动电子商务需求。在部署了移动电子商务应用的用户中，政府行业的用户占 36.1%，制造业用户占 32.8%。流通、金融、娱乐和物流行业也是目前移动电子商务的主要行业市场。

在对未来实现移动应用的系统调查中，52.7%的被调查独立软件供应商与系统集成商认为，企业移动应用的主要系统是 CRM 系统，而目前企业移动应用主要集中于 OA 系统。但现在 CRM、ERP 和 SCM 移动应用的需求上升趋势明显。与 OA 系统相比，CRM、ERP等系统与企业核心业务结合更紧密，系统相对更复杂。企业对移动电子商务的需求将向企业应用系统的纵深发展。

第一节　移动办公系统

一、移动商务在企业领域的应用

企业作为国民经济的细胞，是市场经济活动的主要参与者，是社会生产和流通的直接承担者，也是推动社会经济技术进步的主要力量。将移动电子商务应用于企业的日常运作，改善企业经营管理水平是时代的需要和历史的必然。

企业应用移动电子商务，就是借助以无线通信为主的连接方式，使员工可以使用移动终端随时随地接到企业的信息系统之中。移动电子商务为企业提供了一个随时随地做生意的机会，同时为企业提供业务信息和管理移动化服务。

从大的分类来看，企业移动商务应用包括 OA(Office Automation，办公自动化)、CRM(Customer Relationship Management,客户关系管理)、ERP(Enterprise Resource Planning,企业资源计划)等几个类别。

二、移动办公系统的由来与发展

1. 新一代办公模式——移动办公

我国有近 4000 万家企业，中小企业约占 97%，仅有 5%的中小企业建设了 OA 办公系统。以往大部分构建有 OA 系统的企业 OA 也只局限于 PC 端办公，无法满足企业随时随地进行办公业务的需求。

移动 OA 即移动办公化，又称"3A 办公"，即办公人员可在任何时间、任何地点处理与业务相关的任何事情，是传统办公模式、办公自动化模式之后的新一代办公模式。

移动终端、无线网络及企业的办公自动化系统有机结合，将办公人员从办公室解放出来，摆脱时间和空间的束缚。移动办公的出现，有助于解决企业传统纸上办公效率低下的问题，同时更有利于企业人员的交流与互动，有利于增强企业对各类紧急事件和突发性事件的处置能力。同时对于应对企业有时会出现的工作地点不固定、人员流动等问题也有良好的支持作用。

移动办公的发展大致经历了三个阶段。第一阶段的移动办公属于离线式移动办公。20世纪 90 年代，人们会带着笔记本到任何地方继续工作，信息的交换是通过回到办公室后同步来实现。第二阶段采用了有线移动办公的方式，外出人员直接利用有线连接，借助 VPN提供的安全通道可以安全地接入提供商和运营商提供的网络,实现有线的移动办公。图 12-1给出了这种有线移动办公的一个示例，其中移动客户可以通过在互联网上利用 Ipsec 安全通道建立起 VPN，从而与总公司用户 2 建立起安全连接，即便二者物理上都是采取有线的方式连接互联网。

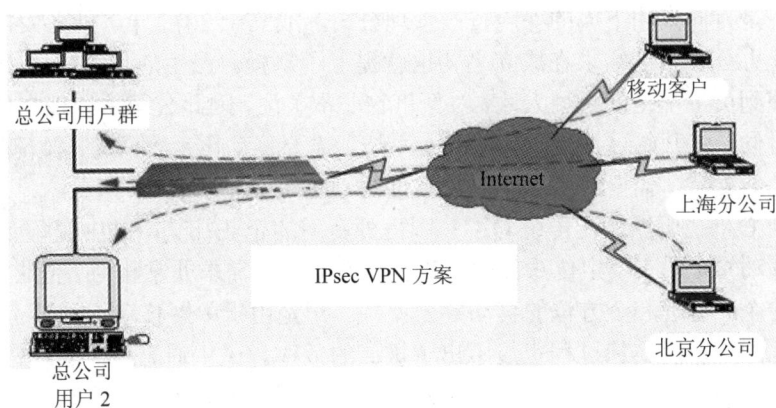

图 12-1　有线移动办公方式中采用 VPN 建立起安全连接

第三阶段的移动办公方式为无线移动办公。由于 CDMA、GPRS 等技术的普及，为移动办公带来了质的飞跃，为移动办公提供了无线移动通信平台。当前的 4G、5G 网络则大大提升了移动办公网络的带宽，使得很多对网络通信效率要求很高的应用都得以发展。

2. 移动办公系统的应用

移动办公系统将移动通信元素与协同办公系统有机结合，可以进行日常办公、信息查看、内部通信等，还能实现信息沟通和资源共享，尽量节省投资。从产品特性上看，移动OA系统更具随时随地办公的管理理念。移动OA系统支持 iPad、iPhone、Android 这些主流的移动终端操作系统，结合移动设备的特色，如信息推送、信息同步等，推出查看待批文件、查看已批文件、信息管理、公文查看、邮件、工作汇报、网上调查、联系人同步、安全访问控制、消息推送等强大功能，同时还引领出手机邮件、手机阅读、手机微博等全新的体验。事实上，优质的移动OA系统并不是传统OA办公系统的衍生物，也不是手机的附属品，而是与智能手机深度融合，专为移动办公创造的新系统。

移动OA办公的核心意旨就是在时间和空间上解放员工，快速提升企业集团管理水平，提高企业核心竞争力，合理规划利用时间，把空间消耗成本降到最低，充分发挥员工的主观能动性。

移动OA办公系统在新一代智能移动OA软件领域开拓了一片新天地，同时也将人们从桌面办公的方式中解放出来，拓展了办公空间，使员工处理公务时不再受到时间和地点的限制，既提高了办公效率，又减少了办公成本。同时，移动OA具有很高的安全性，从发送通道(专有通道)、信息内容(内容加密)、系统后台(软硬件防火墙部署等)等多个方面保证客户网络和信息安全，同时每个企业有自己单独的信息中心，彼此独立，不会造成多个集团信息的混淆和相互影响。站在客户角度考量客户所需，提升企业集团竞争力、执行力，是各大OA厂商需要努力的方向。眼下移动互联深入人心，相信在各大OA厂商的协作努力下，移动OA必定能帮助企业管理更上一层楼。

随着全球智能手机的普及，手机逐渐趋向全球移动办公。企业的经营者外出开会、参加订货会、会见客户的时间越来越多，随时随地处理公文、合同、审批、通知、公告、通讯录，也是商家竞争的一个领域。

3. 成功案例

民生通惠是万向集团下属的保险资产管理公司，成立于2012年，业务发展非常迅速，对企业信息化办公平台的需求在成立之初也就提上了日程。民生通惠虽是一个金融公司，但是从总经理到员工都是创新型人才，对新事物非常关注，因此公司总经理在最初提出OA体系建设的时候，就开始寻找新一代的OA系统，需要移动化、数据化、微博化、微信化，还需要分析功能支持，需要一个"全媒体"型的OA。

中网移动OA之所以能在传统OA和国内外新型的企业社交产品中脱颖而出，主要还是因为中网移动OA的三个定位跟民生通惠公司对OA的需求非常相似：企业社交化协作、流程加数据的企业管理和全方位的移动办公支持。正是由于中网移动OA产品和民生通惠需求的高度匹配，所以实施过程也显示出了极高的效率。民生通惠有一套非常完备的业务流程图，涉及100多项的流程，而通过中网移动OA提供的强大的可视化流程设计器，仅仅用了3天就完成了所有流程的设计，并同步在PC端和移动端上线运行；而对IT人员的使用培训仅仅用了半天，创造了流程实施速度的新里程碑。

随着微软、谷歌、阿里等耳熟能详的公司均推出各自的移动办公解决方案，移动办公系统的应用更为普及。

第二节　移动供应链与物流管理

一、供应链与供应链管理

供应链最早来源于彼得·德鲁克提出的"经济链"，后经由迈克尔·波特发展成为"价值链"，最终演变为"供应链"。 如图 12-2 所示，企业的供应链是将供应商、制造商、分销商、零售商及最终用户连成一个整体的网状连接模式。供应链围绕核心企业，通过对信息流、物流、资金流的控制，从采购原材料开始，制成中间产品以及最终产品，最后由销售网络把产品送到消费者手中。

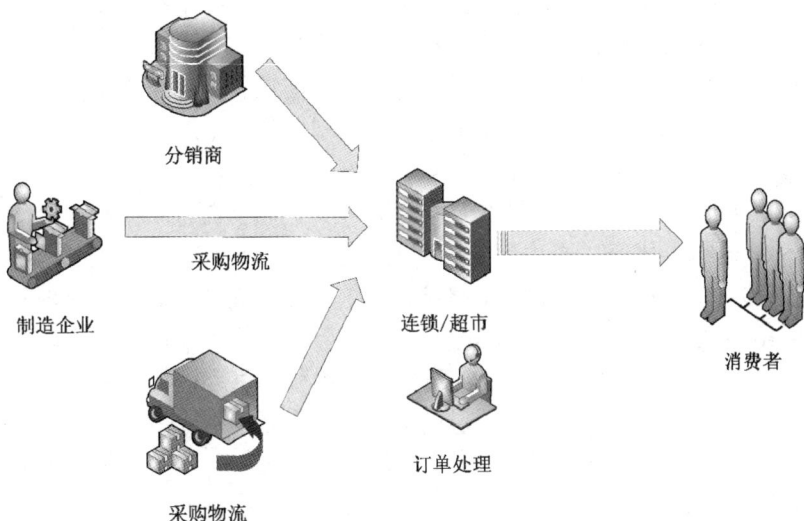

图 12-2　企业的供应链

供应链管理是指使供应链运作达到最优化，以最小的成本，令供应链从采购开始，到满足最终客户需求的所有过程。

供应链管理系统(SCM)是基于协同供应链管理的思想，通过与信息系统紧密配合，做到供应链中各环节的无缝链接，形成物流、信息流、业务流、商流和资金流五流合一的企业运作模型。SCM 系统最初是由 ERP 发展起来的，它是对物流、信息流、资金流进行计划、组织、协调与控制，使其成为一个无缝的过程。SCM 覆盖了供应链上的所有环节，加强了对供应链上企业的协调和企业外部物流、资金流、信息流的集成，弥补了 ERP 的不足。

与企业 OA 办公系统相比，供应链管理系统(Supply Chain Management，SCM)可以帮助企业实现整个业务运作的全面自动化，即整体供应链可视化、管理信息化、整体利益最大化和管理成本最小化。

二、移动供应链管理系统

1. 移动供应链管理系统的功能

移动供应链管理(MSCM)作为移动商务的一种，可以超越时间和空间的限制，对围绕供应、需要某种产品或服务的企业信息资源进行随时随地的管理，最大限度地让更多企业加入供应链系统。

如图 12-3 所示,移动供应链管理系统实现的服务功能主要包括移动数据采集传输服务、移动定位服务、短信调度服务、语音通话服务、信息发布服务、信息查询服务等几个方面。移动数据采集传输服务就是利用通信业专用通信终端、增值服务平台和客户端软件，为企业生产和管理提供相关信息的采集、生产管理信息的下达和查询等功能。移动定位服务通过移动定位功能，为客户提供基于专用或通用通信终端的位置服务。短信调度服务可以通过客户主动定位服务获取车辆或人员等资源信息，将业务调度信息以短信的方式发送到指定的通信终端，实现与终端的信息交互。信息

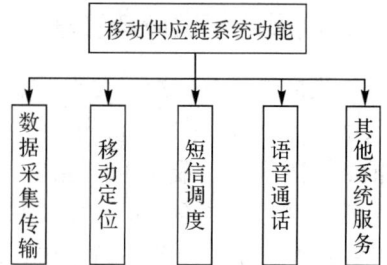

图 12-3　移动供应链系统功能结构

发布服务以短信或数据传输方式主动向通信终端发布信息。语音通话服务利用专用通信终端支持为客户提供语音通话服务。信息发布服务则利用掌上电脑等智能终端提供交互性的信息查询服务，并且可与客户的 ERP 结合推广实施。

在移动供应链管理系统中，如图 12-4 所示，首先，顾客在移动终端提交信息，经由移动通信服务商传输给零售商，再由零售商对这些信息进行处理，并将处理好的信息通过 Internet 发布到移动供应链管理平台上。接下来，供应链管理系统的生产计划子系统通过网络将订单分配给最适合的厂家进行生产，而生产过程中仍然可以依赖于移动供应链管理系统解决可能出现的部件库存不足等问题，也可以利用移动供应链管理系统将厂家在生产过程中的实时更新传递给顾客。最后，厂家将商品通过物流送到顾客或零售商手中。供应链节点企业需要将发布的信息提交到平台，再由平台传输到 Internet 上，集成运营商接收到信息后，进行存储、转化和分离，最后再把分离的信息发送到特定的移动终端上，从而实现供应链上节点企业信息互动。

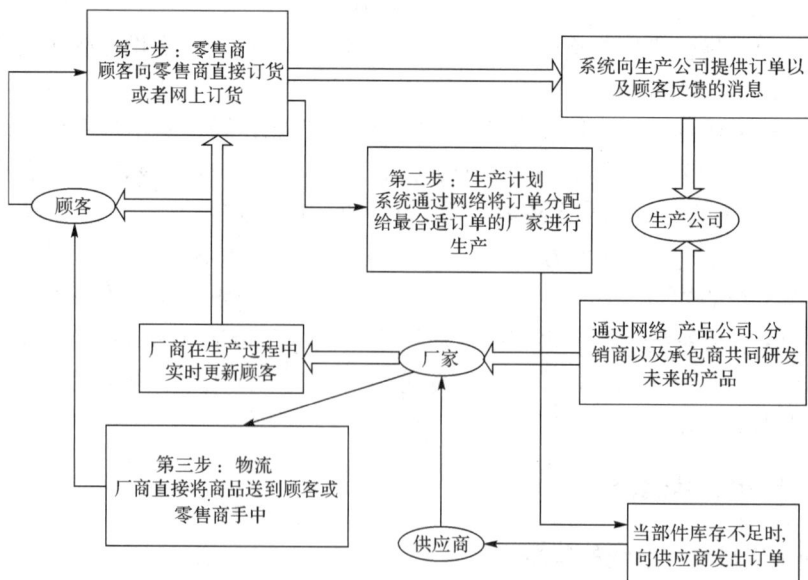

图 12-4　移动供应链管理系统图

移动供应链管理模式主要分三个层次：第一层为用户层，代表实际使用移动供应链管理的用户，包括直接使用移动终端的用户和使用供应链管理平台的企业；第二层为网络层，是移动供应链信息流动的具体通道，包括移动通信服务商、电信网络、集成运营商和 Internet 网络；第三层为系统平台层，实现移动供应链的具体功能并管理整个移动供应链管理系统。因此其建立的业务模型就要从这三层去考虑设计。

集成运营商接收用户的信息后先行存储、转换、整合，然后通过网络发布到移动供应链管理平台，移动供应链管理平台对接收的来自客户的格式化短信，再次进行信息处理、短信调度管理、函件到达短信通知、提供专用短信查询号码、完成短信查询功能等。有些业务(如短信查询)中，用户也可把需求按照格式直接发送到平台，和平台进行数据传输。

2. 成功案例

建筑行业是一个比较复杂的行业，对建筑工程的控制和管理具有相当难度，需要实时监控系统，并且帮助按时完成工程、进行工程预算。采用移动供应链管理的方式，既可以解决固定、大件设备移动的不方便性，又可以让建筑工地的工程师和管理者及时交流信息，使得工程师能及时把图纸、需求报表、每日报告等向总经理报告，从而消除了建筑时空的隔阂，提高了整体作业效率。此外，报表等的电子化节约了大量成本。通过实践，移动供应链管理的应用实现了如下几个目标：

(1) 继承了原来供应链的优点，并拓展了供应链的功能和范围。

(2) 集成的条形码和 PDA 系统的使用，提高了建筑现场信息搜集的效率。

(3) 通过与 Web 的对接，增加了总公司和其他公司、供应商的准时信息获取和无线信息交流。

(4) 提供给建筑工地的工程师以最新数据，以便动态处理和控制工程进度。

除了建筑行业，物流配送、货物存储管理，特别是环保回收物流等方面都需要及时、准确的信息，又由于其分散性强而难于管理，为移动供应链管理提供了广阔的应用空间。

移动供应链管理必须实行严格的实名验证，要把网络的虚拟性尽量具体化，才能增加移动供应链管理的实时性、准确性和可靠性。

此外，移动供应链的建设投资大，如供应链管理平台建设和维护、大型移动软件的开发等，因此需要政府部门和社会各界的支持。

三、移动物流

1. 物流与物流管理

物流的概念起源于 20 世纪 30 年代的美国，原意为"实物分配"或"货物配送"。物流是供应链活动的一部分，是为了满足客户需要而对商品、服务消费以及相关信息从产地到消费地的高效、低成本流动和储存进行的规划、实施与控制的过程。由于物流的特殊地位和作用，同时其管理方式也有很多独特之处，要做到物流调度的最优化，即更高的配送效率、更少的货运支出，往往需要将物流从供应链管理中分离出来单独进行分析和讨论。

对于物流的管理，即物流管理(Logistics Management)，它是指在社会生产过程中，对物流活动进行计划、组织、指挥、协调、控制和监督，使各项物流活动实现最佳的协调与配合。

2. 移动物流及其技术支撑

移动通信技术、微电子技术、计算机技术、计算机网络技术的发展，为物流企业的移动信息化打下了坚实的基础，使现代物流企业从原材料的采购到成品的销售运输以及最终客户的货物配送服务，都能形成一个完整的物流体系来支撑整个商务流程，做到及时精确的物流服务、快速高效的配送流程、低廉的成本费用和良好的客户服务水平。这种新形势下的物流由于以移动通信技术和网络技术为基础，因而被称为移动物流。

物流技术包括硬件技术和软件技术两个方面。随着计算机网络技术的应用普及，物流技术中综合了许多现代技术，如条码(Bar Code)、射频识别(RFID)、地理信息系统(GIS)、全球定位系统(GPS)等。

1) 条码技术

条码技术是为实现对信息的自动扫描、识别而设计的，是将计算机技术应用于物流行业的一种自动识别技术，能实现快速、准确而可靠地采集数据。条码技术为我们提供了一种对物流中的商品进行标识和定位的方法，借助自动识别技术、GPS、EDI 等现代技术手段，企业可以随时了解有关商品的实际多处位置及其在供应链上的阶段，并进行实时的管理和协调。条码可以分为一维条码和二维条码。条码技术在物流行业中的应用有销售商品扫描、库存管理、仓库分货拣选几个方面。

2) 射频识别技术

射频识别(Radio Frequency Identification，RFID)又称电子标签，可通过无线电信号识别特定目标并读写相关数据，而无须识别系统与特定目标之间建立机械或光学接触。RFID 在物流的许多环节发挥了重大的作用，在商品销售扫描、自动库存管理、商品流通检查、配送分货拣选、生产制造环节跟踪方面都具有重要的作用。

3) 地理信息系统

地理信息系统(Geographical Information System，GIS)以地理空间数据为基础，采用地理模型分析方法，实时提供多种空间和动态的地理信息，是一种为地理研究和地理决策服务的计算机技术系统。其基本功能是将表格类型数据转换为地理图形显示，然后对显示结果进行浏览、操作和分析，显示范围可以从洲际地图到非常详细的街区地图，显示对象包括人口、销售情况、运输线路以及其他内容。GIS 应用于物流分析，主要是利用 GIS 强大的地理数据功能来完善物流分析技术。完整的 GIS 物流分析软件集成了车辆路线模型、最短路径模型、网络物流模型、分配集合模型和设施定位模型等。将 GIS 应用于物流管理中，可使物流管理人员方便、快捷、全面地了解各类物流和地理位置有关的信息。

4) 全球定位系统

全球定位系统(Global Positioning System，GPS)是一种先进的卫星导航技术，整个系统由发射装置和接收装置两大部分构成。发射装置主要由若干颗位于地球卫星静止轨道、不同方位的导航卫星构成，通过不断地向地球表面发射无线电波，来提供地面物体的位置信息。接收装置通常安装在需要定位的移动目标(如手机、车辆)上，根据接收到的来自不同方位的导航卫星的定位信号，就可以计算出它当前的经纬度坐标，然后将其坐标信息记录下来或发回监控中心。如图 12-5 所示，以 GPS 技术为核心的物流系统的网络结构图中，车辆携带了 GPS 车载终端，因为定位数据量较小，采用低速率的 GPRS 网络即可满足将 GPS 定位数据传递到监控中心的需要，而监控中心则可以通过 GIS 系统展示出被跟踪车辆位置的变化。

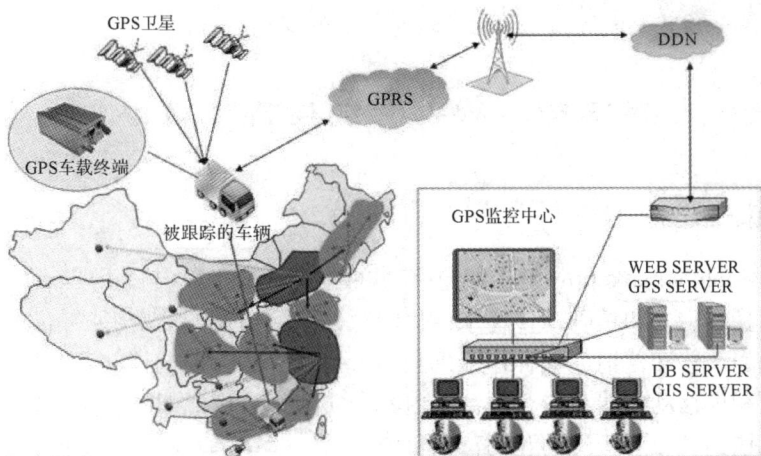

图 12-5　GPS 物流系统

3. 成功案例——绿蚂蚁的移动在线物流搜索服务平台

我国快递业发展速度较快，产业规模已经很大，产业内的竞争十分激烈，服务态度、信息技术和规范管理有待改善。绿蚂蚁快递搜索平台是移动物流的成功案例。绿蚂蚁快递搜索平台之所以选择做行业垂直搜索平台一方面传统的快递服务中，许多人并没有享受到应有的专业快递服务，大部分的订单是在线下不透明的情况下，消费者作出的被动选择，进行沟通询价的时间成本也很高，这主要是传统的快递行业"多、散、乱"现象，使得服务者质量参差不齐，订单分散，层层转包，影响了快递服务的质量和效益。到了互联网快递的时代，把碎片化的信息聚合起来，使大众享受到应有的专业的快递服务。

绿蚂蚁平台与绿蚂蚁快递 APP，主要功能包括快递单号查询、在线发快递、查找附近的快递员、查找附近的快递网点；快递员也可通过"绿蚂蚁快递"配置收派件时间安排、收派件楼宇，提高日接单量，是快递员必备的一款手机应用。

(1) **在线寄件**。在线下单发快递，用户只需轻轻一点，便能实现在线寄件，并能根据快递价格、收件时间、派送时效等方面货比三家，选择最优的快递公司。自动定位到所在位置，输入目的地即可搜索出所在楼宇附近的快递员及快递网点，可根据价格、时效、服务、快递员到达时间等进行精确筛选，开通运单跟踪提醒功能。

(2) **快递单号查询**。快递单号查询功能，涵盖了主流快递物流行业(EMS、顺丰、申通、圆通、韵达、龙邦等)单号信息的查询跟踪，可轻松掌握快递在途中的实时动态。

(3) **快递网点查询**。绿蚂蚁已经收集了全国 20 多万家快递网点的信息和联系电话、快件派送范围等，并与多家快递公司达成战略合作，实现网点数据的同步，不断地丰富快递网点数据，为用户提供更精确的网点信息。

(4) **附近的快递员**。自动定位查找周边的快递员，一键拨打发件电话，预约上门收件。

绿蚂蚁移动在线物流搜索平台(绿蚂蚁网)通过强大的搜索功能为用户提供物流业务的搜索、比较与推荐服务，为物流服务的提供者和使用者搭建起便捷的信息交互平台，使其成为物流公司主要的销售渠道，普通用户与中小企业寻找物流服务的最佳搜索平台，也是物流行业重要的一个媒体平台。其快递产品的功能包括快递和物流网点的寄件单号信息查询、在线发快递、附近网点及快递员、服务信息查询等信息的深度搜索。使用户随时随地体验移动在线物流搜索并享受优质保障服务，是绿蚂蚁移动在线物流搜索平台的使命。

第三节　移动营销与售后服务

一、移动营销概述

移动营销(Mobile marketing)是指面向移动终端(手机或平板电脑)用户，在移动终端上直接向分众目标受众定向和精确地传递个性化即时信息，通过与消费者的信息互动达到市场营销目标的行为。移动营销早期称作手机互动营销或无线营销。移动营销是在强大的云端服务支持下，利用移动终端获取云端营销内容，实现把个性化即时信息精确有效地传递给消费者个人，达到"一对一"的互动营销目的。移动营销是互联网营销的一部分，它融合了现代网络经济中的"网络营销"(Online Marketing)和"数据库营销"(Database Marketing)理论，亦为经典市场营销的派生，是各种营销方法中最具潜力的部分；但其理论体系才刚刚开始建立。

移动营销是基于定量的市场调研，深入地研究目标消费者，全面地制定营销战略，运用和整合多种营销手段，来实现企业产品在市场上的营销目标。无线营销是整体解决方案，它包括多种形式，如短信回执、短信网址、彩铃、彩信、声讯、流媒体等。而短信群发只是众多移动营销的手段之一，是移动营销整体解决方案的一个环节。

移动营销的目的非常简单：增大品牌知名度，收集客户资料数据库，增大客户参加活动或者拜访店面的机会，改进客户信任度和增加企业收入。

移动营销和群发短信最大的区别在于：

(1) **目标受众**。移动营销发送短信或彩信的首要对象是企业的潜在或意向客户、老客户，营销才能有比较正常的反馈效果。而短信群发，基本属于盲目发送，导致信息成为绝大多数用户手机中的垃圾短信。

(2) **信息发送对象**。营销要有监测和评估绩效，短信群发出去后无法监测到最终的营销结果，只能靠等用户主动上门询问，这种方式显然无法客观统计反馈效果。真正的移动营销，应该在制定了完善的营销策略之后，有能够落地的监测反馈手段，如发送优惠券到用户手机，用户消费时只需识别手机上的二维码图片，消费记录便会被记录进系统后台，使营销的流程形成闭环，商家便可以很好地监控管理促销活动的效果。

二、移动营销的运行模式与策略

1. 移动营销的模式

移动营销的模式，可以用"4I 模型"来概括，见图12-6，即分众识别(Individual Identification)、即时信息(Instant Message)、互动沟通(Interactive Communication)和我的个性化(I Personality)。

(1) **分众识别**(Individual Identification)。移动营销是基

图 12-6　4I 模型

于手机进行一对一的沟通。由于每一部手机及其使用者的身份都具有唯一对应的关系，并且可以利用技术手段进行识别，所以能与消费者建立确切的互动关系，能够确认消费者是谁、在哪里等问题。

(2) **即时信息(Instant Message)**。移动营销传递信息的即时性，为企业获得动态反馈和互动跟踪提供了可能。当企业对消费者的消费习惯有所觉察时，可以在消费者最有可能产生购买行为的时间发布产品信息。

(3) **互动沟通(Interactive Communication)**。移动营销"一对一"的互动特性，可以使企业与消费者形成一种互动、互求、互需的关系。这种互动特性可以甄别关系营销的深度和层次，针对不同需求识别出不同的分众，使企业的营销资源有的放矢。

(4) **我的个性化(I Personality)**。手机的属性是个性化、私人化、功能复合化和时尚化的，人们对于个性化的需求比以往任何时候都更加强烈。利用手机进行移动营销也具有强烈的个性化色彩，所传递的信息也具有鲜明的个性化。

2．移动营销的策略

"产品、价格、渠道、促销策略"四大营销组合策略被概括成 4P，是美国营销学者麦卡锡教授提出的市场营销理念，意味着以适当的产品、适当的价格、适当的渠道和适当的传播促销为推广手段。如图 12-7 所示，产品策略和价格策略分别为 product 和 price，place 指渠道分销策略，promotion 则包括了广告、公关、销售促进和人员推销在内的所有促销策略。4P 组合策略本来是以消费者为导向和满足消费者需求为前提的，其中的 promotion 也非常强调互动沟通和以消费者为中心进行沟通。

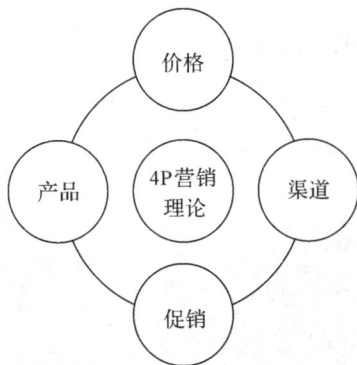

图 12-7　4P 营销理论

4C 理论是由美国营销专家劳特朋教授在 1990 年提出的，是以消费者需求为导向，设定了市场营销组合的四个基本要素，即消费者(Customer)、成本(Cost)、便利(Convenience)和沟通(Communication)。它强调企业首先应该把追求顾客满意放在第一位，产品必须满足顾客需求，同时降低顾客的购买成本，产品和服务在研发时就要充分考虑客户的购买力，然后要充分注意顾客购买过程中的便利性，最后还应以消费者为中心实施有效的营销沟通。4P 是营销的策略和手段，而 4C 则属于营销理念和标准。如图 12-8 所示，4C 所提出的"满足消费者需求，降低消费者购买成本，购买便利性，营销沟通"是一种营销理念和理想的营销标准，而 4P"产品、价格、渠道、沟通与促销"则是一种营销策略和手段。4C 所提出的营销理念和标准最终还是要通过 4P 的策略和手段来实现的。比如要提升消费者购买的便利性(Convenience)就要通过渠道策略(Place 策略)来完成，要满足消费者需求(消费者 Customer)，要通过产品策略、广告公关等促销策略才能达成。如路易威登的包要满足消费者追求奢华的需求，以非常考究的用材和经典的设计形成产品策略，以顶尖的甚至超五星的终端装修和巨星云集的公关活动来传播品牌的档次和品位。可见，4P 与 4C 不是矛盾和对立的，4C 只是特别强调了消费者需求和双向互动沟通的重要性。

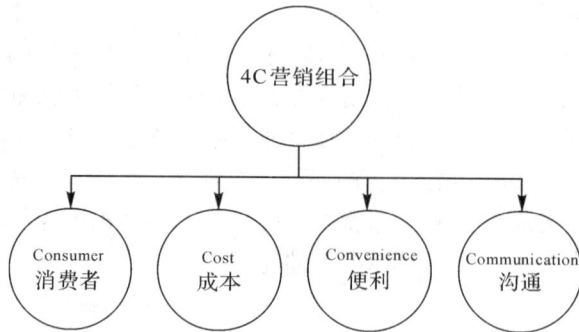

图 12-8　4C 营销理论

　　综上所述，4I 营销模型强调了与消费者的互动式营销，通过对消费者个性和特点的识别进行精准营销。4C 是营销理念和标准，4P 是营销的策略和手段，属于不同的概念和范畴。4C 所提出的营销理念和标准最终还是要通过 4P 为策略和手段来实现的。另外，4P 是站在公司角度来说的，而 4C 则是站在消费者角度来说的，其实二者是对同样事情的不同角度的描述，本质上都是为了满足需求。

三、成功案例——耐克"Chalkbot"

　　虽然耐克的 Chalkbot(粉笔机器人)与最近的一些 campaign 相比，已经不再新鲜，但它仍是一个通过手机增加用户参与度的好例子。耐克在环法自行车的活动路线中用粉笔写下来自世界各地的私信，如图 12-9 所示。

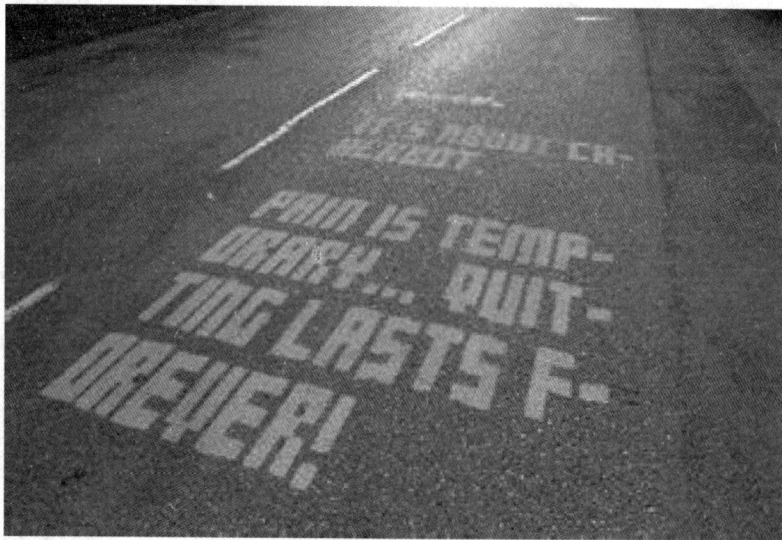

图 12-9　粉笔机器人在马路写字

法国人用粉笔将自己喜爱的环法运动员名字写在马路上，以示支持。Chalkbot(粉笔机器人)自动地将人们发来的消息用粉笔写在环法路线上，其实是 Lance Armstrong Livestrong 抗癌行动的一部分。这场运动的目的是通过写下自己的希望，支持和坚持不懈的话语，来鼓励参加比赛的运动员们表现得更加出色。当 Chalkbot 在地上写下消息后，会给地面照一张照片，加上时间和 GPS 定位信息，再把这些信息传给用户。

四、移动售后服务

1. 售后服务对企业的意义

售后服务是企业提升信用、获得用户忠诚度的重要途径，也是企业的成本控制重点。企业通过提高售后服务运营水平，尽可能地缩短客户请求响应的时间，提高客户满意度。

移动售后服务利用无线移动技术实现企业本部、外勤工作人员和服务现场三者之间的无缝连接，提高了派工的效率和准确率，降低单位服务成本以及平均服务成本，加强了对外勤服务人员的管理，外勤服务人员可以及时与企业本部沟通，了解库存配件和产品情况，并远程获得公司的技术支持，为公司全程监控移动售后服务提供了可能。

2. 移动售后服务的功能与收益

1) 移动售后服务的功能

移动售后服务应包含的具体功能如图 12-10 所示。

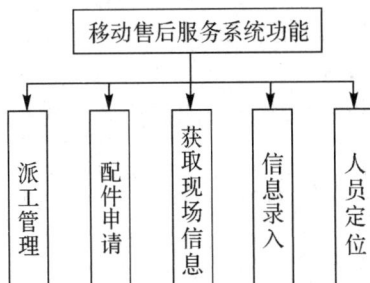

图 12-10　移动售后服务系统功能

(1) **派工管理**。外勤工作人员随时接受公司下达的派工单，并进行安排处理。当客户通过售后服务电话将售后服务要求提交给公司后，公司服务管理人员将通过后台系统进行服务信息的登记，并根据外勤服务人员的实时服务地点、任务完成时间等具体情况进行服务派工。当派工信息下发后，外勤服务人员通过移动终端登录信息系统获取到派工信息，并及时地对派工任务进行反馈和安排。

(2) **配件申请**。当外勤服务人员接受派工后，根据客户反馈的情况判断在服务过程中需要使用什么配件并进行配件申请。在申请过程中，外勤服务人员将配件的规格、数量等信息通过系统返回公司，然后等待公司服务人员对配件申请进行审核、发货，省去了外勤服务人员往返领取零部件的奔波，提高单次外出服务的效率。服务结束后，外勤服务人员将服务过程中配件的使用和旧件的返回情况在系统中进行反馈。

(3) **获取现场信息**。在服务过程中，如遇到需要向公司资深技术人员咨询的问题时，外勤服务人员能通过手机终端进行现场拍照，并将照片上传到公司服务器，有助于资深技术人员对问题的分析和记载。服务现场的照片还能对设备当时的作业状况进行记录，对故障责任的划分起到佐证的作用。外勤服务人员在服务完成后，还可以对维修现场进行拍照，记录下此次服务所做的修改和零件更换，传回公司服务器作为备份，并为下次的维护提供参考。

(4) **信息录入**。在服务结束时，外勤服务人员需要将产品的数据信息、服务过程中的故障和现象、服务解决过程步骤，以及客户对服务的评价进行收集，并将收集结果反馈至后台系统。

(5) **人员定位**。为了能合理地对服务请求进行派工，降低服务过程中的服务成本，需要了解外勤服务人员的地理位置。手机终端在开机后，能及时地采集 GPS 数据，并将 GPS 数据传回到服务器，后台程序通过电子地图接口，将经纬度数据转换成具体的地理位置，并能用地图进行轨迹的跟踪。通过掌握外勤服务人员的位置信息，可以方便公司管理人员进行工作和任务的调度，并随时了解售后服务现场的情况。

2) 使用移动售后服务的收益

使用移动售后服务，带来的收益主要有以下几个方面。

(1) **及时有效的派工处理**。面对随时可能出现的客户售后服务诉求，移动售后服务系统可以实时查询所有外出服务人员的分布情况和完成时间，计算出最佳响应服务人员，并向该服务人员的移动终端下达派工单，使用户在最短时间内得到上门服务，实现最高效率的派工，并降低了外出服务人员的交通成本。

(2) **高效的单次外出服务**。通过对服务人员定位，不仅使客户在最短时间内得到上门服务，而且通过移动售后服务系统，服务人员还可以根据此次外出维修的情况，统一在线向公司申请服务需要的零配件，公司管理人员通过系统完成零配件出库，并调度送货人员及时送发零配件，使单次外出服务的完成率大为提高，降低服务执行成本和管理成本。

(3) **完善的现场服务**。使用移动售后服务系统，现场服务人员在遇到疑难问题时，可以通过移动终端在现场拍照，并将照片上传至系统，获得企业自身技术人员的在线支持。同时，服务人员在服务完成后，还可以对维修现场进行拍照，记录下此次服务所做的修改和零件更换，传回公司服务器作为备份，并为下次的维护提供参考。最后，还可以通过高性能的移动终端，实现零配件报价查询，单据打印及发票开具等工作，提供近乎完美的现场服务，并为扩展未来的其他服务提供了可能。

(4) **有助于全面提高售后服务质量**。通过移动售后服务系统，企业可以对外出服务人员和下辖的分级服务合作商的服务质量进行监控，能够随时了解售后服务人员的服务质量和企业分级服务合作商的需求和服务情况，便于改进企业的售后服务质量，提升客户满意度。

(5) **为企业的发展战略提供坚实的基础**。通过移动售后服务系统以往售后服务数据的统计，可以获取丰富的、有价值的业务报表，分析企业产品存在的质量问题以及客户的最新诉求，据此改善企业的产品质量，提供最符合客户要求的产品及服务，为企业的长足发展提供坚实的基础。

3. 成功案例——中国移动客服 10086

中国移动 10086 客户服务热线通过人工、自动语音、短信、传真、E-mail 等方式，24

小时不间断提供有关移动通信的业务咨询、业务受理和投诉建议等专业服务。10086 式呼叫中心网络结构如图 12-11 所示，其中办公区为内部办公网络，生产区则提供基于语音的对外客户服务功能。

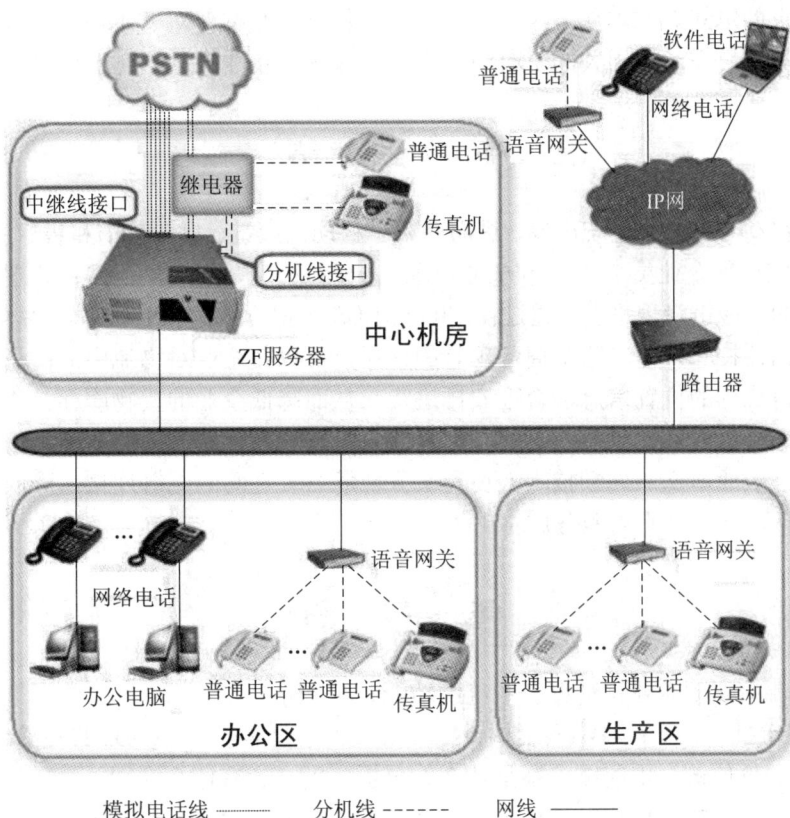

图 12-11　10086 式呼叫中心网络结构

中国移动 10086 自动语音按键提示给客户带来方便快捷的查询服务。

(1) **10086 按键设计与客户诉求分析**。根据 10086 人工服务，将人工服务资料录音并转化为文本形式，提取有效信息。通过对客户查询服务的大数据记载的文本挖掘，10086 客户服务热线会为客户提供更为便捷的服务。

(2) **10086 客户语音服务系统的优势**。在初级菜单中涉及移动公司常用的服务与查询功能，用户可以根据自己的需要进行自助语音服务，对于特殊的业务需求，设置人工服务功能，以保证满足所有的客户需求。

(3) **客户语音服务系统设计的意义**。10086 热线的设立，在满足客户服务需求的同时，增强了客户的体验感，使客户能感觉到使用移动通信的舒适和方便，成为移动通信忠实的客户资源。

文本预处理是指选取任务相关的文本并将其转化成文本挖掘工具可以处理的中间形式，主要包括去除标点和停用词、提取英文词干、中文分词、词频统计，建立特征词条矩阵，训练集和测试集的分隔，特征选择，权重计算和文本表示。而进行文本分类挖掘的最终目的是将语料库文本自动分类，文本自动分类挖掘系统就是根据构建好的分类器把对象文本归到不同的类别。常见的分类器有贝叶斯算法、K 邻近算法、决策树算法、神经网络算法及支持向量机算法。10086 人工服务通过将语音转换成文本形式，然后对文本进行提取，找出相同意思的词语进行预处理，剔除不用的信息数据，对其进行整理，将其转换成可以文本分析的形式。文本属于半结构化或非结构化的数据，对文本内容进行数据挖掘有望从大量的与用户需求不相关的资料中发现更多内在关联性信息，属于知识发现的过程。

本 章 小 结

本章从移动 OA 办公系统出发，进而介绍了移动供应链、移动营销和售后服务等问题。移动 OA 的应用使企业员工的工作方式不再局限于办公室，而移动供应链管理系统一般融合企业已有的供应链管理平台，通过使用 GPS/LBS 等定位技术和射频识别技术，帮助实现整个供应链的监控和管理。移动商务工具的使用，可以使企业对物流中的商品货物进行随时跟踪，获得货物的位置信息，合理安排进货，从而降低企业的货物库存。移动营销可以根据用户的个性、爱好、年龄、工作环境等信息，发送有针对性的商品推销信息。移动售后服务实现了企业本部、外勤技术人员和服务现场三者之间的无缝连接，降低外勤技术人员的单次服务成本以及平均服务成本。

练 习 题

1. 以下哪些属于企业移动办公系统的功能？（   ）
A. 公文审批　　　　　　B. 网上调查　　　　　C. 企业邮箱　　　　D. 订单管理
2. 企业的价值链与供应链分别是什么？分析一下二者有什么区别。
3. 移动营销中的 4P 模式、4C 模式、4I 模式有哪些相同和不同之处？
4. 供应链的五流是指什么？有了供应链管理，为何还要进行物流管理呢？

下篇 实 践 篇

第十三章　移动商务应用开发基础

【学习目标】

- 了解 HTML、CSS 的概念及其与 HTML5 的区别；
- 掌握 DIV+CSS 布局方法；
- 掌握移动网页设计的原理、基本语法及用法规则。

【引例】

HTML5 移动应用开发比赛

2016 年 5 月 16 日，第九届"英特尔杯"全国大学生软件创新大赛暨 HTML5 移动应用开发大赛拉开帷幕。本届大赛积极响应移动互联网的发展趋势，在以往大赛的成功经验上不断创新，鼓励参赛团队使用 HTML5 以及 Open Web Platform 技术进行移动应用软件开发，并引导其在面部识别、语音命令和手势控制等感知计算领域发挥创意，帮助参赛学生提升创新思维和技术应用实践能力。作为教育部示范性软件学院联盟，英特尔冠名支持多年的大型赛事，"英特尔杯"全国大学生软件大赛总参赛高校数过百，总参赛人数过万。大赛亮点、爆点不一而足。中国工程院院士倪光南还亲临现场指导，并被青年大学生的创新激情和创想与创新力所感动，给予赛事高度评价。

此届大赛继续贯彻"学以致用，现学现用"的理念，开放大赛官方网站上的在线学习平台，除为参赛学生提供完整的学习 HTML5 技术的基础及进阶文档外，还有英特尔软硬件工程师特别为参赛学生量身定做的在线技术教学视频及经验分享。大赛还开通了官方微博，旨在提供一个平等、开放的交流平台，便于参赛学生及时分享学习心得和参赛体验，同时方便组委会、英特尔技术人员进行在线答疑。

教育部高等学校软件工程专业教学指导委员会秘书长刘强表示："移动应用现在已经成为软件行业的新焦点，未来发展势不可挡。'英特尔杯'全国大学生软件创新大赛对推动软件行业发展、促进软件专业技术人才培养发挥了积极作用，并为国家软件产业输出有创新能力和实践能力的高端人才、提升高校毕业生的就业竞争力作出了贡献。"

第一节　HTML 的基本语法

一、网页开发基础

1. 网页开发的工具

Dreamweaver CS6 是软件厂商 Adobe 推出的一套拥有可视化编辑界面，用于制作并编辑网站和移动应用程序的网页设计软件。由于它支持代码、拆分、设计、实时视图等多种方式来创作、编写和修改网页，因此对于初级人员，无须编写任何代码就能快速创建 Web

页面。Dreamweaver CS6 使用了自适应网格版面创建页面，可使用多屏幕预览审阅设计，大大提高了用户的工作效率。"实时视图"和"多屏幕预览"面板可呈现网页代码，用户能更方便地检查自己的工作。

　　首次启动 Dreamweaver CS6 后的主窗口界面，如图 13-1 所示，如果不想每次启动时都显示该界面，则选中"不再显示"复选框即可。在 Dreamweaver CS6 主窗口中的"文件"菜单中选择"退出"命令，或在 Dreamweaver CS6 被激活状态下，直接按 Alt + F4 组合键，或单击 Dreamweaver CS6 主窗口右上角的"关闭"按钮，都可退出该软件。

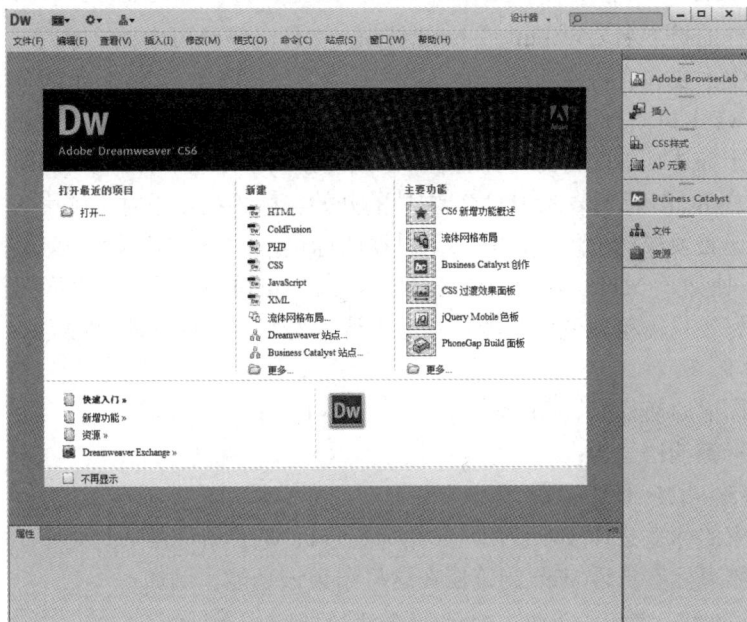

图 13-1　Dreamweaver CS6 主窗口界面

　　在 Dreamweaver CS6 中新建文档时，依次选择"文件""新建"菜单命令，打开"新建文档"对话框，如图 13-2 所示，在"空白页"选项卡内的"页面类型"列表框中选择所要创建的文档类型，在"布局"列表框中选择想要创建的样式，然后单击"创建"按钮即可。

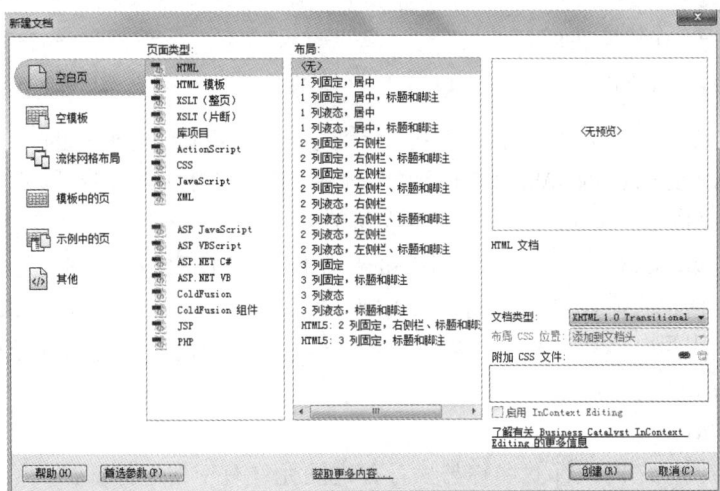

图 13-2　"新建文档"对话框

在 Dreamweaver CS6 中如果要将设计好的文档保存为模板，则依次选择"文件""另存为模板"菜单命令，单击"保存"按钮即可将模板保存在所选择的站点内。

Dreamweaver 可设计网页和展示效果，但不是开发网页的必备选项。有多种可用于网页开发的工具，如 Webstorm、Eclipse、Visual Studio Code、Dreamweaver CS6、Sublime Text、Notepad++、Windows 记事本等。进行网页开发时应结合使用场景及个人习惯灵活选取适当的工具。

2. HTML 文件

HTML 文件的扩展名要以.htm 或.html 结束，文件名中只可由英文字母、数字或下画线组成，文件名中不要包含特殊符号，比如空格、$等。HTML 文件名是区分大小写的，在 Unix 和 Windows 主机中有大小写的不同。网站首页文件名默认是 index.htm 或 index.html。

HTML 用于描述功能的符号称为标签(或"标记")。比如\<html\>、\<head\>、\<body\>等，都是标签，其中\<html\>标签表示 HTML 文档的开始。标签在使用时必须用尖括号"\<\>"括起来，有些标记必须成对出现，以开头无斜杠的标记(如\<html\>)开始，以有斜杠的标记(如\</html\>)结束。比如，\<table\>表示一个表格的开始，\</table\>表示一个表格的结束。

HTML 单标签只需单独使用就能完整地表达意思，这类标签的语法为：

    \<标签名称 /\>

常用的单标记如换行标签\<br /\>，也可简写为\<br\>。

HTML 双标签的语法为：

    \<标签名称\>内容\</标签名称\>

起始和结束的标签必须成对使用。起始标签告诉 Web 浏览器从此处开始执行该标记所表示的功能，结束标签告诉 Web 浏览器在这里结束该功能。例如：

    \<html\> \</html\>, \<head\> \</head\>, \<body\> \</body\>, \<table\> \</table\>

所有标签都要用尖括号(\< \>)括起来，这样，浏览器就可以知道，尖括号内的标签是 HTML 命令。对于成对出现的标记，最好同时输入起始标签或结束标签，以免忘记。采用标签嵌套的方式可以为同一个信息应用多个标签，例如：

    \<tag1\>

        \<tag2\>同一个信息\</tag2\>

    \</tag1\>

HTML4.0 以及之前的版本中，W3C 标准是不区分标签大小写的。 但是在以后的 XHTML 和 HTML5.0 版本中，W3C 明确规定，标签和属性名称必须用小写格式。比如\<head\>不可以写成\<HEAD\>或\<Head\>。任何空格或回车在代码中都无效，插入空格或回车有专用的标签，分别是\ 和\<br\>。因此，不同的标签间用回车键换行再编写是个不错的习惯。标签中不要有空格，否则浏览器可能无法识别，例如不能将\<title\>写成\< title \>。标签中的属性，可以用双引号(" ")引起来，也可以不引。比如，下面的两种写法都是正确的：

    \<hr color=red\>

    \<hr color="red"\>

标签名称与属性之间或标签名称与换行符之间允许有空格，例如：

    \<br\>, \<br/\>, \<br /\>

二、网页基本元素

1. 标题

标题(Heading)是通过 <h1>～<h6> 等标签进行定义的。<h1>定义最大的标题。<h6> 定义最小的标题，如例 13.1 所示。

例 13.1 标题示例。

<h1>This is h1 heading</h1>

<h2>This is h2 heading</h2>

<h3>This is h3 heading</h3>

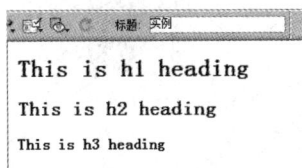

图 13-3 标题的使用显示

例 13.1 的代码在浏览器中的显示如图 13-3 所示。

浏览器会自动地在标题的前后添加空行。默认情况下，HTML 会自动地在块级元素前后添加一个额外的空行，比如段落、标题元素前后。标题很重要，需要确保将 HTML heading 标签只用于标题。不要仅仅为了产生粗体或大号的文本而使用标题。搜索引擎使用标题为网页的结构和内容编制索引。因为用户可以通过标题来快速浏览您的网页，所以用标题来呈现文档结构是很重要的。应该将 h1 用作主标题(最重要的)，其后是 h2(次重要的)，再其次是 h3，依此类推。

2. 水平线

在 HTML 网页中，用<hr/>标签在 HTML 页面中创建水平线。hr 元素可用于分隔网页内不同部分的内容，或者是分隔文章中的一个小节，如例 13.2 所示。

例 13.2 水平线示例。

<p>This is a paragraph 1</p>

<hr />

<p>This is a paragraph 2 </p>

<hr />

<p>This is a paragraph 3</p>

例 13.2 的水平线在浏览器中显示的效果如图 13-4 所示。

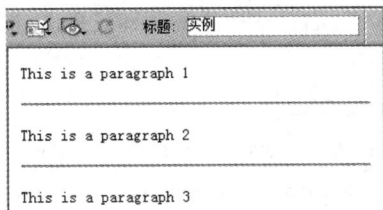

图 13-4 水平线在浏览器中的显示

3. 注释

对于普通 HTML 注释，为了以后便于理解以及不同程序能读懂代码的特殊意义，可以使用 HTML 注释来帮忙，起说明、注解、备注作用。普通的 HTML 注释格式如下：

<!-- html 注释的内容 -->

在 Dreamweaver 中为 HTML 文件编写的注释，在浏览器中不会显示出来(见图 13-5)。

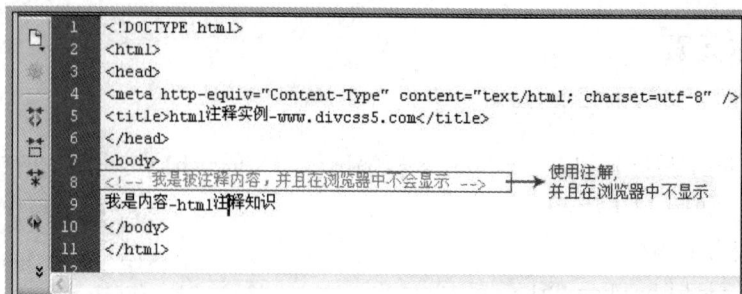

图 13-5　HTML 的注释在浏览器中不显示

在 HTML 文档中也可以使用条件注释，其目的是让不同浏览器能根据条件读取所能识别的条件内容。如例 13.3 所示的条件注释代码可以根据 IE 版本确定网页内容是否显示：

<!--[if IE]>这里是正常的 html 代码<![endif]-->

例 13.3　注释示例。

<h1>您正在使用 IE 浏览器</h1>

<!--[if IE 6]>

<h2>如果 IE 版本是 6，我将被 IE6 浏览器显示</h2>

<![endif]-->

<!--[if IE 7]>

<h2>如果 IE 版本是 7，我将被 IE7 浏览器显示</h2>

<![endif]-->

4. meta 元标签

在一个网页中 meta 标签常常被用作网页关键字、网页介绍、作者、网页编码、robots、自动跳转等声明及说明标签。

(1) 网页显示字符集编码，例如：

简体中文：<meta http-equiv="Content-Type" content="text/html; charset=gb2312" />

中文：<meta http-equiv="Content-Type" content="text/html;charset=utf-8" />

繁体中文：<meta http-equiv="Content-Type" content="text/html; charset=BIG5" />

英　语：<meta http-equiv="Content-Type" content="text/html; charset=iso-8859-1" />

(2) 网页制作者信息，如下所示：

<meta name="author" content="Evance" />

(3) 网页关键字声明(搜索引擎优化地方)，如下所示：

<meta name="keywords" content="abc, xxx, defg, xyz" />

(4) 网页简介说明(搜索引擎优化地方)，如下所示：

<meta name="description" content="简介内容" />

(5) 防止别人在框架里调用页面<meta http-equiv="window-target" content="_top" />。

(6) 自动跳转(此标签用法可以让网页在多少秒后自动从当前页面跳转到另外一个网页或网站)，如

<meta http-equiv="refresh" content="5; url=http://www.domain.com" />

其中 content 后跟值为当前页面在多少时间跳转，url 值为跳转到具体网页网站。

(7) 网页告诉搜索机器人向导对此网页操作(用来告诉搜索机器人哪些页面需要索引，哪些页面不需要索引)，如

<meta name="robots" content="all" />

其中 content 的参数有 all、none、index、noindex、follow、nofollow，默认是 all。如果在一个页面不加入此标签默认情况下 content 为"all"，意思是搜索并收录抓取爬行此网页及此网页指向页面。

5. 段落

段落是通过 <p> 标签定义的。一般不使用空的段落标记 <p></p> 去插入一个空行，应使用
 标签代替它。例如：

<p>This is a paragraph</p>

<p>This is another paragraph</p>

在段落中不要忘记结束标签，然而即使忘了使用结束标签，大多数浏览器也会正确地将 HTML 显示出来。下面这个例子在大多数浏览器中都没问题，浏览器显示与例 13.3 相同，但不要依赖这种做法。忘记使用结束标签会产生意想不到的结果和错误。例如：

<p>This is a paragraph

<p>This is another paragraph

通过结束标签来关闭 HTML 是一种经得起未来考验的 HTML 编写方法。清楚地标记某个元素在何处开始，并在何处结束，会使代码更容易理解。

如果希望在不产生新段落的情况下进行换行，需要使用
 标签，如例 13.4 所示。

例 13.4 换行标签的使用。

<p>This is
a para
graph with line breaks</p>

例 13.4 的浏览器显示效果如图 13-6 所示。

 元素是一个空的 HTML 元素。由于关闭标签没有任何意义，因此它没有结束标签。在

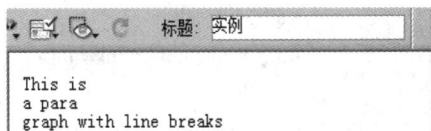

图 13-6　换行标签的使用显示

XHTML、XML 以及未来的 HTML 版本中，不允许使用没有结束标签(闭合标签)的 HTML 元素。即使
在所有浏览器中的显示都没有问题，使用
也是更长远的保障。<p></p>标签也有换行的作用，属于大换行(分段)，而
是强制换行标签。

对于 HTML 被显示的确切效果，屏幕的大小以及对窗口的调整都可能导致不同的结果。当显示页面时，浏览器会移除源代码中多余的空格和空行。所有连续的空格或空行都会被算作一个空格。

三、列表元素

1. 无序列表

无序列表是一个项目的列表，此列项目使用粗体圆点(典型的小黑圆圈)进行标记。无序列表始于<ul>标签。每个列表项始于<li>，列表项内部可以使用段落、换行符、图片、链接以及其他列表等。例如：

<ul>

<li>Coffee</li>

```
        <li>Milk</li>
    </ul>
```
浏览器显示如图 13-7 所示。

图 13-7   浏览器显示的无序列表使用

2. 有序列表

同样，有序列表也是一列项目，列表项目使用数字进行标记。有序列表始于<ol>标签。每个列表项始于<li>标签。列表项内部可以使用段落、换行符、图片、链接以及其他列表等等。例如：

```
    <ol>
        <li>Coffee</li>
        <li>Milk</li>
    </ol>
```
浏览器显示效果如图 13-8 所示。

图 13-8   浏览器显示的有序列表使用

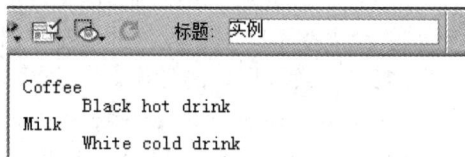

3. 自定义列表

自定义列表不仅仅是一列项目，而是项目及其注释的组合。自定义列表以<dl>标签开始。每个自定义列表项以<dt>开始。每个自定义列表项的内容以<dd>开始。定义列表的列表项内部可以使用段落、换行符、图片、链接以及其他列表等。例如：

```
    <dl>
        <dt>Coffee</dt>
        <dd>Black hot drink</dd>
        <dt>Milk</dt>
        <dd>White cold drink</dd>
    </dl>
```
浏览器显示效果如图 13-9 所示。

图 13-9   浏览器显示的自定义列表使用

详细的列表标签见表 13-1。

表 13-1   列 表 标 签

标 签	描 述
<ol>	定义有序列表
<ul>	定义无序列表
<li>	定义列表项
<dl>	自定义列表
<dt>	自定义列表标题
<dd>	自定义列表内容

第二节   简单的 HTML 网页

一、超链接

1. 何为 URL

链接在网页制作中是一个必不可少的部分，在浏览网页时，单击一张图片或者一段文字就可以弹出一个新的网页，这些功能都是通过超链接来实现的。在 HTML 文件中，超链接的建立是很简单的，掌握超链接的原理对网页的制作至关重要。在学习超链接之前，需要先了解一下"URL"。 URL(Uniform Resource Locator)是指统一资源定位符，是超链接中记录目标地址的内容。URL 通常包括三个部分：协议代码、主机地址、路径和参数，例如：

　　　　http://www.thesite.com/download/index.html

其中冒号前面的部分代表协议，如 http、ftp 等，www.thesite.com 部分为主机地址，可以采用域名或 IP 地址的形式，主机地址后面的部分都属于路径和参数，在此例中为 download/index.html。

2．绝对路径

绝对路径指文件的完整路径，包括文件传输的协议 http、ftp 等，一般用于网站的外部链接，例如：

　　　　http://www.broadview.com.cn

　　　　ftp://219.1541.160

绝对路径是以 Web 站点根目录为参考基础的目录路径。之所以称为绝对，指的是当所有网页引用同一个文件时，所使用的路径都是一样的。

3．相对路径

相对路径是以引用文件之网页所在位置为参考基础建立的目录路径。绝对路径与相对路径的不同之处，只在于描述目录路径时，所采用的参考点不同。由于对网站上所有文件而言，根目录这个参考点对所有文件都是一样的，因此，运用以根目录为参考点的路径描述方式才会被称为绝对路径。以下为建立路径所使用的几个特殊符号，及其所代表的意义：

"." 代表目前所在的目录；

".." 代表上一层目录；

"/" 代表根目录。

其中根路径以"/"开头，后面紧跟文件路径，例如：/download/index.html。

4．建立超链接

HTML 文档中的超链接又称为锚文本或锚链接，具体格式为

　　　　<a href="网址、链接地址" target="目标" title="说明">被链接内容</a>

其中 href 值可以为网址或相对路径。对于网址，网址一定加上 http://+域名。对于相对路径，如 href="/abc/"，代表本站内的锚文本。target 目标值如下：

_blank 表示在新窗口中打开链接；

_parent 表示在父窗体中打开链接；

_self 表示在当前窗体中打开链接，此为默认值；

_top 表示在当前窗体中打开链接，并替换当前的整个窗体(框架页)。

如果 target 不带值，代表在本页父窗体中打开链接。

例 13.5　超链接。

```
<!DOCTYPE html>
<html>
<head>
```

```
    <meta http-equiv="Content-Type" content="text/html; charset=utf-8" />
    <title>html a 锚文本示例</title>
    </head>
    <body>
    <a href="http://www.baidu.com/" target="_blank" title="转到网页">百度</a>
    </body>
    <html>
```

例 13.5 中的网页首部有个<!DOCTYPE html>标识，属于 HTML5 标准网页声明的简洁形式，支持 HTML5 的浏览器见到此标识就知道该网页采用了 HTML5。

二、图像

1. 图像标签

HTML 中的图像由 <img> 标签定义。<img> 是空标签，即只包含属性，没有闭合标签。要在页面上显示图像，需要使用源属性(src)，其值是图像的 URL 地址。具体语法为：

```
    <img src="url" />
```

URL 指存储图像的位置。如果名为"boat.gif"的图像位于 www.thesite.com.cn 的 images 目录中，那么其 URL 为 http://www. thesite.com.cn/images/boat.gif。

浏览器将图像显示在文档中图像标签出现的地方。如果将图像标签置于两个段落之间，那么浏览器会首先显示第一个段落，然后显示图片，最后显示第二段。

alt 属性用来为图像定义一串预备的可替换的文本。替换文本属性的值是用户定义的。

```
    <img src="boat.gif" alt="Big Boat">
```

在浏览器无法载入图像时，替换文本属性告诉读者她们失去的信息。此时，浏览器将显示这个替代性的文本而不是图像。为页面上的图像都加上替换文本属性是个好习惯，这样有助于更好地显示信息，并且对于那些使用纯文本浏览器的人来说是非常有用的。假如某个 HTML 文件包含十个图像，则需要消耗较多时间，因此应慎用图片。

例 13.6 背景图像的使用。

```
    <html>
    <body background="/i/eg_background.jpg">
    <h3>图像背景</h3>
    <p>gif 和 jpg 文件均可用作 HTML 背景。</p>
    <p>如果图像小于页面，图像会进行重复。</p>
    </body>
    </html>
```

图像背景

gif 和 jpg 文件均可用作 HTML 背景。

如果图像小于页面，图像会进行重复。

例 13.6 的浏览器显示效果如图 13-10 所示。

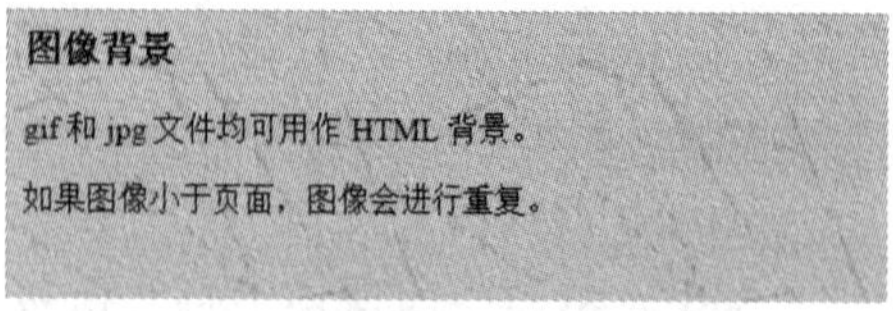

图 13-10 浏览器显示的背景图像的使用

2. 带有可点击区域的图像

<map>标签用于定义带有可点击区域的图像，area 元素嵌套在 map 元素内部，用于定义图像映射中的区域。<img>中的 usemap 属性可引用<map>中的 id 或 name 属性(取决于浏览器)，所以应同时向<map>添加 id 和 name 属性，如例 13.7 所示。

例 13.7 带有可点击区域的图像。

<html>

<body>

<p>请点击图像上的星球，把它们放大。</p>

<img src="/i/eg_planets.jpg" border="0" usemap="#planetmap" alt="Planets" />

<map name="planetmap" id="planetmap">

<area shape="circle" coords="180, 139, 14" href ="/example/html/venus.html"

  target ="_blank" alt="Venus" />

<area shape="circle" coords="129, 161, 10" href ="/example/html/mercur.html"

  target ="_blank" alt="Mercury" />

<area shape="rect" coords="0, 0, 110, 260" href ="/example/html/sun.html"

  target ="_blank" alt="Sun" />

</map>

<p><b>注释：</b>img 元素中的 "usemap" 属性引用 map 元素中的 "id" 或 "name" 属性(根据浏览器)。</p>

</body>

</html>

例 13.7 的浏览器显示如图 13-11 所示。

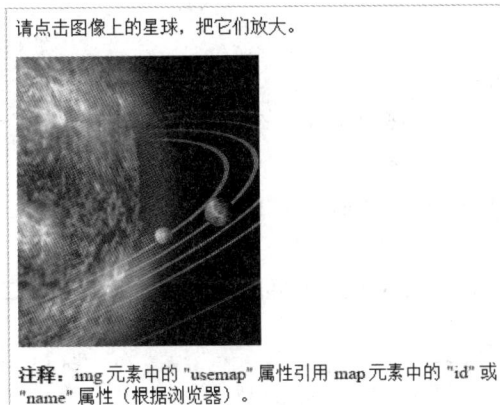

图 13-11　浏览器显示的带有可点击区域的图像

三、表单

表单是一个包含表单元素的区域。表单元素是允许用户在表单中(文本域、下拉列表、单选框、复选框等)输入信息的元素。表单使用表单标签(<form>)定义。格式如下：

<form>

...

　　input 元素

...

</form>

多数情况下被用到的表单标签是输入标签(<input>)。输入类型是由类型属性(type)定义的。大多数经常被用到的输入类型如下。

1. 文本域(Text Fields)

当用户要在表单中键入字母、数字等内容时，就会用到文本域。例如：

```
<form>
    First name: <input type="text" name="firstname" />
    <br />
    Last name: <input type="text" name="lastname" />
</form>
```

First name　[　　　　　　]
Last name　[　　　　　　]

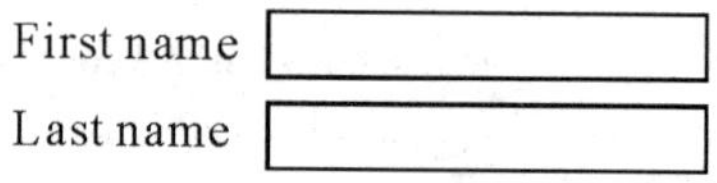

图 13-12　浏览器显示的文本域

浏览器显示如图 13-12 所示。

注意，表单本身并不可见。同时，在大多数浏览器中，文本域的缺省宽度是 20 个字符。

2. 单选框(Radio Buttons)

当用户从若干给定的选择中选取其一时，就会用到单选框。例如：

```
<form>
    <input type="radio" name="sex" value="male" /> Male
    <br />
    <input type="radio" name="sex" value="female" /> Female
</form>
```

● Male
● Female

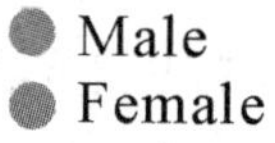

图 13-13　浏览器显示的单选框

浏览器显示如图 13-13 所示。

3. 复选框(Checkboxes)

当用户需要从若干给定的选择中选取一个或若干选项时，就会用到复选框。例如：

```
<form>
    <input type="checkbox" name="bike" /> I have a bike
    <br />
    <input type="checkbox" name="car" /> I have a car
</form>
```

☐ I have a bike
☐ I have a car

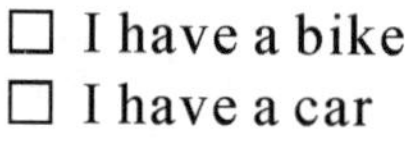

图 13-14　浏览器显示的复选框

浏览器显示如图 13-14 所示。

4. 表单的动作属性(Action)和确认按钮

当用户单击确认按钮时，表单的内容会被传送到另一个文件。表单的动作属性定义了目的文件的文件名。由动作属性定义的这个文件通常会对接收到的输入数据进行相关处理。例如：

```
<form name="input" action="html_form_action.asp" method="get">
    Username:
    <input type="text" name="user" />
    <input type="submit" value="Submit" />
</form>
```

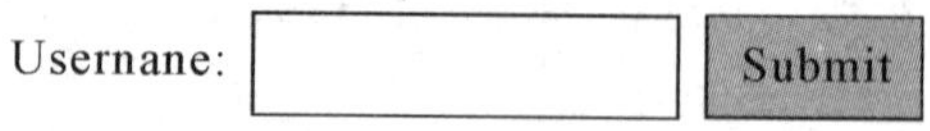

Usernane:　[　　　　　] 　Submit

图 13-15　浏览器显示的表单

浏览器显示效果如图 13-15 示。

假如在图 13-15 的文本框内键入几个字母，然后点击确认按钮，那么输入数据会传送到 "html_form_action.asp" 的页面。该页面将显示输入的结果。

第三节　CSS 层叠样式表

一、CSS 设计基础

1. CSS 的作用

HTML 标签原本被设计为用于定义文档内容。通过使用<h1>、<p>、<table>这样的标签，HTML 的初衷是表达"这是标题""这是段落""这是表格"之类的信息，文档布局由浏览器来完成，而不使用任何的格式化标签。由于两种主要的浏览器(Netscape 和 Internet Explorer)不断地将新的 HTML 标签和属性(比如字体标签和颜色属性)添加到 HTML 规范中，创建文档内容清晰地独立于文档表现层的站点变得越来越困难。

为了解决这个问题，万维网联盟(W3C)，这个非营利的标准化联盟，肩负起了 HTML 标准化的使命，并在 HTML 4.0 之外创造出样式(Style)。所有的主流浏览器均支持层叠样式表(Cascading Style Sheets，CSS)。样式定义了如何显示 HTML 元素，就像 HTML 3.2 的字体标签和颜色属性所起的作用那样。样式通常保存在外部的 .css 文件中。通过单独编写 CSS 文档，无须改动网页代码本身，就可以实现对网页的布局和对外观进行设定或修改。

由于允许同时控制多重页面的样式和布局，CSS 可以称得上 Web 设计领域的一个突破。作为网站开发者，能够为每个 HTML 元素定义样式，并将之应用于所希望的任意多的页面中。如需进行全局的更新，只需简单地改变样式，然后网站中的所有元素均会自动地更新。相对于传统 HTML 的表现而言，CSS 能够对网页中对象的位置排版进行像素级的精确控制，支持几乎所有的字体字号样式，拥有对网页对象和模型样式编辑的能力，并能够进行初步交互设计，是目前基于文本展示最优秀的表现设计语言。CSS 能够根据不同使用者的理解能力，简化或者优化写法，针对各类人群，有较强的易读性。

样式表允许以多种方式规定样式信息。样式可以规定在单个的 HTML 元素中，在 HTML 页的头元素中，或在一个外部的 CSS 文件中，甚至可以在同一个 HTML 文档内部引用多个外部样式表。

2. CSS 基础语法

1) CSS 语法

CSS 规则由两个主要的部分构成：选择器，以及一条或多条声明。

```
selector {
    declaration1; declaration2; ... declarationN ;
}
```

选择器用于指代需要改变样式的 HTML 元素。每条声明由一个属性和一个值组成。属性(property)是希望设置的样式属性(style attribute)，每个属性有一个值，属性和值被冒号分开。

```
selector {
    property: value
}
```

下面这行代码的作用是将 h1 元素内的文字颜色定义为红色，同时将字体大小设置为

14 像素。在这个例子中，h1 是选择器，color 和 font-size 是属性，red 和 14　px 是值。

```
h1 {
    color:red; font-size:14px;
}
```

以上代码的结构示意图如图 13-16 所示。

图 13-16　CSS 代码结构示意图

2) 值的写法

除了英文单词 red，还可以使用十六进制的颜色值　#ff0000：

```
p { color: #ff0000; }
```

为了节约字节，可以使用 CSS 的缩写形式：

```
p { color: #f00; }
```

还可以通过两种方法使用 RGB 值：

```
p { color: rgb(255, 0, 0); }
```

或

```
p { color: rgb(100%, 0%, 0%); }
```

当使用 RGB 百分比时，即使当值为 0 时也要写百分比符号。但是在其他的情况下就不需要这么做了。当尺寸为 0 像素时，0 之后不需要使用 px 单位。此外，如果值为若干单词，则要给值加引号将内容括起来：

```
p { font-family: "sans serif"; }
```

3) 多重声明

如果要定义不止一个声明，则需要用分号将每个声明分开。下面的例子展示出如何定义一个红色文字的居中段落。最后一条规则是不需要加分号的，因为分号在英语中是一个分隔符号，而不是结束符号。然而，在每条声明的末尾都加上分号，会有助于减少出错的可能性。例如：

```
p { text-align:center; color:red; }
```

应该在每行只描述一个属性，这样可以增强样式定义的可读性：

```
p {
    text-align: center;
    color: black;
    font-family: arial;
}
```

4) 空格和大小写

大多数样式表包含不止一条规则，而大多数规则包含不止一个声明。多重声明和空格的使用使得样式表更容易被编辑：

```
body {
    color: #000; background: #fff; margin: 0; padding: 0; font-family: Georgia, Palatino, serif;
}
```

是否包含空格不会影响 CSS 在浏览器的工作效果。同样，CSS 对大小写不敏感。不过存在一个例外：如果涉及与 HTML 文档一起工作的话，class 和 id 名称对大小写是敏感的。

3. CSS 样式

1) CSS 背景

CSS 允许使用纯色作为背景，也允许使用背景图像创建相当复杂的效果。

可以使用 background-color 属性为元素设置背景色。如果希望背景色从元素中的文本向外稍有延伸，只需增加一些内边距，例如：

```
p {background-color: gray; padding: 20px;}
```

可以为所有元素设置背景色，这包括 body 一直到 em 和 a 等行内元素。

background-color 不能继承，其默认值是 transparent。transparent 有"透明"之意。也就是说，如果一个元素没有指定背景色，那么背景就是透明的，则其祖先元素的背景才能可见。

要把图像放入背景，需要使用 background-image 属性。background-image 属性的默认值是 none，表示背景上没有放置任何图像。如果需要设置一个背景图像，必须为这个属性设置一个 URL 值：

```
body {background-image: url(/i/eg_bg_04.gif);}
```

大多数背景都应用到 body 元素，不过并不仅限于此。下面例子为一个段落应用了一个背景，而不会对文档的其他部分应用背景：

```
p.flower {background-image: url(/i/eg_bg_03.gif);}
```

如果需要在页面上对背景图像进行平铺，可以使用 background-repeat 属性。属性值 repeat 导致图像在水平垂直方向上都平铺，就像以往背景图像的通常做法一样。repeat-x 和 repeat-y 分别导致图像只在水平或垂直方向上重复，no-repeat 则不允许图像在任何方向上平铺。默认地，背景图像将从一个元素的左上角开始。请看下面的例子：

```
body {
    background-image: url(/i/eg_bg_03.gif);
    background-repeat: repeat-y;
}
```

可以利用 background-position 属性改变图像在背景中的位置。下面的例子在 body 元素中将一个背景图像居中放置：

```
body {
    background-image:url('/i/eg_bg_03.gif');
    background-repeat:no-repeat;
    background-position:center;
}
```

　　为 background-position 属性提供值有很多方法。首先，可以使用一些关键字：top、bottom、left、right 和 center。通常，这些关键字会成对出现，不过也不总是这样。还可以使用长度值，如 100 px 或 5 cm，最后也可以使用百分数值。

　　图像放置关键字最容易理解，例如，top right 使图像放置在元素内边距区的右上角。位置关键字可以按任何顺序出现，只要保证不超过两个关键字——一个对应水平方向，另一个对应垂直方向。如果只出现一个关键字，则认为另一个关键字是 center。例如希望每个段落的中部上方出现一个图像，需要声明如下：

```
p {
background-image:url('bgimg.gif');
background-repeat:no-repeat;
background-position:top;
}
```

　　对图像长度，可以利用百分比或长度值来表示。如果希望把一个图像放在水平方向 2/3、垂直方向 1/3 处，可以这样声明：

```
body {
background-image:url('/i/eg_bg_03.gif');
background-repeat:no-repeat;
background-position:66% 33%;
}
```

　　长度值解释的是元素内边距区左上角的偏移。偏移点是图像的左上角。比如，如果设置值为 50 px 100 px，图像的左上角将在元素内边距区左上角向右 50 像素、向下 100 像素的位置上，则声明如下：

```
body {
background-image:url('/i/eg_bg_03.gif');
background-repeat:no-repeat;
background-position:50px 100px;
}
```

2) CSS 文本

　　CSS 文本属性可定义文本的外观。通过文本属性，您可以改变文本的颜色、字符间距、对齐文本、装饰文本、对文本进行缩进等。

　　把 Web 页面上的段落的第一行缩进，这是一种最常用的文本格式化效果。CSS 提供了 text-indent 属性，该属性可以方便地实现文本缩进。通过使用 text-indent 属性，所有元素的第一行都可以缩进一个给定的长度，甚至该长度可以是负值。

　　这个属性最常见的用途是将段落首行缩进，下面的规则使所有段落的首行缩进 5 em：

```
p {text-indent: 5em;}
```

　　在下例中，缩进值是父元素的 20%，即 100 个像素：

```
div {width: 500px;}
p {text-indent: 20%;}
```

```
<div>
    <p>this is a paragragh</p>
</div>
```

text-indent 属性可以继承，请考虑如下标记：

```
div#outer {width: 500px;}
div#inner {text-indent: 10%;}
p {width: 200px;}
<div id="outer">
    <div id="inner">some text. some text. some text.
        <p>this is a paragragh.</p>
    </div>
</div>
```

以上标记中的段落也会缩进 50 像素，这是因为这个段落继承了 id 为 inner 的 div 元素的缩进值。此处的 div#inner 选择器设置了 text-indent 为 10%。

text-align是一个基本的属性，它会影响一个元素中的文本行互相之间的对齐方式。值 left、right 和 center 会导致元素中的文本分别左对齐、右对齐和居中。

word-spacing 属性可以改变字(单词)之间的标准间隔。其默认值 normal 与设置值为 0 是一样的。word-spacing 属性接受一个正长度值或负长度值。如果提供一个正长度值，那么字之间的间隔就会增加。为 word-spacing 设置一个负值，会把它拉近，例如：

```
p.spread {word-spacing: 30px;}
p.tight {word-spacing: -0.5em;}
<p class="spread">This is a paragraph. The spaces between words will be increased.</p>
<p class="tight">This is a paragraph. The spaces between words will be decreased.</p>
```

以上例子涉及了一些 HTML 的长度单位，具体定义如下：

- px 单位名称为像素，即显示器屏幕分辨率中的一个点；
- em 单位是相对于当前元素的字体大小来计算的相对单位；
- pt 单位名称为点(Point)，绝对长度单位，基本上没有使用。

3) CSS 字体

CSS 字体属性定义文本的字体系列、大小、加粗、风格(如斜体)和变形(如小型大写字母)。如果字体中有空格，可以用单引号或双引号将该字体括起来。例如：

```
<p style = "font-family: Times, TimesNR, 'New Century Schoolbook', Georgia, 'New York', serif;">
    The CSS Style Example
</p>
```

字体风格示例：

```
p.normal {font-style:normal;}
p.italic {font-style:italic;}
p.oblique {font-style:oblique;}
```

4) CSS 链接

能够设置链接样式的 CSS 属性有很多种(例如 color, font-family, background 等)。链接的特殊性在于能够根据它们所处的状态来设置它们的样式。链接的四种状态：

a:link——普通的、未被访问的链接；

a:visited——用户已访问的链接；

a:hover——鼠标指针位于链接的上方；

a:active——链接被点击的时刻。

在链接样式中，文本修饰 text-decoration 属性大多用于去掉链接中的下画线，背景色 background-color 属性规定链接的背景色，例如：

　　　　a:link {text-decoration:none;}

　　　　a:visited {text-decoration:none;}

　　　　a:hover {background-color:#FF704D;}

　　　　a:active {background-color:#FF704D;}

5) CSS 列表

CSS 列表属性允许放置、改变列表项标志，或者将图像作为列表项标志。从某种意义上讲，不是描述性文本的任何内容都可以认为是列表。要影响列表的样式，最简单(同时支持最充分)的办法就是改变其标志类型。例如，在一个无序列表中，列表项的标志(marker)是出现在各列表项旁边的圆点。在有序列表中，标志可能是字母、数字或另外某种计数体系中的一个符号。要修改用于列表项的标志类型，可使用属性 list-style-type：ul {list-style-type：square}，把列表项标志设置为方块，也可以利用 list-style-image 将标志设置为图像：

　　　　ul li {list-style-image : url(xxx.gif)}

6) CSS 表格

CSS 表格属性可以极大地改善表格的外观。比如 border-collapse 属性可以将表格边框折叠为单一边框，如不设置则默认为该元素有独立的边框。例如：

　　　　table { border-collapse:collapse; }

　　　　table, th, td { border: 1px solid black; }

表格的宽度和高度可以通过 width 和 height 属性定义。下面的例子将表格宽度设置为 100%，同时将 th 元素的高度设置为 50 px，例如：

　　　　table { width:100%; }

　　　　th { height:50px; }

在 CSS 表格中，text-align 和 vertical-align 属性设置表格中文本的对齐方式。text-align 属性设置水平对齐方式，比如左对齐、右对齐或者居中，例如：

　　　　td { text-align:right; }

如需控制表格中内容与边框的距离，请为 td 和 th 元素设置 padding 属性，例如：

　　　　td { padding:15px; }

下面的例子设置边框的颜色，以及 th 元素的文本和背景颜色：

　　　　table, td, th { border:1px solid green; }

　　　　th { background-color:green; color:white; }

4. CSS 实例

CSS 所定义的样式以<Style>开始、</style>结束，二者之间为样式的程序代码部分。样式的程序代码部分可以直接写入需要设置的程序，也可以用注释符号<!-->将样式的程序代码括起来，这样有利于兼容一些早期不支持 CSS 样式定义的浏览器。对于现今的浏览器，一般都支持 CSS 样式，因此样式中的注释符号是否设置一般都不影响显示。

例 13.8 提供了一个 CSS 样式设置的示例，其中的样式部分定义了网页中插入图片的位置，标题 2(h2)的字体、字号、颜色，以及正文段落(P1)的字号，颜色、对齐等。

例 13.8 设置页面的 CSS。

```
<!DOCTYPE html>
<html>
<head>
    <title>实例</title>
    <style type=text/css>
    <!--
        body {
            background-image:url(white.jpg);
            background-attachment:scroll;
            background-position:100% 100%;
            background-repeat:no-repeat;
        }
        h2{ font-family:黑体; font-size:22pt; color:red; }
        .p1{font-size:20px; color:#000000; text-align:left; }
    -->
     </style>
</head>
<body>
    <h1>这是标题 1 的内容</h1>
    <h2>这是标题 2 的内容</h2>
    <p id="p1">这是段落 p1 的内容</p>
    这是普通正文的内容
</body>
</html>
```

例 13.8 的浏览器显示如图 13-17 所示。

图 13-17 浏览器显示的背景图像的使用

二、CSS 选择器

1. 元素选择器

CSS 通过选择 HTML 元素实现对网页成分的选取。最常见的 CSS 选择器是元素选择器，通过选择 HTML 元素实现对网页成分的选取。比如 p、h1、em、a 等 HTML 元素，甚至可以是 html 本身，例如：

> html {color:black;}
>
> h1 {color:blue;}
>
> h2 {color:silver;}

假设希望 h2 元素和段落都有灰色。为达到这个目的，最容易的做法是使用以下声明：

> h2, p {color:gray;}

将 h2 和 p 选择器放在规则左边，然后用逗号分隔，就定义了一个规则。其右边的样式 (color:gray;)将应用到这两个选择器所引用的元素。逗号告诉浏览器，规则中包含两个不同的选择器。可以将任意多个选择器分组在一起。例如，如果想把很多元素显示为灰色，可以使用类似如下的规则：

> body, h2, p, table, th, td, pre, strong, em {color:gray;}

通过规则组，可以将某些类型的样式"压缩"在一起，这样就可以得到更简洁的样式表。以下的两组规则能得到同样的结果，第一组采用了独立规则，第二组采用了规则组：

第一组规则(独立规则)：	第二组规则(规则组)：
h1 {color:blue;}	
h2 {color:blue;}	h1, h2, h3, h4, h5, h6 {color:blue;}
h3 {color:blue;}	
h4 {color:blue;}	
h5 {color:blue;}	
h6 {color:blue;}	

从第二个版本的 CSS(CSS2)开始，引入了一种新的简单选择器，即通配选择器(universal selector)，显示为一个星号(*)。该选择器可以与任何元素匹配，例如，下面的规则使文档中的每个元素都为红色：

> * {color:red;}

2. 类选择器

如果要应用样式而不考虑具体设计的元素，最常用的方法就是使用类选择器。类选择器以 class 来选择文档元素并指定样式，可以单独使用，也可以与其他选择器结合使用。请看下面的 HTML 代码：

> <h1 class="important"> This heading is very important. </h1>
>
> <p class="important"> This paragraph is very important. </p>

在上面的代码中，两个元素的 class 都指定为 important：第一个标题(h1 元素)，第二个段落(p 元素)。然后我们使用以下语法对这些归类的元素应用样式，即类名前有一个点号(.)，然后结合通配选择器，使得 p 元素和 h1 元素都被选中：

> *.important {color:red;}

如果只想选择所有类名相同的元素，可以在类选择器中忽略通配选择器，例如：

> .important {color:red;}

类选择器可以结合元素选择器来使用。例如，如果希望只有段落显示为红色文本：

> p.important {color:red;}

选择器现在会匹配 class 属性包含 important 的所有 p 元素，而不再包含 h1 元素。

3. ID 选择器

在某些方面，ID 选择器类似于类选择器，不过也有一些重要差别。首先，ID 选择器前面有一个#号，也称为棋盘号或井号。请看下面的规则：

> *#intro {font-weight:bold;}

与类选择器一样，ID 选择器中可以忽略通配选择器。如以上例子可以简化为：

> #intro {font-weight:bold;}

此外，ID 选择器不引用 class 属性的值，而是直接引用 ID 属性中的值，参见以下示例：

> <p id="intro">This is a paragraph of introduction.</p>

另外，与类选择器不同，在一个 HTML 文档中，ID 选择器可以精确引用具体的段落。比如，指定 ID 值为 mostImportant 的元素，此时并不知道它是一个段落、一个短语、一个列表项还是一个小节标题，编写如下规则：

> #mostImportant {color:red; background:yellow;}

下面无论哪个元素只要出现在文档中，都能够与此规则匹配(这些元素不能在同一个文档中同时出现，因为它们都有相同的 ID 值)：

> <h1 id="mostImportant">This is important!</h1>

> <em id="mostImportant">This is important!</em>

> <ul id="mostImportant">This is important!</ul>

4. 属性选择器

属性选择器可以根据元素的属性及属性值来选择元素。如果希望选择有某个属性的元素，而不论属性值是什么，可以使用简单属性选择器。如果希望把包含标题(title)的所有元素变为红色，可以写作 *[title] {color:red;}

与上面类似，可以只对有 href 属性的锚(a 元素)应用样式：a[href] {color:red;}。还可以根据多个属性进行选择，只需将属性选择器链接在一起即可。例如，为了将同时有 href 和 title 属性的 HTML 超链接的文本设置为红色，可以这样写：

> a[href][title] {color:red;}

可以采用一些创造性的方法使用这个特性。例如，可以对所有带有 alt 属性的图像应用样式，从而突出显示这些有效的图像：

> img[alt] {border: 5px solid red;}

上面这个特例更适合用来诊断而不是设计，即用来确定图像是否确实有效。属性选择器在 XML 文档中相当有用，因为 XML 语言主张要针对元素和属性的用途指定元素名和属性名。假设我们为描述太阳系行星设计了一个 XML 文档，如果我们想选择有 moons 属性的所有 planet 元素，使之显示为红色，以便能更关注有 moons 的行星，就可以写：

> planet[moons] {color:red;}

这会让以下标记片段中的第二个和第三个元素的文本显示为红色，但第一个元素的文本不是红色：

> <planet>Venus</planet>

> <planet moons="1">Earth</planet>

```
<planet moons="2">Mars</planet>
```

除了选择拥有某些属性的元素，还可以进一步缩小选择范围，只选择有特定属性值的元素。例如，假设希望将指向 Web 服务器上某个指定文档的超链接变成红色，可以写为

```
a[href="http://www.thesite.com.cn/about_us.asp"] {color: red;}
```

此外，可以把多个属性-值选择器链接在一起来选择一个文档，例如：

```
a[href="http://www. thesite.com.cn/"][title="Home"] {color: red;}
```

这会把以下标记中的第一个超链接的文本变为红色，但第二个和第三个链接不受影响：

```
<a href="http://www. thesite.com.cn/" title=" Home "> Home </a>

<a href="http://www. thesite.com.cn/css/" title="CSS">CSS</a>

<a href="http://www. thesite.com.cn/html/" title="HTML">HTML</a>
```

同样地，XML 语言也可以利用这种方法来设置样式。下面我们再回到行星那个例子中。假设只希望选择 moons 属性值为 1 的那些 planet 元素：

```
planet[moons="1"] {color: red;}
```

上面的代码会把以下标记中的第二个元素变成红色，但第一个和第三个元素不受影响：

```
<planet>Venus</planet>

<planet moons="1">Earth</planet>

<planet moons="2">Mars</planet>
```

三、CSS 盒模型

1. div 标签

<div>可定义文档中的分区或节(division/section)，浏览器通常会在 div 元素前后放置一个换行符。

<div>标签可以把文档分割为独立的、不同的部分。它可以用作严格的组织工具，并且不使用任何格式与其关联。

如果用 id 或 class 来标记<div>，那么该标签的作用会变得更加有效。用法如下：

- <div>是一个块级元素。这意味着它的内容自动地开始一个新行。实际上，换行是<div>固有的唯一格式表现。可以通过<div>的 class 或 id 应用额外的样式。
- 不必为每一个<div>都加上类或 id，虽然这样做也有一定的好处。
- 可以对同一个<div>元素应用 class 或 id 属性，但是更常见的情况是只应用其中一种。这两者的主要差异是，class 用于元素组(类似的元素，或者可以理解为某一类元素)，而 id 用于标识单独的唯一的元素。例如：

```
<body>

    <h1>NEWS WEBSITE</h1>

    <p>some text. some text. some text...</p>

    ...

    <div class="news">

    <h2>News headline 1</h2>

    <p>some text. some text. some text...</p>
```

```
...
</div>
<div class="news">
<h2>News headline 2</h2>
<p>some text. some text. some text...</p>
...
</div>
...
</body>
```

以上这段 HTML 模拟了新闻网站的结构。其中的每个 div 把每条新闻的标题和摘要组合在一起，也就是说，div 为文档添加了额外的结构。同时，由于这些 div 属于同一类元素，所以可以使用 class="news"对这些 div 进行标识，这么做不仅为 div 添加了合适的语义，而且便于进一步使用样式对 div 进行格式化，可谓一举两得。

2. 盒模型

CSS 盒模型(Box Model)规定了元素框处理元素内容、内边距、边框和外边距的方式。元素框的最内部分是实际的内容，直接包围内容的是内边距。内边距呈现了元素的背景。内边距的边缘是边框。边框以外是外边距，外边距默认是透明的，不会遮挡其后的任何元素，如图 13-18 所示。

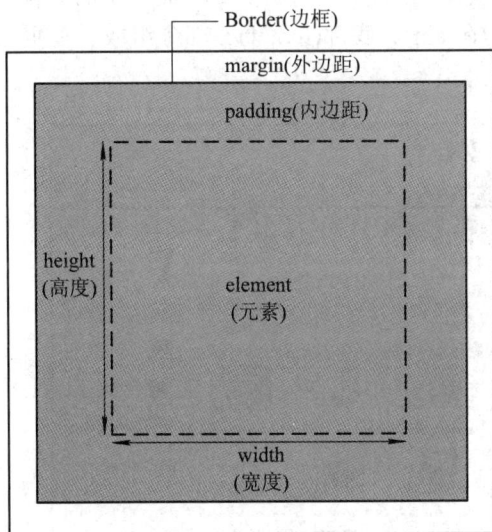

图 13-18　CSS 盒模型

内边距、边框和外边距是可选的，默认值是零。可以通过将元素的 margin 和 padding 设置为零来覆盖这些浏览器样式，例如：* { margin: 0;　padding: 0; }。

在 CSS 中，width 和 height 指的是内容区域的宽度和高度。增加内边距、边框和外边距不会影响内容区域的尺寸，但是会增加元素框的总尺寸。假设框的每个边上有 10 个像素的外边距和 5 个像素的内边距。如果希望这个元素框达到 100 个像素，就需要将内容的宽度设置为 70 像素，如图 13-19 所示。具体的代码如下：

#box { width: 70px; margin: 10px; padding: 5px; }

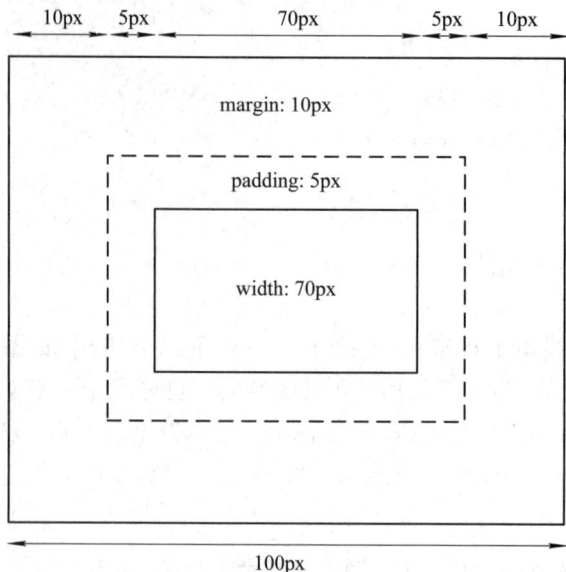

图 13-19　CSS 盒模型像素示例

3. 盒模型布局案例

图 13-20 所示的网上商城页面是一个利用 CSS 盒模型的典型示例。该网页的 DIV 布局由顶部(header)、主体部分(main)、底部(footer)三部分组成。首页布局 CSS + DIV 代码分析如下。

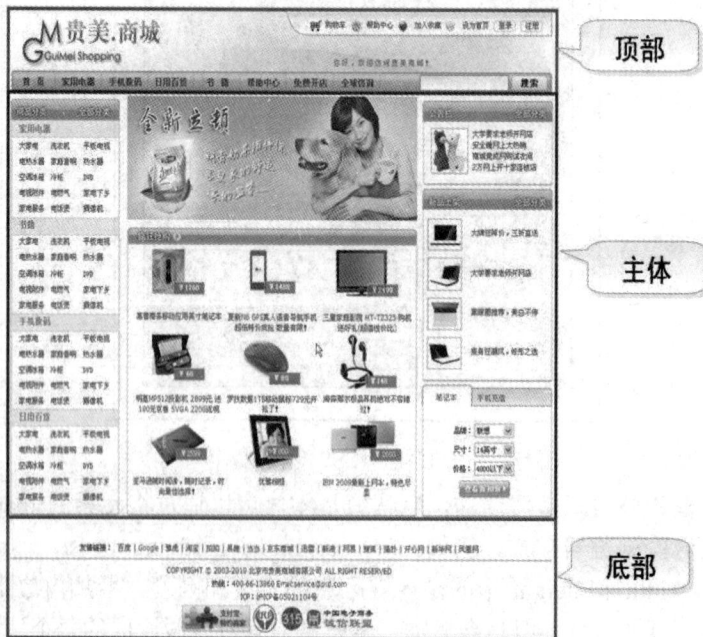

图 13-20　CSS 盒模型网页案例

HTML 结构代码：

```
<div id="container">
    <div id="header">顶部(header)</div>
    <div id="main">主体部分(main)</div>
    <div id="footer">底部(footer)</div>
</div>
```

CSS 样式代码：

```
#container { width:980px; margin:0px auto; }
#header { width:100%; height:150px; border:1px #F00 solid; }
#main { width:100%; height:400px; border:1px #F00 solid; }
#footer { width:100%; height:100px; border:1px #F00 solid; }
```

要使商品分类 DIV、内容 DIV 和右侧 DIV 并排放置(见图 13-21)，需要使用浮动属性。

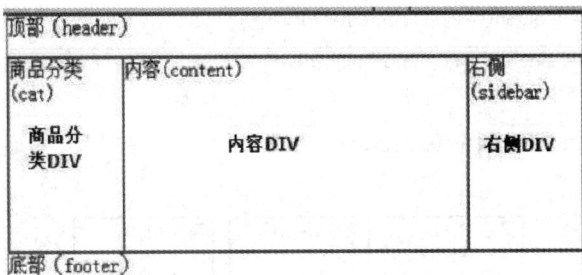

图 13-21　CSS 盒模型网页 DIV 布局

浮动属性是 CSS 中的定位属性，用法如下：

float: 浮动方向(left、right、none);

left 为左浮动，right 为右浮动，none 是默认值表示不浮动。设置元素的浮动，该元素将脱离文档流，向左或向右移动，直到它的外边距碰到父元素的边框或另一个浮动元素的边框为止。如果没有使用浮动属性，如下所示：

HTML 结构代码：

```
<div id="first">第 1 块 div</div>
<div id="second">第 2 块 div</div>
<div id="third">第 3 块 div</div>
```

CSS 样式代码：

```
#first, #second, #third{
    width:100px;   height:50px;
    border:1px #333 solid; margin:5px;
}
```

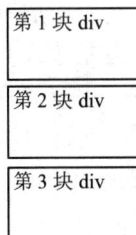

图 13-22　背景图像的使用

以上代码执行效果如图 13-22 所示。

样式中加入 float:left 之后，执行效果如图 13-23 所示。读者可自行将样式修改为 float:right，尝试一下右浮动是什么效果。以下为网页的主要 HTML 代码：

```
<div id="container">
```

```
        <div id="header">顶部(header)</div>
        <div id="main">
            <div class="cat">商品分类(cat)</div>
            <div class="content">内容(content)</div>
             <div class="sidebar">右侧(sidebar)</div>
        </div>
        <div id="footer">底部(footer)</div>
    </div>
    <div id="container">
        <div id="header">顶部(header)</div>
        <div id="main">
            <div class="cat">商品分类(cat)</div>
            <div class="content">内容(content)</div>
            <div class="sidebar">右侧(sidebar)</div>
        </div>
        <div id="footer">底部(footer)</div>
    </div>
```

第 1 块 div	第 2 块 div	第 3 块 div

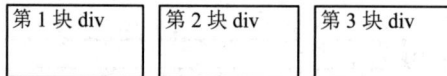

图 13-23　背景图像的使用

网页的 CSS 样式代码如下：

```
.cat, .sidebar { float:left; width:20%; height:100%; }
.content { float:left; width:60%; height:100%; }
```

clear 属性定义了元素的哪边上不允许出现浮动元素。在 CSS1 和 CSS2 中，这是通过自动为清除元素(即设置了 clear 属性的元素)增加上外边距实现的。在 CSS2.1 中，会在元素上外边距之上增加清除空间，而外边距本身并不改变。不论哪一种改变，最终结果都一样，如果声明为左边或右边清除，会使元素的上外边框边界刚好在该边上浮动元素的下外边距边界之下。clear 属性的常见取值包括 rigth、left、both、none。在以下例子中，图像的左侧和右侧均不允许出现浮动元素：

```
img { float:left; clear:both; }
```

第四节　HTML5 移动网页开发

一、HTML5 基本元素

1. 什么是 HTML5

移动互联网应用的发展促进了对应用开发技术的更高要求，而传统的 HTML4 网页并不能很好地适应移动互联网应用的特点。在这一背景下，相继出现了若干基于插件的用于丰富网页功能的技术(plug-in-based rich internet application，RIA)，如 Adobe Flash、Microsoft Silverlight 和 Oracle JavaFX 等。这些功能组件和方法极大地扩展了网页的功能，使其在音视频、互动性、数据分享能力和网页的显示效果等诸多方面有所加强。然而这些技术往往是一些企业或开发工具的独有方法，并不具有更大、更广的适应性。

HTML5 是包括 HTML、CSS 和 JavaScript 在内的一套能有效增强网络应用和移动设备支持的标准集，它是为适应移动互联网的特点而研制的新型标准。HTML5 是在 HTML4 基础上进行升级和改造所研制的标准，采取了新增功能的方式使其能够适应移动互联网应用的需要，而之前的网页技术和功能仍然适用。HTML5 有两大特点，首先，强化了 Web 网页的表现性能；其次，追加了本地数据库等 Web 应用的功能。

HTML5 提供了高效的数据管理、绘制、视频和音频工具，极大地促进了跨平台网页浏览及便携式设备应用的开发。HTML5 是驱动移动云计算服务发展的技术之一，其允许更大的灵活性，支持开发非常精彩的交互式网站。同时还引入了新的标签(tag)和增强性的功能，其中包括了结构和表单的控制、API、多媒体、数据库支持和显著提升的处理速度等。具体来说，HTML5 具有以下新特性：

(1) 添加了 canvas 元素。这个元素可以帮助我们实现更炫的动画效果，HTML5 游戏就是通过 canvas 来实现场景的渲染。

(2) 添加了媒介元素，如 video 和 audio 元素。

(3) 支持本地离线存储。

(4) 原先的标签进一步细化，比如 article、footer、header、nav 等。

(5) 添加了新的表单元素属性，比如 data、time、Email、url、search 等。

2. 常见的 HTML5 网页元素

HTML5 加强了对网络文章的支持，新增了 section 元素和 article 元素。section 元素(标签)是指区块、部分，如导航菜单、文章正文、文章评论等；article 元素(标签)代表文档、页面或应用程序中独立的、完整的、可以独自被外部引用的内容，可以是博客、文章、论坛帖子、用户评论等。

例 13.9　采用 section 和 article 标签的文章和评论。

```
<!DOCTYPE html>
<html>
<body>
<article>
    <header>
        <h1>article 元素使用方法</h1>
        发表日期：<time pubdate="pubdate">2020/9/9</time>
    </header>
    <p>此标签里显示的是 article 文章的内容，以下为评论</p>
    <section>
    <h2>评论</h2>
        <article>
```

```
        <header>
            <h3>发表者：Aric</h3>1 小时前
        </header>
        <p>这篇文章很不错啊，顶一下！</p>
    </article>
    <article>
        <header>
            <h3>发表者：Jenny</h3>1 小时前
        </header>
        <p>解释得很详细</p>
    </article>
    </section>
</article>
</body>
</html>
```

article元素使用方法

发表日期：2020/9/9

此标签里显示的是article文章的内容，以下为评论

评论

发表者：**Aric**

1小时前

这篇文章很不错啊，顶一下！

发表者：**Jenny**

1小时前

解释得很详细

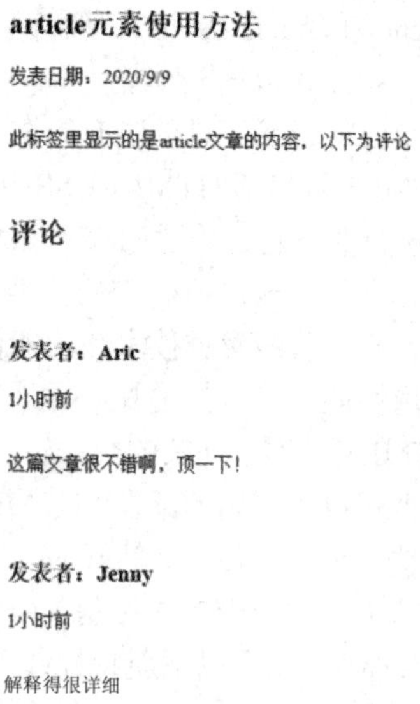

图 13-24   文章和评论的显示效果

例 13.9 在浏览器中的显示如图 13-24 所示。

HTML5 中增加了对图像元素的支持，<figure>标签可以包含<figcaption>，即图形的标题。示例如下：

```
<figure>
    <img src="/figure.jpg" width="304" height="228" alt="Picture"/>
    <figcaption> Caption for the figure </figcaption>
</figure>
```

HTML5 增加了媒体元素，音频为<audio>标签，视频为<video>标签。<audio>标签有一些属性用来控制音频的内容、何时以及如何播放等，这些属性分别是 src、preload、control、loop 和 autoplay。音频代码示例如下：

```
<audio src="MyFirstMusic.ogg" controls autoplay loop>
    Your browser does not support the audio tag.
</audio>
```

音频代码在浏览器中的显示效果如图 13-25(a)左侧所示。

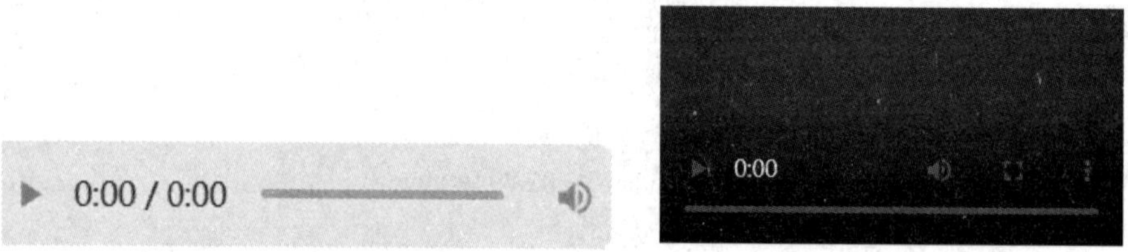

(a) audio 标签的显示效果

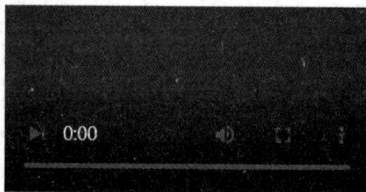

(b) video 标签的显示效果

图 13-25   音频与视频效果

<video>标签允许播放视频片段或者流化视觉媒体，其拥有 src、preload、control、loop、autoplay、poster、width 和 height 等属性。示例如下：

```
<video src="MyFirstMovie.ogg" controls="controls">
        Your browser does not support the video tag
    </video>
```

二、HTML5 响应式布局

1. 自适应布局与响应式布局

　　网页的自适应布局与响应式布局两种方式都可用于移动网络设备，然而二者的工作方式略有不同。自适应式布局设计的网页可以自动适应所有终端，但每种设备上看到的版式相同，即宽度自适应。响应式布局设计的网页可以自动适应所有终端，但不同设备看到的版式可能会有所区别。图 13-26 是一个采用了响应式布局的区块链产品首页，其在电脑屏幕、平板电脑和手机上的显示都能体现出区块链产品首页的主要内容，但是三者的显示样式有一定区别，这就是响应式布局结合设备的特点自动安排的显示效果。

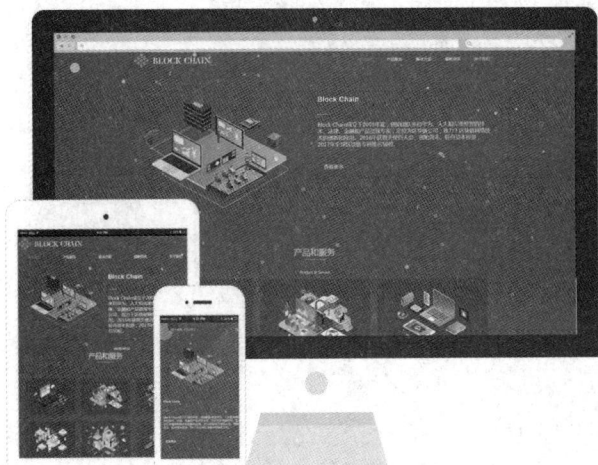

图 13-26　采用了响应式布局的区块链产品首页

　　响应式及自适应网页设计会带来兼容各种设备工作量大、加载时间长等缺点，但它们跨平台和终端，能"一次设计，普遍适用"，可以根据屏幕分辨率自适应以及自动缩放图片、自动调整布局，代表了移动互联网时代新型设计模式的发展方向。

　　响应式布局方式是通过对网页的可视区域加以限定来实现的。网页的可视区域简称视区，即 viewport，可以在 meta 元标签中加以设置。考虑到移动设备屏幕大小的差异，要实现广泛适配的视区，可以进行如下设置：

```
<meta name="viewport" content="width=device-width, initial-scale=1.0, maximum-scale=1.0,
    user-scalable=0" />
```

其中各参数的含义如下：

width=device-width	视区为设备宽度
initial-scale=1.0	初始化的视区大小是 1.0 倍
maximum-scale=1.0	最大的倍数是 1.0 倍
user-scalable=0	不允许缩放视区

2. 样式的选择性加载

要实现移动设备和电脑屏幕的兼容，原有做法是专门定制手机页面，当用户访问时，判断设备是手机还是电脑，如果是手机访问 www.baidu.com 会跳转到 m.baidu.com。现在采用了 HTML5 技术，则可以做到一次开发、处处显示。这需要通过 CSS3 中样式的选择性加载技术实现。

样式的选择性加载技术自动检测屏幕宽度，并根据结果加载相应的样式或 CSS 文件。这种媒体检测技术采用@media 关键字引导，也称为媒体查询，可针对屏幕尺寸(浏览器的宽度和高度)选择不同的样式。@media 的 CSS 代码格式如下：

@media mediaType and|not|only (media feature)

mediaType 参数表示媒体类型，可选的值包括：

- all，用于所有设备；
- print，用于打印机和打印预览；
- screen，用于电脑屏幕，平板电脑，智能手机等；
- speech，应用于屏幕阅读器等发声设备。

(media feature)部分为媒体特征，可选的值包括：

- max-width，定义输出设备的最大可视区域宽度；
- min-width，定义输出设备的最小可视区域宽度。

例 13.10 响应式布局演示。

网页内容如下，其中引用了一个样式文件 style01.css：

```
<!DOCTYPE html>
<html lang="en">
<head>
    <meta charset="UTF-8">
    <meta name ="viewport" content="width = device-width,
        initial-scale=1 ">
    <title>HTML5 Demo</title>
    <link href="style01.css"
        type="text/css" rel="stylesheet">
</head>
<body>
    <div class="heading">Head</div>
    <div class="container">
    <div class="left">Left</div>
    <div class="main">Main</div>
    <div class="right">Right</div>
    </div>
    <div class="footing">Foot</div>
</body>
</html>
```

响应式布局演示

扫描此处二维码可查看 style01.css 的具体内容。

例 13.10 在不同设备的浏览器中显示效果不同，这取决于浏览器所依赖的设备。当浏览器窗口大于 600px 小于 960px 时，显示效果如图 13-27(a)所示，对应于平板电脑设备；当窗口大于 960px 时，显示效果如图 13-27(b)所示，对应于电脑显示器；当窗口小于 600px 时显示的样子，显示效果如图 13-27(c)所示，适用于手机屏幕。

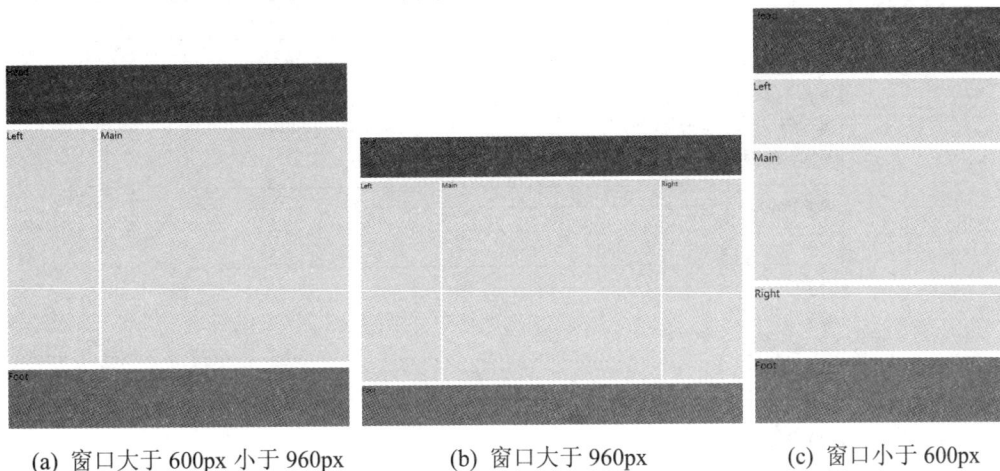

(a) 窗口大于 600px 小于 960px　　　(b) 窗口大于 960px　　　(c) 窗口小于 600px

图 13-27　不同浏览器的显示效果

三、HTML5 表单

1. HTML5 的表单

在 HTML5 中，表单已经做了重大的修整，一些以前需要通过 JavaScript 编码实现的功能现在无须编码就可以轻松实现。图 13-28 展开了一个 HTML5 表单的样例，需要开发表单页面的三个区域: Header 区、Form 区和 Footer 区。Header 区包含了封装在<header></header>标签中的页面标题和副标题。在页面的底部，Footer 区包含了放在<footer></footer>标签内的版权信息。

对这些表单的讨论重点放在四个标签上：<form>、<fieldset>、<label>和<input>。在表单的应用中，我们有时会用到对 form 的信息进行分组,例如"注册(regForm)"，可能会将注册信息分组成基本信息(一般为必填)，详细信息(一般为可选)，因此可在 form 中加入下面两个标签：

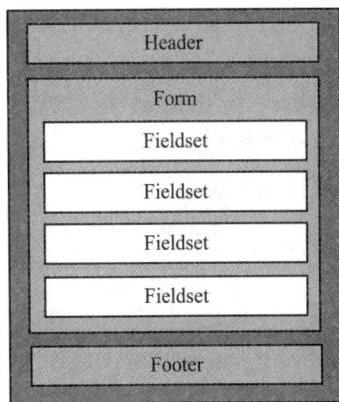

图 13-28　表单页面的布局

fieldset: 对表单进行分组，一个表单可以有多个 fieldset。fieldset 标签会在包含的文本和 input 等表单元素外面形成一个方框，legend 元素作为标题；

legend: 说明每组的内容描述。Label 用于表单元素(input，textarea or select)。

在 HTML5 中，表单的<input>域可以处在<form>标签的外部，"form"属性标识了"input"域所属的一个或多个表单，还可以通过引用 form 的 ID 来标识其所属的表单。

2. 创建表单

图 13-29 所示的古典音乐网页表单提供作曲家作品下载的站点，也允许古典音乐爱好者上传他们的作品录音。表单的结构从<form>标签开始，用到了 autocomplete 属性，如下所示：

```
<form id="orderForm" autocomplete="on" action="javascript:alertValues();" method="get">
```

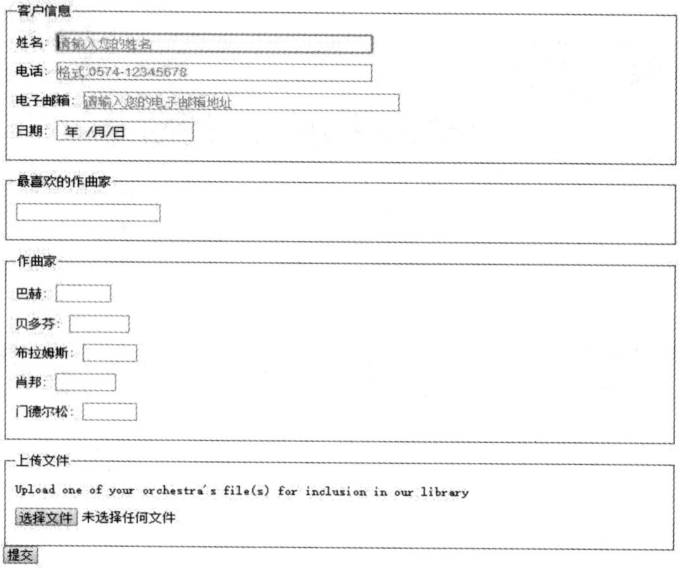

图 13-29　古典音乐的表单

<form>标签包含了四个<fieldset>标签，通过图 13-28 中的各个区域可以很直观地区分出客户信息、最喜欢的作曲家、作曲家和上传文件。<fieldset>标签分组了表单中的相似内容。

第一个<fieldset>标签包含了客户信息(见图 13-30)，它有一个姓名域、一个电话域、一个电子邮箱地址域和一个日期域。姓名域有一个 autofocus 属性，让用户无须点击鼠标就可以直接输入文本。

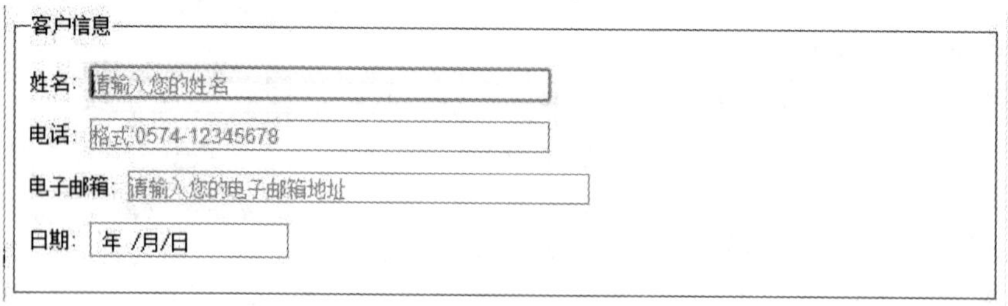

图 13-30　客户信息域

例 13.11　古典音乐网页程序。

```
<form id="orderForm" autocomplete="on" action="javascript:alertValues();" method="get">
<fieldset>
    <legend>客户信息</legend>
    <p><label>姓名:
```

```
    <input id="name" name="name" type="text" placeholder="请输入您的姓名"
    autofocus required size="50">
    </label></p>
    <p><label>电话:
    <input id="tel" name="telephone" type="tel" placeholder="格式:0574-12345678"
    required size="50" pattern="([0-9]{4}(-[0-9]{8}))">
    </label></p>
    <p><label>电子邮箱:
    <input id="email" name="email" type="email" placeholder="请输入您的电子邮箱地址"
required size="50">
    </label></p>
    <p><label>日期: <input type="date">
    </label></p>
</fieldset>
<fieldset>
    <legend>最喜欢的作曲家</legend>
    <p>
        <label>
            <input type="text" name="favorites" list="composers">
            <datalist id="composers">
                <option value="巴赫">
                <option value="贝多芬">
                <option value="布拉姆斯">
                <option value="肖邦">
                <option value="门德尔松">
            </datalist>
        </label>
    </p>
</fieldset>
<fieldset>
    <legend>作曲家</legend>
    <p>
        <label>巴赫:
        <input name="form_number" id="form_number" type="number" min="1" max="5" >
        </label>
    </p>
    <p>
        <label>贝多芬:
        <input name="form_number" id="form_number" type="number" min="1" max="10" >
```

```
                </label>
            </p>
            <p>
                <label>布拉姆斯:
                <input name="form_number" id="form_number" type="number" min="1" max="7" >
                </label>
            </p>
            <p>
                <label>肖邦:
                <input name="form_number" id="form_number" type="number" min="1" max="10">
                </label>
            </p>
            <p>
                <label>门德尔松:
                <input name="form_number" id="form_number" type="number" min="1" max="4">
                </label>
            </p>
        </fieldset>
        <fieldset>
            <legend>上传文件</legend>
            <p>
                Upload one of your orchestra's file(s) for inclusion in our library
            </p>
            <p>
                <label><input type="file" multiple="multiple" /></label>
            </p>
        </fieldset>
        <input type="submit" value="提交" width="100" height="45" />
    </form>
    <form id="orderForm" autocomplete="on" action="javascript:alertValues();" method="get">
        <fieldset> 客户信息 </fieldset>
        <fieldset> 最喜欢的作曲家 </fieldset>
        <fieldset> 作曲家 </fieldset>
        <fieldset> 上传文件 </fieldset>
        <input type="submit" value="提交" width="100" height="45" />
    </form>
```

例 13.11 中的第一个<fieldset>包含了一个<legend>、一个<label>和一个<input>标签。其中，姓名域的类型是 text，有三个新的<input>属性：placeholder、autofocus 和 required。autofocus 确保在页面打开时，输入焦点落在该域上。这样只要页面一加载就能获得焦点，用户就可以立即使用表单。placeholder 属性值表示该域在没有输入时的占位内容，会以柔和的灰色文字显示在文本框中，用于提示用户输入什么样的内容。然而，由于姓名域设置了 autofocus 属性，在进入页面时，实际上并不能看到这个占位文本内容。所以，在图 13-29 中，姓名域不会显示占位内容(placeholder 中定义的文字)，而是有一个黄色的高亮外框。如果在不输入数据的情况下移到另一个域上的话，占位内容就会显示出来。当 autofocus 属性和 placeholder 属性一起使用时，因为该域获得了激活焦点，占位内容就会隐而不见。required 属性方便了作为表单提交先决条件的必填项的强制填写。该属性对于 text、search、url、tel、email、password、日期选择器、number、复选框、单选按钮和 file 这些类型都是有效的。

电话域的类型是 tel，包括的属性有 required、placeholder、size 和 pattern。tel 是一个文本域，目的是用来存放电话号码。在这个例子中，电话号码必须遵守严格的模式限制，除非输入了正确的字符，否则系统是不会让提交的。电话域的占位符内容存放的是输入必须与之相匹配的模式提示。

pattern 模拟了传统的 JavaScript 正则表达式(regex)的功能，输入的内容必须与所定义的正则表达式的模式结构相匹配才能通过验证。pattern 属性可用在 text、search、url、tel、email 和 password 等类型上。

电子邮箱地址域的类型是 email，邮件地址是自动进行验证的，无须使用模式(正则表达式)，这一验证是 HTML5 的组成部分。如果邮件地址没有以正确的方式给出的话，表单就不能提交。这个<fieldset>的最后一项是日期域。在 Opera 浏览器中，date 类型会提供一个用于日期选择的日历选择器，如图 13-31 所示。可以注意到，在 Opera 中，域设置框的边角不是圆角，即使使用了同样的在 Chrome 中使边角变圆的样式表也是如此。

图 13-31　日期域

可以使用任意日期格式，甚至可以把日期分解到小时一级。下面这些是可以创建的日期类型：

- 日期(<input type="date">)，选择日、月和年；
- 月份(<input type="month">)，选择月和年；
- 星期(<input type="week">)，选择星期和年；
- 时间(<input type="time">)，选择时间(小时和分钟)；
- 日期时间(<input type="datetime">)，选择时间、日、月和年(UTC 时间)；
- 当地日期时间(<input type="datetime-local">)，选择时间、日、月和年(当地时间)。

例 13.11 中的第二个<fieldset>标签包含了一个带有 list 属性的<input>标签和一个

<datalist>标签。list 属性指明了输入域的<datalist>，<datalist>标签提供了一个输入域选项列表。list 属性可用在这些<input>类型上：text、search、url、tel、email、date、number、range 和 color。

<datalist>以下拉列表的方式显示，如图 13-32 所示。这个视图是从 Opera 中获取的，在 Chrome 中，该列表只是显示一个简单的文本框，没有把列表呈现给用户。

图 13-32　最喜欢的作曲家域

例 13.11 中的第三个<fieldset>标签显示了作曲家的一个列表，后面跟随着一个数字域，该域指明了每位列出的作曲家提供了多少作品，如图 13-33 所示。

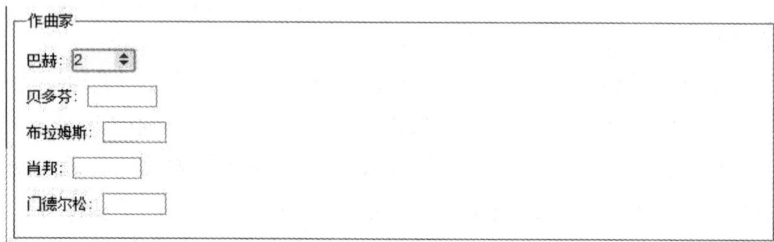

图 13-33　作曲家域

例如，巴赫有五个作品，贝多芬有十个作品。例子中给出了每个作曲家作品个数的最大值，在提交表单时，数字域不会接受超过最大值的数值。在提交时，当输入了不正确的、超出范围的值，它会提示输入该域可接受的正确的数值。

number 类型创建了一个输入的微调域，用到了 min、max 和 step 属性。默认的 step 值是 1。min、max 和 step 属性可用来对 number、range 和日期选择器的输入进行限制。max 属性决定输入域所允许的最大值，min 属性决定输入域所允许的最小值，step 属性决定有效的递增值。

例 13.11 中的第四个<fieldset>标签包含了一个 file 类型的<input>并用到了属性 multiple，如图 13-34 所示。multiple 属性表明输入域可以从数据列表或是文件列表中选择多个值，用户可以选择多个上传的文件。此外，提交(Submit)按钮用到了 height 和 width 属性。通过这两个属性可以设置 image 输入类型的高和宽。通过预设宽度与高度尺寸限定图片显示区域，可以增强页面渲染效果，从而让页面加载更加顺畅。

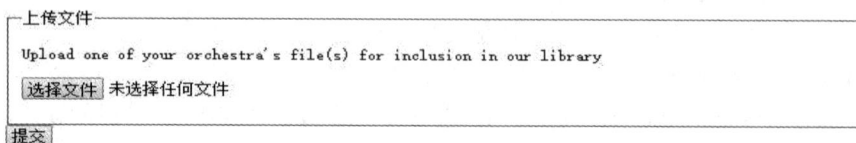

图 13-34　上传域

本 章 小 结

本章首先介绍了 HTML 和 CSS 的概述、优缺点，由此深入到 HTML5 和 CSS3 的一些基本概念，同时列举了 HTML 和 CSS 的基本用法，详细讲解并逐步深入，并通过实例展现了 HTML、CSS、HTML5 和 CSS3 结合后的效果。HTML5 是一套能有效增强网络应用和移动设备支持的网页标准，基础的 HTML 与 CSS 语法和用法在 HTML5 网页中仍然适用，应认真掌握。本章学习了 div、section、article 等三种文档分块显示方法，还学习了基础表单和 HTML5 的新型表单设计。

练 习 题

1. 按照 HTML5 的要求，找出以下代码哪里有错误。

   ```
   <body>
   <Hr color=red>
   <head> </head>
   </  body>
   <br / color=red>
   ```

2. 以下哪些可以作为列表项？

   文字，段落，换行符，图片，链接，其他列表。

3. 分析以下代码中，"欢迎访问本网页"这段文字会占用多少个像素。

   ```
   div#outer {width: 600px;}
   div#inner {text-indent: 10%;}
   p {width: 200px;}
   <div id="outer">
       <div id="inner">欢迎访问本网页
          <p>公司介绍</p>
       </div>
   </div>
   ```

4. 利用 HTML5 知识设计一个仅有网页的静态 12306 网站。

第十四章　移动商务应用动态网页设计

【学习目标】
- 掌握 JavaScript 基本语法和程序设计方法；
- 了解移动商务应用动态网页编程的原理和程序设计方法。

【引例】

JavaScript 语言的发展

20 世纪 90 年代中期，HTML 文档已经变得越来越复杂和庞大，然而为验证一个表单的有效性，客户端必须与服务器端进行多次的数据交互。难以想象这样的情景：当用户填完表单单击鼠标提交后，经过漫长的几十秒等待，服务器端返回的不是"提交成功"却是"某某字段有错，请单击按钮返回上一页面重新填写表单"的错误提示。当时业界已经开始考虑开发一种客户端脚本语言来处理诸如验证表单合法性等简单而实际的问题。

1995 年 Netscape 公司和 Sun 公司联合开发出 JavaScript 脚本语言，并在其 Netscape Navigator 2 中实现了 JavaScript 脚本规范的第一个版本，即 JavaScript 1.0 版，不久就显示出其强大的生机和发展潜力。

1997 年，为了避免无序竞争，同时解决 JavaScript 几个版本语法、特性等方面的混乱，JavaScript 1.1 作为草案提交给 ECMA(欧洲计算机厂商协会)，并由 Netscape、Sun、Microsoft、Borland 及其他一些对脚本语言比较感兴趣的公司组成的 TC39(第 39 技术委员会)协商并推出了 ECMA-262 规范版本，其定义了以 JavaScript 为蓝本、全新的 ECMAScript 脚本语言。

在接下来的几年，ISO/IEC(国际标准化组织/国际电工委员会)采纳 ECMAScript 作为 Web 脚本语言标准(ISO/IEC-16262)。从此，ECMAScript 作为 JavaScript 脚本的基础开始得到越来越多的浏览器厂商在不同程度上的支持。ECMA-262 标准 Edition 4 正在制定过程中，可能明确类的定义方法和命名空间等概念。

第一节　JavaScript 基础

一、概述

1. JavaScript 简介

JavaScript(JS)是一种基于对象的脚本语言，它的角色用于开发 Internet 客户端的应用程序，可以结合 HTML、CSS，实现在一个 Web 页面中与 Web 客户交互的功能。

JavaScript 具有动态性和跨平台等特点，可以直接对用户或客户的输入作出响应，无须经过 Web 服务程序，适用于交互性网页功能。它对用户的响应是以"事件"做驱动的，比如，"单击网页中的按钮"这个事件可以引发对应的响应。JavaScript 依赖于浏览器，与操作系统无关，只要在有浏览器的计算机上就可以正确执行。

2. JavaScript 在 HTML 中的使用

如需在 HTML 页面中插入 JavaScript，需要使用<script>标签。<script>和</script>之间的代码行包含了 JavaScript 的程序部分，如：

```
<script>
    alert("My First JavaScript");
</script>
```

也可以写为：

```
<script type="text/javascript">
    alert("My First JavaScript");
</script>
```

JavaScript 是所有现代浏览器以及 HTML5 中的默认脚本语言。在以下例子中，JavaScript会在页面加载时向 HTML 的<body>写文本：

```
<!DOCTYPE html>
<html>
<body>
    <script>
        document.write("<h1>This is a heading</h1>");    // JS 示例
        document.write("<p>This is a paragraph</p>");
    </script>
</body>
</html>
```

上面例子中的 JavaScript 语句，会在页面加载时执行。在例子中使用了//引入 JS 代码的单行注释，也可以用/* JS 注释 */的方式引入多行注释。一般情况下，我们需要在某个事件发生时执行代码，比如当用户点击按钮时。如果我们把 JavaScript 代码放入函数中，就可以在事件发生时调用该函数。

JavaScript 可以放在 HTML 的<body>或<head>部分中，或者同时存在于两个部分中。通常的做法是把函数放入<head>部分中，或者放在页面底部，这样就可以把它们安置到同一处位置，不会干扰页面的内容。例 14.1 中在<head>中增加了 JavaScript 函数。

例 14.1 JavaScript 函数在点击按钮时被调用。

```
<!DOCTYPE html>
<html>
<head>
    <script>
    function myFunction() {
        document.getElementById("demo").innerHTML="My First JS Function";
    }
    </script>
</head>
```

```
    <body>
        <h1>My Web Page</h1>
        <p id="demo">A Paragraph</p>
        <button type="button" onclick="myFunction()">Try it</button>
    </body>
</html>
```

二、数据类型

1. 基本数据类型

在 JavaScript 中,常用的数据类型包括字符串、数字、布尔、数组、对象、null、undefined。JavaScript 拥有动态类型,也就是说变量可用作不同的类型。JavaScript 以字母或下画线开头(不能以数字开头),后面接数字、字母或下画线。变量名区分大小写。不能用系统保留字和特殊符号作为变量。变量声明时不指明类型,所有类型均由小写的 var 声明。例如:

```
var x;              // x 为 undefined
var x = 6;          // x 为数字
var x = "Bill";     // x 为字符串
```

1) 字符串(string)

字符串由用单引号或双引号括起来的零个或多个的字符或数字所组成,可以在字符串中使用引号,只要不匹配包围字符串的引号即可,例如:

```
var str = "Nice to meet you!";
var answer = "He is called 'Bill'";
```

2) JavaScript 数字

JavaScript 只有一种数字类型。数字可以带小数点,也可以不带,如:

```
var x1 = 34.00;     // 使用小数点来写
var x2 = 34;        // 不使用小数点来写
var y = 123e5;      // 12300000
var z = 123e-5;     // 0.00123
```

3) JavaScript 布尔

布尔(逻辑)元素只能有两个值: true 或 false,如:

```
var x = true;
var y = false;
```

4) undefined 和 null

JavaScript 提供了对 undefined 和 null 值的定义。undefined 这个值表示变量不含有值。在使用变量时,可以通过将变量的值设置为 null 来清空变量,如:

```
Cars = null;
person = null;
```

2. 数据类型转换

JavaScript 采取自动数据类型转换的机制。如果表达式中用(+)运算符,且其中一个操作数为字符串，另一个操作数为数值时，JavaScript 自动将数值转成字符串。例如：

　　　var x="我今年" + 18;　　　　　// 结果：x="我今年 18"

　　　var x="15" + 8;　　　　　　　// 结果：x=158

　　　var y=15+8;　　　　　　　　// 结果：y=23

如果表达式中用了其他运算符，JavaScript 自动将字符串转成数值。例如：

　　　var x="30"/5;　　　　　　　　// 结果：x=6

　　　var y="15" - "8";　　　　　　// 结果：y=7

JavaScript 也定义了一些数据类型转换函数，如 eval、parseInt、parseFloat 等。eval(字符串)可以将字符串参数转换成相应的数值。例如：

　　　y=eval("15")+8;　　　　// 结果：y=23

parseInt(字符串，[底数])可以将字符串转换成指定底数的数值，parseFloat(字符串)用于将字符串转换成浮点数值。

三、常量与变量

1. 常量

字符串常量(String Literals)：采用单引号或双引号括起来，如' '，" "。

布尔常量(Boolean Literals)：true 或 false。

数值型：整数常量(Integers Literals)，浮点常量(Floating-Point Literals)。

特殊字符串常量：如表 14-1 所示。

表 14-1　特殊字符串常量

字　符	意　义	字　符	意　义
\b	后退一格(Backspace)	\t	制表(Tab)
\f	换页(Form feed)	\'	单引号
\n	换行(New line)	\ "	双引号
\r	返回(Carriage return)	\\	反斜线(Backslash)

2. 变量

变量以字母或下画线开头(不能以数字开头)，后面接数字、字母或下画线。变量名区分大小写，不能用系统保留字或特殊符号作为变量。例 14.2 展示了变量大小写同时存在的情况。

例 14.2　变量大小写同时存在的情况。

```
<script>
    var A="Uppercase　A";
    var a="Lowercase　a";
    document.write(A);
    document.write("<BR>");
    document.write(a);
</script>
```

变量声明时，不必定义类型，所有类型均由小写的 var 声明。

3. 变量的作用域与生命期

在 JavaScript 函数内部声明的变量(使用 var)是局部变量，所以只能在函数内部访问它(该变量的作用域是局部的)。在函数外声明的变量是全局变量，网页上的所有脚本和函数都能访问它。

JavaScript 变量的生命期从它们被声明的时间开始，局部变量会在函数运行以后被删除，全局变量会在页面关闭后被删除。如果把值赋给尚未声明的变量，该变量将被自动作为全局变量声明。例如："carname = "Volvo";"，此处变量 carname 没有放在任何函数中，属于函数外部的变量，因此将声明一个全局变量 carname。全局变量可以在其作用范围内的任意函数中进行引用。例 14.3 展示了全局变量和局部变量的使用方法。

例 14.3 全局变量和局部变量的使用。

```
<script>
    var gv = "JavaScript";                    // gv 是全局变量
    function test() {
        var lv = "VBScript";                  // lv 是局部变量
        document.write("gv=" + gv + "<br>");
        document.write("lv=" + lv + "<br>"+ "<br>");
        another_gv = lv;                      // 未声明的变量为全局变量
    }
    test();
    document.write("document 的输出：<br>");
    document.write("gv=" + gv + "<br>");
    document.write("another_gv=" + another_gv + "<br>");
    document.write("lv=" + lv + "<br>");
    document.write("the end");
</script>
```

在浏览器中打开例 14.3 所在的网页文件，即可查看显示效果，如图 14-1 所示。

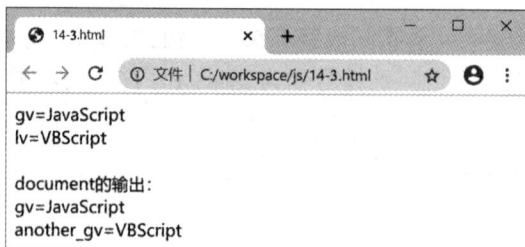

图 14-1　全局变量和局部变量的作用域

四、运算符与表达式

1. 算术运算符

常见的算术运算符如表 14-2 所示，除一般性的加减乘除、求余等运算外，也包括"++""--"等自增、自减运算符，如例 14.4 所示。

表 14-2 算 术 运 算 符

运算符	意 义	运算符	意 义
+	加(Addition)	++	自增(Increment)
-	减(Subtraction)	--	自减(Decrement)
*	乘(Multiplication)	%	求余(Modulus)
/	除(Division)		取负值(Unary Negation)

例 14.4 常见算术运算。

```
var a = 1;
var b = 4;
var c = "3";
alert(a+c);                    // 输出 13
alert(a+parseInt(c));          // 输出 4, parseInt(字符串), parseFloat(字符串)
```

例 14.4 所示程序如果直接保存为网页文件，其显示的结果将会是代码本身，这是由于该程序为 JavaScript，因此必须放在 \<script\>\</script\> 标签之间才能获得正常的输出。

2. 赋值运算符

支持"="作为赋值运算符，也支持"+="" –="等简写的赋值运算，如表 14-3 所示。

表 14-3 赋 值 运 算 符

运算符	意 义	运算符	意 义
=	x=5	/=	x=x/y
+=	x=x+y	%=	求余赋值
–=	x=x-y	*=	x=x*y

3. 比较运算符

比较运算符可对比两个数据返回布尔值 true 或 false，如表 14-4 所示。

表 14-4 比 较 运 算 符

操作符	描 述	举 例
A==B	如果两个操作数相等，返回 true	Psw==password
A!=B	如果两个操作数不等，返回 true	mobile.length!=11
A>=B	如果 A 大于或者等于 B，返回 true	tries>=2
A>B	如果 A 大于 B，返回 true	mflag>20
A<=B	如果 A 小于或等于 B，返回 true	i<=0
A<B	如果 A 小于或等于 B，返回 true	tries<10

4. 逻辑运算符

逻辑运算符包括逻辑与、逻辑或和逻辑非。

a&&b：逻辑与(AND)，若 a、b 都是 true，则结果为 true。

a||b：逻辑或(OR)，若 a、b 任一是 true，则结果为 true。

!a：逻辑非(NOT)，若 a 是 true，则结果为 false。

5. 条件运算符

条件运算符的格式：条件表达式? 值 1：值 2。

如果条件表达式的结果是 true，返回值 1，否则返回值 2。

例如：

```
var a, b;
max = a>b? a : b;
```

6. 其他运算符

1) type of 运算符

typeof 可用来判断操作数的类型。

格式：typeof 操作数 或 typeof(操作数)。

例如：

```
var i = "abc";
var j = null;
var x = undefined; alert(typeof  i);
alert(typeof  j);
alert(typeof  x);
```

2) new 运算符

new 运算符用于定义对象实例，JavaScript 变量均为对象。当声明一个变量时，就创建了一个新的对象。当声明新变量时，可以使用关键词"new"来声明其类型。

例如：

```
var carname= new String;
var x = new Number;
var y = new Boolean;
var cars = new Array;
var person = new Object;
```

3) this 运算符

this 运算符代表当前对象，因此用在不同的地方，就有不同的结果。常见用法为 this.属性，this.方法。

7. 数组

JavaScript 中数组是作为对象处理的，以下方法均可用于创建数组。

```
var arrayObj = new Array(); //创建一个数组。
var arrayObj = new Array(size)   //创建一个数组并指定长度，注意不是上限，是长度。
var arrayObj = new Array(element0, element1, ..., elementN)   //创建一个数组并赋值。
```

如果在数据定义时没有指定长度，可以在使用时自动根据程序的需要分配数组的长度。

例如：

　　　var cars = new Array();

　　　cars[0] = "Audi"; cars[1] = "BMW"; cars[2] = "Volvo";

或

　　　var cars = new Array("Audi", "BMW", "Volvo");

数组下标是基于零的，所以第一个项目是 [0]，第二个项目是 [1]，依此类推。

五、函数与对象

1. 函数

　　函数是由事件驱动的或者当它被调用时执行的可重复使用的代码块，前面使用了关键词 function。网页中的 JavaScript 函数体可以位于不同的位置，如\<head>\</head>部分、\<body>\</body>部分、\<foot>\</foot>部分，也可以放置在这些元素之外。例 14.5 给出了函数在网页中使用位置的示例。

　　例 14.5　函数在网页中的使用位置。

```
<!DOCTYPE html>
<html>
<head>
  <script>
    function hello() {
        alert("Hello World!");
    }
  </script>
</head>
<body>
    <button onclick="hello()">欢迎</button>
    <button onclick="say('Bob', 'student')">显示</button>
</body>
<script>
    function say(name, title) {
        alert(name + " is a " + title);
    }
</script>
</html>
```

　　当调用该函数时，会执行函数内的代码。可以在某事件发生时(比如当用户点击按钮时)直接调用函数，并且可由 JavaScript 在任何位置进行调用。JavaScript 对大小写敏感。关键词 function 必须是小写的，并且必须以与函数名称相同的大小写来调用函数。

　　将例 14.5 中的代码保存为 14-5.html，在浏览器中打开即可看到图 14-2 所示的结果。其中图 14-2(a)为点击"欢迎"按钮后弹出的"Hello World"消息框，图 14-2(b)为点击"显示"按钮后弹出的"Bob is a student"消息框。

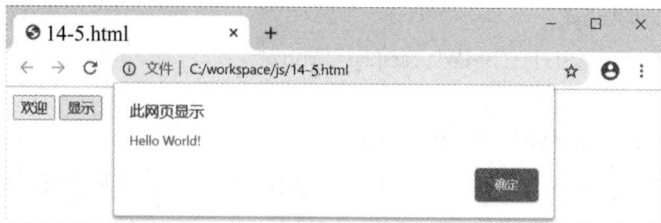

(a) 点击"欢迎"按钮后弹出"Hello World"的消息框

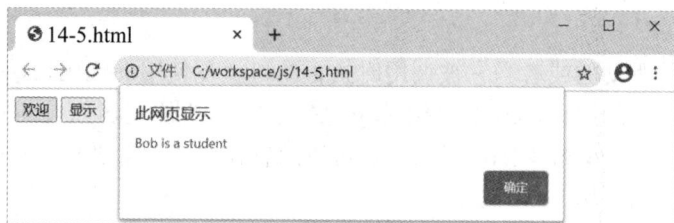

(b) 点击"显示"按钮后弹出"Bob is a student"的消息框

图 14-2　函数的显示效果

声明函数时，把参数作为变量来声明。变量和参数必须以一致的顺序出现。第一个变量就是第一个被传递的参数的给定值，依此类推。

例如：

```
<button onclick="myFunction('Bob', 'student')">点击这里</button>
<script>
    function myFunction(name, title) {
        alert(name + " is a " + title);
    }
</script>
```

上面的函数当按钮被点击时会提示"Bob is a student"。

在 JavaScript 函数中使用 return 语句时，函数会停止执行，并返回指定的值。

例如：

```
function myFunction() {
    var x=5; return x;   // 返回值为 5
}
```

2. 对象

JavaScript 是面向对象的语言，尽管它也可以像其他面向对象的语言一样使用类来定义对象，但在实际编程过程中，一般并不需要定义类，而是直接使用各种对象。这是由于 JavaScript 中的所有事物都是对象，包括字符串、数值、数组、函数等。

JavaScript 提供了若干标准对象，如 String、Date、Array 等。对象只是带有属性和方法的特殊数据类型，其中属性是某种类型的值，可以通过 objectName.propertyName 来获得属性的值；而方法是能够在对象上执行的动作，可以通过 objectName.methodName()来调用该方法。例如 String 对象的 length 属性可以获得字符串的长度，而 String 对象的 toUpperCase() 方法能将文本转换为大写。

例如：

```
var message = "Hello World!";
var x = message.length;
var y = message.toUpperCase();
```

在以上代码执行后，x 的值将是：12，y 的值将是：HELLO WORLD!。

3. 自定义对象

JavaScript 也允许自定义对象，一种简便的方法是由花括号分隔，在括号内部，对象的属性以名称和值对的形式(name：value)来定义，属性由逗号分隔。另一方面，JS 中所有对象都继承自 Object 对象，因此可以通过创建 Object() 的实例来建立对象。

下例中对象(person0)有四个属性：firstname、lastname、age 和 eyecolor，另一个对象(person1)则有三个属性：name、age 和 eyecolor。

```
var person0 = {firstname:"John", lastname:"Doe", age:50, eyecolor:"blue"};
var person1 = new Object();
person1.name="Alice";
person1.age=56;
person1.eyecolor="blue";
```

对象属性有两种寻址方式，在上例中，要获取 lastname 属性，可以用以下两种方式：

```
name = person.lastname;
name = person["lastname"];
```

由于 JS 中函数本身也是对象，因此还可以直接利用函数来构造对象，此时，函数本身相当于对象的构造器。在利用函数定义对象时，需要使用 this 关键字定义对象的属性和方法。例 14.6 给出了利用函数创建对象的演示。

例 14.6 利用函数方式创建一个 Person 对象。

```
<!DOCTYPE html>
<html>
<body>
    <h1>函数对象</h1>
    <form>
        <input type="submit" onclick="execute()" value="Change">
    </form>
    <script>
        function Person(name,age,eyecolor) {
            this.name = name; this.age = age;
            this.eyecolor = eyecolor;
            this.changeName = changeName;
            function changeName(name) {
```

```
                    this.name = name;
                }
            }
            var person = new Person("Alice", 56, "blue");
            function execute() {
                person.changeName('Bob');
                alert("My name is "+person.name+", and my eye color is "+person.eyecolor);
            }
        </script>
    </body>
</html>
```

例 14.6 通过函数方法创建了一个 person 对象，同时定义了一个 execute()函数来调用该对象的属性。如图 14-3 所示，只要点击 Change 按钮即可触发 execute()函数的执行并显示出提示信息。

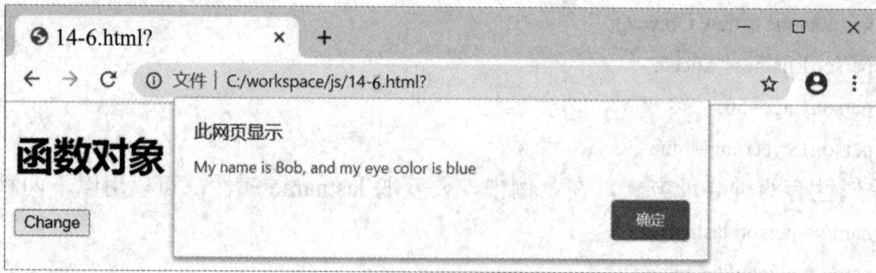

图 14-3　点击 Change 按钮即可触发 execute()函数的执行

如果要把属性添加到 JavaScript 对象，可以通过为对象赋值，向已有对象添加新属性。假设 person 对象已存在，编程者可以为其添加这些新属性：firstname、lastname。

例如：

```
person.firstname = "Fei";

person.lastname = "Zhang";

person.age = 40;

person.eyecolor = "brown";

x = person.firstname;
```

也可以把方法添加到对象，在构造器函数内部定义对象的方法，如下例中的 this.changeName 就代表了对象的一个属性，该属性被赋予一个 changeName 函数，因而它成为了该对象的方法：

```
function Person1(firstname, lastname, age, eyecolor) {

this.firstname = firstname; this.lastname = lastname;

this.age = age;

this.eyecolor = eyecolor;

this.changeName = changeName;
```

```
function changeName(name) {
    this.lastname = name;
    }
}
```

这样就方便地为当前对象设置了属性 firstname、lastname、age、eyecolor，以及一个方法 changeName(name)，可以在后续的程序中使用这些属性以及方法。

第二节　JavaScript 正则表达式

一、正则表达式的使用

正则表达式主要提供了对字符串的处理能力，在页面处理中的使用场景包括：

(1) **表单验证**。验证某些域符合某种规则，例如邮件输入框必须输入的是邮件、联系电话输入框输入的必须是数字等。

(2) **处理 DOM 模型**。例如通过表达式定位 DOM 中的一个对象或一系列对象，一个例子就是定位 id 属性中含有某个特殊字符的 div 对象。

(3) **纯编程逻辑**。直接用于编程的逻辑之中。

正则表达式可以测试字符串的某个模式，一般用于在字符串中查找和匹配某个特定的关键字。例如，可以对一个输入字符串进行测试，看在该字符串中是否存在一个电话号码模式或一个信用卡号码模式。也可用于替换特定文本，或根据模式匹配从字符串中提取一个子字符串。

正则表达式定义了用来搜索匹配字符串的模式，由普通字符(例如字符 a 到 z)以及特殊字符(称为元字符)组成，用于描述在查找文字主体时待匹配的一个或多个字符串。正则表达式作为一个模板，将某个字符模式与所搜索的字符串进行匹配。

JavaScript 中的正则表达式由 RegExp 对象表示。有两种方式构造正则表达式，一种是隐式构造，一种是显式构造。

1. 隐式构造正则表达式

普通方式采用 RegExp 对象的隐式构造函数构造，定义模式为

　var reg = /参数/[flags];

其中的参数部分可以是一个字符串，代表了某种规则，其中可以使用某些特殊字符，来代表特殊的规则。附加参数 flags 用来扩展表达式的含义，目前主要有三个参数，如表 14-5 所示。

表 14-5　flags 标志的定义

Flags 标志	描　　述
i	忽略大小写标志
g	表示在全文中查找出现的所有参数
m	多行标志

上面三个参数，可以任意组合，代表复合含义，当然也可以不加参数。

例如：

　　var reg = /a*b/;

　　var reg = /abc+f/ig; //全文搜索且忽略大小写

2. 显式构造正则表达式

通过 RegExp 对象的显示构造函数建立正则表达式，具体为

　　var reg = new RegExp("参数", ["flags"]);

其中"参数"与"附加参数(flags)"的含义与隐式构造中的含义相同。RegExp 对象用于存储检索模式。通过 new 关键词来定义 RegExp 对象。例如：

　　var myregx = new RegExp("abc");

　　var myregx1 = new RegExp("abc", "i");

显式方式和隐式方式都可用于构造正则表达式，两种构造方式的效果是一样的。隐式构造在脚本执行时进行编译，一般的正则表达式常用隐式构造；显式构造遇到正则表达式时才进行编译，适合表达式使用较少的情景。例 14.7 给出了从指定字符串中搜索出带有"abc"子字符串的示例。

例 14.7　从指定字符串中搜索子字符串"abc"。代码如下：

```
<!DOCTYPE HTML>
<html>
<head>
    <script language="javascript" type="text/javascript">
        function test1() {
            var mystr = document.form1.test.value;
            var myreg = new RegExp("abc");
            if (myreg.test(mystr))   alert("目标字符串中存在子串'abc'");
            else   alert("目标字符串中不存在子串'abc'");
        }
    </script>
</head>
<body>
    <form name="form1">
        <input type="text" id="test" value="输入检测的字符串">
        <button onClick="test1()">检测</button>
    </form>
</body>
</html>
```

将例 14.7 所示的代码保存为 html 文件并在浏览器中打开，其显示效果如图 14-4 所示。

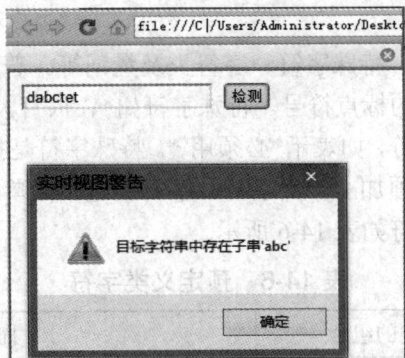

图 14-4　浏览器显示的搜索字符串的结果

二、正则表达式的操作方法

(1) test()方法检索字符串中的指定值。返回值是 true 或 false。例如：

```
var patt1=new RegExp("e");
document.write(patt1.test("The best things in life are free"));
```

由于该字符串中存在字母 "e"，以上代码的输出将是 true。

(2) exec()方法检索字符串中的指定值。返回值是被找到的值。如果没有发现匹配，则返回 null。例如：

```
var patt1=new RegExp("e");
document.write(patt1.exec("The best things in life are free"));
```

由于该字符串中存在字母 "e"，以上代码的输出将是 e。

(3) compile()方法用于改变 RegExp。compile()既可以改变检索模式，也可以添加或删除第二个参数。例如：

```
var patt1=new RegExp("e");
document.write(patt1.test("The best things in life are free"));
patt1.compile("d");
document.write(patt1.test("The best things in life are free"));
```

由于字符串中存在 "e"，而没有 "d"，以上代码的输出是 truefalse。

(4) search( )方法用来搜索字符串中与正则表达式匹配的子字符串的位置。

(5) match( )方法用来执行全局查找，并把查找结果放在一个数组里。

(6) replace( )方法在一个字符串中通过正则表达式查找并替换相应内容。不改变原来的字符串，只是重新生成了一个新的字符串。

(7) split( )方法用来返回按某种分割标志符将一个字符串拆分为若干个子字符串时所产生的子字符串数组。

三、正则表达式的构造

要运用好正则表达式，则须充分了解正则表达式的构造语法。正则表达式的语法主要是对正则表达式各个元字符功能的描述。正则表达式分为简单模式和复杂模式。

1. 简单模式

简单模式包括普通字符、特殊字符、字符类及量词等。普通字符包括字母、数字、汉字、下画线及没有特殊定义的标点符号。特殊字符如*、+、{、(、)、$、^、.等。这些特殊意义的字符必须加上转义字符，如表示*必须用*。特殊字符是指不便表示的字符，如回车、换行、制表等，表示时也必须加上转义字符。字符类包括简单类、反向类、范围类、组合类及预定义类。预定义类字符如表 14-6 所示。

表 14-6　预定义类字符

预定义类	等价类的组合	描　　述
.	[^\n\r]	除换行和回车之外的任何字符
\d	[0-9]	数字
\D	[^0-9]	非数字
\s	[\t\n\x0B\f\r]	空白字符，包括空格、制表符等
\S	[^\t\n\x0B\f\r]	非空白字符
\w	[a-zA-Z_0-9]	单词字符类，字母、数字、下画线
\W	[^a-zA-Z_0-9]	非单词字符类

- 简单类：用方括号"[ ]"表示单个字符的"或"的关系，匹配方括号内任意一个字符。如：/[abc]/可以匹配 a、b、c 中任意一个字符。
- 反向类：[^]用来匹配不在括号内的任意字符。如：/[^abc]/可匹配除 a、b、c 外的其他任意字符。
- 范围类：[0-9]表示匹配从 0~9 任意的数字。
- 组合类：即简单类、反向类和范围类的组合。如：/[a-z0-9\.]/可以匹配 a~z、0~9 和 . 中任意一个字符。
- 预定义类：用某些特别的表示来表示某些组合类。

例 14.8　检测用户名。用户名是以字母或数字开头，加单词字符，并以数字结尾的子字符串。代码如下：

```
function test_username(obj) {
    var username=obj.username.value;
    var regx=/[a-z0-9]\w\d$/g            //不包含规定字符，用户名无效
    if (!regx.test(username)) {
        alert("\n 用户名检测 ：\n\n 结果 ：用户名不合法! \n");
        obj.username.focus();
    } else
        alert("\n 用户名检测 ： \n\n 结果 ：用户名合法! \n");
}
```

显示效果如图 14-5 所示。

正则表达式中，量词是用来限制某些匹配字符个数的，也称限定符(见表 14-7)。

用户名合法性检测程序

规则:英文字符串+数字

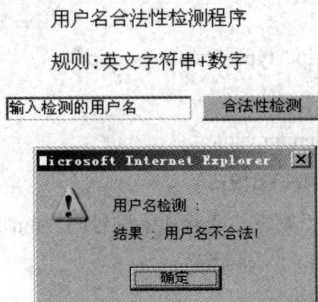

图 14-5　检测用户名显示效果

表 14-7　量　　词

限定符	作　　用	说　　明
*	出现 0 次或连续多次	/a*b/可匹配 b, aab, aaaab……
+	出现至少一次	/a+b/可匹 ab, aaab, aaaab……
?	出现 0 次或者一次	/a[cd]?/可匹配 a, ac, ad
{n}	连续出现 n 次	/a{3}/相当于 aaa
{n,}	连续出现至少 n 次	/a{3,}/可匹配 aaa, aaaa, ……
{n, m}	连续出现至少 n 次，至多 m 次	/ba{1, 3}/可匹配 ba, baa, baaa

示例:

电话号码格式:四位区号～七位号码　　　　正则表达式表示为:/\d{4}-\d{7}/

物品价格匹配:以￥开头的物品价格　　　　正则表达式表示为:/^\￥\d+\.?\d*/

2. 复杂模式

进行验证时，使用边界定位符来限定字符的位置以便更快匹配目标子串。具体的边界定位符如表 14-8 所示。

表 14-8　边 界 定 位 符

定位符	说　　明
^	与字符串开始的地方匹配
$	与字符串结束的地方匹配
\b	匹配一个单词边界，就是单词和空格之间的位置
\B	\b 取非，即匹配一个非单词边界

如:/^aaa/即必须以 aaa 开始的字符串;

　　/aaa$/即必须以 aaa 结束的字符串;

　　/\bjava\b/即字符串中 java 的前后须有空格。

例 14.9　手机号码合法性检测。代码如下:

```
<!DOCTYPE HTML>

<html>
```

```
    <head>
        <script language="javascript" type="text/javascript">
            function isMobil(obj) {
                var str = obj.mobilenum.value;
                var patrn = /^(\+86)?13\d{9}$/;
                var msg="\n 使用正则表达式验证手机号码 :\n\n";
                msg += "手机号码 : " +str+"\n";
                if (!patrn.exec(str)) {
                    msg += "验证结果 : 手机号码不合法!\n";
                    alert(msg);
                    return false;
                } else {
                    msg += "验证结果: 手机号码合法!\n";
                    alert(msg);
                    return true;
                }
            }
        </script>
    </head>
    <body>
        <form name="form1">
            <input type="text" id="mobilenum" placeholder="输入手机号">
            <button onClick="isMobil(form1)">验证</button>
        </form>
    </body>
</html>
```

浏览器显示效果如图 14-6 所示。

图 14-6　手机号码合法性检测显示效果

第三节　JavaScript 动态网页技术

一、HTML 文档对象模型

当网页被加载时，浏览器会创建页面的文档对象模型(Document Object Model)，作为 HTML 网页在浏览器程序中所使用的数据结构。DOM 模型被构造为对象的树(见图 14-7)。

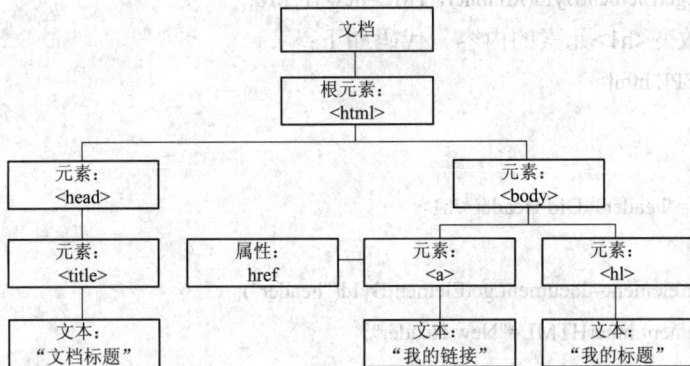

图 14-7　HTML DOM 树

1. 访问网页元素

对于网页编程而言，如何让静态的网页动起来形成动态网页，这是进行网页开发时的主要内容。通过可编程的对象模型，JavaScript 就可以创建动态的 HTML。JavaScript 能够改变页面中的所有 HTML 元素、属性或 CSS 样式，还能够对页面中的所有事件作出反应。要实现对 HTML 元素的访问，可以根据元素 id 或标签名引用该元素。例如，要查找标签 id 为"main"的元素，然后查找"main"中的所有标签为<p>的元素，可以写为

```
var x = document.getElementById("main");
```

```
var y = x.getElementsByTagName("p");
```

DOM 允许 JavaScript 改变 HTML 元素的内容，从而创建动态的 HTML 内容。在 JavaScript 中，document.write()可用于直接向 HTML 输出流写内容。例 14.10 为向网页中写入当前日期的示例。

例 14.10　向 HTML 写入当前日期。代码如下：

```
<!DOCTYPE html>
<html>
<body>
    <script>
        document.write(Date());
    </script>
</body>
</html>
```

注意不要使用在当前网页文档加载之后再调用 document.write()，这容易造成覆盖该文档。

2. 实现对网页的动态修改

要实现动态网页一般是靠修改网页显示内容或样式来完成的，这涉及三个方面的问题：一是修改网页的内容，二是修改网页元素的属性，三是改变网页元素的样式。

(1) 改变 HTML 内容。

修改 HTML 内容可以利用网页元素文档对象的 innerHTML 属性。具体方法为：

```
document.getElementById(id).innerHTML=new HTML;
```

例 14.11　改变<h1>元素的内容。代码如下：

```
<!DOCTYPE html>
<html>
<body>
    <h1 id="header">Old Header</h1>
    <script>
        var element=document.getElementById("header");
        element.innerHTML="New Header";
    </script>
</body>
</html>
```

(2) 改变 HTML 属性。

如需改变 HTML 元素的属性，需要使用以下语法：

```
document.getElementById(id).attribute=new value;
```

例 14.12　改变<img>元素的 src 属性。代码如下：

```
<!DOCTYPE html>
<html>
<body>
    <img id="image" src="smiley.gif">
    <script>
        document.getElementById("image").src="landscape.jpg";
    </script>
</body>
</html>
```

上面的 HTML 文档含有 id="image" 的<img>元素，我们使用 HTML DOM 来获得 id="image"的元素，把 "smiley.gif" 改为 "landscape.jpg"。

如需改变 HTML 元素的样式，需要使用以下语法：

```
document.getElementById(id).style.property=new style;
```

(3) 改变 HTML 样式。

改变 <p> 元素的样式，例如：

```
<p id="p2">Hello World</p>
<script>
    document.getElementById("p2").style.color="blue";
</script>
```

3. 对事件作出反应

可以在事件发生时执行 JavaScript，比如当用户在 HTML 元素上点击、网页加载、图像加载、鼠标移动到元素上、输入字段改变、表单的按钮点击等，都可作为事件进行处理。onclick 事件是进行网页编程时的常用方法，经常用于捕捉对按钮、图片，甚至是网页内容的点击事件，例如以下代码会在用户点击<h1>元素时改变其内容，其中的 this 关键字指代了当前网页元素，即<h1>标题：

```
<h1 onclick="this.innerHTML='谢谢!'">请点击该文本</h1>
```

也可以将这种点击事件与函数结合起来，如例 14.13 所示。

例 14.13　当用户在 <h1> 元素上点击时通过函数改变其内容。代码如下：

```
<!DOCTYPE html>
<html>
<head>
  <script>
    function changetext(id) {
        id.innerHTML="谢谢!";
    }
  </script>
</head>
<body>
    <h1 onclick="changetext(this)">请点击该文本</h1>
</body>
</html>
```

如需向 HTML 元素分配事件，可以使用事件属性。如向 button 元素分配 onclick 事件：<button onclick="displayDate()">点击这里</button>。也可以通过函数的形式向 button 元素分配 onclick 事件，如下例所示：

```
<script>
    document.getElementById("myBtn").onclick = function() {displayDate()};
</script>
```

在上面的例子中，名为 displayDate 的函数被分配给 id 为"myBtn"的 HTML 元素。当按钮被点击时，会执行该函数。

其他事件还包括页面进入 onload、页面离开 onunload、输入字段变化 onchange 以及 onmouseover、onmouseout 事件、nmousedown、onmouseup 以及 onclick 事件等。

如需向 HTML DOM 添加新元素，必须首先创建该元素(元素节点)，然后向一个已存在的元素追加该元素，参见例 14.14 的代码。

例 14.14 向 button 元素分配 onclick 事件。代码如下：

```
<div id="div1">
<p id="p1">这是一个段落</p>
<p id="p2">这是另一个段落</p>
</div>
<script>
    var para=document.createElement("p");
    var node=document.createTextNode("这是新段落。");
    para.appendChild(node);
    var element=document.getElementById("div1");
    element.appendChild(para);
</script>
```

这段代码中首先创建新的<p>元素，然后利用 createTextNode()函数创建文本节点 node，再向<p>元素后追加这个新创建的文本节点 para.appendChild(node)。最后找到 div1 的元素，将元素 para 追加到其后 element.appendChild(para)。

如需删除 HTML 元素，一般需要先获得该元素的父元素，在例 14.15 中 div1 为父元素。

例 14.15 删除 HTML 元素。代码如下：

```
<div id="div1">
    <p id="p1">这是一个段落。</p>
    <p id="p2">这是另一个段落。</p>
</div>
<script>
    var parent=document.getElementById("div1");
    var child=document.getElementById("p1");
    parent.removeChild(child);
</script>
```

也可以利用子元素的 parentNode 属性找到父元素，实现对子元素的删除，例如：

```
    var child=document.getElementById("p1");
    child.parentNode.removeChild(child);
```

二、Window 对象

1. 浏览器窗口

所有浏览器都支持 window 对象。它表示浏览器窗口。所有 JavaScript 全局对象、函数以及变量均自动成为 window 对象的成员。全局变量是 window 对象的属性。全局函数是 window 对象的方法。甚至 HTML DOM 的 document 也是 window 对象的属性之一：

```
    window.document.getElementById("header");
```

或简写为：

```
    document.getElementById("header");
```

对于 Internet Explorer、Chrome、Firefox、Opera 以及 Safari 等浏览器，确定浏览器窗口的尺寸(浏览器的视口，不包括工具栏和滚动条)，如浏览器窗口的内部高度 window.innerHeight，浏览器窗口的内部宽度 window.innerWidth。使用 JavaScript，如下：

```
var w = window.innerWidth;

var h = window.innerHeight;
```

window.screen 对象在编写时可以不使用 window 这个前缀，如 screen.availWidth、screen.availHeight 属性返回访问者屏幕的宽度和高度，以像素计，减去界面特性，比如窗口任务栏。例如：

```
<script> document.write("可用宽度：" + screen.availWidth); </script>
```

2. Window Location

window.location 对象用于获得当前页面的地址(URL)，并把浏览器重定向到新的页面。window.location 对象在编写时可不使用 window 这个前缀。主要用法包括：

location.hostname 返回 web 主机的域名；

location.pathname 返回当前页面的路径和文件名；

location.port 返回 web 主机的端口(80 或 443)；

location.protocol 返回所使用的 web 协议(http:// 或 https://)；

location.href 属性返回当前页面的 URL。

location.href 返回(当前页面的)整个 URL，例如：

```
<script> document.write(location.href); </script>
```

以上代码会输出页面的 URL 地址，如 http://www.domain.com/js/window_location.html。

location.pathname 返回 URL 的路径名，例如：

```
<script> document.write(location.pathname); </script>
```

以上代码输出为/js/window_location.asp 这样的路径名。此外，location 也支持一些方法的使用，如 location.assign() 方法可以加载新的文档，参见例 14.16。

例 14.16　利用 location.assign()加载一个新的文档。代码如下：

```
<!DOCTYPE html>

<html>

<head>

  <script>

    function newDoc() {

        window.location.assign("http://www.baidu.com")

    }

  </script>

</head>

<body>

  <input type="button" value="加载新文档" onclick="newDoc()">

</body>

</html>
```

第四节   jQuery 的基本用法

1. jQuery 简介

jQuery 是一个兼容多浏览器的 JavaScript 库，核心理念是 write less，do more(写得更少，做得更多)。jQuery 在 2006 年 1 月由美国人 John Resig 在纽约的 barcamp 发布，吸引了来自世界各地的众多 JavaScript 高手加入。如今，jQuery 已经成为最流行的 JavaScript 库，在世界前 10 000 个访问最多的网站中，有超过 55%在使用 jQuery。

jQuery 是免费、开源的，使用 MIT 许可协议。jQuery 的语法设计可以使开发更加便捷，例如操作文档对象、选择 DOM 元素、制作动画效果、事件处理、使用 Ajax 以及其他功能。除此以外，jQuery 提供 API 让开发者编写插件。其模块化的使用方式使开发者可以很轻松地开发出功能强大的静态或动态网页。

jQuery 库位于一个 JavaScript 文件中，其中包含了所有的 jQuery 函数。可以通过下面的标记把 jQuery 添加到网页中：

```
<head>
    <script type="text/javascript" src="jquery.js"></script>
</head>
```

其中的 jQuery 库 jquery.js 可以在 Dreamweaver CS6 的安装目录下找到相应版本(如 jquery-1.6.4.min.js)，且引用该库的<script>标签应该位于页面的<head>部分。

2. jQuery 语法

jQuery 语法是为 HTML 元素的选取编制的，可以对元素执行某些操作。基础语法是：$(selector).action()。其中美元符号定义选择符(selector)用于引用 HTML 元素，action()执行对元素的操作。例如：

$(this).hide() - 隐藏当前元素

$("p").hide() - 隐藏所有段落

$(".test").hide() - 隐藏所有 class="test" 的所有元素

$("#test").hide() - 隐藏所有 id="test" 的元素

例 14.17   jQuery 的 hide()函数。该代码能够隐藏 HTML 文档中所有的<p>元素。

```
<html>
<head>
    <script type="text/javascript" src="jquery.js"></script>
    <script type="text/javascript">
        $(document).ready(function() {
            $("button").click(function(){ $("p").hide(); });
        });
    </script>
</head>
<body>
```

```
        <h2>This is a heading</h2>
        <p>This is a paragraph.</p>
        <p>This is another paragraph.</p>
        <button type="button">Click me</button>
    </body>
    </html>
```

3. jQuery 案例

如同 JavaScript 一样，jQuery 编程时也要首先实现对网页元素的选取，例 14.18 为 jQuery
选择器的使用示例。

例 14.18　jQuery 选择器的使用。代码如下：

```
    <!DOCTYPE HTML>
    <html>
        <head>
            <meta http-equiv="Content-Type" content="text/html; charset=utf-8">
            <script type="text/javascript" src="jquery-1.6.4.min.js"></script>
            <script type="text/javascript">
            function testJQuery() {
                $("#div1").html("xxx")                    //#表示 id 选择器
                .css("width", 50)
                .css("height", 100)
                .css("border", "solid 1px red");
            }
            </script>
        </head>
        <body>
            <div id="div1">
            </div>
            <input type="button" value="click" onclick="testJQuery();"/>
        </body>
    </html>
```

浏览器显示效果如图 14-8 所示。

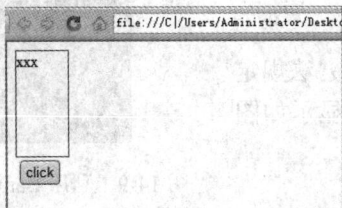

图 14-8　Jquery 选择器的浏览器显示效果　　　　jQuery 案例

扫描此处二维码可查看更多 **jQuery** 的设计案例。

第五节　基于 JavaScript 的 HTML5 元素

1. Canvas 元素

HTML5 的 canvas 元素(即画布)使用 JavaScript 在网页上绘制图像。canvas 元素是一个矩形区域，可以控制其每一像素，且拥有多种绘制路径、矩形、圆形、字符以及添加图像的方法。例如：

```
<canvas id="myCanvas" width="200" height="100">
</canvas>
```

canvas 元素本身没有绘图能力，所有的绘制工作必须在 JavaScript 内部完成，如例 14.19 所示。

例 14.19 绘制一个矩形。代码如下：

```
<!DOCTYPE html>
<html>
<body>
    <canvas id="myCanvas" width="200" height="100"></canvas>
    <script type="text/javascript">
        var c = document.getElementById("myCanvas");
        var cxt = c.getContext("2d");
        cxt.fillStyle="#FF0000";
        var rect = [150, 75];
        cxt.fillRect(0,0,rect[0],rect[1]);
    </script>
</body>
</html>
```

本例首先使用 id 来选取 canvas 元素，并将结果保存在变量 c 中。然后，创建一个 context 上下文对象：

```
var cxt = c.getContext("2d");
```

此处的 getContext("2d") 对象是内建的 HTML5 对象，拥有多种绘制路径、矩形、圆形、字符以及添加图像的方法。下面的两行代码绘制一个红色的矩形：

```
cxt.fillStyle = "#FF0000";
cxt.fillRect(0, 0, 150, 75);
```

其中 fillStyle 方法将其染成红色，fillRect 方法规定了形状、位置和尺寸。例 14.19 的浏览器显示如图 14-9 所示。

图 14-9　利用 Canvas 元素绘制的矩形

2. 前端开发的调试方法

之前的部分案例利用 alert()函数观察程序运行状态，然而随着网页开发的复杂化，需要有更加强大和完备的调试方法。控制台对象(console)是浏览器为 JavaScript 提供的调试接口。console 对象具有两个用途，一是显示网页代码运行时的错误信息，二是提供一个命令行接口，用来与网页代码互动。表 14-9 列出了 console 对象的常用方法。

表 14-9　console 对象的常用方法

方法	描　　述	实　　例
error()	输出红色的出错信息	console.error("Error: %s (%i)", "Server is not responding", 500)
info()	console.log 别名，输出信息	console.info("info")
log()	输出信息	console.log("log")
table()	将复合类型的数据转为表格显示	var arr= [{ a: "1"}, { b: "2"}, { c: "3" }]; console.table(arr);
trace()	追踪函数的调用过程	function d(a) { console.trace(); return a; }
warn()	输出警告信息	console.warn("警告")

console 对象采用格式化输出的方式确定输出数据的格式，参见表 14-10。

表 14-10　console 对象的格式化输出

格式控制符	作　　用
%s	字符串
%d or %i	整数
%f	浮点数
%o	可展开的 DOM
%O	列出 DOM 的属性
%c	根据提供的 css 样式格式化字符串

以下为 console 对象的 log()方法输出信息的一个示例，可以显示出年月日信息：

　　console.log("%d 年%d 月%d 日", 2020, 9, 26);

例 14.20　console 对象常用方法输出效果演示。代码如下：

```
<!DOCTYPE html>
<html>
<head>
    <meta charset="UTF-8">
    <meta name="viewport" content="width=device-width, initial-scale=1.0">
    <title>console 演示</title>
    <style>
        span{border:1px solid rgb(0,0,0)}
    </style>
</head>
<body>
    console 常见方法演示
    <script type="text/javascript">
        console.error('这是 error');
        console.info('这是 info');
        console.log('这是 log');
```

```
        console.warn('这是 warn');
        var arr= [ { a: "1"}, { b: "2"}, { c: "3" } ];
        console.table(arr);
    </script>
  </body>
  </html>
```

如图 14-10 所示，选取火狐(Firefox)浏览器，点击打开菜单，选择 Web 开发者，进入后选择 Web 控制台，即可查看 console 对象的输出。

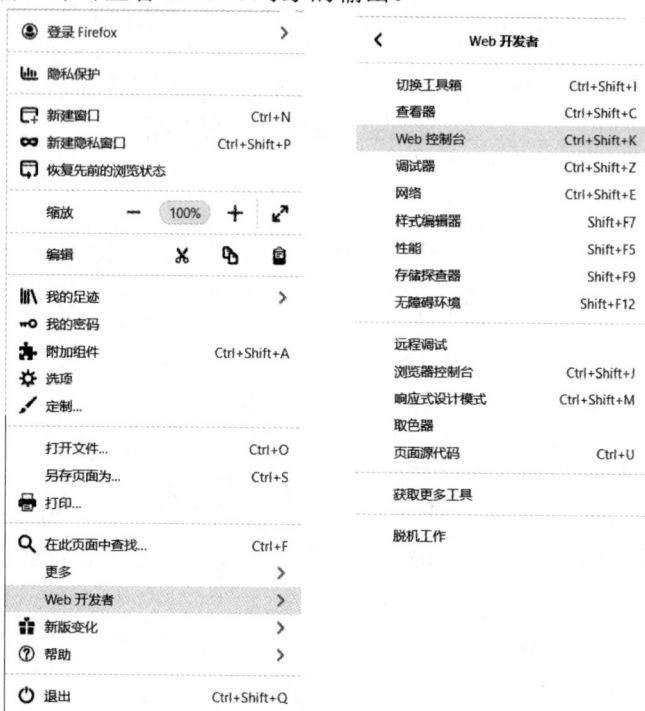

图 14-10　利用火狐浏览器查看 console 对象的输出

将本例的代码保存为文件并在浏览器中打开，其结果显示如图 14-11 所示。

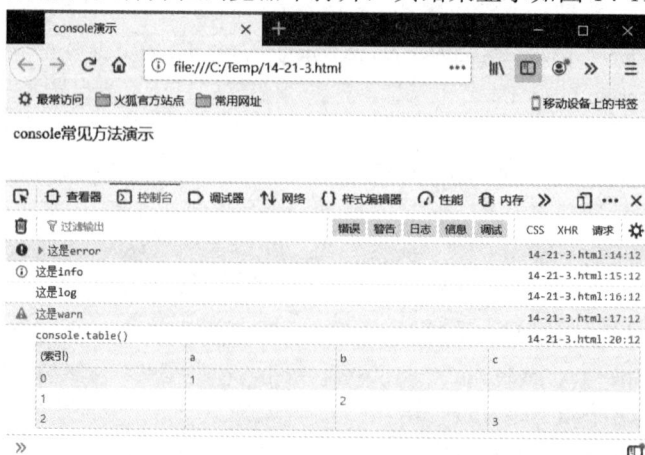

图 14-11　console 对象常用方法输出效果

3. Geolocation 对象

HTML5 Geolocation API 用于获得用户的地理位置。鉴于该特性可能侵犯用户的隐私，除非用户同意，否则用户位置信息是不可用的。Geolocation 对象采用 getCurrentPosition() 方法来获得用户的位置，如下例所示，通过地理定位可返回用户位置的经度和纬度：

```
<script>
    var x = document.getElementById("demo");
    function getLocation() {
        if (navigator.geolocation) {
            navigator.geolocation.getCurrentPosition(showPosition);
        } else {
            x.innerHTML = "Geolocation is not supported by this browser.";
        }
    }
    function showPosition(position) {
        x.innerHTML = "Latitude: " + position.coords.latitude + "<br />Longitude: " +
            position.coords.longitude;
    }
</script>
```

以上示例检测是否支持地理定位，如果支持，则运行 getCurrentPosition() 方法，否则向用户显示一段消息。如果 getCurrentPosition() 运行成功，则向参数 showPosition 中规定的函数返回一个 coordinates 对象。showPosition() 函数获得并显示经度和纬度。该示例是一个基础的地理定位脚本，不含错误处理。要实现错误处理，可以利用 getCurrentPosition() 方法的第二个参数，它规定了当获取用户位置失败时运行的函数，参见例 14.21 所示。

例 14.21 获取用户位置的经度和纬度。代码如下：

```
<!DOCTYPE html>
<html>
<head>
    <meta charset="UTF-8">
    <meta name="viewport" content="width=device-width, initial-scale=1.0">
    <title>Geolocation 演示</title>
    <style>span{border:1px solid rgb(0,0,0)}</style>
</head>
<body>
    <h1>获取地理定位</h1><hr><div id="content"></div>
    <script>
        console.log("This is a demo of geolocation");
        navigator.geolocation.getCurrentPosition(
            function(position) {
                console.log(position);
```

```
                    var str = "";
                    str += "当前的纬度："+position.coords.longitude+"<br>";
                    str += "当前的经度："+position.coords.latitude+"<br>";
                    str += "当前的海拔："+position.coords.altitude+"<br>";
                    str += "坐标经度："+position.coords.accuracy+"<br>";
                    str += "前进方向："+position.coords.heading+"<br>";
                    str += "速度："+position.coords.speed+"<br>";
                    console.log(str);
                    document.getElementById("content").innerHTML = str;
                },
                function(error) {
                    alert("获取失败! "+error.code+" , "+error.message);
                },
                {
                    timeout:1000,
                    enableHighAccuracy:true,
                    maximumAge:1000000
                }
            );
        </script>
    </body>
</html>
```

本例所示的程序保存为文件后在浏览器中打开，同时注意打开火狐浏览器的 Web 控制台，即可查看到如图 14-12 所示的结果。

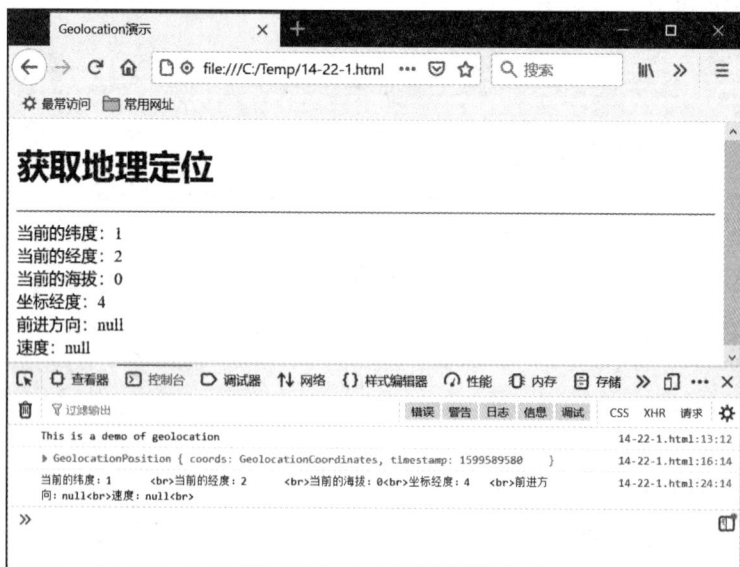

图 14-12　查看用户位置的经度和纬度

本 章 小 结

本章介绍了 JavaScript 和 jQuery 等移动商务应用开发技术。JavaScript 是实现动态网页的基础，应熟练掌握 JavaScript 的数据类型、变量、常量、运算符和表达式。正则表达式为字符串的检索、分析提供了一种模式匹配的方式。应了解 jQuery 的语法以及使用方法，而 console 对象是进行前端开发代码调试的有力工具。

练 习 题

1. 猜一下例 14.7 中"var mystr = document.form1.test.value;"一句话执行后，mystr 变量中的值是什么？

2. 例 14.8 提供了一个检测用户名的函数 test_username，但并未提供 HTML 代码，请将其补充完整，最后能呈现出图 14-5 所示的效果。

3. 利用 HTML5 的经度和维度功能，编写程序获取并在网页中显示自己所在的经度和维度。

4. 设计一个用户登录界面，要求用户输入的用户名必须以英文开头(允许大小写)，由数字和英文(允许大小写)组成，密码由 6 位数字组成，否则不能通过验证，利用正则表达式加以实现。

第十五章　移动商务应用开发案例

【学习目标】
- 掌握移动商务网站后端开发技术；
- 能够实现移动商务网站的后端数据库连接。

【引例】

Node.js 的由来

JavaScript 作为一种网页脚本，原本只能运行在浏览器中，为网页添加一些特效或是与服务器进行通信。谷歌公司在 Chrome 浏览器中集成了一种名为"V8"的 JavaScript 引擎(也即 JavaScript 解释器)，它能够非常快速地解析和执行 JavaScript 代码。V8 引擎使用 C++ 语言编写，可以独立运行，也可以嵌入到任何其他 C++ 程序中。2009 年，一个名为 Ryan Dahl 的程序员希望在浏览器之外为 JavaScript 构建一个运行时，让 JavaScript 能够直接在计算机上运行。这套独立的 JavaScript 运行时就是 Node.js，简称 Node。

开发网站后台原本是 PHP、Java、Python、Ruby 等编程语言擅长的，有了 Node 之后，JavaScript 语言不仅可以用于 Web 前端编程(网页编程)，还可以用于开发网站后台，甚至一般的桌面应用。Node 运行时主要由 V8 引擎、标准库和本地模块组成，尤其是本地模块的多少，从底层决定了 Node 功能的强弱。V8 引擎借鉴了 Java 虚拟机和 C++ 编译器的众多技术，将 JavaScript 代码直接编译成原生机器码，并且使用了缓存机制来提高性能，使其运行速度可以媲美二进制程序。Node 极大地拓展了 JavaScript 的用途，使得 JavaScript 不再是浏览器中的一个小程序，而是如同 Python、Java、Ruby 等一样的通用程序设计语言。

Node 由 Joyent 公司主推并获得各界的广泛认可，然而它的最初设计者 Ryan Dahl 在 2012 年离开了 Node 项目，此后加入了 Google 的 Brain 团队，从事深度学习方面的研究。Ryan 认为，目前的机器学习系统还很简单，离真正的人工智能还有很长的路要走。不过当前的技术可以为人工智能的发展奠定坚实的基础，未来人类一定能够从中受益。

第一节　网站后端开发技术

一、Web 后端开发技术

网站开发按适用范围可分成前端开发和后端开发，其中前端开发负责网页内容的设计和可视化展示，包括需求分析、详细设计、美工设计、静态与动态网页编程等，而后端开发负责网站后台逻辑设计、数据处理模型的构建等。网站前端与后端技术的分离是 MVC 设计模式的直接反映，可以根据不同内容的技术特点进行任务划分，从而有利于多人合作，提高 Web 项目的整体开发进度。

　　Web 后端可能会采取多种不同的形式，然而其基本原理均是由应用程序、文件、数据库三个部分(如图 15-1 所示)组成，其中应用程序部分一般包括网页与 Web 服务器，文件部分包括各类网页资源文件，而数据库提供数据的存储和检索等能力。

图 15-1　　Web 后端的构成

文件

应用程序

数据库

　　Web 前端开发主要涉及 HTML5、JavaScript 等，后端开发可有多种选择，如 PHP、Node.js、Ruby on Rails、ASP.NET、Java EE、Python，其中 Node.js 具有功能强大和性能卓越等特点，日益得到各界的认可并广泛应用。Node.js 是基于 Chrome V8 引擎(Google Chrome 内核)的 JavaScript 编程语言和运行时环境，该语言使用事件驱动、非阻塞式 I/O 的模型。Node.js 使得服务端可以像浏览器端一样采用 JavaScript 进行开发。由于采用了事件驱动、非阻塞式 I/O 的模型，使得 Node.js 具备了极强的服务器端处理能力和效率。Node.js 应用程序一般运行于单线程中，即可实现海量的用户请求处理，无须新建线程。

　　Node.js 编程环境支持 Windows、MacOS、Linux，要安装 Node.js 软件，可以访问 http://nodejs.cn/download/下载安装，也可直接使用本书配套软件资源中的安装包进行安装。本书配套资源中提供了各个操作系统的版本，扫描此处二维码可下载 Windows 系统的 Node.js 安装包。

　　参照系统提示完成 Node.js 软件安装后，在命令行窗口运行 node－v, npm－v 能够获取版本号则表示安装成功。扫描以下二维码可查看具体的安装过程。

Node.js 软件的安装

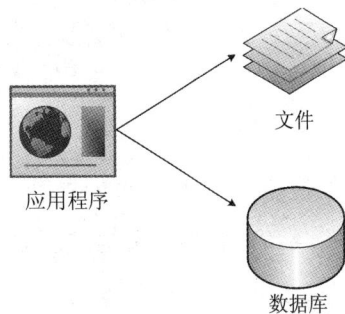

二、建立简单的网站

　　下面利用 Node.js 编程语言建立一个简单的欢迎网站，如例 15.1 所示。

　　例 15.1　一个 Hello World 演示网站(保存为 **hello.js** 文件)。代码如下：

```
var http = require("http");    // 导入 http 模块
function onRequest(request, response) { // 获取 http 的请求(request)和响应(response)
    response.writeHead(200, {"Content-Type": "text/plain"});
    response.write("Hello World");
    response.end();
}
http.createServer(onRequest).listen(8888); // http 服务器的监控端口为 8888
console.log('Server running at http://127.0.0.1:8888/'); // 打印输出信息
```

　　在命令行窗口中进入 hello.js 文件所在的目录，运行 node hello.js，首次运行该程序时若防火墙询问，选择允许 node 应用，如图 15-2 所示。

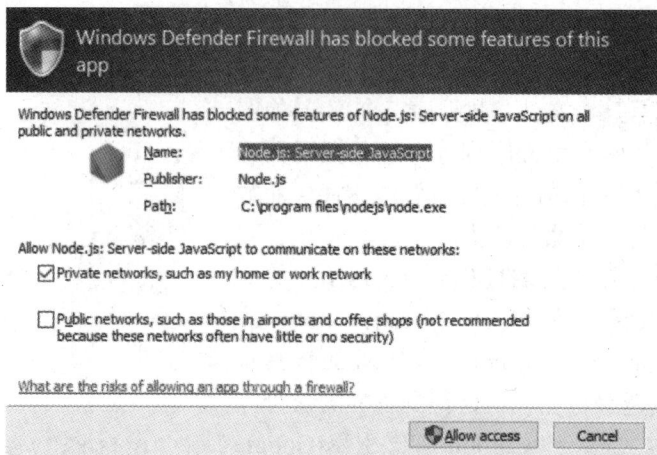

图 15-2　若防火墙询问，选择允许 Node.js 访问网络资源

例 15.1 所示的网站运行后得到图 15-3 呈现的输出信息，表明此时网站以 htttp://127.0.0.1:8888/为网址进行运行，若按下 Ctrl-C 可终止网站的运行。

图 15-3　运行网站时的输出信息

在浏览器中输入 localhost:8888 或 127.0.0.1:8888 即可看到演示效果，如图 15-4 所示。

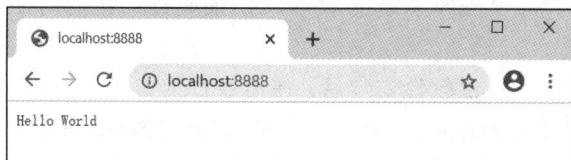

图 15-4　Hello World 演示网站的显示效果

三、基于模块的应用设计方法

模块是 Node.js 应用程序的基本组成部分。例 15.1 中通过 require("http")语句引入 http 模块获得创建 Web 服务器的功能。一般而言，Node.js 文件与模块直接对应，这个文件可能是 JavaScript 代码、JSON 或者编译过的 C/C++ 扩展。程序要加载外部的函数、对象，就需要引入对应的模块。在程序中可以引入系统模块，如 require("系统模块名")，也可以引入自定义模块，如 require("自定义模块的路径")。

Node.js 文件内的函数、对象等也需要导出才能作为模块才能被外部访问。以下代码将程序内容以函数的形式进行导出，其他程序如果要使用该代码，就要引入此处的模块。

```
module.exports = function() {
    ... ...
}
```

下面例题给出在程序中使用自定义模块的案例，其中 person.js 中以函数的形式定义了 Person 对象，提供了 setName 方法允许设置其姓名，并可以通过 sayName 方法来讲出自己的姓名。主程序保存在 main.js 文件中，其中新建了 Person 对象，并执行语句和显示姓名。

例 15.2 模块使用案例。代码如下：

person.js 文件的内容如下：

```
function Person() {
    this.setName = function(theName) {
        this.name = theName;
    };
    this.sayName = function() {
        console.log('Hello ' + this.name);
    };
};
module.exports = Person;
```

main.js 文件的内容如下：

```
var Person = require('./person');
var person = new Person();
person.setName('Mike');
person.sayName();
console.log(person.name);
```

运行程序，输入 node main 命令即可得到其执行结果，如图 15-5 所示。

```
C:\workspace\person>node main
Hello Mike
Mike
```

图 15-5 模块使用案例的输出结果

第二节 函数与函数传递

一、函数与函数对象

Node.js 本质是一种 JavaScript 运行环境，遵循 JavaScript 的 ECMAScript(ES6)规范。JavaScript 采用 function 关键字定义函数，可通过函数名调用该函数。在 JavaScript 解释执行时，函数实际会被处理为函数对象(Function)。

"在 JavaScipt 中一切皆对象"，这里对象指的是 Object 类，所有其他对象的类都继承自 Object 类。对于以下几个概念：函数、函数对象、类，它们之间有什么关系，在程序中如何使用，要回答这些问题，首先看一下由上例修改后得到的代码。

例 15.3 修改后的模块使用案例代码如下：

person.js 文件的内容修改如下：

```
function Person() {
    this.name = 'Anonymous';
    this.setName = function(theName) {
```

```
            this.name = theName;
        };
        this.sayName = function() {
            console.log('Hello ' + this.name);
        };
        console.log('this name is '+this.name);
    };
    module.exports = Person;
    main.js 文件的内容修改如下：
    var Person = require('./person');
    Person(); // Person 作为函数运行
    console.log('--------------------------------');   console.log(Person);
    var person = new Person(); // Person 作为函数对象运行
    console.log(person);   console.log('--------------------------------');
    person.setName('Mike');
    person.sayName();
```

　　本例中的 Person 是引入的外部模块，其输出结果如图 15-6 所示。在 main.js 中第一行语句取得一个变量 Person 后，该变量即指代了模块 person。由于模块 person 中导出了 function，因此对于变量 Person，可以将其作为函数来运行(即 Person())。此时 Person 为标准函数对象 Function 的实例。另一方面，也可以将变量 Person 作为一种特殊的对象，即函数对象来运行，此时 Person 属于对象的实例，因此需要用 new 方法来创建这个函数对象(即 new Person())。由于 Person 变量指代的是导出了 function 的模块 person，因此 Person 的本质就是函数对象 Function。这种函数对象本身可以作为函数来运行，也可以作为对象来使用，因此才出现了以上两种不同的用法。

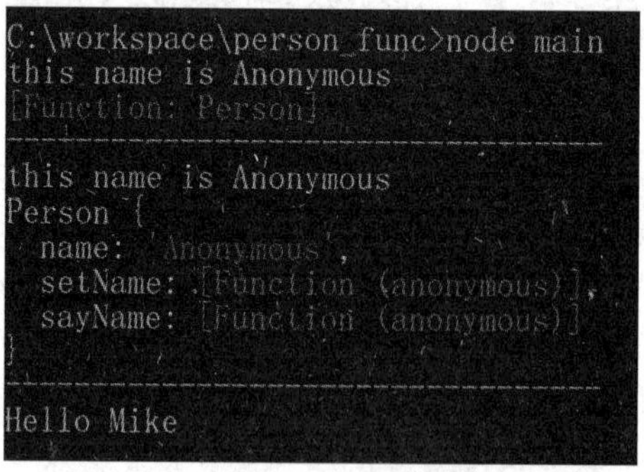

图 15-6　修改后模块案例的输出结果

　　function 中 this 指定的是实例化对象的可访问属性，通过 new 创建函数实例以后，this 指定的属性或方法为公有的 public。未被 this 指定的变量属于局部变量或方法，可以看作是私有的 private。引入外部模块时本质上引入的是函数对象(Function)，作为函数运行时仅仅执行了过程，没有创建函数对象的实例。通过 new 方法可创建函数对象的实例，函数中由 this 引导的变量和方法属于实例变量和实例方法。

二、函数传递与匿名函数

函数可以作为其他函数的参数，称为函数传递，也可以在传递参数时直接定义一个匿名函数。下例给出了利用函数传递方式执行函数的示例。

例 15.4 采用函数传递的 say 函数。代码如下：

```
function say(words) {
    console.log(words);
}
function execute(func, value) {
    func(value);
}
execute(say, "Hello");        //运行结果：Hello
```

另一种方法是采用匿名函数(参见下例)直接作为函数传递的参数，这样可以不必先定义函数，而是直接在另一个函数中定义和传递此函数。

例 15.5 采用匿名函数的 say 函数。代码如下：

```
function execute(func, value) {
    func(value);
}
execute(function(words) { console.log(words) }, "Hello");   //运行结果：Hello
```

匿名函数是 HTTP 服务器编程过程中经常使用的方法，如下例中在 createServer 函数中以匿名函数作为参数实现请求(request)和响应(response)数据的传递。

例 15.6 利用匿名函数实现 HTTP 服务器中的函数传递。代码如下：

```
var http = require("http");
http.createServer(function(request, response) {
    response.writeHead(200, {"Content-Type": "text/plain"});
    response.write("Hello World");
    response.end();
}).listen(8888);
```

在进行 HTTP 服务器设计时，也可以利用有名字的函数实现参数传递，如下例中就将 onRequest 函数作为参数传递给了 HTTP 服务器。在实际使用时，设计者完全可以根据需要自行选择采用有名字的函数还是匿名函数作为传递的参数。

例 15.7 利用函数名实现 HTTP 服务器中的函数传递。代码如下：

```
var http = require("http");
function onRequest(request, response) {
    response.writeHead(200, {"Content-Type": "text/plain"});
    response.write("Hello World");
    response.end();
}
http.createServer(onRequest).listen(8888);
```

总之，JavaScript 会将函数处理为函数对象(Function)，此外引入外部模块时本质上引入的是函数对象。通过 new 方法创建的是函数对象的实例，而函数中 this 用于引导实例变量和实例方法，并且函数传递时可以传递有名函数也可传递匿名函数。

第三节　Express 应用框架

Express 是简洁而灵活的 Web 应用框架，用于快速地搭建完整的网站应用。Express 框架提供了路由表处理和动态 HTML 页面渲染等功能，实现了完整的应用的部署方式，开发者只需要进行一些设置，即可实现并运行 Web 应用的基本结构。

要利用 Express 进行 Web 应用的创建，应首先安装 Express，并确定应用的工作目录以及应用的名称，具体进行网页开发时，可以采用一些开放的页面模板引擎，如 ejs 页面模板。完成 Express 应用的创建之后，即可利用 Node.js 平台的 npm 工具运行所创建的演示网站，并在浏览器中查看其执行结果，如图 15-7 所示。完整的 Express 安装和应用框架创建过程可扫描此处二维码查看。

利用 Express
创建应用框架

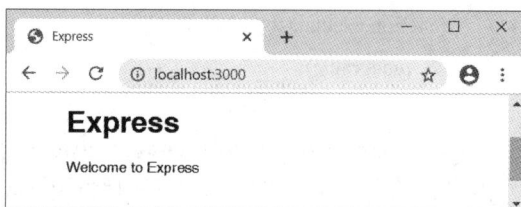

(a) npm start 启动命令　　　　　(b) 在浏览器中以 localhost:3000 为网址查看该演示网站

图 15-7　通过 npm 工具启动网站应用后即可在浏览器中查看其执行结果

Express 创建的 Web 应用框架是一种确定模式的文件目录，其中的子目录和文件如图 15-8 所示。Express 应用框架由以下几个主要模块构成：

(1) package.json 描述项目信息及项目依赖的库文件；

(2) bin/www 用于创建 http 服务器并指定访问端口；

(3) app.js 指定网址的路由、静态文件路径、错误信息；

(4) views/存放网址路由所对应的网页模板文件；

(5) public/存放 CSS、JavaScript、图片等静态文件。

Express 框架通过 URL 网址的路由技术实现对客户端浏览器请求的处理。以下例子中指定了两个路由：/和/users，其中/为网站的默认地址，/users 则是指定了一个用户组的子网址：

图 15-8　Express 应用程序框架

```
var indexRouter = require('./routes/index');

var usersRouter = require('./routes/users');

var app = express();

app.use('/', indexRouter);

app.use('/users', usersRouter);
```

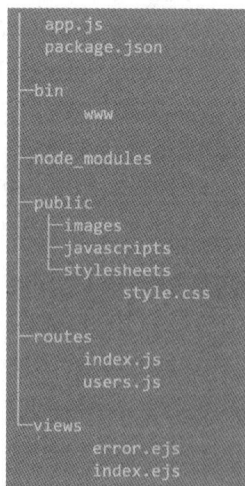

这种路由的指定告诉我们该网站提供了哪些可访问的网址，在本例中就是如下地址：

　　127.0.0.1:3000　或　localhost:3000

　　127.0.0.1:3000/users　或　localhost:3000/users

通过路由技术，还可以根据 HTTP 请求的 GET、POST 方法进一步处理复杂 URL 地址中的各种参数。图 15-9 展示了在浏览器中访问 Express 演示网站中提供的两个地址。

|　(a)　网站地址　|　　　(b)　网站的 users 子地址|

图 15-9　Express 演示网站有两个可访问网址

下面以 Express 演示网站为基础进行案例设计，需要作出以下调整：

增加一个登录页面，网址为 127.0.0.1:3000/login.html；

将网站的默认访问网页设置为登录页面；

添加一个系统用户(用户名：admin，口令：123456)；

经过验证如果为合法用户则进入 Express 欢迎页面 127.0.0.1:3000/index.html，否则返回登录页面。为实现以上设计要求，需要调整以下文件(扫描此处二维码可查看文件内容)：

　　views/login.ejs(新增)；

　　routes/login.js (新增)；

　　app.js。

利用 npm start 命令重新启动网址，打开浏览器并输入网址后，会出现登录页面，见图 15-10(a)。在登录页面中若输入口令错误会返回当前的登录页面，输入正确的用户名和口令则进入欢迎界面，见图 15-10(b)。

Express 案例开发

(a)　登录界面　　　　　　　　(b)　登录后的欢迎界面

图 15-10　Express 演示网站

views/login.ejs 采用了 ejs 模板，其设计方式与网页相同，但引入了 ejs 表达式<%= variable %>，其中的 variable 代表变量名称。文件的内容如下：

```
<title>
    <%= title %>
</title>
```

这里设置了一个 ejs 模板变量 title，程序中的 routes/login.js 文件在页面渲染时送入该 ejs 变量 title 的值，即

```
res.render('login', { title: '网站应用演示系统' });
```

这样就实现了网页上的数据与后台程序之间的互动，也就是说，ejs 模板的使用为网站后端服务器的开发提供了动态网页的支持。

综上所述，Express 应用框架可以简化 Web 网站应用的开发，路由处理及页面渲染是网站服务器端实现动态网页的基础。此外 ejs 模板的设计以网页为基础，增加了 ejs 表达式。最后路由处理过程应根据需要分别处理 HTTP GET 和 POST 请求。

第四节　后台数据库访问

网站系统往往需要连接后台数据库，以提供对数据的存储和更新。应用较多的网站后台数据库包括 MySQL、PostgreSQL、MongoDB 等。其中，PostgreSQL 具有功能强、方便易用等特点，在网站和各类系统中得到广泛应用。PostgreSQL 编程环境支持 Windows、MacOS、Linux，可以通过其官方网站下载安装，也可直接使用本书配套软件资源中的安装包进行安装。

安装 PostgreSQL 时，一般根据提示一步步进行即可，扫描此处二维码可查看其安装过程。

下面给出一个用于演示在 Node.js 网站中如何使用数据库连接的设计案例。之前的程序在代码中通过常量保存用户名与密码，具体代码如下：

```
if (req.body['user_name']=='admin' && req.body['password']=='123456') {
    res.render('index', { title: '网站应用演示系统' });
}
```

安装 PostgreSQL

本案例将在数据库中查询用户名、密码来登录，同时增加用户注册页面，在数据库中添加用户记录。为实现以上案例设计要求，需要在数据库中添加一个用户表，并调整以下文件：

```
views/register.ejs(新增)
routes/register.js (新增)
views/login.ejs
routes/login.js
app.js
```

首先创建出演示系统所使用的 PostgreSQL 数据库。为简化演示系统的设置，本次案例中建立数据库时以默认设置为主，具体参数如下：

(1) 数据库用户 postgresql；

(2) 数据库连接口令 123456；

(3) 数据库名称 postgresql；

(4) 用户表名称 users。

要创建 PostgreSQL 数据库，可以利用 PostgreSQL 软件中自带的 pgAdmin4 管理控制台工具，在 Node.js 中使用 PostgreSQL 数据库需要为其安装驱动。利用 pg 模块即可操作 PostgreSQL 数据库，起到了数据库驱动的作用。具体操作步骤可扫描此处二维码查看。

创建 PostgreSQL 数据库

本案例将设计一个简易的网站，首次登录时输入 http://localhost:3000 即可进入如图 15-11(a)所示的登录界面，点击其中注册的链接，即可打开如图 15-11(b)所示的注册界面。

(a) 登录界面

(b) 注册界面

图 15-11　演示网站的显示效果

要实现该网站，需要在上一节程序的基础上新增 views/register.ejs 模板文件、routes/register.js 程序代码文件，还要修改 views/login.ejs、 routes/login.js 和 app.js 三个文件。扫描此处二维码可查看各文件的具体内容。

带有数据库的 Express 演示案例

通过以上演示案例的研制可以看出，网页路由处理是进行网站后端开发的主线，即网站后端开发应从各个网页的路由关系出发，逐步完善数据库连接等其他各方面的设计。以 PostgreSQL 作为数据库时，可以利用 pg 模块提供的接口进行数据库的连接和操作。

本 章 小 结

本章围绕移动商务应用案例设计，着重讲解了其中的几项关键技术，包括后端开发技术、应用框架的选择和后台数据库的访问等。Node.js 是基于 JavaScript 的编程和运行环境，可用于网站后端开发，它依靠模块来加载各种外部的函数和对象。Express 应用框架的使用可以简化 Web 网站应用的开发，可以针对 ejs 模板进行网页渲染，还能动态传递参数。网页路由处理是进行网站后端开发的主线，在网页中进行 PostgreSQL 数据库的连接和操作时，可以利用 pg 模块提供的接口。

练 习 题

1. 对于以下程序，写出其运行结果。

```
function Car() {
    this.setModel = function(theModel) {
        this.model = theModel;
    };
    this.displayModel = function() {
        console.log('The model is ' + this.model);
    };
    this.model = 'Chevrolet';
    console.log('Default model is ' + this.model);
}
Car();
var car = new Car();              // Person 作为函数对象运行
car.setModel('Volvo');
car.displayModel();
```

2. 写出以下程序的执行结果。

```
function calculate(func, a, b) {
    func(a, b);
}
calculate(function(x, y) { console.log(x+'+'+y+'='+x+y) }, 5, 8);
```

3. 将上一题中的 calculate 函数名改为 add，并调整其代码，使其能够得到 "5+8=13" 的输出结果。

4. 参考图 15-11 所示的演示网站，自拟系统名称，利用网页和 CSS 等技术将其登录网页和注册网页美化，实现一个简易的项目演示系统。

第十六章　Android 移动商务应用开发

【学习目标】

- 了解 Android 平台及其编译与调试方法；
- 初步掌握 Android 用户界面的设计和程序编写方法。

【引例】

开放性的移动设备操作系统——Android

由于移动通信的不断发展和互联网转向移动终端的推广，用户和网络对移动终端的要求与日俱增。因为 Windows Mobile、Symbian、Palm OS 等手机平台过于陈旧与封闭，不能很好地满足用户的需要和要求，所以市场急切地需要开放性很强的一个平台。

Google 为此专门推出了移动设备设计的一个软件平台——Android。它包括操作系统、中间件和一些关键的平台应用。Android 是由 Linux+Java 构成的开源软件，允许所有厂商和个人在其基础上进行设计开发。Android 平台具有的开放性等特点既能促进移动通信技术的不断创新，也将有助于对开发成本的降低，还可以使运营商非常方便地制定出具有自己特色的产品。因此，Android 具备很大的市场发展潜力。

在 Android 平台上，可以开发出各式各样的应用。Android 的应用程序是用 Java 语言开发的，也就是说，只要会 Java 语言就可以比较容易地开发出 Android 的应用。如果不了解 Java 也没有关系，学习一段时间 Java 语言，也可以很快进入 Android 开发领域。Android 平台提供了 2D、3D 的图形支持、数据库支持(SQLite)，并且集成了浏览器。基于 Android 平台，我们可以开发出丰富多彩的应用，这些应用可以涉及工具、管理、互联网、游戏等。在此开放的平台上，这一切都取决于程序员的自由发挥和创意。

第一节　Android 平台简介

1. Android 系统介绍

Android(安卓)是 Google 开发的基于 Linux 平台的开源手机操作系统。它涵盖移动信息设备工作所需的全部软件，包括操作系统、用户界面、应用程序，逐渐成为目前移动信息设备应用程序开发的最主要的平台，而且必将成为今后移动信息设备应用程序开发的主流工具。自 2008 年第一款 Android 手机发布以来，安卓应用系统进入了快速发展期，经过不断的版本迭代和更新，目前其已经跃居全球占有量第一的手机操作系统。

Android 是一个以 Linux 内核为基础的操作系统，其运行时是 Dalvik 虚拟机。作为应用开发平台，Andoid 为应用开发提供了完备的开发库和应用框架。如图 16-1 所示，Android 平台为其所支持的手机应用提供了包括操作系统、运行时、开发库、应用框架等一系列必备的要素，从而为各类丰富多彩的安卓应用的研制提供整体的解决方案。

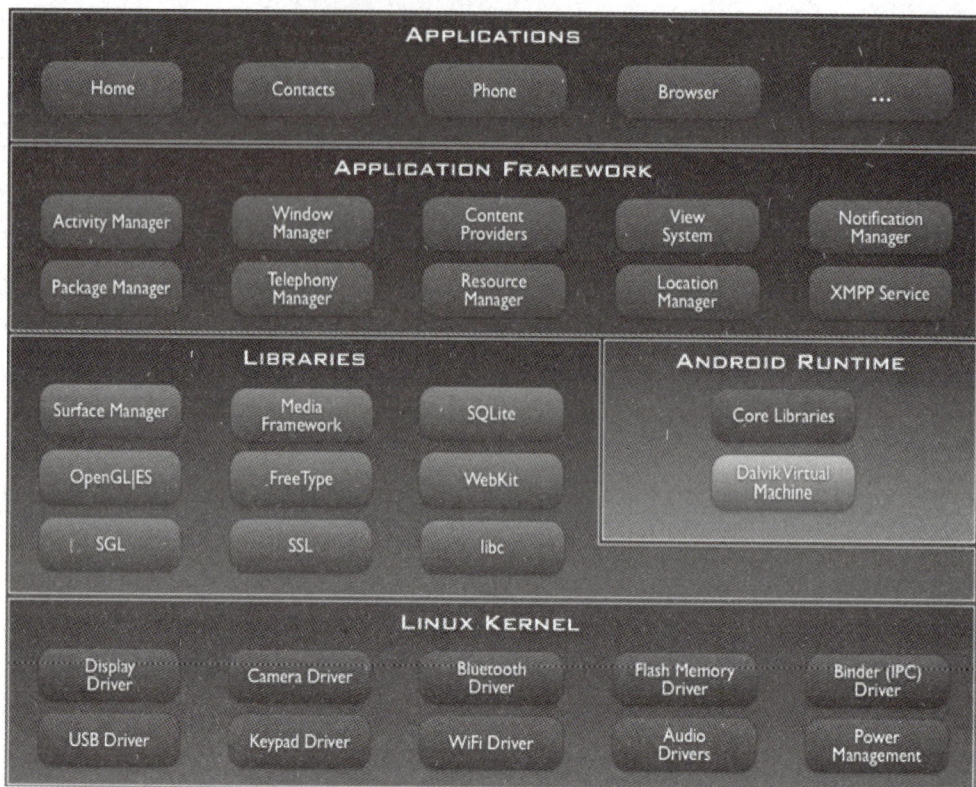

图 16-1　Android 平台技术架构

从手机应用开发的角度看，Android 应用程序主要包含四种基本组件，即活动(Activity)、服务(Service)、广播接收器(Broadcast Receiver)和内容提供器(Content Provider)。

1) 活动

活动(Activity)是最基本的 Andorid 应用程序组件，用于可视化用户界面。在应用程序中，一个活动通常就是一个单独的屏幕。每个活动都是通过继承活动基类被实现为一个独立的类，活动类将会显示由视图控件组成的用户接口，并对事件作出响应。

大多数的应用程序都是由多个屏幕显示组成的。Android 会把每个从主菜单打开的 Activity 保留在堆栈中，所以当打开一个新屏幕时，之前的屏幕会被置为暂停状态并且压入历史堆栈中。

2) 服务

服务(Service)是 Android 应用程序中具有较长的生命周期但没有用户界面的代码，用于执行持续、耗时且无须用户界面交互的操作。服务在后台运行，并且可以与其他组件进行交互，它的优先级跟 Activity 差不多；但是它不能自己运行，需要通过某一个 Activity 来调用。服务典型的例子是媒体播放器，比如边看短信边听音乐，边看新闻边听音乐，这些都可以利用服务来实现。

3) 广播接收器

在 Android 系统中，广播(Broadcast)是在组件之间传播数据(Intent)的一种机制，可以作为全局监听器，接收来自系统和应用程序的消息。广播的发送者和接收者事先不必知道对方的存在，双方通过广播组件进行松散耦合，使得系统具有高度的可扩展性，容易与其他系统进行集成。应用程序中只要设置了广播接收器(Broadcast Receiver)，就可以实现全局监听，接收来自系统和应用程序的广播，此时广播机制起到了消息传递的作用。

4) 内容提供器

内容提供器(Content Provider)提供了一种多应用间数据共享的方式。内容提供器属于一种共享的持久数据存储机制，应用程序可以通过实现一个 ContentProvider 的抽象接口将自己的数据暴露出去；外界可以通过这一套标准及统一的接口和应用程序里的数据打交道，可以读取应用程序的数据，也可以删除应用程序的数据。

2. Android Studio 开发环境

搭建 Android 开发环境时，一般需要安装 Java 的开发环境 JDK 以及安卓系统的 SDK 开发工具包，配置 JAVA_HOME 环境变量。

Android Studio 是 Google 推荐专门用于 Android 应用开发的集成环境，其内置了 Java JDK、Android SDK 等必要软件。访问 Android Studio 开发者网站 https:// developer.android.google.cn/ studio 可下载该软件，本书配套资源中提供了 Android Studio 4.0.1 的安装包，扫描此处二维码可获取 Android Studio 4.0.1 的 Windows 版本下载链接。

进行 Android Studio 安装时，Java SDK 为可选安装包，若不进行选择则安装系统会默认采用 Android Studio 所提供的内置 Java SDK。具体安装时，除了需要安装 Android Studio 安装包之外，还需要安装与 Android Studio 的版本相对应的 Gradle 软件。Android Studio 4.0.1 所创建的应用默认采用的版本为 gradle-6.1.1-all，可在 https:// services.gradle.org/distributions 下载，该软件已经包含在本书配套资源所提供的 Android Studio 安装包之内。具体的安装过程可扫描以下二维码查看。

安装 Android Studio

总之，Android 应用程序主要包含 Activity 等四个应用组件，Android Studio 采用 Gradle 创建和构建 Android 程序。

第二节 第一个 Android 程序

要利用 Android Studio 进行 Android 应用的开发，就需要详细了解其内在的原理和基本的设计方法。本节选取最为常见的"Hello World"应用程序作为演示案例，深入浅出地讲解建立起第一个 Android 程序的基本原理和步骤，为进一步的 Android 移动商务应用开发提供必要的编程基础和准备。

1. Android 程序结构

Android Studio 中的项目(Project)与 Eclipse 中的工作空间(Workspace)类似，在一个项目中可以创建多个模块(Module)，每个模块对应一个独立的可执行的应用程序或公共类库，模块与 Eclipse 中的项目(Project)类似。

创建演示项目时，在启动界面选择"Start a new Android Studio project"，然后在项目模板界面中选择"Empty Activity"，然后在项目配置窗口设置项目的名称"Hello"、包名

"com.example.hello"，并选择该项目的保存位置，编程语言选择 Java，最小 SDK 版本可以选择"API 16: Android 4.1"，具体设置过程参见图 16-2。

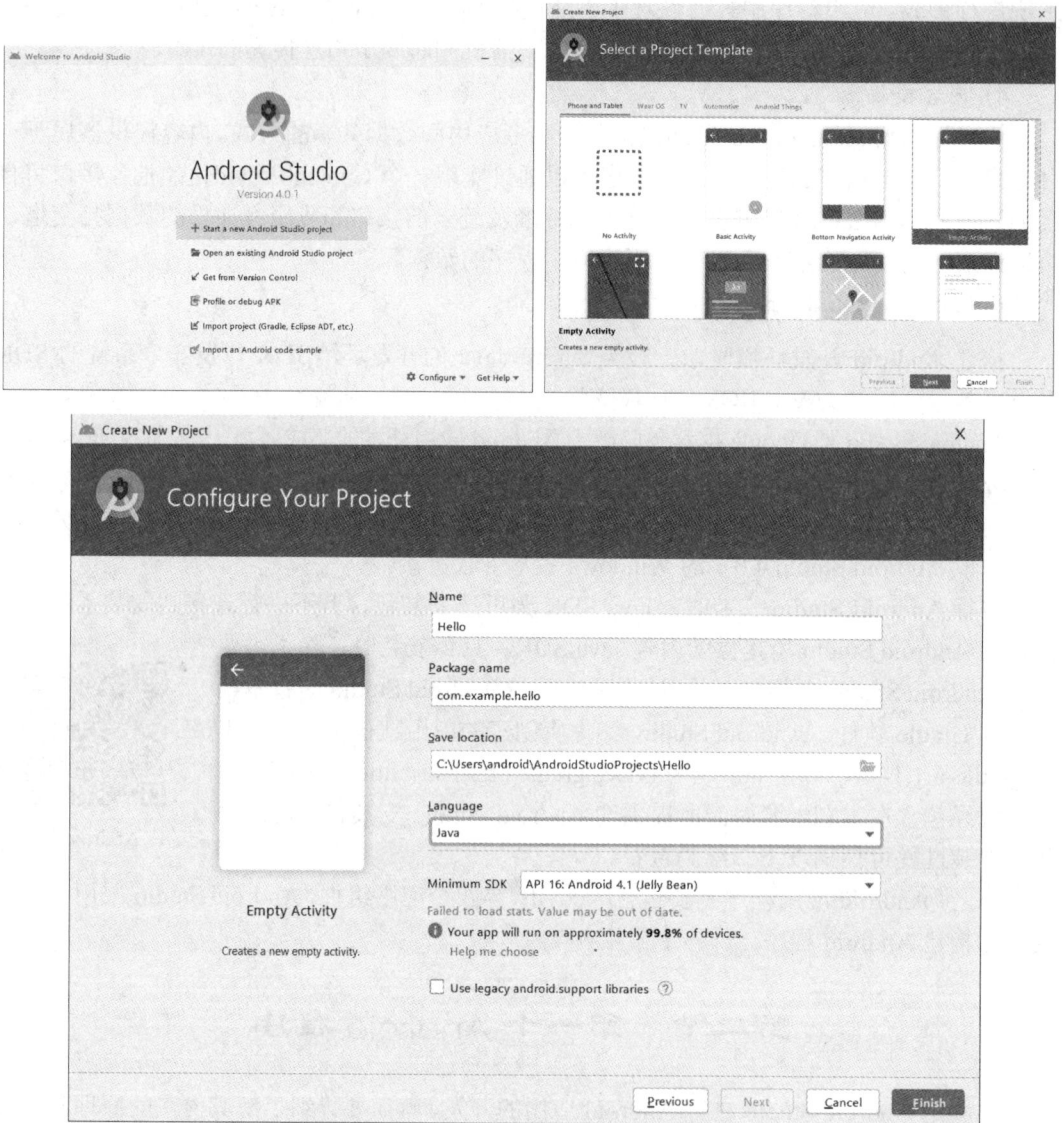

图 16-2　新建一个 Android 演示项目

　　Android 应用程序由应用程序源代码(.java)、应用程序描述文件(.xml)和资源文件构成。这样的设计模式使得 Java 程序代码部分更为短小并易于维护。同时，将界面设计为独立的 XML 文件，也符合模型-视图-控制器(MVC)模式的基本原则，即用户界面(UI)与程序逻辑相分离的设计方式。

　　Android Studio 为程序的编写提供了两种结构视图，即 Project 视图和 Android 视图，如图 16-3 所示。Project 视图是编程过程中的一种常用视图，符合一般的编程习惯。但 Android 视图更能突出模块的设计思想，一些资源文件也可以突出显示。因此在程序设计过程中，这两种视图可根据需要和使用习惯自由选择，二者均能实现 Android 程序的编写和运行。

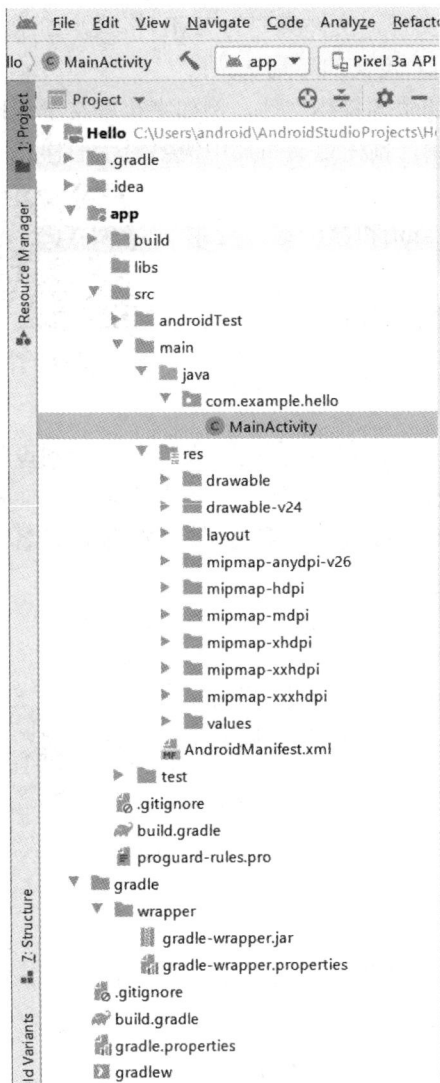

(a) 项目的 Project 视图　　　　(b) 项目的 Android 视图

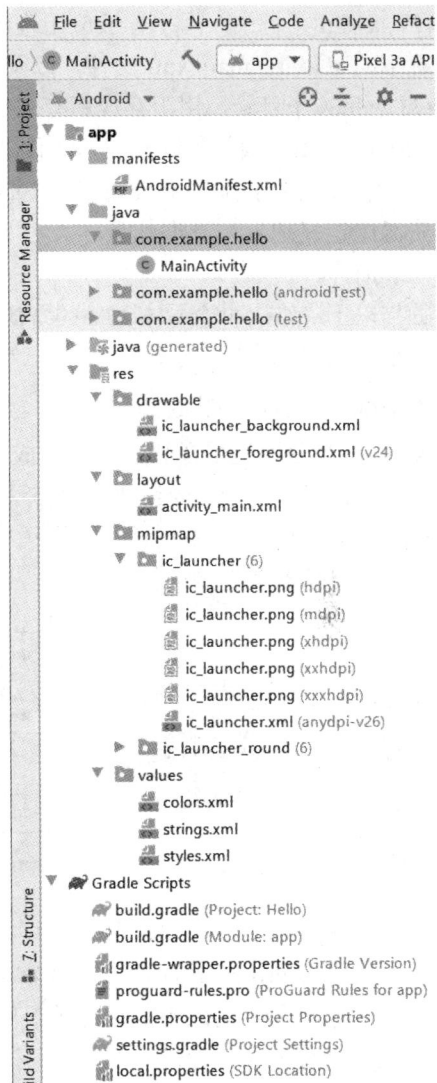

图 16-3　Android Studio 为项目提供两种设计视图

对于 Android 应用程序，一个重要的文件是 AndroidManifest.xml 文件，它是每一个应用程序必须具备的文件，位于该项目的根文件夹中，用于声明程序所用的组件。从此处的 AndroidManifest.xml 文件中可以看出，程序的入口活动名为".MainActivity"，对应的逻辑代码文件为 MainActivity.java，位于 java 文件夹中。Java 程序定义了应用的控制逻辑，比如 MainActivity.java 文件就定义了主窗口(MainActivity 活动)启动时的具体操作。具体的操作是将其界面设置为 R.layout.activity_main，即选择 activity_main 布局文件(位于 res 文件夹的 layout 子文件夹中的 activity_main.xml 文件)作为其主窗口(活动)。

Android 应用项目的 res 目录中的文件一般以 a～z、0～9、_等字符命名文件名，该目录一般用于存放整个项目的经常使用的资源文件，具体包括：

(1) drawable 开头的四个子目录，分别以三种尺寸存放 png、9.png、jpg 等图片资源；

(2) layout 子目录，用于存放应用程序的布局文件，文件类型为 XML 格式，如系统默认情况下的 activity_main.xml 文件，以及其他用户自定义的布局文件；

(3) values 子目录，用于存放所有 XML 格式的资源描述文件，例如字符串常量的描述文件(strings.xml)，颜色常量的描述文件(colors.xml)，预先定义布局中需要显示的样式，如文本的显示颜色和字体等(styles.xml)、布局常量的描述文件，在样式和布局资源中定义边界、高度和尺寸大小等(dimens.xml)和数组定义文件(arrays.xml)等。

扫描以下二维码可查看本案例的资源描述文件内容，以及各文件参数的详细说明。

Android 程序结构

2. Android 应用的构建过程

Android 项目经过编译和打包后生成.apk 文件，然后再经过签名，就可以安装到设备或者模拟器上。具体的 Android 项目编译和打包流程如图 16-4 所示，其中的.apk 文件就是 Android 应用软件包，其中包括了应用运行所需要的可执行文件和各类资源，经过签名后即可在设备或模拟器上直接运行。

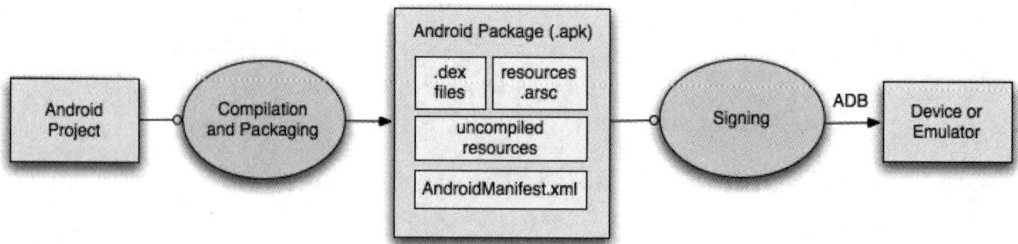

图 16-4　Android 项目的打包编译流程

首次运行 Android 项目的时候，经常会遇到运行按钮为灰色(如图 16-5 中向右的三角形所示)的情况，表示当前还不能进行项目的编译和运行。

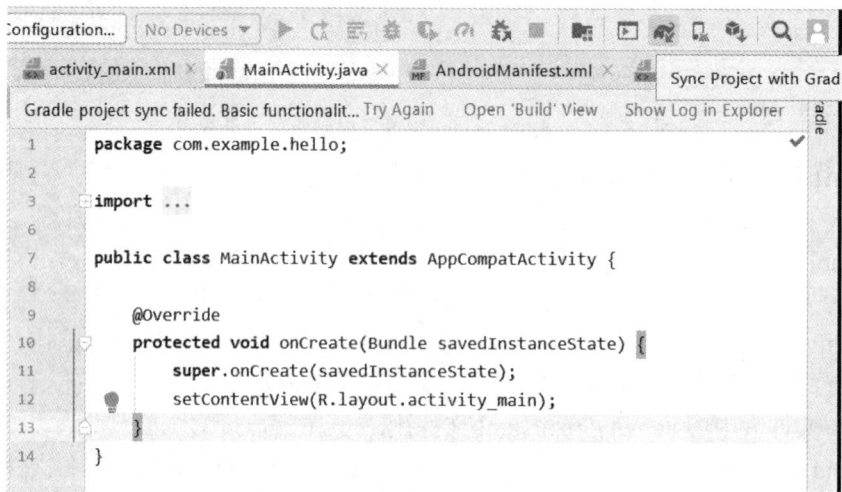

图 16-5　初始状态下编译运行按钮为灰色

Android 项目不能运行的原因一般是由于还没有建立有效的运行环境，这时可以通过连接实际的手机设备提供硬件运行环境，也可以利用虚拟机模拟出一个软件的运行环境。建立虚拟机时可以从系统提供的设备列表中任选一个适用的作为虚拟机硬件，并为其设置一个名称。扫描以下二维码可查看具体的操作过程。

Android 应用构建过程

建立虚拟机后，重新启动 Android Studio 或者点击 Sync Project with Gradle 按钮，即可看到项目进入就绪状态(见图 16-6(a))，可以进行编译和打包运行。点击运行按钮后，系统会启动虚拟机，并在其上启动了演示程序(见图 16-6(b))。

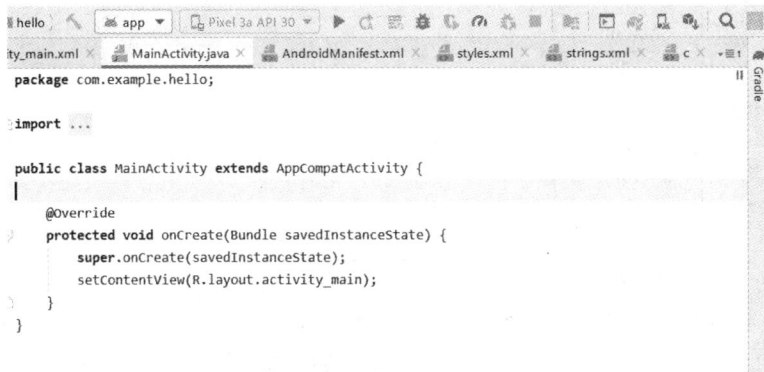

(a) 运行按钮变为绿色　　　　　　　　(b) 虚拟机中启动了演示程序

图 16-6　虚拟机的运行界面

从本节的演示程序可知，Android 应用程序采用 XML 文件构建项目的各类资源，应注意了解 Android 应用程序的结构及其用法。

第三节　Android 应用程序生命周期

1. Android 的进程及其生命周期

Android 系统是基于 Linux 研制的手机操作系统，因此该系统仍然有进程的概念。按照优先级由高到低，首先是前台进程，即与用户交互的进程，如 Activity。其次的优先级为可见进程，即用户可见但不与用户交互的进程。服务进程的优先级较低，一般运行在后台，没有用户界面。后台进程的优先级更低，它们是服务之外的用户不可见 Activity。此外还有一类特殊的进程，即空进程，它们一般不包含活跃组件。

Activity 的生命周期是指 Activity 从启动到销毁的过程，表现为四种状态，分别是活动状态、暂停状态、停止状态和非活动状态，如图 16-7 所示。

(1) 活动状态，Activity 在用户界面中处于最上层，能够与用户进行交互；

(2) 暂停状态，Activity 被部分遮挡，不再处于界面的最上层，不能与用户进行交互；

(3) 停止状态，Activity 在界面上完全不能被用户看到，被其他 Activity 全部遮挡；

(4) 非活动状态，不在以上三种状态中的 Activity 则处于非活动状态。

在系统内部实现过程中，Android 通过建立一个 Activity 栈式结构来实现不同活动之间状态变化的控制。Activity 栈遵循"后进先出"的规则，从而实现系统中多个活动同时存在的情况下，如何有序控制各个活动的激活。具体的 Activity 栈式控制结构如图 16-8 所示。

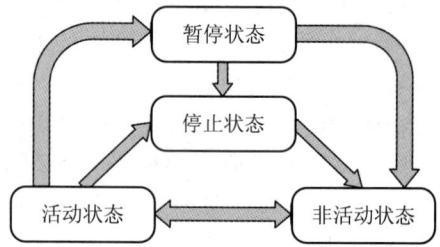

图 16-7　Activity 生命周期的四种状态

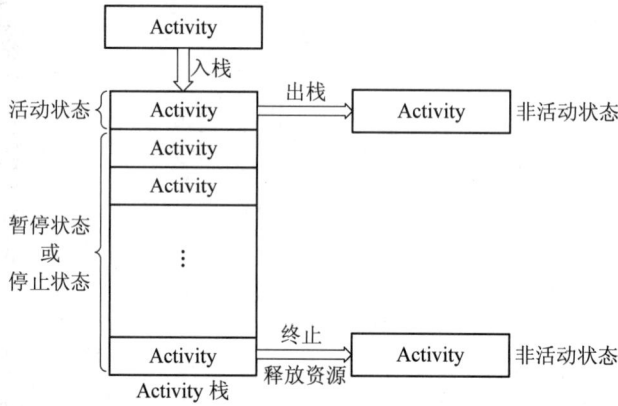

图 16-8　Android 系统中建立的 Activity 栈式控制结构

在应用程序设计时，可以利用 Activity 生命周期事件的回调函数实现对系统运行状态的捕捉，从而为应用程序的运行提供事件触发信号。例如，在 MainActivity 中就通过设置 onCreate()函数，从而捕捉了 MainActivity 的创建事件，而其中的程序代码则进一步指明当 MainActivity 建立时，需要将 activity_main 布局作为当前的主窗口显示内容，从而实现了窗口的创建。在实际编程时，只需要设置对应的 Android 生命周期回调事件函数，就可以实现对 Activity 状态的捕捉，进而实现应用内部的控制逻辑。因此，准确把握和使用应用周期，并充分利用适当的生命周期事件回调函数来编写程序代码，是进行 Android 应用程序设计的关键。更多的 Activity 生命周期事件回调函数如表 16-1 所示。

表 16-1　Activity 生命周期事件的回调函数

函　　数	说　　明
onCreate()	Activity 启动后第一个被调用的函数，用来进行 Activity 的初始化
onStart()	当 Activity 显示在屏幕上时，该函数被调用
onRestart()	当 Activity 从停止状态进入活动状态前，调用该函数
onResume()	当 Activity 能够与用户交互，接受用户输入时，该函数被调用
onPause()	当 Activity 进入暂停状态时，该函数被调用
onStop()	当 Activity 进入停止状态时，该函数被调用
onDestroy()	在 Activity 被终止前，即进入非活动状态前，该函数被调用
onSaveInstanceState()	Android 系统因资源不足调用该函数，用以保存 Activity 的状态信息
onRestoreInstanceState()	恢复 onSaveInstanceState()保存的 Activity 状态信息

根据 Activity 生命周期的特点，还可以对其进行分类。Activity 的生命周期可分为全生命周期、可视生命周期和活动生命周期，每种生命周期中包含不同的事件回调函数。图 16-9 给出了 Activity 事件回调函数的调用顺序，比如 onCreate 事件要早于 onStart，而二者的区别还在于 onCreate 是全生命周期事件，onStart 是可视生命周期事件，意味着 onCreate 事件的发生是在 Activity 还没有显示出窗口的时候，而 onStart 事件的发生是在窗口已经建立之后。此外 onDestroy 是 Activity 终止前的事件，一旦 Activity 被终止、即将进入非活动状态，系统会自动调用 onDestroy 事件回调函数，因此如果需要在这一时间进行数据的保存等操作，就可以将对应的数据保存代码放到 onDestroy 函数之中。

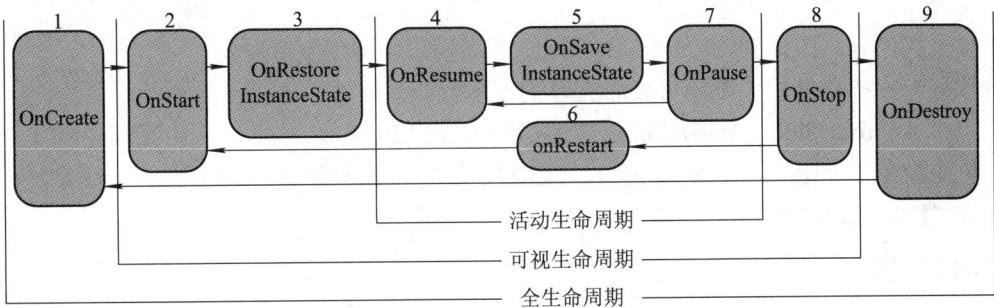

图 16-9　Android 生命周期事件的发生顺序

2. LogCat 程序调试

LogCat 是用来获取系统日志信息的工具，能够捕获 Dalvik 虚拟机产生的消息、进程消息、Android 运行消息和应用程序输出等。以下为 LogCat 日志的类型，其级别依次增高，其中级别最低的为详细(Verbose)消息，级别最高的为错误(Error)消息：

[V]：详细(Verbose)信息

[D]：调试(Debug)信息

[I]：通告(Info)信息

[W]：警告(Warn)信息

[E]：错误(Error)信息

LogCat 程序调试时可引入 android.util.Log 包，使用 Log.v()、Log.d()、Log.i()、Log.w() 和 Log.e()五个函数在程序中设置"日志点"，分别对应以上五种信息。当程序运行到"日志点"时，应用程序的日志信息便被发送到 LogCat 中。在 Logcat 工具中可指定显示信息的级别，这样就能够过滤出高于指定级别的信息。

要观测 Android 应用的生命周期，可以为程序添加 LogCat 信息。如下例所示，其中的 Log.i()函数会将输出信息送入 LogCat，从而可以在 LogCat 窗口中根据这些消息出现的顺序判断出这些函数以怎样的方式执行。

```
import android.util.Log;
public class MainActivity extends AppCompatActivity {
    private static String TAG = "HELLO";
    @Override    //可视生命周期开始时被调用，对用户界面进行必要的更改
    public void onStart() {
```

```
        super.onStart();
        Log.i(TAG, "(2) onStart()");
    }

    @Override   //在 onStart()后被调用，用于恢复 onSaveInstanceState()保存的用户界面信息
    public void onRestoreInstanceState(Bundle savedInstanceState) {
        super.onRestoreInstanceState(savedInstanceState);
        Log.i(TAG, "(3) onRestoreInstanceState()");
    }
}
```

Android 中 Activity 的
生命周期.

　　以上程序是从跟踪观测 Android 应用生命周期演示程序中截取的部分代码，扫描此处的二维码可查看完整的演示代码。

　　点击 Android Studio 下部的 Logcat 图标即可开启 LogCat。如图 16-10 所示，在上部的下拉框中设置过滤级别为 Info，并且设置过滤条件为标签关键字，本例中为 TAG 字符串的值，即"HELLO"。

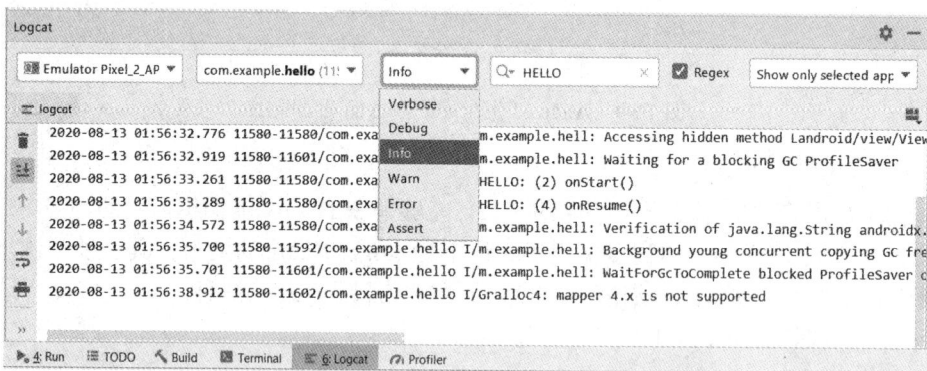

图 16-10　通过 LogCat 观测程序生命周期

　　总之，生命周期是 Android 应用程序编写中的重要概念，LogCat 是跟踪 Android 程序运行和进行应用程序调试的利器。

第四节　Android 用户界面设计

　　进行手机用户界面的设计时，需要界面设计与程序逻辑完全分离，这样不仅有利于并行开发，而且在后期修改界面时，也不用再次修改程序的逻辑代码。此外，根据不同型号手机的屏幕分辨率、尺寸和纵横比各不相同，自动调整界面上部分控件的位置和尺寸，避免因为屏幕信息的变化而出现显示错误。结合手机设备的特点，还应合理利用较小的屏幕显示空间，构造符合人机交互规律的用户界面，避免出现凌乱、拥挤的用户界面。

　　Android 用户界面框架(Android UI Framework)采用 MVC(Model-View-Controller)模型，其中程序部分作为处理用户输入的控制器(Controller)，而显示用户界面和图像的视图(View)可以利用独立于程序代码之外的布局文件加以实现。对于保存数据和代码的模型(Model)，则可以利用数据库或数据文件等方式加以存储。界面控件分为定制控件和系统控件。定制

控件是用户独立开发或修改系统控件后所产生的新控件，系统控件是 Android 系统提供给用户已经封装的界面控件。常见的系统控件包括 TextView、EditText、Button、ImageButton、Checkbox、RadioButton、Spinner、ListView 和 TabHost。

　　下面以如图 16-11 所示的登录界面设计为例，说明利用 Android Studio 进行界面设计的流程。通过此案例还可展现基本控件的使用，以及控件点击事件的设计和开发方法。进行界面开发前，要先完成准备工作，即建立界面开发的项目或模块。项目建立后，即可进入界面开发的操作环节，分为四个步骤。

　　(1) **建立界面资源**。需要注意的是，除了一般性的图片等资源文件之外，程序中使用的字符串常量也可作为资源文件进行设置。这样的好处是使得应用设计过程中的数据独立于程序，从而减少了程序的负担，使得程序代码的开发可以集中于流程控制、事件处理等核心问题，不再单独维护应用中的数据。而且将类似字符串等作为资源进行保存，还有助于日后的代码维护——只需要统一在资源文件中进行修改，就可改变字符串等资源数据。

　　(2) **确定界面布局**。Android 提供了线性布局(Linear Layout)、网格布局(Grid Layout)、约束布局(Constraint Layout)、框架布局(Frame Layout)、表格

图 16-11　网络学习系统演示界面

布局(Table Layout)、相对布局(Relative Layout)、绝对布局(Absolute Layout)等多种界面布局方式，Android Studio 默认的设置为约束布局(Constraint Layout)。

　　(3) **进行界面组件的设计**。一般结合设计的要求选择出适当的组件，并对组件的位置及其所用各类资源进行设置。点击此处的二维码可查看本演示系统界面组件的详细设计方法。

　　(4) **编写程序代码**。完成界面组件设计后，界面的样式设计基本完成，就可以进入程序代码的编写。需要编写界面事件处理代码。本案例

设计界面组件

中就是在 MainActivity.java 中添加两个函数 onClickLogin 和 onClickRegist，分别代表登录和注册功能。具体代码如下：

```
public void onClickLogin(View view) {
    TextView name=findViewById(R.id.editTextTextPersonName);
    String strName = name.getText().toString();
    if (strName.isEmpty()) {
        Toast.makeText(MainActivity.this, "请输入用户名", Toast.LENGTH_SHORT).show();
    } else {
        Toast.makeText(MainActivity.this, "用户名为"+strName, Toast.LENGTH_SHORT).show();
    }
}
```

```
public void onClickRegist(View view) {
    Toast.makeText(MainActivity.this, "您点击了注册功能", Toast.LENGTH_SHORT).show();
}
```

程序中使用了 Toast.makeText(上下文，显示文本，显示时间)函数，这里 Toast 函数的作用是以 View 视图的方式快速地为用户显示少量的信息。Toast 在应用程序上浮动显示信息给用户，此过程不会获得控制焦点，不影响用户的输入等操作，其作用是将程序运行中的消息迅速显示，方便观察程序的执行情况。MainActivity.this 表示文本显示的上下文为 MainActivity 对象，Toast.LENGTH_SHORT 表示以短时间显示消息。此外，程序中还定义了 onClickLogin 和 onClickRegist 两个函数，需要将这些函数关联到 onClick 事件，才能使其成为按钮的点击事件函数。可以在界面的设计页面中将两个按钮属性中的 onClick 事件分别设置为 onClickLogin 和 onClickRegist，这样就实现了按钮点击事件与函数的关联，从而将两个普通函数转化为按钮点击的事件函数。点击此处二维码可查看程序运行效果。

编写界面事件处
理代码

本节介绍了 Android 用户界面的四步设计法，可以看出，界面设计的程序代码主要编写在事件处理函数之中。

本 章 小 结

本章介绍了若干 Android 移动商务应用开发的基础知识并给出了设计案例。Android Studio 采用 Gradle 创建和构建 Android 程序，而 Android 应用程序采用 XML 文件构建项目的各类资源。生命周期是 Android 应用程序编写中的重要概念，进行 Android 用户界面的设计提倡采用四步设计法。

练 习 题

1. Intent 是 Android 中的一个对象，可以在运行时实现组件的操作，例如可以在一个 Activity 中通过 Intent 来启动另一个 Activity，具体语句如下：

Intent intent = new Intent(this, AnotherActivity.class)

比如在 MainActivity 的按钮点击事件中添加此代码，其作用就是通过 Intent 来启动 AnotherActivity，这样就启动了新的活动。只要定义好新的活动的布局和程序代码，就实现了 Android 应用中的窗口切换。基于这种用法，自行设计一个大学生网络学习系统登录以后的主界面，可以只显示一些欢迎词汇，还可以进一步设计更多的功能，如展示课程选择单。在程序中将第四节中已有的登录界面与新制作的主界面合在一起，实现能够在登录成功后显示出主界面的大学生网络学习系统应用程序。

2. 一个最简单的计算器只需要两个输入文本框，一个按钮和一个显示计算结果的文本视图(TextView)，即可实现加法操作。如果增加一些单选按钮，还可以实现更多的计算，如加减乘除。自行设计一个简单的计算器，注意验证计算结果是否正确。

第十七章　iOS 移动商务应用开发

【学习目标】
- 学习和掌握 iOS 平台的 Swift 编程语言；
- 能够运用 Swift 进行 iOS 用户界面的设计。

【引例】

Swift 语言是什么

苹果在 2014 年 WWDC 上对开发者而言最重要的消息是新的编程语言 Swift。这一语言的设计目标是让应用开发更简单、更快，更稳定，同时确保最终应用有着更好的质量。

脚本语言通常易于编写和测试，但往往不适用于作系统开发，难以带来高质量的程序。比如要编写一款完全利用设备的高性能游戏，那么 Python 这样的语言并不理想。传统编程语言，例如 Objective-C，使开发者能更好地利用设备的性能开发更复杂的应用，但通常较难掌握，在编译和测试时也更麻烦。Swift 希望解决所有这些不便。苹果表示，至少从几项关键指标来看，Swift 程序的执行速度比 Python 和 Objective-C 程序更快。而 Xcode 开发环境能像脚本语言一样，实现对 Swift 代码的实时可视化。

Swift 的优势在于它能够方便快捷地测试所编写的应用程序，将帮助开发者更快地开发出更复杂的应用程序。对规模较大的应用来说，编译和测试过程往往极为冗繁，如果 Swift 能在这一方面带来较大的改进，那么应用开发者将可以更快地发布经过严格测试的应用。

Swift 的问题在于要求使用者学习一门全新的语言。在苹果发布 Swift 之后，所有一切都要被推翻重来。对于 iOS 编程来说，这将是一次彻底的变革。

第一节　iOS 平台开发初步

一、iOS 平台简介

iOS(原名 iPhone OS，自 iOS 4 后改名为 iOS)是苹果公司为移动设备开发的专有移动操作系统。与 Android 不同，iOS 不支持任何非苹果的硬件设备。苹果公司最早于 2007 年 1 月 9 日的 Macworld 大会上公布这个系统，最初是设计给 iPhone 使用的，后来陆续用到 iPod touch、iPad 以及 Apple TV 等产品上。iOS 与苹果的 Mac OS X 操作系统一样，属于类 Unix 的商业操作系统。

iOS 系统分为可分为四级结构，如图 17-1 所示，由上至下分别为可触摸层(Cocoa Touch Layer)、媒体层(Media Layer)、核心服务层(Core Services Layer)、核心系统层(Core OS Layer)，每个层级提供不同的服务。低层级结构提供基础服务如文件系统、内存管理、I/O 操作等。高层级结构建立在低层级结构之上，提供具体服务如 UI 控件、文件访问等。

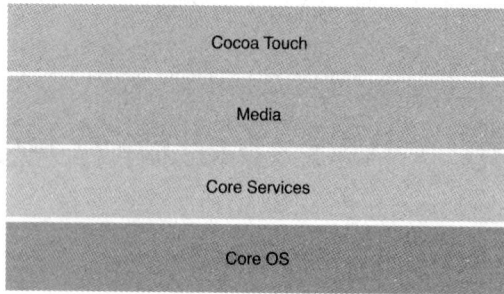

图 17-1　iOS 系统的四级结构

1．可触摸层

可触摸层(Cocoa Touch Layer)提供手机界面开发的核心功能，包括：

(1) UIKit(界面相关)；

(2) EventKit(日历事件提醒等)；

(3) Notification Center(通知中心)；

(4) MapKit(地图显示)；

(5) Address Book(联系人)；

(6) iAd(广告)；

(7) Message UI(邮件与 SMS 显示)；

(8) PushKit(iOS8 新 push 机制)。

2．媒体层

媒体层(Media Layer)提供了多媒体计算的支持库和各类组件，包括：

(1) 图像引擎(Core Graphics、Core Image、Core Animation、OpenGL ES)；

(2) 音频引擎 (Core Audio、 AV Foundation、OpenAL)；

(3) 视频引擎(AV Foundation、Core Media)。

3．核心服务层

核心服务层(Core Services Layer)是系统中各类数据服务的支撑部分，具体包括：

(1) CFNetwork(网络访问)

(2) Core Data(数据存储)；

(3) Core Location(定位功能)；

(4) Core Motion(重力加速度，陀螺仪)；

(5) Foundation(基础功能如 NSString)；

(6) Webkit(浏览器引擎)；

(7) JavaScript(JavaScript 引擎)。

4．核心系统层

核心系统层(Core OS Layer)提供了最基础的系统功能，包括：

(1) 内核服务(sockets、I/O 、内存、文件等)；

(2) 本地认证(指纹识别验证等)；

(3) 安全(证书、公钥、密钥等接口)；

(4) 加速器 (执行 DSP 运算)。

进行 iOS 应用开发时，需要在苹果电脑上安装 macOS 10.15 或更高版本的系统，采用 Xcode 11.1 或更高版本的集成开发环境。Xcode 是苹果公司功能强大的 IDE 平台，具有编辑代码、运行、调试、打包应用等所有功能，能够支持多种编程语言，如 C、C++、Objective-C、Java 和 Swift 等。在 Mac 上打开 Mac App Store 应用程序，搜索 Xcode 即可下载。通过 App Store 下载和安装 Xcode 时，需要用到 Apple ID 和用户密码。

iOS 应用开发推荐采用 Swift 编程语言，它与早期的开发语言 Objective-C 对比，二者都是基于 Cocoa 和 Cocoa Touch 框架，但二者在文档结构和语法内容方面有差异，如图 17-2 所示。

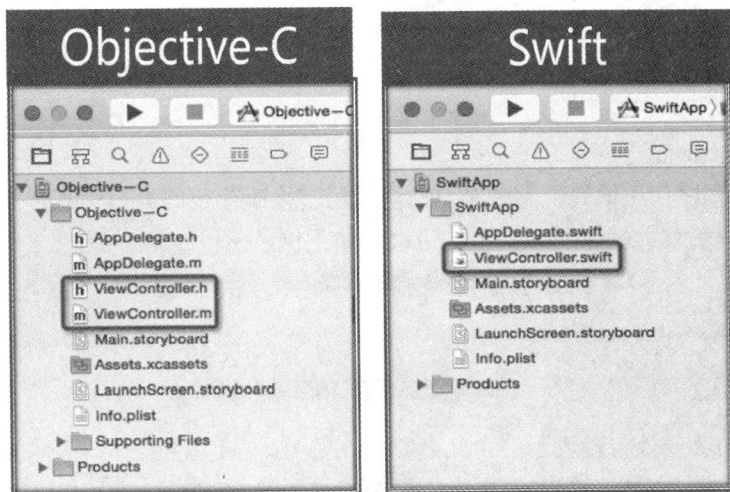

图 17-2　Swift 与 Objective-C 编程语言文档结构的差异

Swift 语言与 Objective-C 语言在语法内容方面存在一定差异。Swift 支持面向协议编程、函数式编程、面向对象编程，而 Objective-C 仅支持面向对象编程。Swift 采取值类型，Objective-C 支持指针和引用。Swift 容易阅读，文件结构和大部分语法简易化，同时 Swift 中的泛型、元组类型更加方便和通用。此外 Swift 是动态类型的强类型语言，数据类型可以由编译器推断，运行时不可改变。

二、编写第一个 Swift 程序

1. 编程环境的选择

利用 Xcode 进行 Swift 程序设计时，有两种编程环境可供选择，即 Xcode 和 Xcode Playground，二者的对比如表 17-1 所示。直接采用 Xcode 进行 Swift 编程比较适合实际项目的开发，而采用 Xcode Playground 则适用于原型开发、学习和实验。

表 17-1　Swift 编程环境对比

编程环境	Xcode	Xcode Playground
平台支持	MacOS、iOS、tvOS	MacOS、iOS、tvOS
编程语言	Swift, Objective-C, others	Swift
适用范围	实际项目开发	原型开发、学习和实验

Xcode 集成开发环境中可以建立 Playground 项目，也可以建立一般的 Xcode 项目。本案例中选择创建 Playground 项目，扫描此处二维码可查看具体的创建过程。

创建 Playground 项目

2. Swift 编程初步

Swift 语言中的注释可以采用多行注释(以 /* */ 符号为标识)，也可以采用单行注释(以 // 符号为表示)，例如：

```
/* 多行注释的内容 */
// 单行注释的内容
```

Swift 语言的输出函数为 print()，例如：

```
print("test")
```

Swift 语言中常量的定义使用关键字 let，变量的定义使用关键字 var，例如：

```
let a = 1 + 2
var str = "Hello"
```

Swift 要求程序代码编写工整规范，推荐利用空格确保代码编写美观。不正确的空格运用不但影响代码美观，编译器还会给出错误，如下例所示：

```
let a= 1 + 2    ⊘ '=' must have consistent whitespace on both sides

str += "here is playground"

var b = a+ 1              2 ⊕ '+' is not a postfix unary operator
```

以上程序的第一处告警表示的含义是要求在等号(=)两侧应具有一致性的空格设置，而程序中等号左侧没有空格，等号右侧有一个空格，不符合 Swift 语言代码编写工整规范的要求，因此给出红色的错误信息。第二处的错误则是在加号(+)两侧应有一致性的空格，否则编译器认为其可能是后缀一元运算符，然而加号并非属于此类运算符，比如像 a++ 这样的用法才属于后缀一元运算，这样编译器就给出了错误警告提示。正确设置程序代码中的空格，即可消除此类出错信息。正确程序代码如下所示：

Swift 编程语言具有数据类型推断的能力。在编写代码的时候，如果没有指定数据类型，Swift 能够通过数据类型推断自动选择合适的类型。在 Xcode 平台中按下 Alt 键并在变量上点击鼠标即可查看变量的数据类型，如图 17-3 所示。

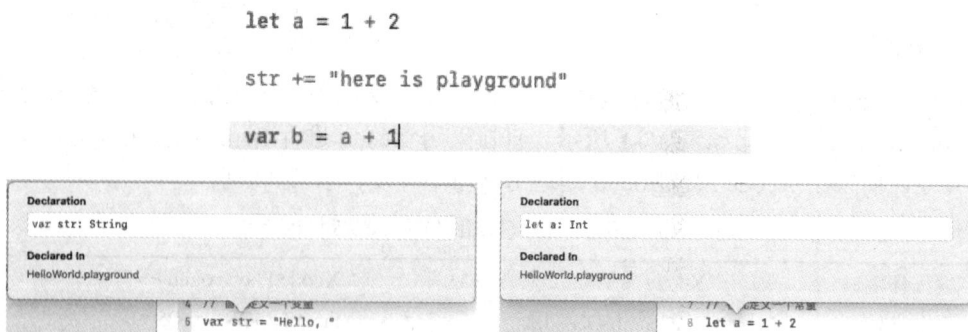

```
let a = 1 + 2

str += "here is playground"

var b = a + 1
```

Declaration		Declaration
var str: String		let a: Int
Declared In		Declared In
HelloWorld.playground		HelloWorld.playground

```
5 var str = "Hello, "              8 let a = 1 + 2
```

图 17-3　在 Playground 中按下 Alt 键可以显示变量在 Swift 语言中推断出的数据类型

Swift 语言的基本数据类型包括：

Int	整数
Uint	无符号整数
Float	浮点数
Double	双精度浮点数
Bool	布尔类型
String	字符串
Character	字符
Optional	可选类型(可以有值或无值)

具体使用时可以不指定变量或常量的类型，这样就可以由 Swift 的编译器自动推断出数据类型，也可以在变量或常量后通过冒号加类型的方式直接指定出其数据类型，如下例所示，其中 age 没有指定类型，因此由编译器推断为 Int 类型的常量，而 year 则是由程序直接指定了类型为 Int 的常量：

let age = 18   // age 被推断为 Int 类型

let year: Int = 20   // 直接指定数据类型

Playground 开发环境能够可视化常量和变量的内容，可以通过 print()函数以调试的方式查看程序的输出结果。如图 17-4 所示，其中程序部分的右侧为 Playground 的可视化区域，可以直接查看程序中常量和变量的内容，比如 str 的内容可以看到为"hello"。

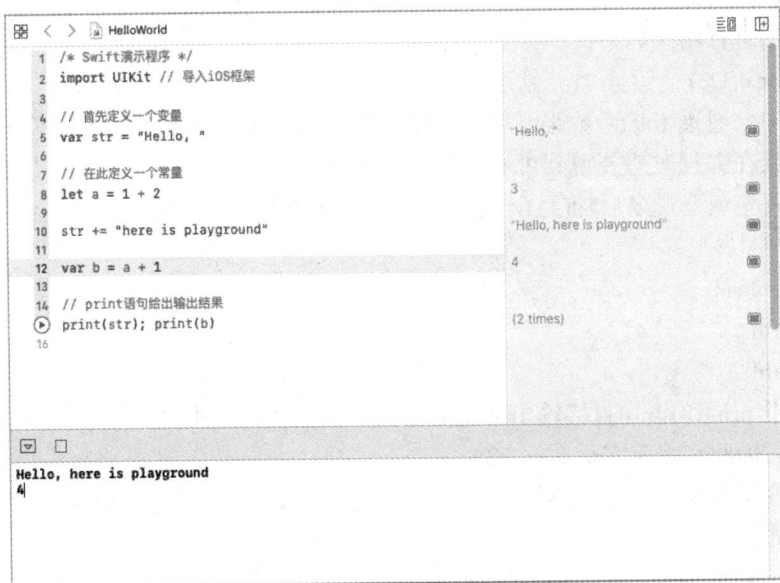

图 17-4　在 Playground 中查看常量和变量的内容以及程序调试信息

Swift 程序的语句末尾一般无须放置分号(；)，这样程序看起来更为简洁清爽。如果需要在一行内编写多行语句，则必须在语句间放置分号(；)。以下两种写法是等价的：

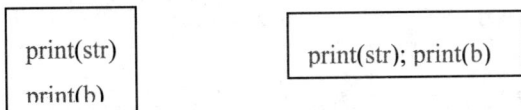

```
print(str)
print(b)
```

```
print(str); print(b)
```

从本节的介绍可以看出，Playground 集成开发环境是一个编写和验证 iOS 应用设计的利器，在编写 Swift 程序时需要注意代码的工整和规范性。

第二节　Swift 编程之可选类型与协议

一、可选类型

1. 可选类型的引入

接触 Swift 程序设计之后，人们经常会遇到一种新型的数据类型，即可选类型。可选类型(Optional)用于处理可能出现值缺失的情况，没有初始值的可选变量为 nil，表示没有值。将数据类型名之后加问号(？)，就可以将其转变为可选类型，例如：

```
var   a: Int?           // 可选的整数变量 a
var   str: String?      // 可选的字符串 str
```

传统的编程语言 C、Objective-C 等没有可选类型，而新型编程语言如 Swift 程序中经常会出现可选类型。例如：

```
let a = "123 "
let b = Int(a)
print(b)
```

该程序的运行结果如下：

```
Optional(123)
```

本程序中，通过 Int()函数强制转换为整数可能会失败，因此将 b 推断为可选的 Int?更加合理。如果在编程时想要得到可选类型常量或变量的原始数据，而不是其可选类型的结果，可以在常量或变量名后加(！)，这表示强制解包来获取实际数据，例如：

```
let a = "123 "
let b = Int(a)
print(b)
print(b!)
```

该程序中 print(b)语句直接输出常量 b 的值，该值为可选类型，而 print(b!)则对其进行了强制解包，因此将得到实际数据 123。

在进行变量定义时，如果需要直接定义可选类型变量，可以在原有数据类型后加(？)来实现，例如：

```
var x: String? = nil        // 定义可选类型变量 x
if x != nil {
    print(x!)               // 强制解包 x
} else {
    print("字符串为 nil")
}
```

该程序的运行结果如下：

```
字符串为 nil
```

2. 隐式可选类型

可选类型是 Swift 程序设计过程中经常用到的数据类型，该类型的使用增加了程序代码的韧性，可以避免一些不必要的可能漏洞，如避免空值所造成的各类异常。然而可选类型的使用也增加了程序编写的负担，如果想获得原始数据，经常要依赖于解包操作，使得代码编写更为繁琐。针对这一情况，Swift 编程语言提供了可隐式解包的可选类型(Implicitly Unwrapped Optional)，简称隐式可选类型。定义一般可选类型是在类型名后加(？)，如

```
var x: String?
```

而定义隐式可选类型是在类型名后加(！)，如

```
var y: String!
```

隐式可选类型在参与运算时自动解包，无须进行强制解包，如以下示例中的变量 y，即采用了隐式可选类型方法进行定义：

```
var y: String! = "Swift"    // 定义隐式可选类型变量 y
if y != nil {
    print(y)
    print("Hello, "+y)
    print(y!)
} else {
    print("字符串为 nil")
}
```

该程序的运行结果如下：

```
Optional("Swift")
Hello, Swift
Swift
```

该程序中变量 y 采用了隐式可选类型，同时由于变量 y 已经赋值，因而 y != nil 为真，程序会执行条件语句中的第一个分支。而在 print(y)时，由于 y 为隐式可选类型，仍然属于可选类型，因此会输出 Optional("Swift")，而 print("Hello, "+y)语句中由于编译器能够判断出此处的 y 必然需要使用其解包的原始值，因此会输出" Hello, Swift"。print(y!)语句则直接输出其原始值"Swift"。

3. 可选类型绑定

条件判断时将可选类型的值赋给临时变量的过程称为可选类型绑定。if 语句中，要在 if 后增加 let 实现临时变量与可选类型值的绑定。参见以下示例：

```
var myString: String? = String(123)
if let str = myString {
    print(myString)
    print(str)
} else {
    print("myString 值为 nil")
}
```

该程序的运行结果如下：

```
Optional("123")
123
```

对于可选类型总结如下：没有初始值的可选变量为 nil，而可选类型包括将数据类型名之后加(？)或(！)两种，其变(常)量名后加(！)为强制解包。另外定义时在数据类型名之后加(！)则为隐式可选类型，最后可以采用 if let 的形式对可选类型进行解包。

二、协议

1. 遵循一个协议

协议(Protocol)是用于约定某种功能所需要的方法和属性的集合。满足协议要求的数据类型称为遵循(Conform)该协议，这些数据类型如类、结构体和枚举等。遵循协议的数据类型需具体实现协议规定的方法和功能。定义一个协议可以采用以下方法：

```
protocol    SomeProtocol {
        协议内容
}
```

对于结构体，可以采取遵循协议的方式，具体格式为：

```
struct    SomeStructure:    FirstProtocol, AnotherProtocol {
        结构体内容
}
```

对于类，需要注意它的继承关系一般需要放在遵循的协议之前，具体格式为：

```
class    SomeClass:    SomeSuperClass, FirstProtocol, AnotherProtocol {
        类的内容
}
```

若协议规定了属性，则遵循该协议的数据类型必须实例化该属性。协议要求属性必须明确其读写属性 { get set } ，如下例所示：

```
protocol ProtocolA {
    var id:    Int { get set }
    var name: String{ get }
}
```

下面以简单的示例说明结构体和类如何遵循协议，参见下例中的 Named 协议。

例 17.1   遵循 Named 协议的结构体。代码如下：

```
protocol Named {
        var name: String { get }
        func showFullName();
}
struct Person: Named {
        var name: String
```

```
func showFullName() { print(name) }
}
let person = Person(name: "Abraham Lincoln")
print(person); print(person.name); person.showFullName()
```

该程序的运行结果如下：

```
Person(name: "Abraham Lincoln")
Abraham Lincoln
Abraham Lincoln
```

也可以让类遵循协议，如下例中建立了遵循 Named 协议的 Product 类。

例 17.2　遵循 Named 协议的类。代码如下：

```
class Product: Named {
    var brand: String?
    var name: String
    init(name: String, brand: String? = nil) {
        self.name = name; self.brand = brand
        print("Product \(self.name) initiated")
    }
    var fullName: String {
        return (brand != nil ? brand! + " " : "") + name
    }
    func showFullName() { print(fullName) }
}
var product1 = Product(name: "卡罗拉", brand: "Toyota")
product1.showFullName()
var product2 = Product(name: "凯美瑞")
product2.showFullName()
```

该程序的运行结果如下：

```
Product 卡罗拉 initiated
Toyota 卡罗拉
Product 凯美瑞 initiated
凯美瑞
```

2. 协议在项目中的使用

在 Playground 默认页中直接编写程序并进行编译运行的方式在编写练习性的小程序时较为方便，然而实际的项目往往由多个程序构成，一般会包含多个 Swift 文件。以例 17.2 中遵循 Named 协议的类为例，该实例可以分解为多个 Swift 文件，在 Playground 默认页中运行类的实例化代码，将协议的定义放置在 protocol.swift 文件中，Product.swift 中放置 Product 类。打开图 17-5 中左侧的项目文档，在 Sources 文件夹上点击鼠标右键新建两个 swift 文件，并重命名为 protocol.swift 和 Product.swift。

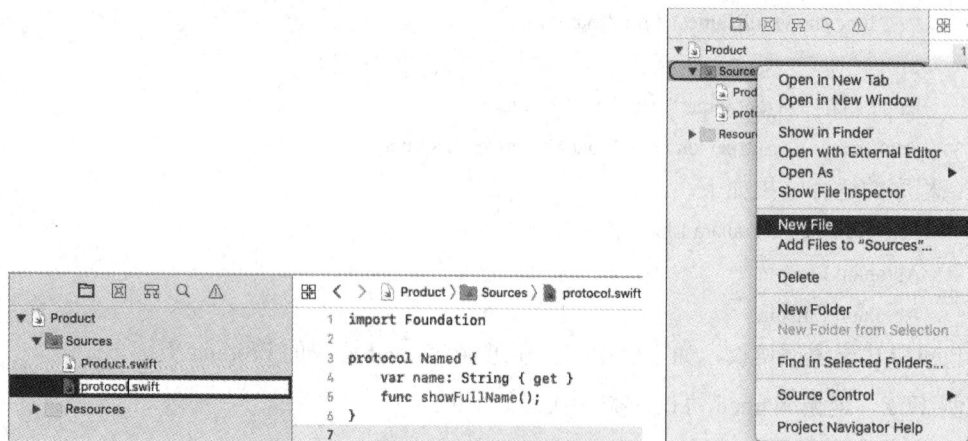

图 17-5　在项目文档中新建 Swift 程序文件

在 Swift 项目中可以直接使用项目文档的自定义内容，不需要 import 等操作。这与 C/Java 等一些传统编程语言有区别，这一特点符合 Swift 简洁方便的使用特性。如图 17-6(a) 所示，在项目的默认页中引入 Product 类时，并不需要 import 这个类。只有在引入系统模块 UIKit 时，才需要 import。

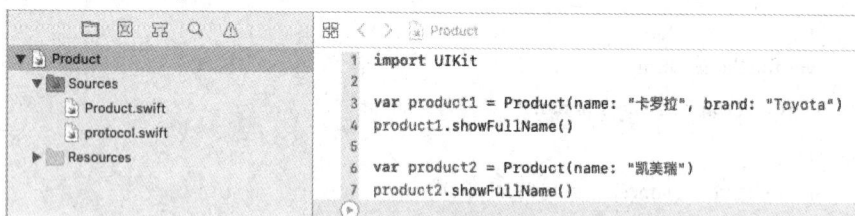

(a) 项目默认页内容

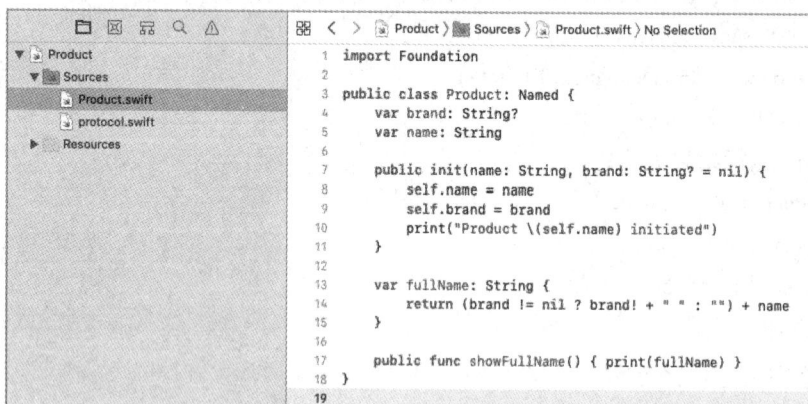

(b) Product.swift 文件内容

图 17-6　多个 Swift 文件的项目文档结构

由于 Product 类需要被外部文件引用，因此必须声明为 public。同理，方法 showFullName() 也需要声明为 public，如图 17-6(b)所示。

编写 Swift 程序时，可以通过定义协议约定公共的属性和方法。编程过程中的结构体、类、枚举等类型均可在定义时选择遵循协议，这意味着必须实现协议约定的属性和方法。事实上，协议定义时也会要求属性，必须明确其读写属性{get set}。

第三节　Swift 编程之闭包

1. 函数与闭包

闭包是可以在代码中被传递和引用的独立代码块。闭包可以从上下文推断参数，并作为函数的参数进行传递。下面以一个简单的 Swift 函数来说明如何定义函数和闭包。Swift 语言中的函数由关键字 func 定义，函数参数的写法为 param：Type，函数返回值的写法为 ->Type，同时需要注意的是函数调用时原有的形参不能省略。

例 17.3　一个简单的 Swift 函数。代码如下：

```
let x = 1
func plus_one(a: Int) -> Int {
    return a+1
}
print(plus_one(a: x))
```

该程序的运行结果为 2。对于以上函数，可以将其写成闭包的形式，如下例所示。

例 17.4　闭包的实现。代码如下：

```
let x = 1
let y = { x+1 }
let z = { return x+1 }
print(y())                      // 该语句输出：2
print("x+1="+String(z()))       // 该语句输出：x+1=2
print("\(x)+1=\(z())")          // 该语句输出：1+1=2
```

以上程序中，常量 y 和常量 z 都是闭包。闭包里 x 的类型和值通过上下文推断获取。由于闭包 y 中只有一行语句，可以省略 return 关键字，其 x+1 即表示返回值。闭包 z 中也返回 x+1，但没有省略 return 关键字，此用法与省略了 return 的闭包 y 具有相同的效果。

调用时闭包的名字相当于函数名，如 print(y())语句中就通过 y()调用闭包 y 并执行它，从而输出 2。Swift 要求数据类型必须一致才能进行运算，因此在语句 print("x+1="+String(z()))中，由于闭包 z 的返回类型为 Int，必须先利用 String()函数将其转为 String，才能与"x+1="进行连接。

Swift 语言提供了一种在字符串中插入值的简易方法，参见以下语法：

　　\(常量、变量、表达式)

上例语句 print("\(x)+1=\(z())") 之中的\(x)表示将变量 x 的值放在此处，\(z())表示将闭包 z 的运算结果放在此处，从而得到 1+1=2 的输出结果。

2. 案例——实现一组字符串的反向排序

闭包是现代程序设计中的一个重要思想和方法，在编程过程中有很多应用，闭包的实现也有若干种不同的形式。下面以一组字符串的反向排序为例，介绍几种不同的闭包编程实现方法。

定义字符串数组常量 names 如下：

    let names = ["Alex", "Bob", "Texas", "Handson", "April"]

现在需要通过反向排序，实现以下结果：

    ["Texas", "Handson", "Bob", "April", "Alex"]

方法 1：函数法。

函数方法是各类编程语言中最为常见的方法，对于字符串的反向排序，可以设置一个 reverse 函数加以实现，如：

```
func reverse(s1: String, s2: String) -> Bool {
    return s1 > s2
}
let names = ["Alex", "Bob", "Texas", "Handson", "April"]
var result = names.sorted(by: reverse)
print(result)
```

方法 2：闭包表达式法。

闭包表达式是一种利用简洁语法构建内联闭包的方法，它的一般形式为：

```
{ (parameters) -> (return type) in
    statements
}
```

本例中反向排序的闭包表达式如下：

```
result = names.sorted(by: { (s1: String, s2: String) -> Bool in
    return s1 > s2
})
```

方法 3：闭包表达式的化简法。

闭包表达式方法属于一种简化的函数编写形式，然而这一方法基本沿用了函数中的参数和返回值定义，因此仍然采取了类似于函数定义的规范写法。如何让编程更加有趣和智能，减少编程者的负担，让编译器自主进行判断，是进行编程方法智能化改造所应该考虑的问题。一种改进就是让编译器结合输入参数及其运算自动判断返回值类型，形成一种通过语境推断类型来化简闭包表达式的方法，代码如下：

```
result = names.sorted(by: { s1, s2 in return s1 > s2 })
```

如果闭包表达式采用单行的方式，如本例中只有一行语句，此时可以省略 return 关键字，形成一种隐式给出返回值的语句：

```
result = names.sorted(by: { s1, s2 in s1 > s2 })
```

方法 4：闭包简写参数名表达式法。

进一步分析方法 3 中已经化简后的表达式，其中闭包所接受的上下文参数为 2 个，即 s1、s2，计算过程中也用到了这两个参数，即 s1 > s2。如果能够利用这一特点，就可以使程序继续实现其写法的化简。Swift 作为一种新型的、具有一定智能处理能力的编程语言，它可以自动对行内闭包通过简写的参数名进行调用，即直接通过 $0,$1,$2 来顺序调用闭包的参数，以此来实现程序编写的简化。同时，在程序中也可以将 in 关键字省略，从而得到以下的简化闭包语句：

result = names.sorted(by: { $0 > $1 })

方法 5：尾随闭包法。

方法 4 介绍了一种简化的闭包表达式，然而这种写法仍然需要在 sorted 函数中写出较大的闭包表达式，如果能够改变思维，让闭包独立编写，无论是写还是读都会更加符合人们的编程习惯。尾随闭包(Trailing Closure)就是一种能够让闭包的编写独立进行的编程方法，它是写在函数形式参数的括号后的闭包表达式，这样闭包就可以放在 sorted 函数之后独立编写，更加符合人们的思维和编程习惯。参见以下写法：

result = names.sorted() { $0 > $1 }

此处的闭包类似一个很简单的函数，看起来更加舒适和易于编写。尾随闭包还可以进一步精简，省略其中 sorted 之后代表函数的括号，就形成了以下的语句：

result = names.sorted { $0 > $1 }

通过以上几种用法的介绍看出，尾随闭包的使用可极大地减少程序编写的代码量，提高编程效率。采用尾随闭包后的完成程序如下例所示。

例 17.5　利用尾随闭包方法实现的字符串反向排序程序。代码如下：

```
import UIKit
let names = ["Alex", "Bob", "Texas", "Handson", "April"]
var result = names.sorted { $0 > $1 }
print(result)
```

3. 闭包的应用

闭包是现代程序设计中的一个重要思想和方法，在编程过程中有很多应用，比如利用闭包可以为结构体、类等数据结构的属性进行赋值，如下例所示。

例 17.6　在 Product 类中利用闭包为 fullName 属性赋值。代码如下：

```
class Product {
    var brand: String?    // 可选类型允许为 nil
    var name: String
    init(name: String, brand: String? = nil) {    //类的初始化方法随着实例的创建自动执行
      self.name = name; self.brand = brand
      print("Product \(self.name) initiated")
    }
    var fullName: String { // 利用闭包为 fullName 属性赋值
      return (brand != nil ? brand! + " " : "") + name
    }
}
var product1 = Product(name: "卡罗拉", brand: "Toyota")
var product2 = Product(name: "凯美瑞")
print(product1.fullName); print(product2.fullName)
```

程序的运行结果如下：

Product 卡罗拉 initiated

Product 凯美瑞 initiated

Toyota 卡罗拉

凯美瑞

从上例的运行结果可以看到一个有意思的现象，即该程序的初始化方法 init 中并没有设置 fullName，然而从此处的结果中可以看到无论是 product1 还是 product2，其 fullName 均得以设置。其原因就在于 fullName 被定义为一个闭包，每次取值时返回的是闭包的运算，从而得到的就是当前的数据。

闭包技术通过上下文推断参数的值。在使用过程中，可以将闭包作为函数的参数进行传递。闭包在使用时，可以直接通过$0、$1、$2 来顺序调用其参数。本节还介绍了利用闭包为属性赋值的方法。

第四节　iOS 手机应用界面开发

1. SwiftUI 技术

SwiftUI 是苹果在"WWDC-2019"推出的"声明式 UI"框架，具有简洁即视等特点，支持 iOS、iPadOS、macOS、watchOS。利用 SwiftUI 进行程序开发时，最低版本要求是 Xcode 11.1、MacOS 10.15，并运行在 iOS 13 以上版本的操作系统之上。

老版本的 iOS 采用"指令式"(Imperative)编程，需要告诉计算机"怎么做"。采用这一思想进行设计时，需要把每个 Frame、Layout 等都要计算到位，进行精细型的设计和开发。而"声明式"(Declarative)编程采取的是告诉计算机"做什么"，开发人员不再需要关心最底层怎么做，而是直接描述想要的效果，剩下的由系统框架自动完成。

SwiftUI 提供了界面控件如文本框(Text)、按钮(Button)等，如表 17-2 所示。

表 17-2　SwiftUI 的基本控件

名　称	含　义
Text	用来显示文本的组件，类似 UIKit 中的 UILabel
Image	用来展示图片的组件，类似 UIKit 中的 UIImageView
Button	用于可点击的按钮组件，类似 UIKit 中的 UIButton
List	用来展示列表的组件，类似 UIKit 中的 UITableView
ScrollView	用来支持滑动的组件，类似 UIKit 中的 UIScrollView
Spacer	一个灵活的空间，用来填充空白的组件
Divider	一条分割线，用来划分区域的组件
VStack	将子视图按"竖直方向"排列布局(Vertical stack)
HStack	将子视图按"水平方向"排列布局(Horizontal stack)
ZStack	将子视图按"两轴方向均对齐"布局(居中，有重叠效果)

2. 设计案例——一个演示性的成绩查询系统

下面以简化的学生成绩查询系统作为案例，展示如何利用 SwiftUI 进行 iOS 手机应用界面的开发。如图 17-7 所示，成绩查询系统包括学生列表、学生成绩、系统说明三个界面。

(a) 学生列表　　　　　　(b) 学生成绩　　　　　　(c) 系统说明

图 17-7　成绩查询系统的三个界面

由于本章第一、二节的案例已经展示了如何利用 Xcode Playground 进行项目设计，本案例将展示如何利用 Xcode 项目进行程序设计。创建项目时需要在 Xcode 的欢迎界面选择"Create a new Xcode project"。具体的演示项目创建过程可扫描此处二维码查看。

创建 Xcode 项目

建立项目以后，会自动生成以下几个主要的项目文档文件：主窗口定义文件 ContentView.swift，应用代理文件 AppDelegate.swift，场景代理文件 SceneDelegate.swift。主窗口定义文件定义了 ContentView 结构体，用于设置主窗口的显示内容。建立项目后，系统会自动设置出缺省的主窗口内容，即一个文本框 Text("Hello, World!")，如图 17-8(a)所示。此文件中还有一个 ContentView_Previews 结构体，它继承了 PreviewProvider，用于设置主窗口的预览效果。预览结构体中有个 previews 属性，注意到该属性通过闭包设置了其初始值为 ContentView()，也就是将主窗口本身设置为预览的内容。图 17-8(b)展示了主窗口定义文件打开时 iPhone 模拟器中的显示效果，可看到主窗口中所展示的"Hello, World!"文本。这里的显示就是主窗口预览结构体所设置的内容，也就是主窗口本身。

生命周期管理是进行各类界面程序开发的重要一环，很多程序代码的控制和调度都可以通过生命周期事件来触发。应用代理(App Delegate)和场景代理(Scene Delegate)用于 App 和 UI 的生命周期管理。iOS13 之前 App Delegate 全权处理 App 生命周期和 UI 生命周期，iOS13 之后 App Delegate 仅处理 App 生命周期，UI 生命周期交给 Scene Delegate 处理。如图 17-9 所示，应用代理能够处理进程的启动和终止等事件，而场景代理可以处理窗口进入前景工作状态、窗口活跃或休眠等事件。

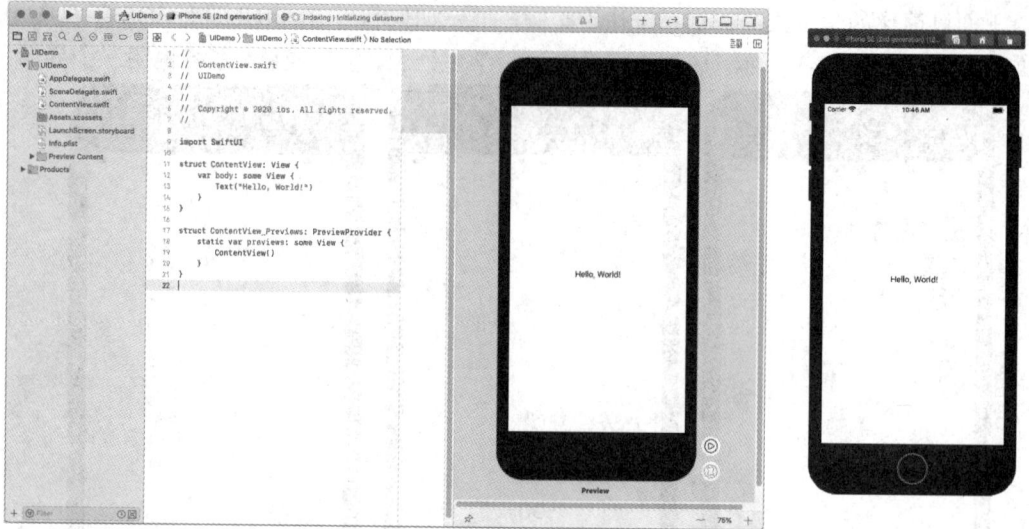

(a) ContentView.swift 文件内容　　　　　　　　　　(b) iPhone 模拟器的显示

图 17-8　主窗口定义文件(ContentView.swift)

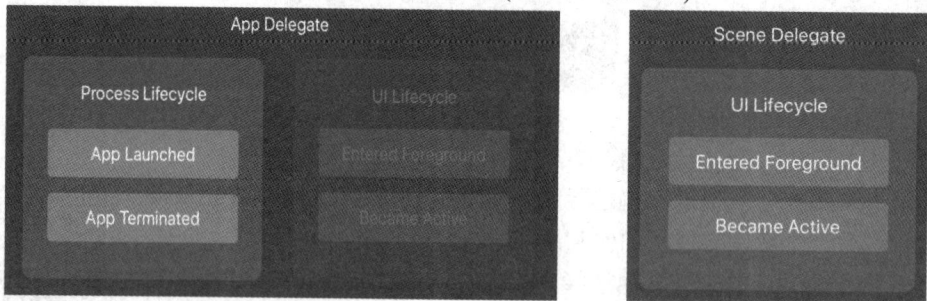

(a) 应用代理(App Delegate)　　　　　　　　(b) 场景代理(Scene Delegate)

图 17-9　应用代理与场景代理

　　成绩查询窗口需要显示学生列表，同时点击一个列表项，要能够显示出列表的内容。要实现这些功能，在图 17-9(a)代码目录上单击鼠标右键选择新建文件，选取 SwiftUI View 模板，分别输入 ListDetail 和 ListRow 并创建文件(扫描此处二维码可查看创建过程)。

　　由于选取了 SwiftUI View 模板，创建好的 ListDetail.swift 和 ListRow.swift 文件都已经继承了 View，同时已经具有一些基本的代码框架。在此基础上添加上应用程序的代码，具体如图 17-10 和图 17-11 所示。

添加 Swift 文件

　　由于 ListDetail.swift 和 ListRow.swift 都继承了用于预览的类 PreviewProvider，可以在图右方的预览窗口直接看到其预览效果。ListDetail 结构体(见图 17-10)负责列表项详细内容的构建，主要需要设置在内容中显示哪些内容，即结构体的 body 闭包所设置的内容，可以看到其中主要包括一个显示图标的图片、一个文本框中显示的内容为"成绩:"，另外一个文本框中显示的内容为 String(value)，表示将结构体内的局部变量 value 中的值强制转化为字符串。图片和文本框之间都安插了一个 Spacer()，表示一段空隙，使得显示效果更为美观。此外，body 部分中的内容都包含在一个 VStack 结构之中，表示的是其中的各项显示元素

要求是纵向排列，从而形成了图 17-10 右侧预览部分的显示效果。

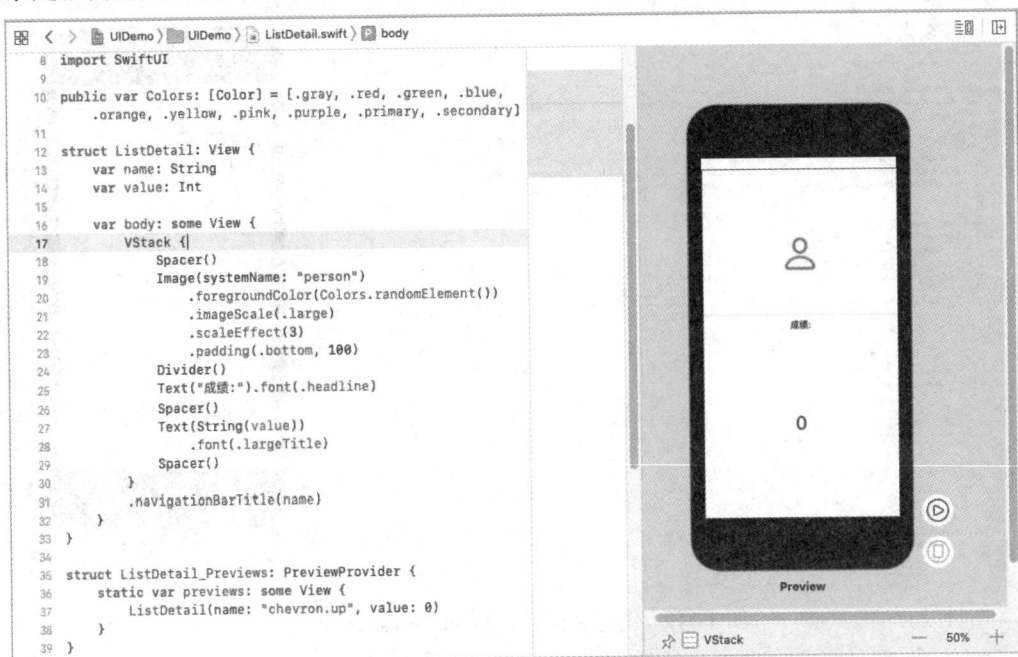

图 17-10 编写并预览 ListDetail.swift 文件

ListRow 结构体(见图 17-11)用于展示列表项的显示内容，其中的图片用于放置图标、分隔线，文本框用于人名列表。此处使用了 HStack 结构，表示其中的元素会水平排列。

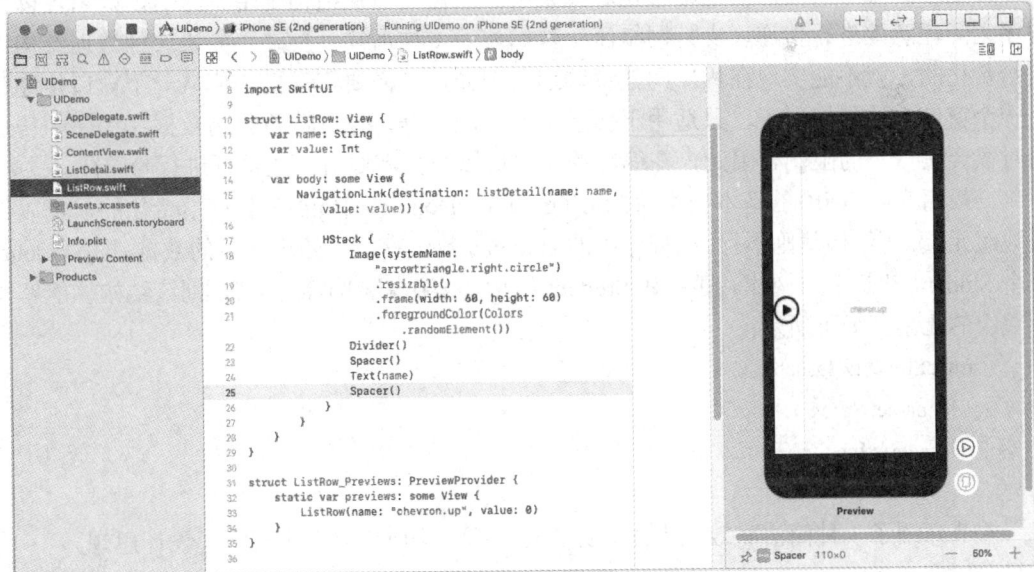

图 17-11 编写并预览 ListRow.swift 文件

图 17-12 展示了 ContentView.swift 文件的内容，在此演示程序中采取了简化的方式来保存学生数据，即利用 students 数组直接存放了四个学生的数据，代码如下：

```
let students = [Student(name: "Alex", score: 95), Student(name: "张三", score: 100), Student(name:
"李四", score: 90), Student(name: "John", score: 85)]
```

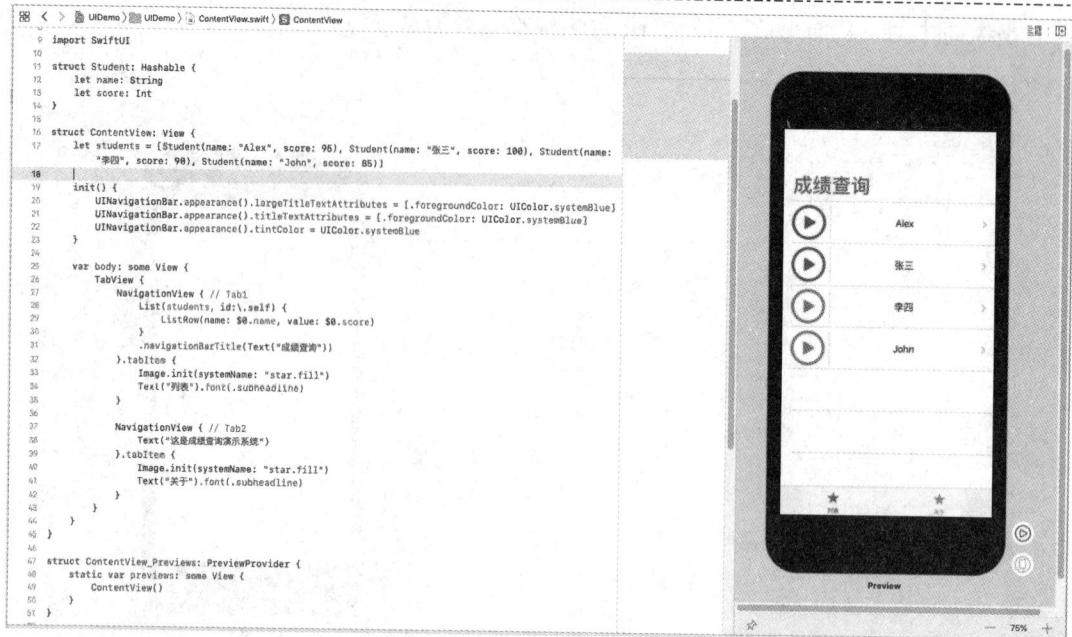

图 17-12　编写并预览 ContentView.swift 文件

    ContentView 中采用了闭包的简写参数名表达式方式向 ListRow 传递 students 数组中每个 Student 数据项的(name, score)数值，代码如下：

        List(students, id:\.self) { ListRow(name: $0.name, value: $0.score) }

    此处还涉及一个概念就是哈希化。如果某个数据类型或结构是哈希化的，则它可以在程序之间任意地进行传递，支持网络流、数据流等多种形式。反之，如果一种数据结构不是哈希化的，就不能实现在程序间任意传递。例如，当需要将变量的值从一个窗口传递到另一个窗口，这种情况下，只适用于传递哈希化的数据，没有哈希化的数据在程序中传递的时候会有一定的限制。因此，在编程的时候可以根据需要对一些数据进行哈希化。

    一般而言，Swift 的基本类型(如 String，Int，Double，Bool)都是可哈希化的，可以作为数组元素，而结构体则不行。在程序中的 students 数组存放了四个学生的数据，即 Student，每个 Student 都是个结构体。通过让 Student 结构体遵循 Hashable 协议，则该结构体能够作为数组的元素，如下所示：

    struct Student: Hashable {

        let name: String

        let score: Int

    }

本节介绍了一种简洁高效的界面设计方法，即 SwiftUI 的声明式编程设计思想。

本 章 小 结

    本章介绍了 Xcode 和 Xcode Playground 的特点及平台使用方法。可选数据类型能够很好地处理变量值缺失的情况，闭包可以从上下文推断参数，可以作为函数参数进行传递，协议能够定义结构体、类等的公共属性和方法。

练　习　题

1. Swift 语言支持多种循环方法，如 for-in 循环，它的语法格式如下：

    for item in items { //item 表示每个元素，items 为一组元素，如数组名

        循环内的语句

    }

while 循环也是常见的循环方式，用法如下：

    while condition {

        循环内的语句

    }

给定一个整数数组[1, 3, 7, 10]，利用这两种循环方法分别实现以下输出结果：

    数组元素 1

    数组元素 3

    数组元素 7

    数组元素 10

2. 字典是 Swift 语言中用来存储无序的相同类型数据的集合，创建字典的语法如下：

    var dictName:[keyType:valueType] = [key1:value1, key2:value2, …]

其中 keyType:valueType 代表字典元素的类型，keyType 为字典键值的类型，valueType 为字典元素值的类型。可以利用循环的方式遍历字典中的元素，语法为：

    for (key, value) in dictName.enumerate() {

        循环内可访问键值 key 和该键对应的元素值 value

    }

利用字典对本章第四节设计案例中的 students 数组进行改造，实现具有四个元素的字典，以 name 中的值为字典的键值 key，以 score 中的值为字典的元素值 value，利用 for-in 循环遍历字典中的元素并加以输出，要求打印输出以下结果：

    字典 key Alex - value 95

    字典 key 张三 - value 100

    字典 key 李四 - value 90

    字典 key John - value 85

试编写该程序，实现以上输出。(提示：本题字典元素的类型为 String:Int。)

3. 参考 SwiftUI 的学生成绩查询演示系统，设计一个简化版的电商网店的商品展示系统，可以实现若干商品的列表展示(至少有四件商品)，点击一个商品条目可以显示商品的具体信息，如商品图片、商品名称、价格、简单描述等。

参 考 文 献

[1] 杨光. 移动互联网技术与应用[M]. 北京：机械工业出版社，2022.

[2] 周小勇，史吉锋. 电子商务理论与实务[M]. 北京：清华大学出版社，2014.

[3] 白东蕊，岳云康. 电子商务概论[M]. 4 版. 北京：人民邮电出版社，2019.

[4] 加里·P. 施耐德. 电子商务[M]. 北京：机械工业出版社，2020.

[5] 王忠元，张明勇. 移动商务基础[M]. 2 版. 北京：中国人民大学出版社，2022.

[6] 周苏，王文. 大数据时代移动商务[M]. 北京：中国铁道出版社，2018.

[7] 罗文兴. 移动通信技术[M]. 北京：机械工业出版社，2014.

[8] 埃斯特尔·韦尔. HTML5 移动开发[M]. 范圣刚，陈宗斌，译. 北京：人民邮电出版社，2016.

[9] 王红蕾，安刚. 移动电子商务[M]. 北京：机械工业出版社，2018.

[10] 李琪. 电子商务导论[M]. 2 版. 北京：中国铁道出版社，2020.

[11] 牟少霞. 基于智能终端的移动电子商务商业模式研究[D]. 山东：山东师范大学，2014.